제액초복(除厄招福), 인간의 간절한 염원

한국의 부적

제액초복(除厄招福), 인간의 간절한 염원
한국의 부적

초판 1쇄 인쇄 | 2020년 3월 25일
초판 1쇄 발행 | 2020년 3월 31일

글 | 김영자
펴낸이 | 김남석

발행처 | ㈜대원사
주　소 | 06342 서울시 강남구 양재대로 55길 37, 302
전　화 | (02)757-6711, 6717~9
팩시밀리 | (02)775-8043
등록번호 | 제3-191호
홈페이지 | http://www.daewonsa.co.kr

Daewonsa Publishing Co., Ltd
Printed in Korea 2020

ISBN | 978-89-369-2136-1

이 책의 국립중앙도서관 출판시 도서목록(CIP)은 e-CIP홈페이지(http://www.nl.go.kr/ecip)에서
이용하실 수 있습니다. (CIP제어번호 : CIP2020013195)

제액초복(除厄招福), 인간의 간절한 염원

한국의 부적

글 김영자

대원사

들어가는 말

부적은 종교 이전부터 존재한 신통력 있는 주물(呪物)이다. 흉신(凶神), 사귀(邪鬼)를 쫓고 재액(災厄)을 예방하는 그림이나 글씨를 말한다. 중국이나 일본에서는 '주부(呪符)' 또는 '부주(符呪)'라고 하지만 우리나라에서는 흔히 '부적(符籍)'이라고 한다. '부신 부(符)' 자와 '서적 적(籍)' 자로 무엇인가로 표시한 문서나 물건이라는 뜻이다. 부적은 천상(天上)의 원적을 이승의 현세에 맞추어 바꾸려는 장치로도 이해된다. 일부에서는 '부작(符作)'이라고도 한다. 이는 부적을 비롯하여 일정한 모양으로 만든 입체물까지 포함하는 개념이다.

액을 막고 복을 불러들이는 '제액초복(除厄招福)'은 인간에게 가장 원초적이면서 간절한 염원이다. 인간의 원초적인 생명 유지 욕구와 의지가 하나의 상징적 도상(圖像)으로 표출된 것이 부적이다. 부적을 통해 한국인의 생활상과 종교적인 삶이 변화하는 과정을 이해할 수 있다.

상고시대와 고조선 시대, 즉 부적 태동기에 보이는 부적은 울주 반구대암각화나 견갑형 동기에 묘사된 '작살에 찔린 고래'와 '창에 찔린 사슴'이 부적의 효시라고 볼 수 있다. 이는 어로와 사냥의 성공을 기원하고 안정적인 생활을 누리고자 하는 심리가 반영된 소망의 부적으로 판단된다. 고조선의 부적으로는 '천부인(天符印)'과 '도부(桃符)'가 있다.

『삼국유사(三國遺事)』「기이(紀異)」편의 첫머리에는 고조선 단군에 대한 글이 수록되어 있다. 여기에서 언급된 '천부인'은 경(鏡, 공명), 검(劍, 정의), 영(鈴, 사랑)으로도 해석된다. 이는 국가를 세우는 데 기본이 되는 사상을 상징한다. 절대 권력자인 왕이 지니는 물건인 '천부인'은 제정일치(祭政一致) 사회의 특성상 종교적인 도구이자 정치적인 상징물로서 부적과 유사한 기능을 한다. 오늘날 무속제의인 굿에서는 방울, 칼, 명두(거울)가 무구로 사용되고 있다. 중국의『풍속통의(風俗通義)』에서 '도부'가 고조선에서 비롯되었다고 그 기원을 밝히고 있다. '도부'는 말 그대로 '복숭아부적'이라는 의미이다. 이는 복숭아가 지닌 주력을 이용하려는 의지의 투영으로 해석된다. 복숭아는 대표적인 축귀(逐鬼) 주술 도구로, 복숭아의 축귀력에 대해서는 여러 고전에서도 나타나 있다.

역사에서 부적이 구체화되는 시기인 삼국시대에 시작된 처용의 화상(畫像)은 자생적이라는 점에서 우리나라 부적의 역사성을 밝히는 데 중요한 위치를 차지한다. 엄밀히 말해 '벽병부(辟病符)'라 할 수 있는 처용의 화상은 부적 기원으로 삼을 수 있다.『삼국유사』권1 '처용랑 망해사조'에 역신을 물리치는 처용부와 관련한 내용이 소개되어 있다. 신라 49대 헌강왕 시절, 동해 용왕의 아들 처용이 그의 부인을 범한 역신을 가무(歌舞)로 용서하자 이에 감복한 역신이 처용의 형용만 보아도 나타나지 않겠다고 하였다. 이로 인하여 나라 사람들이 처용의 형상을 문에 붙여서 사귀(邪鬼)를 물리치고 경사를 맞아들이게 되었다. 처용의 화상은 훗날 널리 사용된 '천중적부(天中赤符)', '단오부(端午符)'의 기원이 된다.

역병(疫病)이라는 전염병을 극복하기 위해 나름대로 고안해 낸 처용은 '질병부(疾病符)'의 시원이라고 할 수 있다. 처용 화상은 오늘날 전염병을 막기 위해 사용되는 '염병불입부'나 '백살동토부'에서 흔적을 찾아볼 수 있다.

삼국시대 건축물이나 공예품에 매우 보편적으로 나타나는 귀면문은 벽사부이다. 귀면문은 중국의 은나라 이후 청동기 문양으로 된 도철문(饕餮紋, 두 개의 눈을 주체로 한 중국 고대의 기이한 무늬)에서 기원을 찾을 수 있다. 귀면(鬼面)의 모습은 흔히 치우(蚩尤)로 표현되는 신인(神人)과 흡사하다. 치우는 고대의 전설적인 제왕인 황제 시대의 무장으로, 그의 용맹성 때문에 벽사의 신으로 모신다. 귀면문와당은 삼국에서 모두 보이지만 그 가운데 신라의 귀면문와당이 가장 많이 전해지고 있다. 신라 시대의 주문부적으로 『삼국유사』에 제26대 진평왕 대에는 전 대왕인 진지왕의 혼백과 도화녀 사이에서 출생한 비형랑에 관한 내용이 실려 있다. 비형랑과 연관되어 대문에 붙여져서 귀신을 물리친 문자부가 '귀신불침부'의 시원이라고 할 수 있다. 고구려 때의 주문부적으로는 『구루신서(峋嶁神書)』('구루'는 고구려의 성(城)을 지칭)의 '귀신 울음소리를 쫓는 방법'이 남아 있다. 부지깽이 한쪽을 깎아 신장이 귀신을 때리고 죽여서 쫓을 것이라는 내용의 주문을 주사(朱砂)로 써서 상 밑에 넣어 두는 것이다. 신라 말엽에 밀교와 함께 '밀교부적'이 전래되었다. 대표적인 밀교부적으로는 석가탑 사리함에서 발견된 '무구정광대다라니경'과 산스크리트어로 된 옴마니밧메훔 부적, 즉 '육자대명왕진언(六字大明王眞言)'이 있다. 이 밖에도 백제 때 저승으로 간 혼백을 이승으로 부르기 위해 지전을 사용하였다는 기록이 『세종실록』에 있다. 지전은 종이돈을 말하며, 혼을 부르는 데 이용되는 주물로서 부적의 일종이다. 이러한 유습은 조선시대까지 이어져 허난설헌(許蘭雪軒)의 한시 〈곡자(哭子)〉에서도 나타난다. 또 통일신라 때의 분묘에서는 호석(護石)의 벽사부 기능을 볼 수 있다. 김유신 묘와 성덕왕릉에서의 십이지신상 및 호석이 그 예이다.

부적의 정형화되고 융성하게 되는 고려시대에는 호국 불교 사상을 바탕으로 한 팔만대장경에 수록된 부적과 용주사탑에서 나온 부적들을 통해 외침(外侵)의 극복과 개인의 발원이 부적으로 표현된 것을 알 수 있다. 인쇄물의 발달로 오늘날 널리 알려진 종이 부적이 등장하였으며, 종이 부적의 가시화는 부적의 변화에 큰 전기를 마련해 주었다. 고려는 호국 불교를 국교로 삼아 국가를 외침으로부터 보호하고 국태민안(國泰民安), 재액 소멸, 질병 제거의 염원을 불법에 호소하였다. 대표적인 것이 팔만대장경(고려대장경)과 불설팔만대장경목록판에 수록된 부적이다. 또한 12월이 되면 국가적으로 나례(儺禮)를 베풀었다. 선달 그믐을 기해 궁궐에서 베풀어진 '대나의(大儺儀)'는 연극적인 요소가 추가된 축귀 의례다. 이때 액을 막는 역할을 하는 존재는 '방상시〔方相氏〕'다. 방상시는 잡귀 구축을 하는 주인공이다. 불가살이(不可殺伊)부적은 고려 말에서 조선 초에 이르는 격변기와 관련된 부적이다. 죽일 수 없다고 하여 '불가살이(不可殺伊)'라고 불리는 상상의 동물이다. 이 동물 부적은 오늘날에 이르기까지 '불사(不死)'의 상징으로 쓰인다. 벽사(辟邪)의 동물로 알려져 벽병부로 쓰였다. 고려 18대 의종 대에 닭 그림 부적을 사용했다는 기록이 『고려사(高麗史)』에 남아 있으며, 『동의보감(東醫寶鑑)』에는 사내

아이를 낳으려면 수탉 꽁지 3개를 뽑아 몰래 부인의 자리 속에 넣어 두면 소원이 이루어진다고 하였다. 닭은 태양을 상징하여 밝음을 알려 주고 어둠 속에서 활동하는 음귀를 쫓아내는 벽사력이 있는 동물로 여긴 것이다.

부적의 저변화와 확산이 이루어진 조선시대는 숭유억불(崇儒抑佛) 정책에도 불구하고 왕실부터 사대부를 비롯하여 서민에 이르기까지 부적을 이용하였다. 특히 일상생활과 관련한 부적이 나타나기 시작하며, 각종 종교에서도 다양하게 부적을 이용했다. 이전 시기와 달리 부적이 특정한 목적에 의한 것이 아니라 필요에 의해 등장한다. 세시풍속(歲時風俗)과 관련하여 세화(歲畫)와 문배(門排), 입춘첩(立春帖)과 단오첩이 있다. '세화'가 한 해를 축하하기 위한 성향이 강하다면 '문배'는 액막이의 기능이 강하다. 설날에는 항간에서 벽 위에 닭과 호랑이 그림을 붙여 액이 물러가기를 비는 세화 풍습을 행하였다. 도화서에서는 수성, 선녀, 직일신장 등의 그림을 임금에게 드리거나 서로 선물했다. 이것을 '세화'라고 하였다. 문배로는 다양한 형상을 사용하지만 그 가운데 처용과 중국의 축귀신인 종규, 중국의 문신인 울루와 신도가 대표적이다. 『동국세시기(東國歲時記)』에는 매년 단오에 관상감에서 주사로 쓴 붉은 부적 '천중적부'를 궁궐에 바치면 대내(大內)에서는 문 윗중방에 붙여 살(煞)을 없애고, 상서로운 일이 있기를 바랐다는 기록이 있다. 단오부적, 즉 천중적부는 입춘첩으로도 쓰인다. 출산(出産)부적으로는 산모의 순산을 위한 조치로 『동의보감』에 실린 안산방위도, 최생부, 차지법 등이 대표적이다. 조선시대 초기 망자 복식에 나타난 불교 관련 부적들은 망자가 극락왕생하기를 바라는 추도의 염원에 의한 불교신앙의 산물이다. 망자와 함께 관 안에 넣어 주는 탑다라니는 저승길을 열어 준다고 믿는다.

근현대 시기는 부적의 구체적인 실물이 확인된 시기로, 실체에 접근하기에 용이하다. 일제강점기에 편찬된 일부 책자에는 다양한 부적이 소개되어 있다. 이들 부적은 대부분 질병과 관련되어 있다. 천도교의 「영부」나 증산교의 『현무경』에서 보듯 신흥 종교에서는 부적을 포교의 수단이자 경전의 한 유형으로 이용하기도 하였다. 고령 알터암각화에서 보이는 동심원이 도식화된 소용돌이무늬는 소도와 영(靈)을 상징하며, 성역을 의미한다. 천도교와 증산교는 이 소용돌이무늬를 중심무늬로 하여 부적을 제작하였다. 요즘에는 이 무늬 안에 원하는 글자를 넣어 구체적으로 소원을 명시하는 사례가 늘고 있다.

이러한 오랜 역사성을 지닌 한국의 부적은 크게 복을 기원하는 '길상(吉祥)부적'과 사악한 기운을 막고자 하는 '벽사부적'으로 나뉜다. 길상과 벽사는 서로 연관된 부분이 많아 더러 명확하게 구분되지 않는다. 대표적인 벽사부로는 귀신불침부, 질병부, 삼재부가 있다.

'귀신불침부'는 인간에게 해를 끼치는 사악한 귀신을 쫓는 부적이다. 수원 용주사탑에서 나온 부적, 만연사(萬淵寺)에서 간행된 용암 스님 진언집(1777년), 망월사에서 간행된 진언집(1800년)을 비롯하여 연화탑상다라니부에서 발견된 부적이 이에 해당한다. 이 밖에도 다양한 부적을 통해 귀신에 대한 민간 사고를 엿볼 수 있다. 백귀불침부(百鬼不侵符), 악귀불침부(惡鬼不侵符), 악귀불입부(惡鬼不入符), 축귀부(逐鬼符), 면고난재환부(免苦難災患符), 귀명부(鬼鳴符) 등이 그것이다.

'질병부'는 질병을 악귀(惡鬼)가 일으키는 것으로 간주하여 병을 막기 위해 사용했다. 약효를 보지 못할 때 약과 관련된 부적을 주사로 써서 불태워 마신 뒤 치료를 받거나 약을 먹으면 효과를 본다. 부적은 약의 효능을 돕는 보조 역할을 하며, 약과 함께 사용하는 것이 일반적이다. 질병부로는 백약무효퇴병부(百藥無效退病符), 복약효력부(服藥效力符), 백병치료부(百病治療符), 백병불입부(百病不入符) 등이 있다. 병이 발생한 날의 일진(日辰)을 보아 사용하는 부적으로는 10일진 천간부적(天干符籍), 12일진 지지부적(地支符籍), 30일진 부적 등이 있다. '질병총부(疾病總符)'는 모든 질병이 물러가기를 바라는 마음에서 사용하며, 일일이 만병(萬病)을 열거하지 않고 질병을 퇴치하기를 바라는 부적이다. 질병소제증보수부(疾病消除增補壽符), 질병소멸부(疾病消滅符), 질병퇴치부(疾病退治符), 만병통치부(萬病統治符), 퇴병부(退病符) 등이 있다.

'삼재부'는 가장 빈번하게 사용되는 부적이다. 삼재는 사람에게 닥치는 세 가지 재해로, 병난(兵難)·역질(疫疾)·기근(飢饉) 또는 수재(水災)·화재(火災)·풍재(風災)를 말한다. 삼재부는 매우 다양하지만 대표적인 것이 '삼두일족응부(三頭一足鷹符)'이다. 머리가 셋 달린 매 그림은 조선시대 전기에 회화로 성립되었으며, 시대의 변천에 따라 부적 그림으로 변형되었다. 이규경의 『오주연문장전산고(五洲衍文長箋散稿)』에서는 청대 실학자 왕사정(王士禎)의 『지북우담(池北偶談)』에 실린 우화를 인용하면서 "옛날 중국 무창 장씨(武昌 張氏)의 며느리가 휘종황제(徽宋皇帝)의 친필 매 그림을 보고 마당에 나뒹그러지면서 여우의 본색을 드러냈다."는 이야기에서 비롯되어 매 그림이 액막이로 쓰이게 되었다고 한다. 진삼살(鎭三殺), 삼재소멸제살부(三災消滅除殺符), 삼재소멸부(三災消滅符), 삼재팔난소멸부(三災八難消滅符), 자연원이삼재부(自然遠邇三災符), 해오행구요부(解五行九曜符) 등이 있다.

부적이 고대부터 현대에 이르기까지 역사적·시대적 상황의 변화에도 불구하고 지속적으로 사용되고 다양화하는 이유는, 의미가 있는 가상적 조작물을 몸에 지니면 그 염원이 현실이 되어 다시 돌아온다는 인간의 소박한 소망 때문일 것이다. 사람들은 부적에 기대를 걸고 치유와 카타르시스(Catharsis)적 효과를 맛보게 된다.

이러한 장구한 역사와 다양한 용도를 지닌 한국의 부적에 대해 저자는 이미 『한국의 벽사부적』(대원사, 2008)을 상재한 바 있다. 하지만 이 책은 주로 벽사부적을 중심으로 다루었던 한계를 지닌다. 필자는 이를 극복하고자 지난 10여 년간의 심층적인 연구를 진행해왔고, 금번에 한국 부적의 온전한 실체를 다루는 확대된 저서를 펴내게 되었다.

이 작업을 계기로 오랜 시간 이 땅에서 전승되어 왔지만 현대에 와서 학문의 대상으로 위상에 걸맞는 대접을 받지 못해 왔던 부적에 대한 인식이 개선되고, 보다 깊이 있는 문제의식과 폭넓은 연구 방법을 통한 탐구가 활성화되길 고대해 본다.

마지막으로 부적의 실제 모습을 확인할 수 있는 자료편의 저술을 빠른 시일 내에 완료하여, 한국 부적의 이론과 실제를 더욱 분명하게 보여 줄 것을 약속하며 이글을 맺고자 한다.

2020년 봄, 람아트바자에서 김영자

차 례

제1장
부적의 개념과 연구

부적의 개념

부적은 종교 이전에 있었던 신통력 있는 주물로서 흉신(凶神), 사귀(邪鬼)를 쫓고 재액(災厄)을 예방하는 그림이나 글씨를 말한다. 즉 재액과 사귀, 역신을 막고 행운을 가지고 올 것으로 믿는 신위적인 상징물로서 그 표현은 소재에 의해 자연물·인물·추상적인 기호·문자·문양으로 나눌 수 있다.[1)]

중국이나 일본에서는 '주부(呪符)' 혹은 '부주(符呪)'라 하지만, 한국에서는 흔히 '부적(符籍)'이라 한다.[2)] 부적의 자의(字意)로 해석하면, '부신 부(符)' 자와 '서적 적(籍)' 자로 이루어졌다. 부(符)는 ① 부신(符信)[3)] ② 증거(證據) ③ 도장(圖章) ④ 상서(祥瑞) ⑤ 미래기(未來記) ⑥ 맞는다의 뜻을 지니고 있으며 적(籍)은 ① 문서(文書) ② 서류(書類) ③ 책(册) ④ 명부(名簿) ⑤ 대쪽 ⑥ (호적에) 올리다 ⑦ 밟는다의 의미를 지닌다.[4)] 이를 정리하

---

1) 최덕원, 「부적의 원형과 유형별 기능」, 밀알, 1994, 225~238쪽.

2) 『조선왕조실록』에는 부적과 관련한 많은 내용이 수록되어 있고, '부적(符籍)'으로 표기되어 있다.

3) 목편(木片) 또는 죽편(竹片)에 글을 쓰고 증인(證印)을 찍은 후에 두 쪽으로 쪼개어 한 조각은 상대자에게 주고, 다른 한 조각은 자기가 보관했다가 후일에 서로 맞추어 증거로 삼는 것.

4) 「부적(符籍)」, 『한한대사전(漢韓大事典)』, 박문출판사, 1975. 중국에서는 여행권이나 호적의 의미로 사용되어 왔으며, '부(符)'라고 할 때만 부적의 의미를 지닌 것으로 파악된다.(김종대, 「부적의 기능론 서설」, 『한국민속학』 20집, 1987, 1쪽)

면 무엇인가 표시를 한 문서나 물건이라는 뜻이 된다.[5]

그렇다면 부적에는 무엇이 표시되어 있을까? 그것은 결국 부적이 생성되고, 변화되어, 지속되는 그 실제적인 의미와 기능을 표현하는 것이다. 부적은 일반적으로 크게 길상(吉祥)부적과 벽사(辟邪)부적으로 대분되는데, 부수적으로는 호신(護身)부적, 소원성취(所願成就)부적, 영부(靈符) 등도 있다.[6] 이 중 길상과 벽사가 가장 중요한 부분을 차지한다. 한편 길상과 벽사는 상호 분리되기보다는 연관된 부분이 많아 명확하게 분리되지 않기도 하지만 인간 삶에 있어 가장 중요한 두 가지 요소인 것만은 틀림없다. 이는 결국 인간의 원초적인 생명 유지의 욕구와 의지가 하나의 상징적 도상(圖像, 이미지)으로 표출된 것으로 볼 수 있다. 그래서 부적을 당면한 이익을 목적으로 하는 원시적 자연신앙의 한 형식으로 보기도 한다.[7]

즉, 부적은 초월적인 힘을 빌어서 풍요·무병·생식 등의 삶의 질서를 유지하기 위한 생활의 지혜인 주술(呪術)의 표상으로서, 주력(呪力)의 내면화된 습관적 사용에 의해 정착된 하나의 상징적 기호이며, 주력을 은

---

5) 일부에서는 '부작(符作)'이라고도 하는데, 그럴 경우에는 나뭇잎·죽순·나무껍질·가죽·대나무 조각·나무쪽·헝겊·종이 등 평면 재료에 그리거나 찍은 부적(符籍)과 돌·뼈·조개·치아·발톱·뿔·털·깃털·씨앗·귀금속 등을 그대로 또는 일정한 모양으로 만든 입체물 모두를 포함한다.(김민기, 『한국의 부작(符作)』, 보림사, 1987, 85쪽) 이는 부작을 부적의 넓은 의미로 사용한 것이다. 그러나 많은 문헌 자료들에서, 재질적인 면에서 종이를 포함하여 나무, 비단 등과 관련한 것을 모두 통틀어서 '부적(符籍)'이라 쓴다.

6) 김민기는 『한국의 부작(符作)』(보림사, 1987, 13~40쪽)에서 쓰임새에 따라 소개하면서 그 종류를 길상부적, 벽사부적, 호신부적, 소원성취부적으로 구분했다. 필자는 여기에 '영부(靈符)'를 추가했는데, 영부는 일월(日月)을 비롯하여 별〔星〕자리나 24절기 등의 신령 혹은 천체의 기운과 관련한 것을 포함한다.

7) 신준호, 「부적」, 『한국민속대사전』, 민족문화사, 1993 참조.

유하고 환유한 공중(公衆)의 의도적인 상징물이기도 하다. 이처럼 인간의 실생활의 다양한 문제들과 긴밀하게 연계된 부적은 다양한 삶의 의미가 담겨져 있다.

이것은 오랜 시간 동안 지속되어온 인간의 소원이 응집된 것이기도 하다. 액을 막고 복을 불러들이는 제액초복(除厄招福)은 인간에게 가장 원초적이며 간절한 염원이다. 이 중 제액은 복을 불러들이기에 앞서 이루어져야 하는 전제 조건으로, 더 간절한 바람이라 할 수 있다. 따라서 부적은 인간의 간절한 소망이 무엇이며, 그것을 어떻게 인식하고 있는가를 살필 수 있는 자료인 것이다. 이는 결국 인간의 생활문화를 이해하는 중요한 부분이라 하겠다.

한편, 부적은 대개 종교 사제들에 의해 제작되고 사용된다. 사제들에 의해 행해지는 주문(呪文)이 귀신들과 통하는 말이라면, 부적은 사제가 귀신이나 사령·신령들의 세계와 통하게 하는 '통신문(通信文)'이며, 해당 목적에 관계되는 신도(神道)에게 그 내용을 그림이나 글자를 통하여 전달하거나 지시하는 일종의 수결(手決), 즉 사인(Sign)이기도 하다

따라서 부적은 일상생활과 관련되어 있는 종교적인 측면을 이해하는데 도움을 준다. 주술 도구인 부적은 일상생활에 필요한 부분을 드러낸 종교적인 도구이다. 그러므로 부적은 '표현된 종교적인 심성'이라 할 수 있다. 일상생활 중 인간의 의지로 해결되지 않는 부분에서 인간 지식의 탈출구로써 기능하는 종교의 구체적인 실체가 부적을 통해 드러나게 된다. 즉 인간의 의지로 해결되지 않는 다양한 삶의 문제를 부적이라는 주술적인 도구에 의지하여 해결하려 한다는 것은, 역으로 그것을 통해 다양한 삶의 종교적 욕구를 살필 수 있다. 또한 다양한 종교에서 지금까지 부적을 차용하여 사용하므로 그 실효성은 실로 크다.

이처럼 인간 삶의 절실한 부분을 담고 있는 부적을 통해 간절한 기도의 주제나 바라는 바가 구체적으로 드러난다. 그 소원들은 인간이 지닌 종교성의 한 단면을 잘 드러내 준다. 여타의 부적과 달리 벽사부적은 그 수에 있어 월등히 많다. 그 수가 많다는 것이 단순히 숫자적인 의미만을 나타내는 것이 아니며, 인간이 부적에 거는 비중이 더욱 집중되어 있음을 의미한다. 복을 바라는 것은 편안한 하루하루가 이어진다면 성취되었다고도 볼 수 있다. 큰 복을 받았는데 곧 나쁜 액이 닥친다면 받았던 복마저도 무용지물이 되고 만다. 따라서 재액은 반드시 피해야 하는 것으로, 길상에 앞선 인간의 바람이다. 그러므로 벽사부적은 부적이 지닌 보다 원초적인 부분을 드러낸다.

이 책에서는 부적을 대상으로 하여 인간의 삶속에서 벽사의 대상이 되는 것은 무엇이며, 그것은 어떠한 시기적인 변화를 겪었는가를 살펴보겠다. 이는 인간의 가장 원초적인 종교적 심성을 찾는 일이며, 동시에 인간의 삶에 유해한 것들을 살펴봄으로써 다양한 삶의 문제를 살피는 기회가 될 것이다.

부적의 연구

그동안 부적은 다양한 분야에서 관심을 받아왔다. 부적은 미술사, 종교학, 민속학 등의 연구 분야에서 여러 관점을 가지고 연구되었다. 이러한 연구를 통해 부적은 하나의 연구 분야로서 당당히 자리를 차지했으며, 그 결과 많은 연구 저작물이 생산되었다. 이러한 연구물들은 나름대로의 특징과 한계를 지니고 있다. 여기서는 각 분야별로 그 연구 내용을 살펴보고, 이를 통해 도출한 문제의식을 바탕으로 부적의 연구 방향을 찾아보고자 한다.

먼저, 미술사 분야에서 부적은 한국의 전통적인 상징성을 이해하는 도구로 중시되어 왔다. 특히 부적을 민화(民畵) 혹은 무속화(巫俗畵)로 분류하여 다양한 시각에서 연구가 이루어졌다. 부적에 대한 시각성과 다양한 상징성을 살펴본 연구를 비롯하여 민화 측면에서 부적의 특성을 살핀 글, 부적에 표현된 회화성 또는 미적 이미지만을 살핀 것 등이 있다. 이러한 연구는 부적에 대한 관심을 불러일으켰으며, 부적을 종잇조각을 넘어서서 한국의 문화 예술 창작품으로 자리매김하는 데 일조했다.

부적에 대한 가장 대표적인 연구는 김민기의 『한국의 부작』이다.[8] 김민기는 부적에 대한 시대적인 특징을 서술하고, 부적에 보이는 특징을 중심으로 그 의미와 성격을 분석했다. 선사시대로부터 부적으로 간주

---

8) 김민기, 『한국의 부작』, 보림사, 1987.

될 수 있는 다양한 자료를 소개하고, 오랜 기간 동안 수집하여 온 다양한 부적을 소개함으로써 부적 연구의 단초를 제공했다. 그러나 다양한 부적을 단순히 평면적으로 나열함으로써 부적 연구의 여러 측면에 대한 고찰이 미진했다. 부적은 신비하며 주술적인 도구지만 생활의 일부라는 측면을 반영해야 할 것이다.

부적을 민화의 입장에서 본 연구는 엄난희의 「부적 속에 반영된 민화에 관한 연구」[9]와 박혜경의 「민화에 있어 부작에 관한 연구」[10]가 있다. 이와는 달리 부적을 특별히 민화로 구분하지는 않았지만 전통 회화의 한 장르로 인식하여 회화사적 입장에서 살핀 김성자의 「부적에서 보여지는 회화성에 관한 연구」[11]와 노태범의 「부적의 미적 이미지 연구」[12] 등도 있다. 엄난희를 제외한 나머지 3편의 논문은 부적을 차분하게 유형화하고, 각 유형별로 전통 회화의 소재로써 부적에 접근하고 있다.

엄난희는 부적의 표현 요소를 가지고 민화를 유형화하고, 각 유형별로 조형적인 특성을 살폈다. 따라서 직접 부적을 다룬 것이라기보다는 민화에 표현된 부적적 요소를 중심으로 논의를 전개했다고 하겠다.

박혜경은 부적을 민화로 보고 그것의 형상을 글씨, 그림, 입체 등으로 구분하여 부적을 유형화했다. 유형화한 부적에 내재된 각종 요소를 회화적인 입장에서 살피고 있다. 부적을 구성 요소별로 해체하여 그 특징을 파악하는 데는 유효하나 부적 하나하나가 지닌 특성을 이해하기에는 미진하다.

---

9) 엄난희, 「부적 속에 반영된 민화에 관한 연구」, 원광대대학원 석사논문, 1992.

10) 박혜경, 「민화에 있어 부작에 관한 연구」, 효성여대대학원 석사논문, 1986.

11) 김성자, 「부적에서 보여지는 회화성에 관한 연구」, 경기대 조형대학원 석사논문, 1999.

12) 노태범, 「부적의 미적 이미지 연구」, 중앙대대학원 석사논문, 1991.

김성자와 노태범은 부적의 역사적 변천과 제작 방법 등 부적에 대한 일반적 내용을 소개하고 유형화하여, 각 유형별로 부적이 지닌 이미지의 상징성을 부각시켜 논의를 전개했다.

이러한 연구는 결국 부적을 통해 전통 미술의 이미지를 살핀 것이다. 이러한 논고들은 전통 회화에 내재한 문화 요소를 이해하고, 부적의 상징성을 이해하는 데 유효하다. 그러나 부적이 지닌 본래의 성격과 그 기능을 이해하는 데는 다소 어려움이 있다. 부적의 다양성은 결국 그것을 사용하는 사람들의 삶이 녹아 있는 것으로, 부적의 이미지와 더불어 그 종류에 따라 달라지는 부적의 실제 성격도 살펴보아야 할 것이다.

최영숙은, 부적은 대중성·토속성·실용성·상징성·신화성·익명성(匿名性)·복제성과 같은 특성을 지니고 있어 민족적인 시각 소통(Visual Comunication)의 기능을 수행하는 대상으로, 그 가치가 충분하다고 전제했다. 최영숙은 우리 민족이 생성된 이래 외래문화의 지속적인 유입에도 불구하고 현재까지 부적이 사용되고 있으므로 우리 민족 저변에 있는 민족적 감성을 담은 시각물로 부적을 보았다. 따라서 부적에 내재된 문양을 전통적인 상징물에 비추어 그 형상을 유추했다.[13] 전통적인 시각언어로서 부적을 대상으로 기호를 추적했다는 점은 전통문양에 대한 시각의 확대라는 차원에서 의미가 있다. 그러나 부적의 대다수의 형상은 우리나라에서 자생적으로 제작되었다기보다는 기본적으로 중국의 영향을 받고 있고, 또한 그러한 기호 상호간의 연관성을 쉽게 연관 지을 수 없다는 점에서 동의하기 어렵다.

다음으로, 종교학 분야는 미술학 분야 다음으로 부적에 대한 집중적

13) 최영숙, 「한국 부적에 나타난 시각언어의 기호론적 연구」, 한양대대학원 박사논문, 1997.

인 연구가 이루어지고 있다. 이들 연구는 두 가지로 대별할 수 있는데, 기존의 연구는 대부분 오늘날을 기점으로 하여 수집된 부적을 유형화시켜 소개하는 것이 주를 이루었다. 유덕선의 『영부(靈符)와 기문둔갑장신술(奇門遁甲藏身術)』[14], 정재원의 『대운용 신령부적(大運用 神靈符籍)』[15], 성문재의 『만법영부비전(萬法靈符秘傳)』[16]은 종교의 도구로서 부적을 정리했다. 그러나 이들 연구는 심도 있게 연구되기보다는 중국 측 자료나 그동안 전승되어 온 다양한 부적 관련 책을 통해 얻어 낸 부적을 종류별로 유형화하여 소개하고 있는 성향이 강하다.

반면에 불교 분야 한정섭의 「불교 부적신앙 소고-특히 밀교부를 중심으로」[17]는 부적 연구의 새로운 방향성을 제시했다. 한정섭은 『해인사판 일용집(海印寺版 日用集)』에 실려 있는 25부(符)를 이용하여 유형화하고 그것의 특성을 살폈다. 이는 한국의 민간에서 사용되는 부적을 이해하는 데 직접적인 영향을 주지는 못한다. 그러나 민간에서 사용되는 부적의 연원이나 비교 검토할 경우에는 상당히 유용하다.

최근에 신흥 종교의 연구가 본격화되면서 최제우의 신비 체험을 근거로 창시된 동학과 관련한 연구가 이루어졌다.[18] 임태홍은 최제우가 지었다는 동학의 경전인 『동경대전』을 고찰하면서 그 일환으로 최제우가 포교 수단으로 사용한 부적의 현상을 소개했다. 조선 후기 격변기의 혼란함을 극복하기 위한 수단으로 부적이 사용되었다는 사실을 알게 하

---

14) 유덕선, 『영부(靈符)와 기문둔갑장신술(奇門遁甲藏身術)』, 이가출판사, 1992.

15) 정재원, 『대운용 신령부적(大運用 神靈符籍)』, 가림출판사, 1998.

16) 성문재 감역, 『만법영부비전(萬法靈符秘傳)』, 성문포교원, 1974.

17) 한정섭, 「불교 부적신앙 소고-특히 밀교부를 중심으로」, 『한국불교학』 2호, 1976.

18) 임태홍, 「초기 동학교단의 부적과 주문」, 『종교연구』 42호, 2006.

는 중요한 자료다.

민속학 분야에서는 다양한 차원의 부적 연구는 이루어지지 않았다. 무라야마 지준(村山智順)의 『조선의 귀신(朝鮮の鬼神)』[19]과 아카마쓰 지죠(赤松智城)·아키바 다카시(秋葉隆)의 『조선 무속 연구 상·하(朝鮮巫俗の研究 上·下)』[20]와 김종대의 「부적의 기능론 서론」, 최덕원의 「부적의 원형과 유형별 기능」[21] 등이 있다. 무라야마 지준의 글에서는 부적을 귀신 쫓는 방법인 '양귀법(禳鬼法)'의 하나로 소개하고 있다. 그러나 무라야마 지준이 분류한 양귀법의 분류인 방귀(防鬼)·퇴귀(退鬼), 구타법(毆打法), 경압법(輕壓法), 화기법(火氣法), 자상법(刺傷法), 봉박법(封縛法), 공물법(供物法), 공순법(恭順法), 부적법(符籍法), 차력법(借力法), 음식법(飮食法), 고묘법(顧墓法), 오감법(五感法), 접촉법(接觸法), 음양법(陰陽法) 등 기타 방법은 상호 중복되는 것이 많아 그대로 인정하기가 어렵다. 부적법의 내용은 퇴귀법이나 차력법, 음식법 등에서도 다시 언급되고 있다.

아카마쓰 지죠의 글에서는 조선 무속의 다양한 요소를 살피면서 무속의 도구인 부적을 소개했다. 그러나 무라야마 지준과 아카마쓰 지죠는 비록 부적을 단순히 소개하는 차원에서 그쳤지만 부적을 민속학적인 입장을 가지고 연구 대상으로 삼았다는 점에서 의의가 있다.

김종대는 부적을 기능에 따라 길상과 벽사로 구분하여 살피고, 무속신앙의 차원에서 부적을 이해했다. 벽사부는 병부(病符)·제액 및 잡귀불침부로 나누고, 길상부는 길부(吉符)·몽부(夢符)로 구분했다. 개별적

19) 무라야마 지준(村山智順), 『조선의 귀신(朝鮮の鬼神)』, 조선총독부, 1929.

20) 아카마쓰 지죠(赤松智城)·아키바 다카시(秋葉隆), 『조선 무속 연구 상·하(朝鮮巫俗の研究 上·下)』, 大阪屋號書店, 1938.

21) 김종대, 「부적의 기능론 서론」, 『한국민속학』 20집, 1987.
최덕원, 「부적의 원형과 유형별 기능」, 『남도의 민속문화』, 밀알, 1994.

인 부적을 이해하는 데 초석이 된다. 그러나 부적은 무속과 연결되는 것만이 아니며, 제액초복의 부적은 보다 다양하게 분석해야 한다. 기초 자료가 영세한 상황에서 그 종류와 유형을 세분화하는 것이 어렵다. 그러나 산만하고 단순하게 나열되어 있던 부적을 체계화하고자 노력했다는 점에서 그 의의가 있다.

최덕원의 연구는 부적을 보다 종합적인 시각에서 바라보고자 했다는 점에서 의의가 있다. 우선 부적의 종류를 단순한 종이류 부적에서 탈피하여 조소적 부적, 회도적(繪圖的) 부적, 혈부(血符), 모부(毛符), 골부(骨符), 종부(種符), 전부(錢符), 자물쇠통부와 열쇠부, 보석부(寶石符), 디딜방아 달구지 액막이부, 가락지부 등으로 그 범위를 확대했다. 이외에 부적 안에 내재된 구성 요소를 분해하여 부적의 의미를 유추하고자 했다. 그리고 실제 현지 조사한 다도해 지역의 부적 자료와 그 효험을 소개했다. 실제 사용되는 부적을 종류별로 나누고 그것에 따른 실제 효험을 살폈으므로 실제 생활 속의 부적을 이해하는 데 도움이 된다. 그러나 위에서 제시한 부적의 종류 11종은, 일부는 재료를 통한 분류이고, 일부는 형태에 따른 분류이므로 전체적인 통일성이 요망된다. 또한 부적의 효험과 관련하여서는 종이류 부적만을 대상으로 했으며, 그나마도 단순 나열에 그치고 있어 기능이나 종류에 따라 구분이 요구된다.

한의학 분야에서는 중국 고대 의서(醫書)인 『황제내경(黃帝內經)』과 『성제총록(聖帝總錄)』에 수록된 부적에 대한 이해를 위해 연구가 이루어졌다. 정창현의 「귀신에 대한 황제내경의 입장」과 윤철기·오민석·송태원의 「성제총록에 나타난 부적에 대한 문헌적 고찰」이 있다.[22]

22) 정창현, 「귀신에 대한 황제내경의 입장」, 『대한한의학의사학회지』 10권, 1997. 윤철기·오민석·송태원, 「성제총록에 나타난 부적에 대한 문헌적 고찰」, 『한국재활의학회지』 8권, 1998.

『황제내경』 연구에서는 부적을 하나의 의학적인 도구로 살피기보다는 인간의 인지 발달에 따라 점차 쇠퇴·소멸해 가는 의학용 부적이 수록된 것으로 간주했다. 이는 '의학'이라는 고도의 과학적인 사고와 '부적'이라는 지극히 미신적인 도구와의 상충을 인간의 인지 발달이라는 변화 속에서 이해하고자 한 것으로 보인다. 그러나 오랜 기간 동안 지속되어 온 부적이 지닌 치병(治病)의 기능은 단순 이론으로 정리하기에는 어려운 점이 있다.

이와는 반대로 『성제총록』에서는 의학이 지닌 불완전성을 보완하는 도구로서 부적을 이해하고자 했다. 『황제내경』으로부터 청나라에 이르기까지 긴 기간 동안의 의서에 수록된 부적은 결국 나름대로 부적의 기능과 역할을 인정한 것이라 하겠다.

이상과 같이 다양한 분야의 연구들은 결국 부적이 민속학의 중요한 연구 주제임을 보여 준다. 그러나 부적에 대한 연구가 산발적으로 이루어졌기 때문인지 이들 연구는 하나로 종합되지 못하고 제각기 필요한 부분만의 의미를 찾는 정도에만 그치고 있다. 물론 부적이 단순한 연구 주제가 아니기 때문이라는 특성도 있겠지만, 지나치게 부적을 표면적으로 연구했기 때문에 이러한 결과를 초래했다고 보는 것이 옳다고 생각된다. 결국 부적은 그동안의 많은 연구 성과가 있음에도 불구하고 앞으로 해결해야 할 과제가 많이 남아 있는 연구 영역이라 하겠다.

따라서 이 책에서는 지난 연구 결과의 검토를 통해 생성된 위와 같은 문제의식을 바탕으로 부적의 역사와 기능, 상징성, 유형에 이르는 부적에 대한 총체적 연구를 진행하고자 한다.

지금까지의 부적 연구는 특별한 관점을 가지고 연구하지 못했고, 자료만을 나열하는 수준에서 이루어졌기 때문에 부적의 종류와 그것의 시간대별 변화상을 찾을 수가 없었다. 그러므로 이 책에서는 부적을 종교적인, 혹은 주술적인 도구로서의 가치에 중점을 두고 각 시대에 따라 부적의 종류별로 그 의미와 가치를 찾아보고자 한다. 부적의 역사성을 통해서는 부적이 오랜 시간을 걸쳐 사용되었기에 각 시대별로 그 활용도를 살피는 것을 일차적인 목적으로 삼고자 한다. 부적은 그 역사적 고찰이나 형태적 내용의 기원 등에 있어서는 정확한 문헌 고증이나 사실에 의한 점검이 불가능하지만, 그러한 제한 상황에서 최대한 각 시대별 부적이 지닌 특징과 그것을 사용하는 사람들의 의식 구조 등을 살펴볼 것이다.

따라서 이 책에서는 다음과 같은 방향으로 부적에 대한 논의를 진행하고자 한다.

첫째, 기존의 연구는 부적의 범주를 설정하고 논의를 진행하지 않았기 때문에 그 대상이 일괄적이지 않고 범주가 불분명하다. 따라서 본고에서는 다양한 부적의 종류를 유형화해 보고자 한다. 이때 벽사부적이 많이 등장하게 되는 이유는 벽사가 인간의 보편적 심리로서 부적의 유형 중 가장 많은 부분을 차지하고 있기 때문이다. 또한 벽사부적을 통해서 종교적인 심성에 대한 사람들의 기초적인 관념을 읽어낼 수도 있을 것이다. 벽사부적을 통해 그 안에 담긴 실생활에서의 사악한 기운을 구체적으로 살핌으로써 인간을 둘러싸고 있는 위해(危害)한 요소를 하나하나 살필 수 있을 것이다. 뿐만 아니라 이러한 측면은 결국 부적을 만든 사람들의 의식구조와 생활상을 살피는 데 매우 유효하므로 한국인의 종교적인 심성을 이해하는 도구로 삼고자 한다. 즉, 부적에 담겨진 종교심성을 시간대별로 고찰해 봄으로써 면면히 이어 오는 부적이 지닌 기능을 시기적으로 파악하여 변화하는 인간의 생활상과 더불어 종교적인 삶의 변화도 이해할 수 있게 될 것이다. 이를 통해 부적이 단순하고 다양한 문양에 그치지 않고, 우리의 중요한 종교적인 관점이 투사된 것임을 분명히 할 수 있을 것이다.

둘째, 부적의 역사에 대한 기존 연구는 부적의 역사적 전개를 다루고는 있지만 천편일률적인 면이 강하다. 이는 부적에 대한 연구가 종류나 그 성격, 기능에 대해 심도 있게 진행되지 못하고 부적의 형태에 집중되면서 빚어진 양상이라 할 수 있다. 부적의 도상(圖像)에 대한 관심을 통해 그 유형을 분류하고, 그 형태의 의미에 경도(輕度)되어 본래 부적이 지닌 종교적인 도구라는 측면이 간과된 것이다. 종교, 혹은 주술적인 도구로서의 부적의 성격이 간과되고 형태만으로 분류한다면, 그것을 만들고 사용한 실질적인 주체로서의 인간에 대한 이해를 얻는 데는 많은 제약이 따를 수밖에 없다. 인간의 종교적 창작물은 종교적인 목적에서 바라볼 때만이 그것에 대한 진정한 의미와 가치를 발견할 수 있기 때문이다.

셋째, 부적을 제작하는 사람과 부적을 사용하는 사람을 대상으로 현지 조사하여 현대 생활에서의 부적의 쓰임을 살펴볼 것이다. 부적 제작자로는 1차적으로 독경무, 무당, 술사, 스님들을 대상으로 할 것이다. 이들이 과거로부터 현재에 이르기까지 부적의 주 생산자이기는 하지만 현대사회에 이르면 이와 더불어 인쇄소나 인터넷에서 부적을 제작하여 판매하므로 그들도 대상으로 삼았다. 부적 사용자는 부적의 사용이 두드러지는 학생, 상인, 광산노동자, 택시기사 등을 대상으로 했다. 일반인의 수효도 적지 않지만 이들은 일상적인 생활과 관련하여 부적의 수요가 보다 높기 때문이다.

넷째, 현재까지 전승되는 다양한 부적의 종류를 살펴볼 것이다. 표현 요소인 글씨·그림·기호를 통해 부적의 상징적 이미지를 밝히고, 이미지가 지니고 있는 영적 소통의 가능성도 확인하고자 한다.

부적은 암호 방식으로 규정된 문자(또는 도형)나 물품(종이나 비단, 나무나 돌 등)을 통해 신통력을 행사하는 술법이다. 그러나 부적을 흔히 누런 괴황지(槐黃紙)에 주사(朱砂)로 쓴 부적에 국한하지 않고 쇠나 나무, 심지어는 인체에 그려 넣는 것까지를 두루 포함했다. 그러나 종이 부적의 수가 워낙 많으므로 자연스레 종이 부적이 중심이 될 수밖에 없다.

실제 부적은 그 사례가 워낙 많아 일일이 헤아릴 수 없다. 또한 부적은 필요한 사람의 요구에 따라 복합되므로 그 원형이 무엇인가 하는 것조차 파악하기 어렵다. 하지만 이 책에서는 제한적이나마 부적을 선별하여 그 안에 담겨진 성격과 기능을 파악할 것이다.

우선 이 책을 집필하기 위해서 본인은 부적 수록 자료를 1차로 수집했다. 부적이라는 대상을 통하지 않고는 부적에 대한 이해에 이를 수 없기 때문이다. 하지만 부적을 소개하고 있는 책자마다 부적의 형태와 분류 기준이 매우 다양해서 이러한 작업은 매우 복잡다단했다. 따라서 다양한 부적을 하나하나 소개하기보다는 동일한 성격의 부적들을 일일이 소개하지 않고 이를 큰 범주로 유형화했다.

이미 발간된 부적 수집의 대상은 불교 진언집으로는 1268년과 1777년, 1800년에 간행된 것을 이용했다. 종교 경전집으로는 도교의 위경인 『옥추보경』·『옥추령부』·『태을경』, 불교의 경전집인 『예적금강경』, 유교와 관련되었다고 전해지는 『신농비전부』 등을 이용했다. 민간 부적은 무라야마 지준(村山智順)의 『조선의 귀신(朝鮮の鬼神)』, 아카마쓰 지죠(赤松智城)·아키바 다카시(秋葉隆)의 『조선 무속 연구 상·하(朝鮮巫俗の研究 上·下)』, 『영부대전』, 『만법 령부비전』, 『도령부신연구』 등을 사용했다. 이외에도 많은 부적 책이 있지만 근래에 새롭게 등장한 것들이 수록되어 있는 것이 다수를 차지하고, 그 출처가 불분명한 것도 수록되어 있어 제외했다. 이외에 이미 간행된 자료들 중 부적을 이해할 수 있는 자료를 포함한 민속 보고서를 다수 이용했다.

2차 부적 수집 대상은 기간(旣刊)된 자료 이외의 수집된 자료도 있다. 우선 무당이나 독경무의 경우, 본인이 사용하는 부적집이 있기 마련이다. 이에 무당, 독경무, 술사 등을 선정하여 그들이 지니고 있는 부적집의 내용을 추가로 삽입했다. 이외에도 고려대학교박물관에 보관된 20세기 초반의 부적집인『각양부적(各樣符籍)』도 이용했다. 그리고 동시대의 부적 사용 실태를 살피기 위해서 2006년 3월부터 2006년 7월까지 학생, 상인, 운전기사, 광산노동자 등을 표본 추출하여 설문지 조사를 실시했다. 학생은 서울의 남녀 고등학교 3학년생을 대상으로 했다. 상인은 서울 인사동의 상인을 대상으로 부적 사용 실태를 확인했다. 운전기사는 서울의 모기업과 은행 등에 소속된 기사를 대상으로 했다. 광산노동자는 강원도 도계 탄광을 대상으로 조사했다. 이 표본 조사 후 필자는 서울의 남녀 고등학교 3학년 학생들을 대상으로 2018년 11월 부적의 활용 상태를 재조사했다. 이를 통해 젊은층의 부적에 대한 반응을 면밀하게 확인할 수 있었다. 이러한 작업은 현대사회에서 부적이 지닌 종교성과 믿음의 체계를 이해하기 위함이다.

제2장

부적의 기원과 변천

부적은 인류가 생활을 시작하면서 발생했을 것이다. 인간은 일상 생활에서 재앙을 내쫓고, 인간 생활에 필요한 다산과 풍요를 기원하고자 하는 종교적 심리가 생겨나면서 짐승의 뼈, 돌, 조개 등 자연물을 그대로 주술적인 도구로 사용했다. 따라서 여기서 사용된 자연물은 그 자체가 주물(呪物)로서 인간의 소망과 바람의 상징이다.

그러나 점차 인간의 지혜가 발달하면서 조형성이 가미된 부적이 나타나기 시작하게 된다. 원시시대의 암벽에 새겨진 해, 달, 별, 숲, 사람, 짐승, 새 등의 그림과 골각 기둥에 새겨진 주술적인 기하학적 무늬는 문자가 없던 당시의 사람들이 그들의 다양한 소원의 표현수단으로 사용한 하나의 상징적인 표상이자 부적이라 할 수 있다. 이처럼 초기에는 자연물을 그대로 이용하거나 약간의 조형성을 가미한 것에서 출발했으나 점차 도구를 이용한 부적으로 발전한 것이다.

타제석기(打製石器)나 마제석기(磨製石器)를 만들어 사용하던 석기시대에는 무기나 생활도구들이 그 자체로서 자신을 보호하는 부적의 기능을 지녔었다. 돌도끼, 돌화살촉, 돌칼, 뼈바늘, 작살 등은 생업 도구이자 그들의 종교적 도구였던 것이다. 점차 신앙이 발달함에 따라 일정한 목적, 즉 벽사와 길상이라는 목적을 위해 나무나 돌·뼈 등을 이용한 동물, 사람, 신상(神像) 등이 지니고 다니기 좋은 크기로 만들어지거나 도끼, 자물통, 방울, 버선, 괴불 등의 모양을 입체적으로 조각하여 부적으로 지니기도 했다. 점차 시대가 변화함에 따라서 복잡다기한 삶의 요구에 부응하여 판화를 이용한 '부인(符印)'이라든가 글씨와 그림이 있는 종이 부적들도 등장한다. 더 나아가 일상 도구 이외에 장신구 등에까지 부적의 의미를 부여했다. 그 대표적인 예가 벽사의 의미를 지닌 호랑이 발톱을 이용한 여자 장신구의 하나인 노리개와 호랑이 혼백의 상징인 호박을 이용한 남자 마고자 단추 등이다. 이와 같이 부적은 우리 인류 믿음의 시작과 함께 태어나서 각 시대별 사회 형태의 변화 발전과 밀접하게 연관되어 변천되어 왔다고 할 수 있다.

상고시대와 고조선 시대는 부적의 형상화 시기로, 태동기라 할 수 있다. 이때는 인간의 초월적 염원이 암각화나 동굴 벽화 등으로 표현된 것이다.

삼국시대는 부적이 구체화된 시기로, 불교 특히 밀교의 전파 포교 수단으로 부적이 수용되었다. 이는 석가탑에서 발견된『무구정광대다라니경(無垢淨光大陀羅尼經)』등을 통해 알 수 있다.

고려시대는 부적의 정형화 시기, 혹은 융성기라 할 수 있다. 호국 불교 사상을 바탕으로 한 팔만대장경과 용주사탑에서 나온 부적들을 통해 외침을 극복하고 국태민안(國泰民安)을 기원했음을 알 수 있다.

조선시대는 부적이 저변화와 확산이 이루어진 시기로, 다양한 문양과 다양한 부적의 종류, 다양한 종교에서의 부적 활용들이 나타난다.

상고시대(上古時代)의 부적

허버트 리드(Hebert Reed)는 선사시대의 미술을 세계에 대한 주술적 개입이라고 보고, 그로부터 종교적이며 신령스러운 상징이 고안되었다고 전제했다. 예술은 주술에서 비롯되었고 아름다움에 대한 욕구가 아닌 인간 삶의 욕구, 그리고 그 욕구를 실현하는 과정의 방식에서 비롯되었다.[23] 현실에 대한 마음속 이미지를 모방해 현실의 이미지로 바꾸고 그 이미지와의 교감을 통해 현실을 바꾸는 것, 바로 이 관념이 주술의 모태다. 주술에서 태어난 예술은 이미지를 현실로 바꿔 주는 매개 장치이며, 현실을 바꾸는 부적 같은 것이다.[24]

암각화의 부적

인간의 원초적인 종교생활을 이해할 수 있는 바위그림〔岩刻畵〕에는 벽사부적을 이해할 수 있는 내용이 남아 있다.

부적의 기원은 의미가 부여된 자연물, 즉 인류가 바위나 동굴에 주술적인 그림을 그렸던 태고시대로 거슬러 올라간다. 구석기시대(기원전

---

23) 허버트 리드 지음, 김병익 옮김, 『도상과 사상』, 열화당, 1982.

24) 김융희, 『예술, 세계와의 주술적 소통』, 책세상, 2000, 45쪽.

1만 5000~1만 년경)의 것으로 추정되는 라스코(LASCAUX)의 '들소 사냥 동굴벽화'와 젖가슴과 배가 유난히 강조된 빌렌 도르프의 '비너스상'은 포획과 다산(多産)의 주술적 상징으로 추정된다. 그려진 들소를 창으로 찌르고, 그 이미지를 마음에 깊이 심은 사람들은 실제로 다음 날 들소 사냥에서 들소를 잡는다. 초상에 대한 정복이 실제 살아 있는 들소의 정복으로 실현되는 순간이다. 즉, 소망을 이미지화하면 그 소망은 언제인가 이루어진다는 것이다. 이처럼 구석기시대의 인간들은 자신들의 소망을 무엇에든 남기고 그것을 통해 그 소원이 이루어질 것이라는 종교적인 염원을 지니고 있었다. 그런데 이러한 소망을 담은 들소는 붉은색으로 그려져 있다.[25] 붉은색은 벽사(辟邪)의 기운을 지닌 색으로 알려져 있다. 붉은색을 대표하는 피〔血〕는 생명의 모체로, 이것은 두려움의 대상인 동시에 생명을 보장하는 길한 물건으로 간주된다. 이러한 피가 지닌 양이성(兩異性)은 피에 대한 나름대로의 신앙을 마련했다. 피와 가장 유사한 것으로 그 기능을 대신할 수 있는 물건으로는 황토와 주사(朱砂)가 있다. 부적이 붉은색으로 처리되는 것은 바로 이러한 성향을 취하려는 의도다. 암각화로 표현된 들소는 바로 그러한 의미에서 부적의 효시라고도 할 수 있다. 특히 들소 옆에 새의 머리를 한 인물이 묘사되어 있는데, 이를 주술사로 보는 경향이 강하다. 따라서 들소는 주술사와 관련한 주술적인 존재임을 분명히 알 수 있다. 이처럼 원시인들로부터 주술적인 종교 의례와 관련한 의례 행위에는 부적과 일치되는 면을 찾아볼 수 있다.

실제 우리나라에서 발견된 경북 고령 알터바위그림과 울주군 언양면 대곡리에 있는 반구대의 바위그림에서 군호상(群虎像)과 고래 그림, 반

25) 마가레테 브룬스 지음, 조정옥 옮김, 『색의 수수께끼』, 세종연구원, 1999, 44~52쪽.

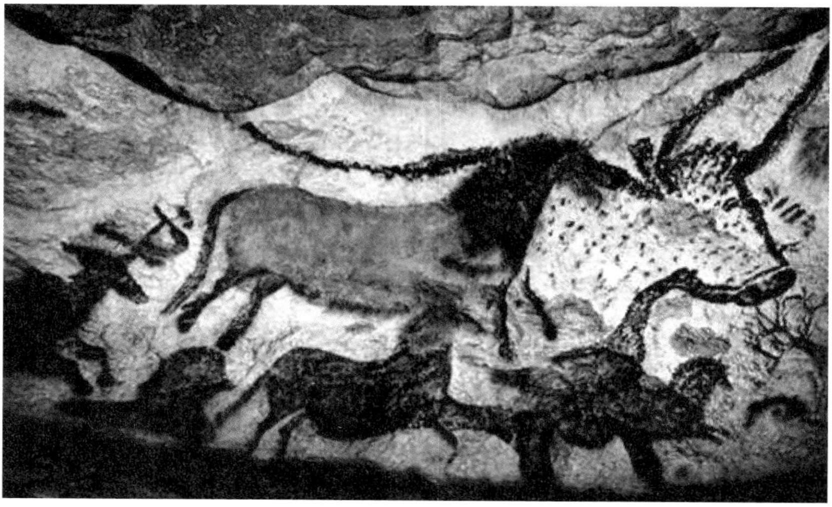

라스코(LASCAUX) 동굴의 들소 그림

울주 반구대암각화의 작살에 찔린 고래

견갑에 새겨진 창 맞은 사슴

구대암각화의 좌우 방에 있는 남근상(男根像)과 남해군 상주면 상주리의 상형문자 석각부 등 이 모두가 주술적 상징물로서 인간의 원초적 기원인 풍요와 다산 등 주술적인 목적을 지닌다. 이 중 대곡리의 고래잡이를 하는 배들 앞 벌판에서 팔과 다리를 벌린 채 앉아 있는 여인은 고래잡이의 안녕과 풍요를 기원하는 존재로 이해되고 있다.[26] 이러한 행위는 풍요를 추구하는 동시에 결국은 고래잡이를 하는 사람들의 안녕을 기원하는 행위다. 벽사란 결국 사악한 기운을 없애서 소기의 목적을 달성하려는 행위임을 감안할 때, 위 여인의 행위도 그 범주에 있다고 하겠다.

바위그림들이나 물건에는 '견갑에 새겨진 창 맞은 사슴' 그림과 같이 창에 찔린 것으로 묘사되는 동물들을 흔히 볼 수 있다. 이는 사냥의 성공을 기원하는 것으로 이해되는 동시에 동물을 성공적으로 포획함으로써 안정적 생활이 보장될 수 있다는 반대의 심리도 투영되어 있다. 승리자로서의 인간의 소망이 절실하게 담긴 것이다. 이러한 측면에서 창에 찔린 동물은 그것을 바라는 사람들에게는 소원하는 바, 즉 재액(災厄)을 물리치고 소기의 목적을 이룰 수 있다는 소망의 부적으로 인식될 수도 있다. 제액초복이라는 인간의 근원적인 소망 속에서 베풀어지는 모든 행위는 결국 벽사부적의 의미가 양이적으로 포함되어 있다고 하겠다.

고조선의 부적

고조선과 관련한 부적을 찾는다는 것은 실제로 매우 어려운 일이다. 고조선의 실체에 대한 고고학적, 역사학적 논의가 많이 진전되어 있지

26) 정동찬, 『살아 있는 신화 바위그림』, 혜안, 1996, 25쪽.

만 그것의 실체를 드러내 줄 수 있는 것은 일부에 지나지 않기 때문이다. 자료가 소략한 상황에서 부적을 통한 고조선의 일상생활상을 부각시킨다는 것이 어렵지만, 제한적이나마 논의를 진행시키고자 한다.

천부인

『삼국유사』「기이(紀異)」 편 첫머리에 수록된 고조선의 단군에 대한 글에는 '천부인(天符印)'이라는 신성한 도구가 언급되고 있다. "환인(桓因)이 그의 아들 환웅(桓雄)에게 천부인(天符印) 세 개를 주어 인간 세상에 내려가 다스리게 했다."[27]라는 기록은 확인할 수 있는 최초의 부적과 관련한 기록이다. 이 천부인은 제의(祭儀)를 집전(執典)하는 영험(靈驗)한 신기(神器, 무구(巫具))로 보는 것이 일반적이다.

이 '천부인'에 대한 종래의 학설은 다음 네 가지다. 첫째, 최남선은 칼·거울·방울이라 보았고, 둘째, 김재원은 부적도장, 셋째, 『신황정통기』의 인용으로 옥새·곡옥·거울로 보는 견해가 있고, 넷째, 서영대는 청동제 칼·방울·거울로 인식하고 있다.[28] 이처럼 천부인을 다양하게 해석하는 것은 초기 고대국가의 형성과 관련하여 절대 권력자의 상징으로 이해하기 때문이다. 이 학설은 모두 추정일 뿐 명백한 사료의 제시는 없다. 다만 최남선과 서영대의 경우는 청동기시대의 유물과 관련하여 추정하고 있으므로 다른 견해보다는 설득력이 있다. 청동기시대의 대표적인 묘제인 석관묘(石棺墓) 중 군장의 무덤으로 간주되는 무덤에는 청동검을 비롯하여 청동거울, 청동방울이 나온다. 이러한 천부인은 경(鏡,

27) 일연, 『삼국유사』 「기이」 권 제1 고조선, "乃授天符印三箇. 遣往理之…".
28) 서영대, 「단군신화에 대한 일연구」, 『단군』, 서울대출판부, 1994, 40쪽.

거친무늬 동경

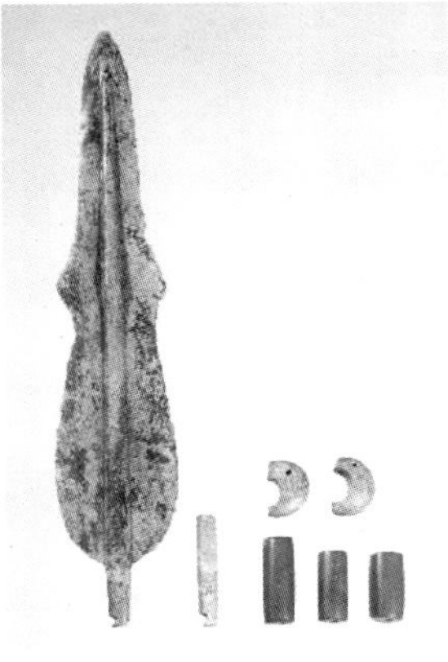

송국리 출토 청동검

공명)·검(劍, 정의)·령(鈴, 사랑)으로도 해석하는데, 이는 국가를 세우는 데 기본이 되는 사상을 상징한다. 다시 말하면 이 거울, 칼, 방울은 하늘에서 내린 치국(治國)의 사상적 의미인 것이다.

이것들은 현재의 무속신앙에서도 사용되는데, 이는 과거의 상징과 종교적 권위가 일정 부분 지속되고 있다고 볼 수 있다. 즉, 절대 권력자인 왕이 지닐 수 있는 물건인 천부인은 제정일치 사회의 특성상 종교적인 도구이자 정치적인 상징물인 것이다. 그러한 상징성은 오늘날의 주물로서의 부적과 그 형태는 다르지만, 그 기능에 있어서는 유사한 면이 있다고 하겠다.

한편 천부인으로 찍은 '직부(直符)'는 관인으로 간주되기도 한다. 그 근거로는 직부사자(直符使者)가 당나라에서는 인부(印符)를 지키는 관직이고, 불교에서는 생전의 행적에 대한 증명을 해 주는 관직[29]이기 때문이다. 사찰의 명부전에는 이 인물의 증명서를 든 탱화가 그려져 있다. 또한 18세기의 기록인 『오주연문장전산고(五洲衍文長箋散稿)』의 '관인벽

29) 김호연, 『한국민화』, 경미문화사, 1980, 123쪽.

사변증설'은 관인(官印)이 관리와 귀신을 호령, 복종케 한다는 부적으로서의 효용을 밝히고 있다.[30)]

이는 종교적인 권위의 상징물인 '부(符)'라는 것 자체가 부적이라는 주물이 아니라 임금의 상징물인 '신표(信標)'로도 해석될 수 있음을 보여준다. 하늘로부터 부여된 하나의 상징적인 도구로서의 신표이므로 이것은 결국 절대 권력과 종교적인 위상을 동시에 지니는 물건이라 할 수 있다. 그것은 다양한 종교적인 욕구를 담고 있었을 것이므로 벽사의 기능도 그중 하나였을 것이다.

도부

도부(桃符)는 말 그대로 '복숭아부적'이라는 의미를 지닌다. 중국의 『풍속통의(風俗通義)』[31)]에 도부의 유래를 소개하고, 그 기원이 고조선에서 비롯되었다고 밝히고 있다. 그 내용은 다음과 같다.

> 황해(중국의 동해)를 건너 북쪽 산(삭산)에 길이가 천리나 되는 굴이 있고, 그 굴 앞에는 큰 복숭아나무가 있는데, 입구에 굴속의 귀신들을 지키는 신도와 울루의 두 신이 서 있다. 그러므로 황제가 복숭아나무판에 두 대장신의 모습을 그려 대문에 걸어서 흉악한 잡귀들을 쫓았다고 한다."[32)]

---

30) 이규경, 『오주연문장전산고 상』, 동국문화사, 1958, 405쪽.
夫官印者帝王頒賜百僚使之號令天下人神莫不敎服而道流方土依倣其法亦作印符刻召神鬼而世人但知道術家以桃符棘印能 惡更不知官印亦能 邪固城

31) 후한의 응소(應劭)가 지은 전 10권에 부록 1권으로 이루어진 책자.

32) 東海渡朔山有大桃蟠屈千里 其此有鬼門二神守之曰神荼鬱壘主領衆鬼皇帝因立桃板干門晝二神以禦凶鬼

인용문에서 알 수 있듯이 중국 동쪽 바다 건너에는 신령이 사는 곳이 있다고 한다. 이에 이를 고조선으로 이해하기도 한다. 그곳의 북쪽에 있는 산의 굴 앞에 큰 복숭아나무가 있는데, 이 복숭아나무는 굴 속의 귀신을 지키는 두 신령인 신도(神荼), 울루(鬱壘)와 연관된다. 신도와 울루는 중국의 대표적인 축귀(逐鬼) 신령이다. 이러한 축귀 신령의 도구로 복숭아나무가 사용되고 있다. 복숭아는 일반적으로 귀신을 쫓는 주구(呪具)로 인식된다. 때문에 제사상에는 올리지 않으며, 잡귀를 쫓는 여러 가지 의례에 축귀를 위한 도구로 사용한다. 동토를 잡을 때에 동쪽으로 가지가 뻗친 복숭아나무 가지, 즉 동도지(東桃枝)를 잘라서 동토 귀를 축출한다. 동쪽은 양기(陽氣)가 발산되는 방위로, 길방(吉方)으로 여겨지므로 그러한 곳을 향해서 자란 나무는 축귀에 특별한 주력을 발휘할 수 있게 된다. 앞의 인용문에서는 이러한 내용은 드러나지 않지만, 결국 복숭아가 지닌 주력을 이용하려는 의지의 투영이라고 해석할 수 있다.

이처럼 강한 주력을 지닌 복숭아나무판에 신도와 울루라는 축귀의 신령을 그려 잡귀를 막았다는 것은 중의적 의미를 포함한 것으로 볼 수 있다. 신도와 울루, 복숭아나무판이라는 두 가지의 축귀 도구를 중첩해서 사용함으로써 그 효과를 배가시키려고 한 것이다.

위의 기록을 통해서 볼 때, 중국의 바다 건너 동쪽의 나라는 '한반도'라 할 수 있다. 그러나 이 내용은 한국을 대상으로 쓴 것이라기보다는 바다라는 미지의 세계와 연결될 수 있는 매개체의 건너, 즉 신비의 세계를 상정한 것으로 보아야 한다. 또한 동쪽은 태양이 뜨는 곳으로, 다른 어떠한 방위보다 신성(神性)을 지닌 곳으로 여겨진다. 바다 건너 미지의 신선의 세계이자 태양이 뜨는 곳에서 자란 복숭아나무는 뛰어난 축귀의 주력을 지닐 수 있을 것이다. 따라서 『풍속통의』 속 내용은 비록 고조선시대에 해당되는 기록이라 하더라도 고조선이 그 직접적 시원이라고 설명할 수는 없겠다. 다만 이미 이른 시기부터 중국에는 동쪽과 복숭아에 대한 신성성이 인정되고 있었음을 엿볼 수 있다.

중국에서도 섣달 그믐날 저녁이 되면 복숭아나무에 갈대 끈을 든 두 신의 모습을 조각하여 대문 양쪽에 두었다. 그리고 문설주에는 커다란 호랑이 한 마리를 그려 붙여 사악한 것이 들어오는 것을 막았다. 처음에는 이렇게 조각하던 것이 후대에는 그림을 그려 붙이는 것으로 변했다. 때로는 그들의 이름만을 대문에 쓰기도 했다. 이들이 바로 민간에 전해지는 문신이다.[33]

33) 이러한 문신의 예는 종규에서도 찾아볼 수 있다. 섣달 그믐밤에 종규의 그림을 대문에 붙였던 것이 원대 이후로 오면서부터 단옷날의 습속으로 변하게 된다. 단옷날이 되면 붉은 먹으로 종규의 그림을 그리고, 닭의 피로 종규의 눈을 그렸다고 한다. 이러한 종규신의 유래는 '종(終)규(葵)'라는 두 글자의 발음이 합쳐지면 '몽둥이'라는 의미가 된다. 옛날 사람들은 이 몽둥이로 귀신을 때려잡았다고 한다.(전인초, 『중국신화의 이해』, 아카넷, 2002, 151~159쪽 참조)

삼국시대의 부적

역사 시대로 들어오면서 기록이 시작된다. 그러나 기록된 역사 속에서 부적의 내용을 찾는다는 것은 현실적으로 어렵다. 기록은 지배자의 전유물이며, 정치적·경제적·사회적인 내용을 담고 있으므로 부적과 같이 신이한 내용을 기록하지 않는 특성이 있다. 따라서 고대의 신앙행위도 소략하게 다루어질 수밖에 없는데, 그중 하나인 부적을 쉽사리 찾아내는 것은 더욱 어려운 일이다. 그러나 기록과 더불어 부적을 만들고 사용했던 사람들이 남긴 유물을 통해 벽사와 관련한 믿음의 행위를 유추해 볼 수 있다.

인물 형상 부적

이 시기에는 주술적인 존재가 등장한다. 신라 25대 진지왕(眞智王)의 혼백과 도화녀(桃花女) 사이에서 태어난 아들인 비형랑(鼻荊朗)과 49대 헌강왕(憲康王) 대에 동해 용왕의 아들인 처용이 그 대표적인 인물이다. 이들은 인간인 동시에 초인적인 색체를 풍기고 있어 그 자체로서 종교적이라 할 수 있다.

도화녀와 비형랑

『삼국유사』 제26대 진평왕(眞平王) 대에는 전대 왕인 진지왕의 혼백과 아리따운 도화녀 사이에서 출생한 비형랑에 관한 내용이 다음과 같이 소개되어 있다.

> 王(왕)이 또 묻되, "귀신(鬼神)들 가운데 인간(人間)에 출현(出現)하여 정사(政事)를 도울 자가 있느냐?" 가로되, "길달(吉達)이라는 자가 있으니 정사를 도울 만하나이다." 왕이 데리고 오라 했다. 이튿날 비형(鼻荊)이 데리고 와서 보이었다. 집사(執事)의 직(職)을 주니 과연 충직함이 짝이 없다. 이때에 각간 임종(角干 林宗)이 아들이 없으므로 왕이 명하여 아들을 삼게 했다. 임종이 길달을 시켜 흥륜사(興輪寺) 남쪽에 문루(門樓)를 세우게 하고 밤마다 그 문 위에 가서 자게 했으므로 길달문(吉達門)이라 했다. 하루는 길달이 여우로 변하여 도망(逃亡)하니 비형(鼻荊)이 귀신을 시켜 잡아 죽였다. 그러므로 그 무리가 비형의 이름만 들어도 두려워하여 달아나니, 그때 사람들이 글을 지어 이르되 "성제(聖帝)의 혼(魂)이 나으신 아들, 비형의 집이 여기로구나. 날고 뛰는 잡귀(雜鬼)들아 행여 이곳에 머물지 말라."고 했다. 향속(鄕俗)에 이 글을 붙여서 귀신을 물리쳤다.[34)]

---

34) 王又問 鬼衆之中 有出現人間 輔朝政者乎 曰 有吉達者 可輔國政 王曰 與來 翌日荊與俱見 賜爵執事 果忠直無雙 時角干林宗無子 王勅爲嗣子 林宗命吉達 創樓門於興輪寺南 每夜去宿其門上 故 名吉達門 一日吉達變狐而遁去 荊使鬼捉而殺之 故 其衆聞鼻荊之名 怖畏而走 時人作詞曰 聖帝魂生子 鼻荊郎室亭 飛馳諸鬼衆 此處莫留停 鄕俗帖此詞以鬼 (『삼국유사』「기이」 권1 '제26대 진흥왕과 도화녀조')

위의 기록에서 임금의 혼과 도화녀 사이에서 태어난 '비형'이라는 존재의 신화적 탄생이 매우 신이함을 드러낸다. 특히 '도화녀'라는 이름 속에 드러나는 복숭아꽃이 벽사의 의미를 강하게 내포하고 있는 만큼, 도화녀와 임금의 영혼과의 결합에 의해 태어난 비형랑은 두 사람이 지닌 특성을 고루 지니게 된다.

현실 권력의 제1인자인 임금의 영혼, 도화녀의 주력이 바로 비형랑이 지닐 수 있는 기본적인 능력인 것이다. 도화녀의 이름의 도화(桃花), 즉 복숭아는 대표적인 축귀의 주술 도구이며, 신성한 과일이라는 의미를 지닌다.

우선 전자는, 홍만선의 『산림경제(山林經濟)』에는 "도(桃)는 백귀(百鬼)를 제압하니, 선목(仙木)이라 부른다."고 했다. 성현의 『용재총화』에도 "궁중에서 세말(歲末)에 행하는 악귀 퇴치인 구나희(驅儺戲)를 행할 때에 동쪽으로 뻗은 복숭아나무 가지로 비를 만들어 귀신을 때려 쫓아내는 행위를 한다."라고 기록하고 있다. 조선 후기 여성종합백과사전인 『규합총서(閨閤叢書)』의 '소국주방문'에도 술을 담근 뒤 동도지로 저어 술맛이 나빠지는 것을 막는 데 이용한다고 적고 있다. 이는 귀신뿐 아니라 부정한 것의 접근, 또는 음식의 맛이 나빠지는 것도 막아 준다는 믿음에 기인한 것이다.

이처럼 복숭아는 축귀와 관련된 대표적인 물건이다. 또한 복숭아는 천상의 신이나 신선들이 먹는 신성한 과일이라는 의미도 지니고 있다. 이처럼 귀한 복숭아의 이름을 지닌 도화녀의 아들인 비형랑은 아버지인 진지왕의 강력한 권위와 도화녀의 신비한 성향을 취하여 나름대로의 새로운 특성을 지닌 자로 탄생한다.

그에 걸맞게 비형랑은 도깨비다리(귀교(鬼橋))나 길달문에 머물면서 귀신을 퇴치하고, 도망가는 귀신 길달을 잡아 죽일 수 있는 힘을 지니고 있다. 길달문에 머물면서 귀신을 퇴치했다는 것은 비형랑이 관문을 수호하는 신령임을 의미한다. 이처럼 귀신을 통제할 수 있었던 것은 비형랑의 신이한 탄생, 즉 주술적인 힘의 원천 속에서 이미 배태(胚胎)되어 있었다. 그래서인지 비형의 이름만 들어도 귀신이 도망가니 민간의 풍속에서는 이러한 내용을 담은 글귀로도 귀신을 물리칠 수 있었다.

귀신을 통제할 수 있는 힘과 도화녀의 벽사력, 신성함, 아버지의 막강한 권력 등이 통합된 이 글귀는 문자 부적인 '귀신불침부'의 시원인 것으로 추정된다.

처용

처용(處容)은 인간과 초자연적 존재의 경계에 위치하며, 인성과 신성을 공유한 존재라 할 수 있다. 처용은 본래 동해 용왕의 아들로, 왕정을 보좌하게 된 존재란 점에서 신성과 인성의 양면성을 띠고 있다. 그리고 인간과 신의 경계에 위치하여 양자 사이를 소통하는 무격(巫覡)과도 상통한다.

『삼국유사』 권1 '처용랑 망해사조'에는 역신을 물리치는 처용부와 관련한 내용이 소개되어 있다. 신라 49대 헌강왕(875~886) 때에 동해 용왕의 아들 처용이 그의 부인을 범한 역신을 가무(歌舞)로써 용서하자, 이에 감복한 역신은 처용의 형용만 보아도 나타나지 않겠다고 했다. 그 내용은 다음과 같다.

제49대 헌강대왕 때에 대왕이 개운포-학성 서남에 있으니 지금 울주에 나가 놀다가 바야흐로 돌아가려 했다. 낮에 물가에서 쉬는데, 문득 구름과 안개가 자욱해져 길을 잃게 되었다. 왕은 괴이히 여겨 측근자에게 물으니, 일관(日官)이 아뢰었다. "이것은 동해 용의 조화이오니 마땅히 좋은 일을 해 주어서 이를 풀어야 될 것입니다." 이에 사무를 맡은 관원에게 명령하여 용을 위해 그 근처에 절을 세우도록 했다. 왕의 명령이 내려지자 구름과 안개가 걷혔으므로 이 일로 말미암아 지명을 개운포라 했다. 동해 용이 기뻐하여 이에 아들 일곱을 거느리고 임금 앞에 나타나서 왕의 덕을 찬양하여 춤을 추며 음악을 연주했다. 그중 한 아들이 임금을 따라 서울에 들어가서 정사를 도왔는데, 이름을 처용이라 했다.

왕은 미녀를 처용에게 아내로 주어 그의 생각을 잡아두게 했으며, 또한 급간(級干)이란 관직을 주었다. 그런데 그의 아내가 매우 아름다웠으므로 역신(疫神)이 그녀를 흠모하여 사람으로 모습을 바꾸어 밤에 그 집에 가서 몰래 그녀와 동침했다. 처용이 밖에서 집에 돌아와 자리에 두 사람이 누웠음을 보자, 이에 노래를 부르며 춤을 추면서 물러나왔다. 그 노래는 이렇다. "서울 밝은 달에, 밤들어 노니다가, 들어와서 자리를 보니, 가랑이가 넷이러라, 둘은 내 것인데 둘은 뉘 것이뇨, 본디는 내 것이다만은 빼앗겼으니 어찌할꼬" 그때에 역신이 형체를 나타내어 처용 앞에 꿇어 앉아 말했다. "제가 공의 아내를 사모하여 지금 그녀를 관계했는데, 공은 노여움을 나타내지 않으시니 감동하여 칭송하는 바입니다. 맹세코 이후로는 공의 형용을 그린 것만 보아도 그 문에 들어가지 않겠습니다." 이 일로 말미암아 나라 사람들이 처용의 형상을 문에 붙여서 사귀(邪鬼)를 물리치고 경사를 맞아들이게 되었다.(이재호 역)

위의 내용을 볼 때 처용은 넉넉함으로써 역신을 물리쳤다.[35] 역신이 물러가면서 처용의 얼굴을 보면 앞으로 그 집에 들어가지 않겠다고 말한다. 이는 역신을 물리칠 수 있는 민간의 사고를 보여 주는 것으로, 넉넉하고 자비로운 처용의 모습 자체가 주술적 도구로 이용되는 것이다. 이는 나례(儺禮)와 매우 유사하다. 나례의 주목적이 바로 역귀로 대변되는 재앙을 물리치는 것이기 때문이다. 나례가 우리나라에 들어온 사실을 전하는 첫 기록은 고려시대 정종(靖宗) 6년(1040)에 나타나지만, 실제로 나례가 우리나라에 들어온 것은 그 이전이었을 것으로 추정된다. 정종 6년의 기록은 중국의 궁중나례가 고려의 궁중나례에 수입된 것을 말한다.

『삼국사기』에 수록된 최치원의 〈향악잡영(鄕樂雜詠)〉 5수에 나오는 '대면(大面)'의 등장인물이 벽사 색인 황금색의 가면을 쓰고 나와서 채찍을 휘두르며 귀신을 쫓는 모습은 신라시대에 이미 나례가 존재했을 가능성을 보여 준다. 또 귀와(鬼瓦)와 김유신(金庾信) 장군 묘의 주위에 조각해 놓은 십이지신상 등을 통해서도 신라시대에 이미 나례와 유사한 '귀신 쫓기 신앙'이 있었음을 알 수 있다. 처용설화도 처용이 자기 아내에게 붙은 역신을 쫓아내는 내용이므로 나례와 유사한 구역(驅疫), 즉 '역귀(疫鬼) 쫓기 행사'이다. 따라서 이상의 여러 예로 보아 신라시대에 이미 나례나 나례와 유사한 귀신 쫓기 행사가 있었을 것으로 추정된다.

---

35) 처용의 존재에 대해서는 ① 벽사 가면의 인격화〔現人陽邪神〕설, ② 반중앙적 지방 호족의 아들로서의 질자(質子, 아들을 인질로 보냄)설, ③ 이재술(理財術)을 지녔던 이슬람 상인설, ④ 호국호법룡의 불교 상관 인물설, ⑤ 무격(巫覡) 또는 무격의 몸주〔主神〕설, ⑥ 풍월도적 미륵신앙을 갖고 있는 화랑설 ⑦ 자신의 부인을 범한 역신에 대해 화를 내지 않은 처용의 인욕(忍辱)설화를 석가모니의 제자이며 적자인 라후덕의 인욕과 비교하여 인욕이 신격화됨 등이 있다.

고려시대에 도입된 공식적 나례는 궁중나례인데, 민간의 나례는 이미 신라시대에 들어와 있었을 가능성이 높은 것이다. 어쨌든 처용설화는 우리나라에서 처용무가 역귀로 대변되는 재앙을 물리치는 벽사 의례(辟邪儀禮)의 기원이 되었음을 전해 준다. 이렇게 시작된 처용무는 고려시대와 조선시대의 나례와 연회 등에서 계속 전승되었는데, 가면을 착용하고 역귀를 쫓아내는 춤을 추었다.

주술 차원으로 이해될 수 있는 처용의 형상은 시대에 따라 그 모습이 변화한다. 처용 화상은 신라시대에는 한 사람이 검은 베옷에 사모를 쓴 모습으로 나타난다. 이는 『용재총화』에 처용무가 본래 흑포사모(黑布紗帽)에 적색 가면을 쓰고 춘 1인무였다고 기록되어 있는 데서 짐작할 수 있다. 고려시대에 이르면 그 모습은 보다 구체화된다. 고려 말 이색의 한시 〈구나행〉[36]에 표현된 처용상처럼 칠보를 두르고 머리에 복숭아나무 가지와 모란꽃을 가득히 꽂은 벽사진경을 상징하는 모습으로 전환된다. 현재 중요무형문화재 제2호 양주별산대놀이, 제49호 송파산대놀이, 제17호 봉산탈춤, 제34호 강령탈춤, 제61호 은율탈춤 등에서 전승되고 있는 노장과장의 취발이는 처용과 매우 흡사한 가면과 소도구를 사용하고 있다. 취발이는 붉은 가면을 쓰고 술에 취한 모습으로 손에 버드나무 가지를 꺾어서 머리 위로 치켜들고 등장한다. 이는 이색이 〈구나행〉에서 처용무를 "신라의 처용은 칠보 장식을 했는데, 머리 위의 꽃가지에선 향기로운 이슬 떨어지네. 긴 소매 이리저리 흔들며 태평무를 추는데, 불그레히 취한 얼굴은 아직도 다 깨지 않은 듯"이라고 묘사한 내용과 매우

36) 『용재총화』 권1의 처용놀이에 관한 기록에는 처용놀이는 신라 헌강왕 때 비롯된 것이고, 처음엔 한 사람이 검은 베옷 사모를 쓰고 춤추었던 것이 이후 오방처용무가 되었다. 세종대왕이 곡절은 그대로 두고 가사를 고쳐서 '봉황음'이라 이름하여 조정의 정악으로 삼았다.

유사하다. 붉은색은 벽사할 수 있는, 즉 귀신을 쫓을 수 있는 색이다. 고려 말의 나례에서 처용이 붉은색의 가면을 쓰고 벽사적인 성격을 띤 복숭아나무 가지를 머리에 꽂고 나와 역신을 쫓는 모습이나, 취발이가 붉은색의 가면을 쓰고 역시 벽사할 수 있는 푸른 버드나무 가지를 머리 위로 치켜들고 나와서 사회적 재앙인 노장을 쫓아내는 모습이 통하고 있는 것이다. 취발이가 다리에 방울을 매달고 나오는 것도 방울 소리를 통해 역귀를 쫓아내려는 사고의 반영으로 보인다.

조선시대에는 초기부터 보다 의식화되어 처용무가 궁중정재의 하나로 구체화된다. 『악학궤범』 권 제5권에 '학(鶴)연화대(蓮花臺)처용무합설(處容舞合設)조'에 섣달 그믐날 나례의식 때 추던 장엄한 의식 절차로 기록되어 있다. 이때의 처용무는 학무(鶴舞)·연화대(蓮花臺)·처용무의 세 가지가 합쳐져 화려한 춤으로 변한 것이다. 여기서 처용은 고려시대와 같은 모습으로도 나타나고, 연화대의 연희에서는 처용무의 무동(舞童)이 머리에 연꽃과 연잎 모양으로 된 가면인 동연화관(銅蓮花冠)을 착용하고, 연화대무의 동녀 2인은 머리에 연화관을 착용한 형태로도 나타난다.[37] 연화관을 붙인 가면을 착용하는 무동을 '관처용(官處容)'이라 지칭하는 것으로 보아 이는 처용무와 관련이 있다고 볼 수 있다.

『용재총화』 권1의 '처용지희'에서 관처용은 조선 전기의 오방처용무에서 보이는 학의 가면을 쓰고 학으로 분장한 2인, 처용가면 5인, 가면 10인 중 가면 10인을 지칭한다. 얼굴에 가면을 쓰고 연화관을 머리에 쓴 무동 역시 처용과 더불어 벽사의 대상이 되고 있음을 알 수 있다.[38]

이처럼 처용의 모습이 시대에 따라 변모하는 것은 처용에 대한 시대

37) 연잎을 쓴 처용무의 무동에 대해서는 전경욱의 「처용무의 성립과 각 지방의 관련 민속연희 및 민속」, 『한국민속학』 44집, 2006 참고.

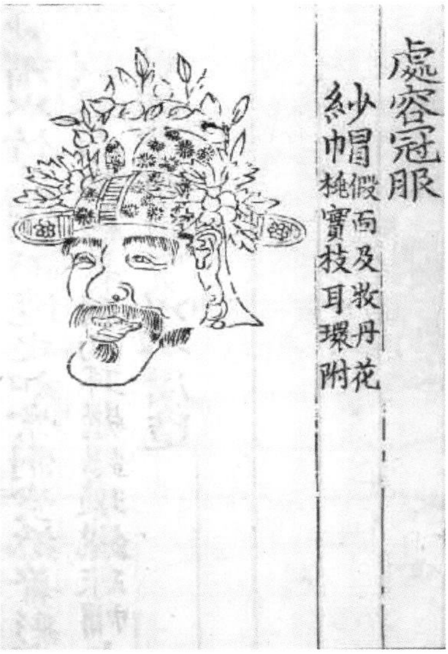

『악학궤범』의 처용 가면

채색된 처용 가면

연화 모자를 쓴 처용

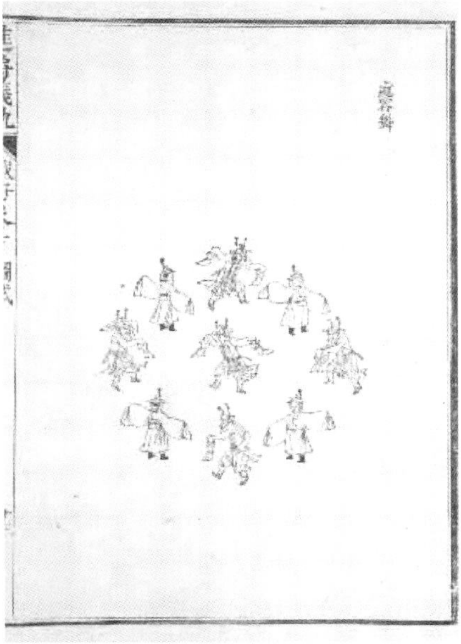

『진작의궤』에 실린 처용무

적인 요청이 변모하고 있었기 때문이다. 동해에서 활용되던 주술 의례가 궁중정재(宮中呈才)로 변모하면서 구체적인 모습으로 형상화된 것이다. 이것은 처용무가 벽사진경의 의례에서 점차 연희의 한 종목으로 자리매김해 가면서 구체화되었음을 의미한다. 그러나 여전히 처용은 벽사진경의 의례적인 속성을 지니고 있으며, 그것이 형상으로 구체화되어 나타난다. 이를 설명하면 다음과 같다.

① 신라시대의 검은 베옷을 입고 사모를 쓴 관인의 모습, ② 고려시대의 복숭아나무 가지와 모란꽃을 머리에 꽂은 형상, ③ 연화를 머리에 얹은 모습 등은 제각기 상징하는 바가 있다.

① 형상의 검은 베옷은 검은색이 지닌 상징과 사모를 쓴 관인의 모습으로 나누어 볼 수 있다. 검은색은 북방의 상징 색이자 죽음을 상징하는 색이다. 이러한 옷을 입었다는 것은 일상복을 입은 것과는 거리가 멀다. 그렇다면 그 자체가 의례복을 상징한다고 할 수 있다. 주술적인 의례를 베푸는 주술사의 모습으로 이해되므로 그 모습 자체가 종교적 권위를 지녀 그 자체가 부적인 셈이다. 붉은색의 주사 자체가 부적으로 활용되듯이 검은색의 의례복은 그 자체로서 부적의 기능을 하는 셈이다. 관인의 모자 역시 동일한 차원에서 이해된다. 그렇다면 정치적 권위에 대한 두려움이 종교적으로 승화된 것이 처용의 모습이라 하겠다.

②에서는 보다 주술적인 모습으로 구체화되어 나타난다. 머리에 꽂은 복숭아나무 가지는 위에서 살펴본 도부(桃符)와 같이 복숭아 혹은 복숭아나무 가지가 지닌 주술성과 일맥상통한다. 모란꽃은 꽃 중의 꽃 존

38) 전경욱은 연꽃을 쓴 무동의 등장을 처용무가 조선 전기에 학·연화대·처용무 합설로 연행될 때에 연주되는 반주 음악과 노래 가사가 〈영산회상〉, 〈영산회상불보살〉, 〈미타찬〉, 〈본사찬〉, 〈관음찬〉 등의 불교음악인 것과 연관지었다. 결국 연잎 가면의 등장은 불교적 배경 아래 탄생한 것으로 보았다.

귀의 꽃으로, 종교적인 상징성을 표현하기 위한 수단이라 할 수 있다. 이러한 장식을 한 존재가, 코가 높고 눈은 움푹 들어간 고비심목(高鼻沈目)의 모습을 갖추고 있는 것은, 그것이 지닌 비일상성을 보여 주기 위한 것이 아닐까 한다.

③ 섣달 그믐날 나례의식에서 처용무가 사용된 것은 의례 자체가 벽사 의미를 지니고 있으므로 처용은 여전히 벽사의 대상임을 알게 한다.

시대적 변화에도 불구하고 처용은 인간의 얼굴을 그대로 드러내지 않고 가면을 착용한다. 가면을 쓴다는 것 자체가 평상시 현실세계 속에서 표현됐던 개인적인 인격을 감추고 다른 인격, 즉 초자연적 인격으로 제의에 참여한다는 것을 뜻한다. 즉, 가면은 인격을 변용시키는 도구로 사용되며, 자기의 마음을 외부의 다른 대상에 투사시키는 도구로, 부적의 일종으로 볼 수 있다.

한편 조선시대에는 이 같은 처용의 화상이 세화와 더불어 대문으로 들어오는 액을 막기 위해 '문배'로도 붙였다. 문배는 일반적으로 중국의 예에 따라 종규와 울지경덕, 진숙보의 그림을 사용했다. 그러나 우리나라에서는 처용의 화상을 문배로 이용했다. 성현의 『허백당집(虛白堂集』 권8과 보집(補集) 권2에 그 내용이 아래와 같이 실려 있다.

처용(處容)

신라 때부터 지금에 이르기까지
너도나도 다투어 그 모습을 꾸미고 그리네.
사악한 귀신 물리쳐 질병 고통 없애려고,
해마다 설날이면 문에다 붙이네.[39] – 성현, 『허백당집』, 권8

---

39) 自從新羅到今日 爭如粉藻圖其容 擬辟祓邪無疾苦 年年元日帖門戶

제석이수(除夕二首)

문에는 울루라는 글자 붙어 있고,
창에 붙인 처용의 머리는
역귀를 쫓아버리네.[40] – 성현, 『허백당집』, 보집 권2

성현의 시 〈처용〉과 〈제석이수〉는 신라 이래 조선 전기까지 처용의 그림을 그렸고, 성현 당시에 해마다 설날이면 문배로서 처용의 화상을 문에 붙여 액이 집 안으로 들어오는 것을 막았으며, 창문에도 처용의 화상을 붙여 역귀를 쫓아버리는 풍속이 있었음을 전해 준다. 주목되는 점은 궁궐에서는 문배로 중국의 문신을 이용했지만, 민간에서는 그와 더불어 처용도 문신으로 이용했다는 점이다. 이는 결국 처용이 오랜 기간 동안 병의 고통을 없애고자 하는 '벽병부의' 기능을 하고 있음을 보여 준다.

남녀의 나이가 나후직성(羅睺直星)에 들면 추령(芻靈, 제웅)을 만든다. 이것을 사투리로 처용(處容)이라 한다. 짚으로 제웅을 만들면 머릿속에다 동전을 집어넣고 보름날 전날, 곧 14일 밤 초저녁에 길에다 버려 액을 막는다. 그리하여 이때가 되면 여러 아이들이 문 밖으로 몰려와 제웅을 내어달라고 한다. 그래서 그것을 얻으면 머리 부분을 파헤쳐 다투어 돈만 꺼내고 나머지는 길에다 내동댕이친다. 이것을 타추희(打芻戲, 제웅치기)라고 한다. 처용의 명칭은 신라 헌강왕 때 동해 용왕의 아들 이름에서 나온 것이다. 장악원(掌樂院) 향악부(鄕樂部)에 처용무가 있는 것이 바로 이것이다. 그러므로 추령(芻靈)이란 이 처용에서 빌어온 것이다. – 『동국세시기(東國歲時記)』 '상원(上元)조'

40) 門排鬱壘字 窓帖處容頭 疾鬼驅將去

한성부에서 아뢰기를 "매년 상원일의 전야가 되면 각 동시(洞市)의 아이들이 으레 모여서 체용(體俑)을 두드리는 놀이를 합니다. 이번에는 동임(洞任)들이 모여서 두드리는 놀이를 하지 말도록 여러 가호에 지위하여, 마치 금령(禁令)이 있는 것처럼 했기 때문에 자못 소요가 이는 폐단이 많았습니다." …하교하기를 "상원일의전야에가시(街市)의 아동들이 무리로 대오를 이루어 다투어 제웅(草人)을 두드리는 것을 이름하여 처용희(處容戲)라고 하는데, 일이 불경(不經)스럽기는 하지만 또 하나의 성대한 일인 것이다. 고장 사람들이 나례를 행할 때에는 성인도 오히려 경건한 마음가짐을 지녔었다. 대개 제석(除夕)의 나례와 원소(元宵)의 용희(俑戲)는 모두 국속에 비롯된 것이니, 어찌 설법하여 금지시킴으로써 소요가 이는 폐단을 초래할 수 있겠는가?"

—『정조실록』'5년 1월 17일조'

『동국세시기』는 짚으로 인형(제웅)을 만들어 머릿속에다 동전을 집어넣은 다음, 음력 정월 14일 밤 초저녁에 길에다 버려 액을 막는 풍속인 '제웅치기'를 소개하고 있다. 그리고 제웅치기의 제웅을 '추령(芻靈)'이라 부르면서 추령이 처용무의 '처용임'을 밝히고 있다. 『정조실록』도 제웅치기의 민속을 언급한 것이다. 제웅을 '체용(體俑)'이라 부르면서 짚으로 만든 초인(草人) 제웅을 두드리는 것을 '처용희(處容戲)'라고 칭하고 있다. 이는 모두 조선 후기에 행해진 '제웅치기'가 처용의 벽사적, 주술적 기능의 영향 아래 형성된 것임을 밝히고 있다. 이는 조선 후기에는 민간에서 처용의 벽사적, 주술적 기능과 관련된 풍속으로 '제웅치기'로 전승되었다. 이는 짚으로 인형(제웅)을 만들어 머릿속에다 동전을 집어넣은 다음, 음력 정월 14일 초저녁에 길에다 버려 액을 막는 풍속인데,

제웅은 처용으로 간주되었다. 오늘날도 '제웅치기'는 개인의 액을 쫓아 버린다는 동일한 주제를 가지고 있지만, 지방마다 약간씩 변이되어 전승되고 있다. 원래 처용은 액을 물리치는 고귀한 존재였으나, 제웅은 액막이의 짚인형으로 변이되었다.

한편 처용의 이러한 벽사적 성격 때문인지 처용을 중국의 벽병신인 종규로 이해하기도 한다. 알랜 카터 코벨(Alan Carter Covell)은 단오부의 화상은 처용이 아닌 종규일 수도 있다고 설명한다.[41] 또한 한정섭도 오월 단오절에는 천연색으로 인쇄된 종규의 그림을 붙이고 '주사판관(朱砂判官)'이라 했다.[42] 특히 코벨은 중국의 병귀(病鬼)를 퇴치하는 종규의 화상(이마에 두 혹이 나 있고, 머리에 쓴 모자를 뚫고 두 뿔이 나 있는 화상)이 처용의 예술적으로 표현된 화상과 흡사하다고 말하고 있다. 하지만 종규의 화상은 눈이 크고 얼굴에 털이 많으며, 머리에는 사모를 쓰고 장화를 신은 것으로 표현되어 처용의 화상과는 다르다.

처용은 다른 어느 부적보다 우리나라 자생적이라는 점에서 우리나라 부적의 역사성을 밝히는 데 중요한 위치를 차지하는데, 엄밀히 표현해서 '벽병부(辟病符)'라 할 수 있고, 그 기원으로 삼을 수 있겠다.

실제 처용이 생존했던 시기인 8~9세기경에는 역병이 중국과 일본에까지도 만연했던 시기였다.[43] 추측하건대, 위의 기사와 관련한 처용은

---

41) Alan Carter Covell, Shamanism in korea, Folk art and magic, Hollym, 1986, p.103.

42) 한정섭, 『한국인의 민속 신앙』, 이화문화출판사, 1996, 227쪽.

43) 역신에 대해서는 일반적으로 열병신(熱病神, 천연두·홍역·학질을 일으키는 질병신)으로 보고 있으나 ① 병든 도시의 유한공자(遊閑公子), 곧 타락한 화랑의 후예의 상징으로 보는 견해, ② 탐락과 방탕 풍조에 빠져 있던 반도덕적인 패륜아의 상징으로 보는 견해, ③ 나라를 병들게 하는 어두움과 악의 화신으로 보는 견해 등도 있다. 그러나 가장 보편적인 것은 역시 열병신이다.

무교적 제의를 통해 병을 낫게 한 이름난 무당 혹은 무의(巫醫)라고 하겠다. 그의 신묘한 치병의 능력으로 처용은 인간이 아닌 용왕의 아들이라는 초월적 존재로서의 신화적 상징 체계 속에 큰 흔적을 남기고 있다. 그가 남긴 '처용가(處容歌)'와 '처용무(處容舞)' 그리고 '처용 화상'은 무교 제의의 3요소인 노래, 춤, 부적으로 그대로 이어져 내려오고 있다.

이처럼 질병을 치유하기 위해 부적이 사용되는 것은 병의 원인이 귀신에 있다는 관념에 기인한다. 현대 의술이 소개되기 이전에는 모든 병의 원인을 귀신 또는 역귀의 침입에 의한 것으로 간주했다. 그러므로 병에 걸리지 않게 하기 위해서는 잡귀가 침범하지 못하도록 예방을 해야 한다고 생각했다. 일단 병에 걸리면 침범한 악귀를 퇴치시켜 병이 치유되기를 빌었다. 그래서 주술적 춤과 기도문을 다루는 무당에 의한 액막이굿이 당시에는 치유 방법으로 즐겨 이용되었던 것이다. 따라서 적어도 9~10세기 기간 동안에는 극적인 액막이 의례에서 처용과 관련된 내용이 사용되었을 것으로 추정된다.

신라시대에는 자비와 용서 어린 슬픈 노래로서 역신을 감화시켜 퇴치한 〈처용가〉가 고려시대의 고려속요 〈처용가〉에서는 격노해서 역신을 쫓아내는 것으로 묘사된다.[44)]

> (전강) 신라 성대 밝은 성대의 천하태평은 라후의 처용아비여 이로써 사람들이 별말이 없게 되니 이로써 사람들이 별말이 없게 되니 (부엽) 모든 재앙이 일시에 소멸하도다 (중엽) 아! 아비의 모습이여 처용아비의 모습이여 (부엽) 머리에 가득 꽂은 꽃이 무거워 기울어진 머리 (소엽) 아! 수명이 장수할 넓으신 이마 (후강) 산 모양 비슷한 긴 눈썹 애인을 바라보는 듯한 너그러운 눈 (부엽) 바람이 잔뜩 불어 우글어

진 귀 (중엽) 복사꽃같이 붉은 얼굴 (부엽) 진기한 향내 맡으시어 우묵해진 코 (소엽) 아! 천금 먹으시어 넓어진 입 (대엽) 백옥유리같이 하얀 이빨 복이 많다 칭찬 받아 밀어 나온 턱 칠보 무거워서 숙어진 어깨 좋은 경사 너무 많아 늘어진 소매자락 (부엽) 슬기를 모두어 유덕한 가슴 (중엽) 복과 지혜가 다 풍족하여 불룩한 배 붉은 띠 무거워 굽은 허리 (부엽) 태평성대를 같이 즐겨 길어진 다리 (소엽) 아! 계면조에 맞추어 도는 넓은 발 (전강) 누가 만들어 세웠는가 누가 만들어 세웠는가 바늘도 실도 없이 바늘도 실도 없이 (부엽) 처용아비를 누가 만들어 세웠는가 (중엽) 많이도 많이도 세워놓았구나 (부엽) 십이 제국이 모두 만들

44) (前腔) 新羅聖代 昭聖代 天下大平 羅侯德 處容아바 以是人生애 相不語ᄒᆞ시란ᄃᆡ 以是人生애 相不語ᄒᆞ시란ᄃᆡ (附葉) 三災八難이 一時消滅ᄒᆞ샷다 (中葉) 어와 아븨 즈ᅀᅵ여 處容아븨 즈ᅀᅵ여 (附葉) 滿頭揷花 계오샤 기울어신 머리예 (小葉) 아으 壽命長願ᄒᆞ샤 넙거신 니마해 (後腔) 山象이슷 ᄀᆡᇫ어신 눈썹에 愛人相見ᄒᆞ샤 오ᄋᆞᆯ어신 누네 (附葉) 風入盈庭ᄒᆞ샤 우글어신 귀예 (中葉) 紅桃花ᄀᆞ티 븕거신 모야해 (附葉) 五香 마ᄐᆞ샤 웅긔어신 고해 (小葉) 아으 千金 머그샤 어위어신 이베 (大葉) 白玉琉璃ᄀᆞ티 ᄒᆡ여신 닛바래人讚福盛ᄒᆞ샤 미나거신 ᄐᆞᆨ애 七寶 계우샤 숙거신 엇게예 吉慶 계우샤 늘의어신 ᄉᆞ맷길헤 (附葉) 설믜 모도와 有德ᄒᆞ신 가ᄉᆞ매 (中葉) 福智俱足ᄒᆞ샤 브르거신 ᄇᆡ예 紅정 계우샤 굽거신 허리예 (附葉) 同樂大平ᄒᆞ샤 길어신 허튀예 (小葉) 아으 界面 도ᄅᆞ샤 넙거신 바래 (前腔) 누고 지ᅀᅥ 셰니오 누고 지ᅀᅥ 셰니오바늘도 실도 어ᄡᅵ 바늘도 실도 어ᄡᅵ (附葉) 處容아비ᄅᆞᆯ 누고 지ᅀᅥ 셰니오 (中葉) 마아만 마아만ᄒᆞ니여(附葉) 十二諸國이 모다 지ᅀᅥ 셰온 (小葉) 아으 處容아비ᄅᆞᆯ 마아만ᄒᆞ니여 (後腔) 머자 외야자 綠李야 ᄲᆞᆯ리 나 내 신고ᄒᆞᆯ ᄆᆡ야라 (附葉) 아니옷 ᄆᆡ시면 나리어다 머즌말 (中葉) 東京 ᄇᆞᆯᄀᆞᆫ ᄃᆞ래 새도록 노니다가 (附葉) 드러 내 자리ᄅᆞᆯ 보니 가ᄅᆞ리 네히로섀라 (小葉) 아으 둘흔 내해어니와 둘흔 뉘해어니오(大葉) 이런 저긔 處容아비옷 보시면 熱病神(大神)이ᅀᅡ 膾ㅅ가시로다 千金을 주리여 處容아바 七寶를 주리여 處容아바 (附葉) 千金 七寶도 말오 熱病神를 날자바 주쇼셔 (中葉) 山이여 ᄆᆡ히여 千里外예 (附葉) 處容아비ᄅᆞᆯ 어여려거져 (小葉) 아으 熱病大神의 發願이샷다.(『악학궤범』, '학연화대처용무합설조')

어 세워 (소엽) 아! 처용아비를 많이도 세워놓았구나 (후강) 버찌아 오얏아 녹리야 빨리 나와 내 신코를 매어라 (부엽) 아니 곧 맨다면 궂은 말 떨어지리라 (중엽) 동경 밝은 달 아래 밤새도록 노닐다가 (부엽) 들어와 내 자리를 보니 가랑이가 넷이로구나 (소엽) 아! 둘은 내 것인데 둘은 뉘 것이뇨 (대엽) 이럴 적에 처용아비만 본다면 열병신이야 횟감이로다 천금을 주랴 처용아비야 칠보를 주랴 처용아비야 (부엽) 천금 칠보도 말고 열병신 잡아 날 주소서 (중엽) 산이나 들이나 천 리 밖으로 (부엽) 처용아비를 비켜갈지어다 (소엽) 아! 열병대신의 발원이로다

여름이 시작되는 단오는 1년 중 가장 양기가 성한 때이므로 예기치 않은 병원균의 침입을 예방하고자 하는 의도에서 처용 부적이 사용되었고, 점차 연중 의례로 자리잡게 된 것이다. 또한 〈처용가〉는 무가(巫歌)로 즐겨 사용되었을 것으로 추정된다.

이러한 내용으로 볼 때 결국 처용과 관련한 내용에 기인한 처용무, 처용가, 처용의 화상 등은 훗날 널리 사용된 종이에 그린 '천중적부', '단오부'의 기원이 된다. 따라서 역병(疫病)이라는 전염병을 나름대로 극복하기 위해 고안해 낸 처용은 '질병부'의 기원이라고 하겠다.

무덤을 지키는 인물형 석상

신라의 무덤 앞에는 간혹 무인상(武人像)이나 사자상(獅子像) 등의 석상(石像)이 배치되어 있다. 사적 제26호 경주 괘릉을 중심으로 좌우 입구에 한 쌍씩 석조상들이 배치되어 있으며, 수량은 문·무인 4점, 사자상 4점, 석주 2점으로 총 10점이다.

괘릉의 무인석

괘릉의 문인석

괘릉의 석물들(석주, 무인상, 문인상, 사자상)

이 중 무인상은 서역인 또는 서역풍을 나타내고 있어서 동서 문화의 교류적 측면에서 크게 중시되고 있는 자료로 주목받고 있다. 문인상 역시 그 이전에는 볼 수 없는 형식으로, 신라시대의 독특한 분위기를 나타낸다.

이외에 신라 중대의 화려한 문화를 만든 성덕대왕의 능에 설치된 문인상 역시 김유신 묘와 더불어 당대의 대표적인 문인상을 보여 준다. 왕릉급 무덤에 설치된 당시의 문인상은 매우 사실적인 모습을 보여 주는데, 무덤 앞에 도열한 채 왕의 명령을 받는 듯 공손하게 조각되어 있다.

반면에 무인상은 옆구리에 칼을 찬 채로 눈을 부릅뜨고 묘소 바깥을 바라보도록 배치되어 있다. 묘소 쪽부터 석주(石柱)·무인상·문인상·사자상을 배치해 두었는데, 무인상을 문인상에 비해 묘소 쪽에 가깝게 설치했다는 것은 묘소를 수호하는 기능을 보다 강하게 부여하기 위함으로 해석할 수 있다. 묘소 가까이에서 묘소를 수호하고 있는 무인상은 벽사부적의 기능을 지니고 있다고 볼 수 있다. 그 옆으로 나란히 서 있는 문인상이나 사자상 역시 동일한 기능을 하고 있다고 하겠다. 괘릉에만 추가적으로 설치된 무인상은 무덤의 수호라는 측면에서 보다 강조된 벽사부라 하겠다.

도깨비 형상 부적

무인상

고구려의 석실분에는 고구려인의 의식세계를 살필 수 있는 다양한 그림이 남아 있다. 다음 그림의 삼실총 제2실 서쪽 입구의 무사도에 주목해 보면, 무덤 현실(玄室)의 좌우에 각기 한 기씩의 무인상이 그려져 있다. 이 그림은 현실을 지키는 수문장으로 이해된다. 수문장을 무인으로 표현한 것은 매우 자연스러운 현상이라 할 수 있지만 그것 자체가 문신인 동시에 벽사의 주술적인 힘을 지닌 존재로 간주된다.

한편, 이 무인을 전쟁의 신령으로 조선시대까지 줄곧 마제(禡祭)의 대상이 되었던 치우(蚩尤)로 해석할 수 있다. 치우는 중국의 여러 고서와 한국의 『환단고기(桓檀古記)』 등에 등장하는 전설적 인물이다. 흔히 군신(軍神), 병주(兵主) 등 전쟁의 신으로 통한다. 치우천왕, 자오지천왕(慈烏支天王), 자오지천황, 자오지환웅(慈烏支桓雄) 등 여러 이름으로 불린다.

삼실총 제2실 입구의 무신도

장천 1호분 입구의 문신도

중국에서는 치우가 매우 다양하게 묘사되어 있다. '묘족(苗族)신화'에서는 묘족의 옛 이름인 구려(九麗)의 군주로 등장하고, 사마천(司馬遷)의 『사기(史記)』 '봉선서(封禪書)'에는 한(漢)의 고조 유방(劉邦)이 패공(沛公)으로 칭한 뒤 곧바로 치우에게 제사지내고 피로 북과 깃발을 붉게 칠했다는 기록이 보인다. 또 『산해경(山海經)』에 따르면, 치우는 탁록의 싸움에서 황제와 싸우다 응룡(應龍)에게 죽었다고 한다.

그러나 이와 달리 한국의 기록은 중국의 자료에 보이는 것과 많은 점에서 다르다. 치우가 기록되어 있는 대표적인 문헌은 1675년(숙종 1) 북애노인(北崖老人)이 지은 것으로 추정되는 『규원사화(揆園史話)』(상권)와 계연수(桂延壽)가 1911년에 편집한 것으로 보이는 『환단고기』다. 두 문헌에 따르면, 치우는 배달국(倍達國)의 제14대 천왕(천황)인 자오지환웅이다. 기원전 2707년에 즉위하여 109년간 나라를 다스렸다. 6개의 팔과 4개의 눈, 소의 뿔과 발굽, 구리로 된 머리와 쇠로 된 이마를 하고 큰 안개를 일으킬 수 있었다. 81명의 형제가 있었고, 병기 제작 능력이 뛰어나 활·화살·창·갑옷·투구 등 각종 무기를 만들어 신농(神農)을 무찔렀다. 또 12개의 제후국을 합병했는데, 70여 회의 전쟁에서 한 번도 패하지 않았고, 헌원(軒轅)을 황제로 임명하기도 했다.

이처럼 한국의 문헌에서는 치우를 우리 민족 최고의 전쟁 신으로 받들고 있다. 그러나 위의 두 문헌은 학계에서 신빙성이 없는 저술로 여겨 치우의 존재를 받아들이지 않는다. 일부에서는 고대 왕릉이나 기와, 또는 민담 등에 등장하는 도깨비의 조상을 바로 치우, 또는 치우의 변형으로 보기도 한다.

치우는 후한의 화상석 묘에서 초견되는데, 그 특징으로는 부릅뜬 눈과 벌린 입, 머리에는 뿔·턱에는 수염이 나 있으며, 눈알이 선명하게 강조되고, 무서운 얼굴에 과장된 날카로운 송곳니를 지니며, 양손에는 무기를 들고 있다. 치우는 형벌과 무기의 창시자요, 전쟁 신이기도 했지만 서방이 형살(刑煞)에 해당하는 방위로 인식되는 관념에 따라 서방신으로 숭상받기도 했다.[45] 앞의 삼실총 서쪽 입구 벽화 그림의 무인 모습, 즉 치우의 형상을 갖춘 것은 이러한 이유로 해석된다.

이처럼 적을 물리칠 수 있는 강력한 힘을 지닌 치우는 축귀의 능력을 지닌 신으로도 활용되기에 충분하다. 이럴 경우 치우의 전체 모습을 표현하기도 하지만 치우의 머리만을 표현하기도 한다. 적을 퇴치하는 강한 힘을 지닌 존재가 축귀의 존재로 치환되는 것이다. 이것은 강하고 무서우며 강직해 보이는 무인상이 잡귀나 사악한 기운을 쫓을 수 있을 것이라는 관념에서 비롯된 것이라 할 수 있다.

따라서 현실 앞의 무인상은 단순히 문을 지키는 수문장(守門將)으로 이해되기도 하지만, 이러한 전통에서 본다면 일찍부터 있어 온 치우상(蚩尤像)으로도 볼 수 있다. 무덤의 문을 지키는 것은 수호의 기능을 지닌 존재인 동시에 축력을 지닌 벽사의 존재이기도 한 것이다. 이러한 차원에서 무인상은 넓은 의미의 벽사부적인 셈이다. 따라서 전쟁에서 승리를 담보해 주는 치우는 악령을 퇴치하는 벽사적 부적이라 하겠다.

귀면문와당(鬼面紋瓦當)

벽사의 뜻으로 건축물 또는 공예품에 부수되는 부분에 괴수 얼굴이나 몸의 형상을 나타낸 귀면문이 있다. 이것은 흔히 주술적인 제기의 장식 의장이나 건축, 또는 고분 등에서 상징적인 그림으로 많이 나타난다.

45) 황경숙, 『한국의 벽사의례와 연희문화』, 월인, 2000, 31쪽.

표현 형식은 '귀면'이라는 말 그대로 얼굴 부분을 주로 했으나, 때로는 전지(全肢) 혹은 사지(四肢)까지도 표현한다.[46] 이러한 귀면문은 삼국시대에 매우 보편적으로 나타난다. 이것은 결국 '귀면'이라는 상징성을 이용한 벽사부로 볼 수 있다.

귀면문의 기원은 중국 은나라 이후 청동기 문양으로 시문된 '도철문(饕餮紋 : 두 개의 눈을 주체로 한 중국 고대의 기이한 무늬)'에 있다. 그러나 귀면문이라는 개념에 포함될 수 있는 형식이 성립된 시기는 한대이다. 도철문은 크게 뜬 눈과 그 위의 거대한 뿔, 그리고 분명하지는 않으나 치아가 보이는 입이 문양의 주된 부분이다. 이 밖에 전지 혹은 사지에 꼬리까지 표현하는 수가 있기는 하나 매우 드물고, 이러한 문양은 좌우 대칭인 점이 또한 특징이다. 중국의 도철문은 우리나라의 귀면문과 매우 밀접한 관련이 있다. 눈, 코, 입, 뿔 등을 강조한 점과 좌우 대칭으로 표현한 점 등 기본 구도가 일치한다. 삼국의 사례를 살펴보면 아래와 같다.

고구려 귀면와당

국립중앙박물관에 소장되어 있는 고구려 귀면문와당(鬼面紋瓦當)은 불교 사찰에서 벽사용으로 지붕에 사용되었던 것이다. 부릅뜨고 두드러진 두 눈·벌린 입·드러난 송곳니 등은 치우의 형상으로, 귀면에 해당한다. 귀면은 말 그대로 귀신과 같이 무서운 형상의 얼굴로, 무서운 것으로서 무서운 것을 제어한다는 유사주술(類似呪術) 차원에서 사용되는 것이다. 이러한 입장에서 본다면 결국 벽사용으로 사용되는 귀면 혹은 무인상은 강력한 힘을 지닌 자가 잡귀나 사악한 기운을 물리친다는 관념에 근거하고 있다고 하겠다.

---

46) 진홍섭, 「귀면문」, 『한국민족문화대백과사전』, 1998.

고구려에는 이와는 별개로 귀면석주(鬼面石柱)도 발견된다. 건물 기둥 장식에 귀면을 새긴 것은 귀면문와당과 같이 나쁜 기운이 집 안으로 혹은 묘 안으로 들어오는 것을 막고자 한 것으로 해석된다. 귀면문이든 귀면석주든 간에 모두 벽사를 위한 부적의 하나로 볼 수 있다.

신라 귀면와당

고대 신라에서는 볼 수 없으나 통일신라 이후에는 귀면문와당이 즐겨 사용된다. 고구려와는 달리 녹유(綠油)로 된 것이 다수 등장한다. 에밀레 박물관장 조자룡이 수집한 1만여 개의 신라시대 와당 중 400개 정도는 뿔이 난 도깨비 형상을 한 것이라고 언급한다.[47] 이러한 점에서 신라시대 도깨비 형상의 기와들 역시 벽사적 목적으로 만들어진 벽사부라고 하겠다. 그 대표적인 유물로는 안압지에서 출토된 '녹유귀면문'이 있다.

이처럼 무서운 형상의 귀면은 결국 멀리서 들어오는 외적 혹은 귀신의 침입을 막아 내는 중요한 벽사 도구의 의미를 넘어 강력한 '호국부(護國符)'의 의미가 내재되어 있다. 특히 궁궐의 용마루에 있는 치미(鴟尾)[48]는 화마(火魔)를 막는 벽사부인 동시에 호국용으로서 국태민안(國泰民安)을 지켜 주는 호국부라고 할 수 있다. 그러한 차원에서 이것 역시 벽사부의 하나로 볼 수 있다.

백제 귀면와당

백제에서는 막새기와에 귀면문을 넣는 경우는 거의 없으나 부여군

---

47) 조자룡은 이것을 치우의 벽사력과 관계가 있다고 파악했다.

48) 치미는 '용생구자(龍生九子)설'에 의하면 용의 아홉 아들 중 하나이다. 외형은 꼬리를 허공에 쳐들고 있는 모양으로, 보통 알려진 용의 형상은 아니지만 용의 또 다른 변신이라고 할 수 있다.

안학궁 출토 귀면문(고구려)

안압지 출토 녹유귀면문(신라)

규암리 절터 출토 귀면문(백제)

규암면 외리에서 출토된 문양전은 8종류 가운데 2종류나 귀면문으로 이루어져 있다. 이 귀면문전은 모두 전신상으로, 얼굴에서는 귀면의 특색이 충분히 발휘되었으며, 특히 입이 크고 입 주위에 수염을 굵게 표현했다. 상체는 장대하고 두 팔을 활짝 벌려서 공격의 자세를 취하고 있으나, 하체는 빈약하다. 몸 전체의 균형이 잡히지는 않았지만, 그로 인하여 오히려 귀문의 괴이(怪異)함을 효과적으로 나타낸다.

이처럼 삼국에서 귀면문와당이 존재하는 것은 삼국의 문화적 공통성에서 기인한다고 하겠다. 이러한 분위기는 앞에서 언급했듯이 중국의 은나라 때부터 유행된 도철문의 영향이기도 하지만, 귀면에 대한 삼국의 공통된 심성에 기인한다고도 볼 수 있다.

귀면으로 표현되고 있지만 이러한 모습은 흔히 치우로 표현되는 신인(神人)의 모습과 흡사하다.[49] 치우는 중국 고대의 전설적인 제왕인 황제 시대의 인물이다. 황제의 이름은 헌원(軒轅)으로, 전국시대 말기의 각종 신화와 전설을 통해 구상된 가상의 인물이다. 치우의 난을 평정하고 천자(天子)가 되었으며, 중국 문명의 개조(開祖)로 일컬어진다.

치우와 관련된 중국 문헌에는 치우를 실존 인물로 묘사하고 있으며, 그에 대한 치제를 언급한다. 다음의 사료가 그것을 의미한다.

> 치우의 무덤은 동평군 수장현 감향성에 있는데 높이는 7장이다. 사람들이 10월이면 제사를 모시는데, 붉은 기운이 비단 필처럼 펼쳐졌다. 세상에서는 이를 치우기라고 한다. -『황람총묘기』

> 산 위에는 풍이라는 나무가 있는데, 치우가 잡혀서 묶였다가 수갑과 사슬을 풀고 간 나무다. -『산해경』

위의 사료를 통해 볼 때 치우는 실존 인물이며, 그 묘소를 중심으로 그에 대한 제사가 이루어졌고, 그의 상징으로 붉은 비단 깃발이 사용되었음을 알 수 있다. 이는 결국 황제와 더불어 치우에 대한 관심이 남달

49) 이를 강우방은 '용(龍)'의 모습으로 보기도 한다. (강우방, 「귀면와인가, 용면와인가?」, 『문화와 나』, 2002년 겨울호.)

랐음을 의미한다.

그러나 치우는 중국 문명의 개조인 황제와 싸워 패한 인물이라는 점에서 의아하다. 치우는 동이족의 전쟁의 신으로 일컫는 전설적 인물이다. 20세기 초반에 쓰인 『환단고기』에 의하면 기원전 2706년에 배달국 제14대 임금으로 즉위했다. 81명의 형제가 있었으며, 모두 구리로 된 머리와 철로 된 이마를 가지고 있었고, 머리 위에는 긴 뿔이 있었으며, 매우 모질고 사나웠다고 한다. 검(劍)·개(鎧)·모·극(戟)·대궁(大弓)·예과(芮戈)·옹호극·비석박격기(飛石迫擊機) 등의 무기를 만들었으며, 12제후의 나라를 합병했다. 탁록에서 황제헌원(黃帝軒轅)과 싸울 때 연기를 빨아들이고 안개를 일으켜 크게 이겼으나 결국 황제에게 패했다. 이처럼 치우는 중요한 무신(武神)인 것이다.

고대 제(齋)나라에서는 팔존천신(八尊天神)에게 제사를 지냈는데, 치우는 그중 세 번째로 모셔졌다. 진(秦)나라 말기에 유방이 기병할 때 패정(沛庭)에서 치우와 황제에게 제사를 지냈다고도 한다.[50)]

이처럼 치우는 전쟁 신으로서 그 위용을 드러낸다. 비록 패한 장수지만 그 기계와 용맹이 남달랐기 때문에 그에 대한 믿음이 지속되었을 것이다. 특히 황제가 문명의 창시자이므로 동시대를 살았던 치우는 패한 장수라 하더라도 전쟁을 상징하는 존재로 여겨질 만하다. 이러한 무장으로서의 치우에 대한 관심은 결국 벽사의 대상 신으로서 강조되었을 것이다. 외부에 직접적으로 노출되어 있으며, 집 안으로 들어가는 첫 문이 되는 지붕이나 대문에 치우상을 묘사함으로써 내부인의 안전과 평안을 보장받고자 한 것이다. 결국 도깨비 문양의 벽돌이나 와당은 벽사를 위한 부적의 의미를 강하게 지니고 있는 셈이 된다.

---

50) 「치우」, 『동아원색대백과사전』, 동아출판사, 1986.

동물 형상 부적-12지와 석수

통일신라시대의 분묘에서는 호석(護石)을 두른 예를 흔히 볼 수 있다. 특히 '김유신 묘'라 불리는 무덤의 경우 무덤 주위에 12개의 호석을 둘렀는데, 각각의 호석에는 12지(支) 신상이 방위에 맞추어 하나씩 돋을새김을 새겼다. 무덤 안쪽에도 역시 12지 신상을 동일하게 둘러놓았는데, 이는 무덤의 위나 아래로 침입하는 부정을 예방하기 위한 것으로, 벽사부의 일종으로 볼 수 있다. 무덤 아래의 12지는 갑옷을 입은 무장(武將)의 형상인 데 반해, 무덤 위쪽의 12지는 한복을 입고 있는 문관(文官)의 모습이다. 문관이기는 하지만 손에는 긴 칼을 들고 있어 무장적인 분위기를 자아낸다. 이처럼 무덤 바깥에는 보다 온화한 모습의 12지 신상으로 장치한 데 반해, 무덤 안쪽의 12지는 훨씬 무서운 모습으로 장식한 것은 무엇 때문일까? 그것은 무덤 안쪽은 보이지 않는 모든 잡된 것을 막아내야 하기 때문으로 여겨진다. 즉 무덤 바깥은 가시적인 공간이므로 덜 위험하게 여겨지지만, 무덤 안쪽의 지하 세계는 비가시적인 공간이므로 더 위험하게 여겨진다. 그러므로 무덤 안의 신상은 무장의 모습으로 더 무섭게 만든 것이다.

성덕대왕의 능에도 역시 호석이 둘러져 있고, 12지 신상도 마련되어 있다. 호석의 판석에 12지 신상을 새긴 김유신 묘와 달리 성덕대왕릉의 호석은 환조(丸彫)로 깎아 만들었다. 무덤의 방위에 맞게 환조로 만든 12지 신상을 호석의 면석 앞에 각기 한 개씩 세워 두었다. 이 신상은 모두 갑옷을 입고 있으며, 긴 칼을 옆에 차고 있어 무인의 강인함이 느껴진다.

이처럼 무덤 주변의 호석 면석에 새기거나 환조로 만든 12지 신상을 배치하는 것은 모두 무덤 위와 아래에서 무덤을 보호하는 보호구로서 벽사부의 기능을 지니고 있다. 죽은 자의 세계에 침입할지 모를 잡된 것을 막기 위해 설치된 12지 신상은 그 자체가 부적이라 할 수 있다.

동물의 형상을 갖춘 12지 신상 이외에 무덤의 수호신으로 간혹 사자상이 등장한다. 괘릉과 성덕대왕릉에서 확인할 수 있다. 이외에 백제의 무령왕릉에도 돌로 만든 석수(石獸)가 등장한다. 무령왕릉의 것은 어떠한 동물을 형상화한 것인지 알 수 없지만 무덤을 지키는 '진묘수(鎭墓獸)'라 불리듯이 벽사를 위해 설치된 것이다. 이처럼 동물의 형상을 본떠 만든 석수로 무덤을 지키도록 한 것은 동물이 지닌 용맹성에 기인한 것이 아닐까 한다. 특히 불교에서 사자는 불법(佛法)을 수호하는 동물로 알려져 있으므로 무덤에 설치된 사자상은 동일한 차원에서 이해할 수 있다.[51] 다보탑 중앙에 설치된 사자나 분황사지 모전석탑에 설치된 사자 역시 무덤 앞에 세워 놓은 사자상과 동일한 맥락에서 설치된 것이기 때문이다. 중국에서는 무덤 앞의 석사자상(石獅子像)을 '벽사'라고 속칭하고 있다.

한편 사자가 세워져 있는 위치에 따라 사자상의 기능이 조금은 다를 것이다. 일반적으로 불탑에는 중앙이나 사방에 세워 사방으로부터 불탑을 수호한다. 묘소에는 앞면에 설치하여 묘소를 수호하는데, 간혹은 묘소의 후면에 사자상을 세우기도 한다. 성덕대왕릉이 바로 그러한 예이다. 능의 앞에는 문인상만을 놓고, 능의 뒤쪽 서편에는 사자상을 설치했다. 능의 앞이나 뒤에서 잡된 것을 막겠다는 의지의 투영으로 볼 수 있다. 이때 사자상이 후면에 설치되었다는 것은 앞면보다는 후면이 취약하다는 관념 때문으로 볼 수 있다. 이처럼 사자상 등의 석수는 벽사를

51) 불탑(佛塔)을 수호하는 동물로 사자가 등장하는 것 역시 동일한 차원에서 이해할 수 있다.

김유신 묘의 호석

괘릉의 사자상

성덕대왕릉 12지 신상 중 원숭이

성덕대왕릉 후면의 사자상

위해 설치된 조형물로서 잡된 것을 막는 벽사부적의 일종이라 하겠다.

주문부적

고구려의 부적과 관련해서는 『구루신서(岣嶁神書)』(구루는 고구려의 성(城)을 지칭)[52]의 '귀신 울음소리를 쫓는 방법'이 남아 있다. 그 내용은 아래와 같다.

> 撥火杖 撥火杖 天上五雷公作神將踶住夜啼鬼打煞不要放 急急如律令
>
> 부지깽이를 다스려, 부지깽이를 다스려, 천상의 다섯 뇌공이 신장을 만들어서 주야로 우는 귀신을 때리고 죽여서 쫓을 것이다. 빨리 율령과 같이 실행하라.

부지깽이의 한쪽을 깎아 위의 주문(呪文)을 주사(朱砂)로 써서 상 밑에 넣어 두어야 한다. 이는 결국 위의 글귀가 뜻하는 바가 부적의 성격을 말해 준다고 볼 수 있다. 위의 글에는 "천상의 다섯 뇌공이 신장을 만들어서 주야로 우는 귀신을 때리고 죽여서 쫓을 것"이라는 내용이 담겨 있다. 이러한 내용은 결국 귀신이 울면 불길하다는 민간의 속신에 의한 것이다. 이때 천상의 다섯 뇌공의 명을 받은 신장(神將)이 그 역할을 대행하게 된다. 천상의 다섯 뇌공은 결국 천상에서 옥황상제의 명을 받는 존재들로, 신장을 부리는 존재인 셈이다. 신장은 신령의 장수 혹은 장수 형상

52) 최덕원, 『남도의 민속문화』, 밀알, 1994, 239쪽에서 고구려의 부적으로 '구루신서'를 들고 있다.

을 한 신령이라는 뜻으로, 인간세상에서 신령을 대신하여 직접적인 직무를 수행하는 존재들이다. 이러한 존재들이 주야로 우는 귀신을 때려서 죽이는 데 사용하는 도구가 바로 화장(火杖), 즉 '부지깽이'인 것이다.

하필이면 귀신의 울음소리를 쫓는 데에 부지깽이가 사용될까? 이는 부지깽이가 지니고 있는 종교적인 상징성 때문으로 이해된다. 부지깽이는 불〔火〕과 긴밀한 연관을 맺고 있는 것으로, 결국 불을 통한 정화(淨化)의 주력을 이용하겠다는 의지가 아닐까 한다. 갓 태어난 아이를 데리고 바깥에 나갈 때는 반드시 부지깽이를 들고 휘저으며 나가야 한다거나 아이를 데리고 원행(遠行), 즉 외가(外家)에 갈 때는 솥 밑의 검정을 아이의 얼굴에 발라 주어야 한다거나 하는 것도 이와 유사한 것으로 이해된다. 솥과 검정, 부지깽이는 모두 동일한 주술적인 도구로, 불이 지닌 정화력을 통해 축귀(逐鬼)하고자 하는 바람의 표현인 것이다.

밀교부적

불교가 유입된 이래 신라 말엽이 되면 신라의 승려가 당나라에 건너가 당시 유행하고 있던 밀교(密敎)를 수입하기 시작한다. 신라의 밀교승(密敎僧)으로 입당(入唐) 구법하여 전래한 명랑법사를 위시하여 혜통(惠通), 의림선사 등을 들 수 있다. 7, 8세기에 신라 밀교는 당당한 하나의 국가적 신앙으로 자리잡게 된다.[53] 이 시기에 밀교 승려들에 의해 밀교의 포교 수단으로 부적이 전해졌으리라 추정된다. 이 시대의 밀교적 부

53) 서윤길, 「신라 사리탑 신앙의 밀교성」, 『한국불교학』 17집, 한국불교학회, 1992, 44쪽.

적은 석가탑 사리함에서 발견된『무구정광대다라니경』이 있다.

신라에 신인종을 개종한 명랑법사는『삼국유사』권5 '명랑법사인조'에 선덕여왕 원년(632)에 입당하여 밀교를 수학한 후에 정관 9년(635)에 귀국했다. 이때 백시이밀다라(帛尸梨蜜多羅)가 동진(東晋) 원제(元帝, 317~322) 때에 번역한『관정경(灌頂經)』을 전했다.[54] 명랑법사가 전한 밀교는 잡밀인 동진시대의 신인비법이며, 법사는 후에 신인종을 개종했다. 명랑법사는 문무왕 대에 당 고종이 신라를 침범했을 때 문무왕의 명을 받들어 채백으로 영사하고, 풀로써 오방에 신상을 만들고 유가명승 12인과 더불어 문두루(文豆婁)비법[55]을 행하여 당군을 물리쳤다.[56] 이

54) 박태화,「한국 불교의 밀교경전 전래고」,『한국불교학』1집, 한국불교학회, 1975, 27쪽.

55) 신라의 명랑(明朗)이 중국에서 밀교를 배운 뒤 635년(선덕여왕 4)에 귀국할 때 처음으로 전하였다. 문무왕 때 당나라 군사가 신라를 침략하게 되자 왕은 명랑에게 적을 물리칠 수 있는 비방을 물었다. 이에 명랑은 낭산(狼山) 남쪽에 사천왕사(四天王寺)를 세우고 도량을 열 것을 제의하였는데, 시간이 급박하였으므로 채백(彩帛)으로 가건물을 짓고 5방(方)에 신상(神像)을 세운 뒤 유가명승(瑜伽明僧) 12인과 함께 문두루비법을 썼다. 그때 당군과 신라군이 아직 접전하기도 전에 바람과 물결이 사납게 일어나 당나라 배가 모두 물에 침몰하였다고 한다. 문두루는 범어 '무드라(mudra)'의 음사(音寫)로, '신인(神印)'으로 번역된다. 명랑에 의해서 처음으로 신라에 전해진 이 비법은『불설관정복마봉인대신주경(佛說灌頂伏魔封印大神呪經)』에 의한 것이다. 이 경에 의하여 불단(佛壇)을 설치하고 다라니 등을 독송하면 국가적인 재난을 물리치고 국가를 수호하여 사회를 편안하게 할 수 있다고 한다. 고려시대에도 문두루비법은 자주 개설되었다. 고려의 동북쪽에서 완안여진(完顔女眞)과의 대결이 있었던 1108년(예종 3) 7월, 북쪽 국경 가까운 진정사(鎭靜寺)에서 문두루도량을 열었고, 그 이듬해 4월 서경(개성)의 흥복사(興福寺)·영명사(永明寺)·금강사(金剛寺)·장경사(長慶寺) 등 4개 사찰에서 문두루도량이 개설되었다. 또 1074년(문종 28) 7월, 동경(경주)의 사천왕사에서 27일 동안 문두루도량을 열었으며, 몽고족의 침략이 있었던 1217년(고종 4)에도 이 도량이 개설되었다.

56) 여숙자,「고려 불교의 밀교적 요소」,『이화여대 녹우회보』21권, 1980, 23쪽.

러한 내용은, 부적 사용은 아니라 하더라도 밀교가 지닌 주술적인 기능을 잘 드러내므로 밀교의 종교성을 감안할 때, 이러한 소재 활동이 벽사부의 기능으로 추정된다.

실제 신라에 전해진 밀교는 인도의 잡밀(雜密) 계통으로, 교학적인 면보다는 수행 정진의 신앙적인 면이 더욱 융성했다. 밀교는, 수행자는 누구나 입으로 진언(眞言)을 염송하고 손으로 결인(結印)을 하며 마음으로 대일여래를 생각하는, 신구의(身口意)의 삼밀가지(三密加持)를 행하여 중생의 삼밀과 부처님의 삼밀이 서로 감응일치(感應一致)하여 현생에서 성불하는 것을 목표로 삼은 종교다. 그러기 위해 신라시대에는 신인비법(神印秘法)·사리탑(舍利塔)·오대산신앙(五臺山信仰)·소재활동(消災活動, 재앙을 없앰) 등을 활발히 발달시켰다. 이 중 사리탑과 관련하여 부적의 사용이 구체화되어 있다.[57] 석가탑 내부에서 『무구정광대다라니경』이 출토되었는데, 이것 자체가 부적과 같은 것이라 할 수 있다.

비록 무구정광대다라니는 석가모니가 7일 뒤에 죽어서 16지옥에 떨어지게 되어 있는 바라문을 구제하기 위하여 외우도록 한 것이지만, 탑을 세울 때 이 다라니를 일곱 번 외우고 탑 속에 안치하면 죽은 뒤 극락세계에 태어난다고 했다. 또 사리탑을 77번 돌고 이 다라니를 77편 외운 뒤 77본(本)을 써서 작은 토탑(土塔) 77좌를 만들어 그 속에 이 다라니를 1본씩 봉안하고 공양하면, 수명이 연장되고 모든 업장이 소멸되며 영원히 삼악도(三惡道, 지옥·아귀·축생의 세 곳으로 죄를 지은 자가 태어나는 곳)를 떠나서 태어나는 곳마다 모든 부처님을 만나게 된다고 한다.

이러한 사상적 기반을 지닌 밀교승에 의한 부적이나 신이한 종교적

57) 서윤길, 앞의 글, 47쪽. 『무구정광다라니경』은 기원후 700년경에 신라에 전해진 후 곧바로 사리탑 신앙과 연결되었다고 보았다.

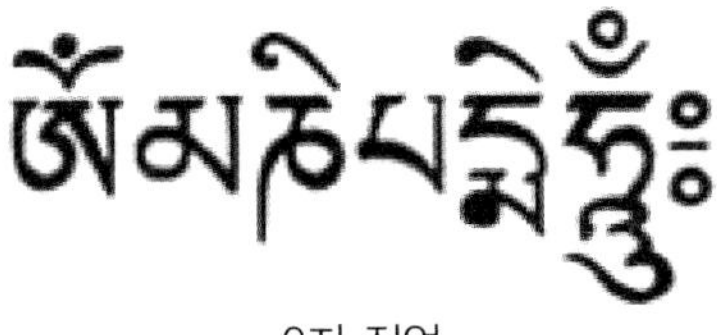

6자 진언

인 체험 등은 밀교가 포교를 위한 하나의 수단으로 채택되었으므로 종교의 확산과 더불어 부적의 확산도 밀접하게 연계되었을 것으로 추정된다. 따라서 밀교의 전래는 결국 부적의 확산으로 이어졌다고 하겠다.

한편 산스크리트어로 된 밀교부적은 신라 문무왕 때 해통이 당나라에서 선무외(善無畏)삼장을 통해 인결(印訣)을 얻어 오면서 함께 얻어온 듯하다. 지금도 널리 쓰이는 주문의 하나로써 '옴마니밧메훔' 부적은 '육자대명왕진언(六字大明王眞言)'이라고도 한다. 이 중 '마니'는 보석을 뜻하는 것으로, 불교에서는 특히 여의주로 간주된다. '밧메'는 연꽃을 상징하는 것으로, 생명의 탄생 혹은 더러움 속에서도 물들지 않는 깨끗함을 의미한다. 이러한 '옴마니밧메훔'은 다라니로 관세음보살의 보호(寶號)이기도 하다. 그러나 이것은 부적의 기호로 표현되기도 한다.

이 진언은 우주의 법계에 가득 차 있는 모든 존재의 본성품(本性稟)이기 때문에 불, 보살, 중생의 본성품이기도 하다는 것이다. 즉, 모든 대각(大覺)의 심인(心印)이며, 모든 정사와 육도중생(六途衆生)의 본심이라 한다. 그리고 일체의 복덕과 지혜와 모든 행실의 근본이라 하여 소중하게 여긴다.

이러한 6자 진언은 의례집에 6개의 상징적인 모양으로 표현되어 있다. 6자 진언을 구송(口誦)하는 것과 달리 기호로 표현된 6개의 상징은 결국 동일한 효과를 나타내는 것이 아닐까 한다. 일체의 복덕과 지혜와 모든 행실의 근본이 가장 기본적인 것이므로 다양하게 활용되고 있는 것이다.

기타 부적

위에서 살펴본 것들과 달리 종이로 된 부적의 사용 사례도 나타난다. 신라 때 최치원이 중국에 사신으로 갔다가 천왕문(天王門)을 지날 때 '오색부(五色符)'를 사용하여 재화를 면했다는 기록이 『최고운전(崔孤雲傳)』에 있다. "오색부라는 부적을 통해 천왕문에서 재화를 면했다." 함은 특별한 의미를 지닌 것임을 의미한다. 당시 부적의 사용자가 관인의 신분이었고, 사신으로서 국경을 넘는 상황이고 보면 오색부는 일종의 신분 확인의 '신부(信符)'로 볼 수 있다. 그러나 그것으로써 재화를 면했다는 것은 그것이 지닌 종교성도 짐작할 수 있다.

이와는 별도로 『세종실록』에 백제에서는 저승으로 간 혼백을 이승으로 부르기 위해 '지전'을 사용했다는 기록이 있다. 지전은 말 그대로 한다면 종이돈이다. 종이돈이 당시에 있지 않았으므로 오늘날의 종이돈과 같은 개념은 아닐 것이다. 그렇다면 지전은 무엇일까? 지전은 혼을 부르는 데 이용되는 주물로, 부적의 일종이라 할 수 있다. 이러한 유습은 조선시대에까지 이어져 허난설헌의 한시 〈곡자(哭子)〉[58] 에서도 나타난다. 그 내용은 다음과 같다.

자식을 잃어 곡하노라(哭子)

지난해에는 귀여운 딸을 잃었고,
올해는 사랑스런 아들을 잃다니.
서럽고 서러워라 광릉 광장에
두 무덤 나란히 만들어졌네.

58) 이성미, 『우리 옛 여인들의 멋과 지혜』, 대원사, 2002, 34쪽.

백양나무 쓸쓸하다 바람이 불고
도깨비불 소나무에 비치이누나
지전으로 너희들 넋을 부르고
무덤에다 맹물 한잔 부어 놓는다.
알고말고 너희들 형제의 넋이
밤마다 서로서로 따로 노님을
아무리 뱃속에 아이 있다만
그 어찌 장성하길 바라겠느냐
부질없이 황대를 읊조리자니
비통한 피눈물에 목이 메인다.[59)]

이것은 죽음과 관련하여 부적이 사용되었음을 보여 준다. 현재도 사찰에서는 혼백이 저승으로 가는 노자로 지전을 상징적으로 사용하는데, 동일한 차원인지는 알 수 없지만 백제의 죽은 자를 위한 지전은 망자의 혼을 위무하기 위한 주술적인 도구라 하겠다. 신라의 월명대사(月明大師)가 누이의 재를 지낼 때 바람이 불어 지전이 서쪽으로 날아가자 "바람이 지전을 날려 누이의 노자로 삼게 했구나."라는 대목도 이와 유사하다.

이처럼 부적은 다양한 재료로 만들어져 다방면에서 활용되었다. 재료적인 측면에서 본다면 신령의 인격화를 통해 가면으로 표현되기도 하고, 구송하는 주문의 형태로 존재하기도 하고, 또 특별한 형상을 흙으로

---

59) 去年喪愛女 今年喪愛子 哀哀廣陵土 雙墳相對起 蕭蕭白楊風 鬼火明松楸 紙錢招汝魂 玄酒奠汝丘 應知第兄魂 夜夜相追遊 縱有服中孩 安可冀長成 浪吟黃臺詞 血泣悲吞聲

빚어 구워 낸 주물의 형태로 존재하기도 했으며, 종이로 된 것도 있었다. 불안전한 상황에서 사회를 안정시키고 권위를 인정케 하는 도구로 이용되기도 했으며, 자신을 둘러싸고 있는 공간에 사악한 것이 침입하는 것을 막는 도구로도 사용되었고, 종교적인 차원에서 포교의 수단으로도 사용되었다. 비록 다소의 상이함이 존재하기는 하나 이것들은 모두 종교적인 목적으로 자신뿐만 아니라 주변의 상황을 안정되고 질서정연한 세계로 이끌려는 주술적인 도구로 부적을 이용하고 있다. 이 시기의 부적은 정치적·사회적·종교적인 차원에서 두루 이용되고 있었다고 하겠다.

고려시대의 부적

이 시기는 호국 불교를 국교로 삼고 국가를 외침으로부터 보호하고 국태민안과 재액 소멸, 질병 제거의 염원을 불법에 호소했다. 국난을 극복하기 위해 『팔만대장경』을 만들었는데, 이것이 대표적인 호국부적이라 할 수 있다. 실제 이규보의 『동국이상국집(東國李相國集)』에 "군신이 더없는 큰 원을 발하여 대장경판본을 서각한 후에 비로소 거란 군사가 스스로 물러갔나이다."라고 기록한 것으로 보아 불력의 힘으로 거란군을 물리치는 호국의 부적이라 할 수 있다.

대장경판을 새기면서 군신이 부처에게 기도드리며 고하는 글
(대장경판군신기고문(大藏刻板君臣祈告文))

정유(丁酉)년에 행함. 국왕 아무개는 태자(太子)와 공후백(公侯伯)과 재상(宰相)들과 문무백관(文武百官)들과 더불어 목욕재계 분향하며 허공(虛空)을 다한 온 누리에 무량하신 여러 부처 보살(菩薩)과 천제석(天帝釋)을 비롯한 삼십삼천(三十三天)의 일체 호법영관(一切護法靈官)에게 고하나이다. 심하옵니다. 달단(韃靼)의 환난이 더해지고, 그 잔인하고 흉악한 성격은 이미 말로써는 형언할 수 없나이다. 어리석고 암둔하며 혼매함이 금수(禽獸)보다도 더 심하다 하겠나이다. 그러므로 어찌 천하가 다 존경하는 것이 불법인 줄을 알 리가 있겠습니까? 그리하여 닥치는 대로 불상이고 범서(梵書)고 할 것 없이 모조리 다 불살라 없애고 말았으며, 부인사(符仁寺)에 소장된 경판본이 역시 이들

의 마수에 걸려 하나도 남은 것이 없게 되었나이다.

아, 여러 해의 공이 하루아침에 재가 되고 나라의 보배를 잃고 말았습니다. 비록 여러 부처와 다천(多天)께서 큰 자비심이 있어 참을 만하다 한들 어찌 이 일을 참을 수 있겠나이까? 그러므로 홀로 스스로 생각건대 제자 등이 지혜가 어둡고 식견이 얕아서 일찍이 오랑캐의 계략을 스스로 막지 못한 것이요, 힘이 모자라서 완전히 불교를 지키지 못한 것이니 이 큰 보물을 상실한 재난은 실로 제자들이 용서받지 못할 일이오니 후회한들 지나간 일을 어찌 좇으리이까?

그러하오나 부처님의 말씀에는 본래 성(成)과 훼(毁)가 없는 것이요, 그 잠시 처소로 삼으셨던 것은 그릇일 따름이라, 그릇의 성과 훼는 자연의 도리요, 깨지면 고쳐 만드는 것이 또한 그 할 바이나이다. 하물며 국가가 있어 불법을 숭봉(崇奉)하고 있으니 주저하며 망설이고만 있을 수는 없는 일이나이다. 이 큰 보배를 잃었는데 어찌 감히 역사가 거창함을 두려워하여 그 개작을 꺼리고 망설여 마땅하겠나이까?

이제 재상 및 문무백관들과 더불어 큰 원을 발하여 그 부서를 해당 관하에 두고 이를 좇아 경시(經始)케 하였나이다. 그 초창의 단서를 살피건대 옛날 현종(顯宗) 2년의 일이옵나이다. 거란의 병력이 대거 침입하여 현종이 난을 피해 남행하였으나 거란 군사는 송악에 머물러 물러가지 않으므로 군신이 더없는 큰 원을 발하여 대장경판본을 서각한 후에 비로소 거란 군사가 스스로 물러갔나이다. 생각건대 오직 대장경이 하나요 선후의 조판이 하나요 임금과 신하의 발원이 또한 하나일 뿐이오니, 어찌 유독 그때의 거란 군사만이 물러가고 지금 몽고는 그렇지 아니하겠나이까? 다만 모든 부처님과 하늘의 보살피심이 한결같은 뿐이나이다. 이제 지성으로 발원하는 바가 전조(前朝)에 부끄러움이 없아온즉 엎드려 바라옵나니, 제불성현(諸佛聖賢)과 삼십삼천은 이 간절한 기원을 들으사 신통의 힘을 빌리시어 완악하고 추악한 무리들의 자취를 거두어 멀리 달아나 다시는 이 강토를 짓밟지 못하게 하시어 나라 안팎이 편안하고 모후 태자가 만수무강하고 삼한의 국조(國祚)가 영원무궁케 하소서. 제자 등은 마땅히 더욱 노력하여 법문(法門)을 지키어 부처님 은혜의 만분의 하나라도 갚자고 할 따름이나이다. 제자 등은 간곡히 비나니 굽어 살피소서…[60]

불법의 힘을 빌어 종교·주술적인 염원을 해결하고자 한 노력은 불과 외적의 침입에만 국한되지 않는다. 비가 오지 않아 기원을 드리는 기우제(祈雨祭)에서도 찾아볼 수 있다. 물론 기우제는 불교식, 무속식, 도교

---

60) 大藏刻板君臣祈告文 丁酉年行 國王諱．謹與太子公侯伯宰樞文虎百寮等．熏沐齋戒．祈告于盡虛空界十方無量諸佛菩薩及天帝釋爲首三十三天一切護法靈官．甚矣達旦之爲患也．其殘忍凶暴之性．已不可勝言矣．至於癡暗昏昧也．又甚於禽獸．則夫豈知天下之所敬有所謂佛法者哉．由是凡所經由．無佛像梵書．悉焚滅之．於是符仁寺之所藏大藏經板本．亦掃之無遺矣．嗚呼．積年之功．一旦成灰．國之大寶喪矣．雖在諸佛多天大慈之心．是可忍而孰不可忍耶．因竊自念．弟子等智昏識淺．不早自爲防戎之計．力不能完護佛乘．故致此大寶喪失之災．實弟子等無狀所然．悔可追哉．然金口玉說．本無成毁．其所寓者．器耳．器之成毁．自然之數也．毁則改作．亦其所也．況有國有家．崇奉佛法．固不可因循姑息．無此大寶．則豈敢以役鉅事殷爲慮．而憚其改作耶．今與宰執文虎百僚等．同發洪願．已署置句當官司．俾之經始．因考厥初草創之端．則昔顯宗二年．契丹主大擧兵來征．顯祖南行避難．丹兵猶屯松岳城不退．於是乃與群臣．發無上大願．誓刻成大藏經板本．然後丹兵自退．然則大藏．一也．先後雕鏤．一也．君臣同願．亦一也．何獨於彼時丹兵自退．而今達旦不爾耶．但在諸佛多天鑑之之何如耳．苟至誠所發．無愧前朝．則伏願諸佛聖賢三十三天．諒懇迫之祈．借神通之力．使頑戎醜俗．斂蹤遠遁．無復蹈我封疆．干戈載戢．中外晏如．母后儲君．享壽無疆．三韓國祚．永永萬世．則弟子等當更努力．益護法門．粗報佛恩之萬一耳．弟子等無任懇禱之至．伏惟炤鑑云云．東國李相國全集卷第二十五

식, 유교식 등의 다양한 종교적 방식이 동원되었다. 불교식으로는 사찰이나 궁궐 안에 여러 가지 도량(道場)을 설치하고 설했는데, 금광명경도량(金光明經道場)·금강경도량(金剛經道場)·관정도량(灌頂道場)·인왕경도량(仁王經道場)·반야경도량(般若經道場)·용왕도량(龍王道場)·나한재(羅漢齋)·백료설재(百僚設齋)·외제석원친도(外帝釋院親禱), 도교식으로는 초제(醮祭)가 있고, 유교식으로는 원구제·방택제·사직제·태묘제·우사제·산천제·성황제 등이 있으며, 무속식으로는 무당을 동원하여 지내는 방식이 있다.[61] 국가의 재난 중 하나인 가뭄을 극복하기 위해 위와 같이 다양한 의례가 베풀어졌다는 것은 이 시기에 다양한 종교적 원리가 공존하고 있었음을 의미한다. 이러한 상황에서 비록 그 흔적은 남아 있지 않지만 부적의 사용도 다양했을 것으로 추정된다.

이 시기의 특징은 전 시기와 달리 오늘날 널리 알려진 종이 부적이 등장한다는 점이다. '부적' 하면 의례적으로 떠오르는 것이 종이 부적이므로 이러한 것의 가시화는 부적의 변화에 커다란 전기라 할 수 있다.

한편, 이전 시기에 처용의 형상이나 도깨비 형상 등도 존재했으므로 이전 시기의 지속적인 면도 동시에 고찰할 수 있다.

불교와 부적

국교를 불교로 삼았던 나라답게 고려시대의 부적으로는 불교와 관련된 것이 주를 이룬다. 가장 대표적인 것은 호국부로서의 『고려팔만대장경』과 용주사탑의 『금강경』, 다라니주문과 함께 부장된 유물이다. 이 부

61) 이희덕, 「고려시대의 기우행사에 대하여」, 『동양학』 11, 1981, 194~200쪽 참고.

적에는 "지원(至元) 5년 2월(1268)"이라 기록되어 있으며, 시주(施主)자는 '진성군(晋城君)'이라 한다. 고려시대 부적의 실체를 파악할 수 있는 중요한 열쇠인 이 부적을 자세하게 살펴보자.

용주사탑의 고려 부적에서 보듯이 부적은 상하 2단으로 구성되어 있다. 위에는 각기 다른 부적이 8개 소개되어 있고, 그 아래에는 오른쪽에 별도의 부적이 2개가 더 삽입되어 있다. 소원성취부(所願成就符), 원이삼재(遠邇三災), 당생정토부(當生淨土符), 귀신불침부(鬼神不侵符), 능피쟁송부(能避爭訟符), 피열부(避熱符), 멸죄성불부(滅罪成佛符), 퇴온부, 능산인탄지태의즉출부(能産印呑之胎衣卽出符), 구난산부(救難産符)의 순이다. 이 부적은 후대의 불교 진언집이나 팔만대장경목록판에 수록된 부적들과 매우 유사하다. 1916년에 제작된 불설팔만대장경목록판에 아래의 부적이 모두 수록되어 있는데, 이는 해당 목록판이 팔만대장경을 그대로 모사한 것임을 고려할 때 용주사의 부적은 결국 팔만대장경에 수록된 부적을 나름대로 취사선택한 것이라고 할 수 있다.

그렇다면 24개의 부적이 대장경목록판에 수록되어 있는데, 용주사의 복장물 부적은 10개뿐이다. 이는 24개의 부적 중 자신들이 필요에 따라 각기 취사선택하여 종합 부적판을 만들었음을 알게 한다. 여기서 중요한 것은 취사선택의 기준이 무엇이었을까라는 점이다.

흔히 불탑의 복장유물이므로 이를 불교와 관련한 부적으로 치부하기 쉽다. 그러나 위의 부적 8장의 내용을 볼 때 불교와 관련한 것은 단 2장뿐이므로 그 성격을 쉽게 단정 짓기 곤란하다. 나머지 6장은 모두 일상생활의 중요한 문제와 관련된다. 소원성취, 귀신불침, 피열, 퇴온, 피구설, 소삼재, 능산인타지태의즉출, 구난산을 내용으로 하는 부적은 실생활에서 유용한 내용을 담고 있다. 인간 생활의 문제, 특히 출산·구설·

삼재·귀신 등은 훗날에도 지속되었던 것으로, 인간이 부적에 의지할 수 있는 기본적인 조건인 듯하다. 따라서 이 부적을 불교에서 사용하는 '불교적 부적'[62], 즉 주술적인 부적으로 이해하는 것이 적당하다.

그러나 구난산부, 원이삼재 등과 같은 부적은 망자(亡子)에게는 필요하지 않다. 이러한 내용이 함께 수록되어 있는 것은 이들 부적이 망자를 위한 것보다는 부적을 부장하는 본인의 소원을 갈구하기 위한 것일 가능성이 농후하다. 당대인들에게 흔하게 사용되는 생활부적일 것이다.

한편 불교와 관련한 것으로 '당생정토부'와 '멸죄성불부'가 있다.[63] 당생정토는 아미타불이 관장하는 서방정토로, 불교인이라면 누구라도 그곳에 태어나기를 염원하는 곳이다. 멸죄성불부 역시 죄를 멸해서 부처가 되고자 하는 바람의 부적으로, 불교도의 윤회사상에 의해 망자가 죽어 죄를 멸하게 되어 윤회를 통해 불타가 되기를 바라는 염원을 담고 있다. 이러한 불교의 두 가지 소망이 부차적으로 취급된 것은 이 부적이 여타의 다른 문제를 염원하기 위해 제작된 것이 아닌가 싶다. 소원성취, 귀신불침, 피열, 퇴온, 피구설, 소삼재, 능산인타지태의즉출, 구난산 등은 불교적인 불교도의 삶이라기보다는 일상생활의 문제를 담고 있기 때문이다. 안산(安産)과 관련한 내용이 2개가 들어 있어 당시 안산이라는 것이 하나의 중요한 과제였음을 짐작할 수 있다. 부적은 일반적으로 정해진 부본(符本)이 있기는 하지만 필요에 따라서 달리 사용되는 것임을 감안할 때에 위의 부적은 필요에 따라 제작된 세트화된 부적이라 하겠

---

62) 여기서 불교라 하지 않고 '불교적'이라고 한 것은 순수 불교에서 사용하는 부적과 구분하기 위해서다. 불경에 입각한 부적과는 그 내용이 상이하므로 '불교적'으로 표현했다.

63) 불교의 부적에 대한 논문으로 한정섭의 「불교 부적 연구 소고-특히 밀교부를 중심으로」, 『한국불교학』 2권, 한국불교학회, 1976이 있다.

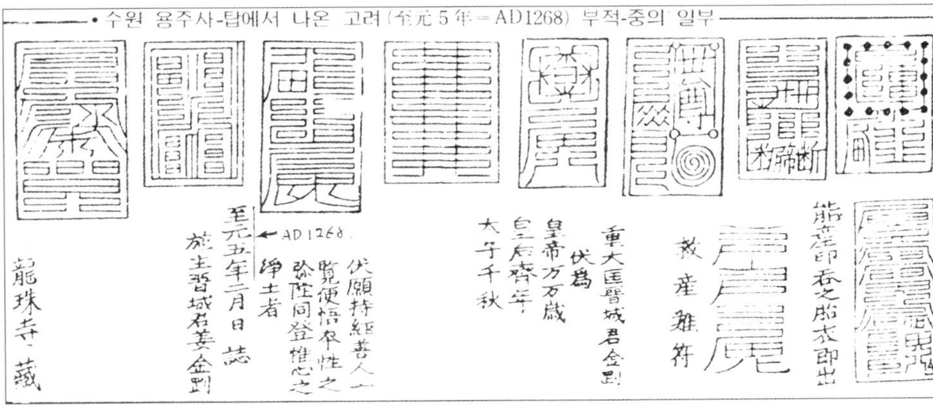

수원 용주사탑에서 나온 고려 부적

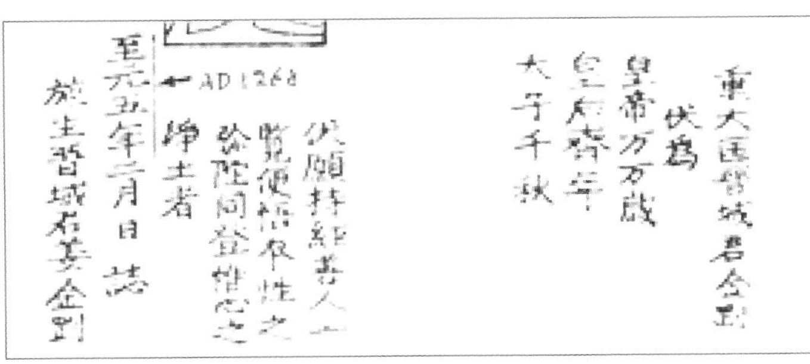

위 부적의 글씨 부분

다. 이러한 구성의 부적은 결국 부적을 봉안한 주체의 필요에 의해 새롭게 일괄적으로 꾸며진 것으로, 오늘날과 마찬가지로 필요한 부적 모음판이라 하겠다.[64] 이처럼 실생활적인 내용이 담긴 부적이 사찰의 석탑에 봉안되었다는 것은 당시 부적의 사용이 일반화되면서 산 자나 죽은 자를 위해 시납(施納)되던 것들 중의 하나였음을 의미한다.

그렇다면 이 부적이 누구에 의해 만들어졌는가를 살펴보도록 하자. 부적의 하단 중앙부에는 부적의 찬자를 알 수 있는 글귀가 적혀 있다.

> 重大匡晉城君金罡 伏爲 皇帝萬萬歲 皇后齊年 太子千秋 伏願持繼善人一覽便悟○性之
>
> 彌陀同登惟心之 淨土者 至元午年二月 日 施主 晉城君 姜金罡 龍珠寺 藏

부적에 시주자로 나오는 '진성군 강금강'은 원나라 황제와 그의 부인과 태자를 위해 이러한 부적을 시납하고 있다.[65] 부적이 작성된 것은 지원(至元) 5년으로, 1268년이다. 당시는 고려 원종과 원나라 태무제의 연계 속에서 몽골과 고려의 동맹이 이루어진 시기이다. 이러한 과정에서 원나라의 황제와 황후, 태자에 대한 관심 속에서 이루어진 일임을 알 수 있다. 또한 원종 대는 밀교에 대한 신앙이 더욱 극진했던 시기로, 원종의 즉위식까지도 밀교의식의 전통적 방법에 따라 거행했을 정도로 밀교

---

64) 무당이나 독경무는 부적을 쓸 때 기주(祈主)의 필요에 따라서 취사선택한다. 삼재부적을 원한다고 해도 삼재부적과 더불어 소원성취, 가택안녕 등의 부적을 함께 처방하는 것이 관례다. 이러한 관례를 통해 볼 때 위의 세트화된 부적은 결국 수요자의 필요에 의해 만들어진 내용이라 하겠다.(2005년 11월 충청남도 무형문화재 제24호 태안설위설경 예능보유자 장세일 법사 면담.)

에 심취되어 있음을 고려할 때, 밀교적인 전통에 의해 부적이 석탑에 복장(腹藏)된 것이라 볼 수 있다.

강금강의 행적은 충혜왕 대부터 공민왕 4년까지 고려사에 드러난다. 충혜왕은 제28대 왕(재위 1330~1332, 복위 1339~ 1344)이며, 공민왕 4년은 1355년이다. 특히 충혜왕 때에 내시로서 임금을 수행하여 공을 세운 존재이기도 하다. 그의 활동은 근 90여 년간 지속되었다. 1268년에 이미 중대광의 벼슬에 올랐을 정도라면 강금강은 이미 어느 정도의 연배가 되었을 터이니, 90여 년간의 정치활동은 연계성이 없다고 볼 수 있다. 그렇다면 이 둘은 각기 다른 존재일 가능성이 있다. 충혜왕부터 공민왕 대에 활동했던 강금강이 아니라 원종 대에 중대광직을 제수했던 진성군일 수 있겠다. 시주자의 실체가 진실로 누구든 보다 중요한 사실은 그가 부적을 탑에 봉안하면서 자신의 소망을 그 안에 담아내고 있다는 사실이다. 역사적인 유물이므로 그 존재의 중요성은 보다 대단하다. 또한 불탑에 복장된 유물이지만 당대 사람들의 종교적 염원이 담긴 것으로서 중요한 의미를 담고 있다.

---

65) 중대광은 고려시대 1품 향직(鄕職)으로 건국 초기에 제정되었고, 삼대중광(三大重匡)의 아래이다. 또한 중대광은 고려시대 문산계(文散階)의 하나다. 1308년(충렬왕 34)에 종1품으로 제정되었고, 뒤에 벽상삼한삼중대광(壁上三韓三重大匡)으로, 1310년(충선왕 2)에는 중대광으로 불리다가 1356년 폐지되었다. 1362년 다시 제정되어 1369년(충선왕 18)에 종1품의 하(下)로 된다. 이처럼 중대광은 고려시대의 중요한 관직 중 하나로, 특히 충렬왕부터 충선왕 대에 그에 대한 명칭이 복잡하게 변모하지만 여전히 종1품의 고관을 지칭하는 것이다. 진성군의 '군(君)'이라는 호칭은 고려시대·조선시대에 종친(宗親)이나 신하에게 주던 존호(尊號)임을 감안할 때 역시 높은 지위의 존재임을 알게 한다. 특히 고려시대에는 1298년(고려 충렬왕 24)에 관제를 고치면서 종1품의 품계로 정했는데, 1356년(공민왕 5)에는 신하의 군을 공(公)·후(侯)·백(伯)으로 고쳤다가 1362년(공민왕 11)에 다시 종1품이 되는 과정을 거친다. 중대광 진성군은 이러한 입장에서 볼 때 종1품의 고위직 관리라고 하겠다.

국가의례와 부적-계동대나의(季冬大儺儀)

고려시대에는 국가적으로 12월이 되면 나례(儺禮)를 베풀었다. 이때 액을 막는 실제 역할을 맡은 존재가 '방상시(方相氏)'이다. 방상시는 네 눈이 달린 황금빛 나는 탈을 쓰고 곰 가죽으로 만든 검정 옷에 붉은 치마를 입고 오른손에는 창을, 왼손에는 방패를 드는 존재다. 보통 악사가 이 일을 맡는다.

대나의를 하는 날 담당 부서에서는 왕에게 주달하여 12세 이상~16세 이하 사람들 중에서 선발하여 진자(侲子)로 삼아 탈(가면(假面))을 쓰고 붉은 베바지를 입은 자 24명을 1대(隊)로 하되, 이들을 다시 6명씩 한 패로 만들어 도합 2대로 편성한다. 집사자(執事者) 12명은 붉은 수건에 붉은 창 옷을 입고 채찍을 잡는다. 악사(工人) 22명 중 1명은 방상시(方相氏)라 하여 네 눈이 달린 황금빛 나는 탈을 쓰고 곰 가죽으로 만든 검정 옷에 붉은 치마를 입고 오른손에는 창을, 왼손에는 방패를 든다. 또 다른 한 명은 창수(唱師, 먼저 외치는 사람)라 하여 탈을 쓰고 가죽 옷을 입고 몽둥이를 든다. 고각군(鼓角軍, 북을 두드리고 피리를 부는 사람) 20명을 1대로 하여 4명은 기를 잡고, 4명은 피리를 불고, 12명은 북을 치면서 궁중(禁中)의 악귀를 쫓기로 되어 있다. 해당 부서에서는 의봉(儀鳳), 광화(廣化), 주작(朱雀), 영추(迎秋), 장평(長平)의 각 문에 술, 과실 등 양물(禳物, 귀신에게 대접하는 음식)을 미리 차려 놓고, 또 각 문의 위측에 구덩이를 적당한 너비와 깊이로 파 둔다. 굿하는 전날 굿할 사람들은 각각 집합소로 가서 의복과 도구를 갖추고 차례로 정렬하여 대기한다. 그날 새벽에 여러 경위대에서는 지정된 시각에 대원들을 단속하여 문간에 집결했다가 궁중의 뜰 아래로 들어가 정렬하는 것은 평상시와 같이 한다. 굿하는 사람들이 대별로 궁문 밖에 집합하면 내시가 왕이 있는 내전 앞으로 가서 진자가 다 모였으니 궁중의 역귀(疫鬼)를 쫓아낼 것을 아뢰고 돌아 나와서 굿하는 사람들에게 명령하여 궁중으로 들어가게 한다. 진자들은 북을 치고 왁자지껄이면서 들어가는데 방상시는 창을 들고 방패를 휘두르며 창수(唱帥)가 진자들을 인솔하고 따라 외치기를 "갑작(甲作)은 흉을 잡아먹고 비위는 역신(疫, 다른 곳에는 '범'이라고 되어 있다.-역주)을 잡아먹고, 웅백(雄伯)은 도깨비(魅)를 잡아먹고, 등간(騰簡)은 불상(不祥)을 잡아먹고, 남저(覽諸)는 구(咎)를 잡아먹고,, 백기(伯奇)는 몽(夢)을 잡아먹고, 강량(强梁)과 조명(祖明)은 다 같이 책사와 기생(寄生)을 잡아먹고, 위수(委隨)는 관(觀)을 잡아먹고, 착단(錯斷)은 거(巨)를 잡아먹고, 궁기(窮奇)와 등근(騰根)은 다 같이 고(蠱)를 잡아먹는다. 이상 열두 귀신으로 하여금 흉악한 악귀들을 내쫓을 것이며, 너희들의 몸뚱이를 물어 뜯고 너희들의 허리뼈를 꺾으며 살을 찢고 내장을 뽑게 할 것이다. 너희들이 빨리 물러가지 않고 뒤떨어지는 놈은 열두 귀신들의 밥이 될 것이다." 하고 외치고, 앞뒤로 다니면서 북을 치고 떠들다가 궁성 밖으로 나간다. 진자의 여러 대들은 성문으로 가서도 이상과 같이 하다가 성 밖으로 나가서 그만둔다. 굿하는 사람들이 성문 밖으로 나갈 무렵에 태축(太祝)은 중문(中門) 앞에 남쪽을 향하여 귀신의 자리를 마련했다가 그들이 아주 나간 후에 재랑은 그 위에 돗자리를 피고 북쪽을 위로 하게 한다. 재랑이 술을 부으면 태축은 잔을 받아 신좌 앞에 드리고, 축사는 축판을 가지고 와서 신좌의 오른편에서 꿇어앉아 축문을 읽는다. (태음(太陰, 달) 신에게 제 지내고 축판은 태축의 이름으로 읽는다.) 축문을 읽은 다음 축사는 일어나 축판을 자리에 놓는다. 그리고 갓한 음식과 술은 구덩이에 파묻고 각각 물러간다.[66]

이상 대나의 의식에 있어 부적의 역할을 짐작케 하는 것은 방상시, 진자, 살아 있는 닭, 토로 만든 소 등이다. 방상시는 잡귀 구축을 하는 주인공이며, 진자는 귀신을 쫓는 역할을 맡는 또 다른 존재다. 방상시가 상상의 존재라면, 진자는 현실의 존재다. 이 둘은 동일하게 귀신을 쫓는 역할을 맡았다. 이전 시기에는 처용의 형상을 보면 역귀가 도망한다고 하여 훗날 벽병부의 전신으로 삼을 수 있었다. 그러나 이 시기에는 정적인 존재가 아니라 동적인 존재인 방상시가 등장한다. 구체적으로 궁궐에서 섣달 그믐을 기해서 베풀어지는 대나의는 연극적인 요소가 추가된 축귀 의례다. 그러므로 황금색의 네 눈을 가진 황금사목(黃金四目) 방

66) 大儺之禮, 前一日, 所司奏聞, 選人年十二以上·十六以下, 爲侲子, 着假面, 衣赤布袴褶. 二十四人爲一隊, 六人作一行, 凡二隊. 執事者十二人, 着赤幘褠衣, 執鞭. 工人二十二人, 其一方相氏, 著假面, 黃金四目, 蒙熊皮玄, 衣朱裳, 右執戈, 左執楯. 其一爲唱帥, 著假面皮衣, 執棒. 鼓角軍, 二十爲一隊, 執旗四人, 吹角四人, 持鼓十二人, 以逐惡鬼于禁中. 有司, 先於儀鳳·廣化·朱雀·迎秋·長平門, 備設酒果禳物. 又爲瘞埳, 各於門之右方. 深稱其事. 前一日夕, 儺者各赴集所, 具其器服, 依次陳布, 以待事. 其日未明, 諸衛依時刻, 勒所部屯門, 列仗入, 陳於階下, 如常儀. 儺者各集於宮門外, 內侍詣王所御殿前, 奏"侲子備, 請逐疫"訖, 出命儺者, 以次入, 鼓譟以進. 方相氏執戈揚楯, 唱率侲子, 和曰"甲作食신출자, 胇胃食疫, 雄伯食魅, 騰簡食不祥, 覽諸食咎, 伯奇食夢, 强梁·祖明共食磔死·寄生, 委隨食觀, 錯斷食巨, 窮奇·騰根共食蠱. 凡使十二神, 追惡鬼凶赫, 汝軀拉, 汝肝節, 解汝肌肉, 抽汝肺腸. 汝不急去, 後者爲粮"周呼. 訖, 前後鼓譟而出, 諸隊各趣門以出, 出郭而止. 儺者將出, 大祝布神席, 當中門南向. 出訖, 齋郞陳神座, 籍以席, 北首. 齋郞酌酒, 大祝受而奠之, 祝史持版於座右, 跪讀祝文(祭以太陰之神, 祝版以大祝名). 訖, 興, 奠版於席, 乃擧禳物幷酒瘞於埳, 訖退. (『高麗史』第64卷, 志 第18, 禮 6, 凶禮, 軍禮, 季冬大儺儀. 季冬大儺儀)

상시는 귀신을 추방하는 역할의 귀신불침부의 구체적인 형상이라 할 수 있으므로 부적의 차원에서 이해할 수 있다.

또한 액막이굿에 등장하는 닭과 황토로 만든 소는 동일한 역할을 하는 존재다. 앞 인용문의 닭은 역귀를 구축하는 힘을 지닌 동물로, 소는 차가운 기운을 구축하는 존재로 묘사되어 있다. 그러나 살아 있는 닭을 황토로 만든 소로 대치하는 것은 결국 그 둘의 존재가 동일함을 의미한다. 닭과 황토는 모두 역귀를 구축하는 주력을 지닌 벽사부적의 기능을 지녔다고 하겠다.[67)]

구전 작품과 부적-불가살이부적

고려 말에서 조선 초에 이르는 격변기와 관련된 부적이 구전 작품에 전한다. 죽일 수 없다고 하여 '불가살(不可殺)이'라 불리는 상상의 동물이다. 이 동물 부적은 오늘날에 이르기까지 불사(不死)의 상징이다. 불에 의해서만 처치할 수 있다 하여 벽사의 동물로 알려져 있다. 이러한 상상의 동물인 불가살이가 등장하게 된 배경을 설화를 통해 살펴보기로 한다.

옛 속담에 "송도(松都) 말년의 불가살이"라는 말이 전한다. 『송남잡지(松南雜誌)』에 "송도 말년에 어떤 것이 쇠를 다 먹어 치워서 죽이려 했으나 죽일 수 없어서 불가살(不可殺)이라 이름을 붙였다."고 전한다.[68)] 이와 달리 불가살이의 등장과 그 의미에 대한 다음과 같은 설화도 전한다.

---

67) 이외에도 고려시대에 의례화된 처용무 역시 동일한 차원에서 이해될 수 있지만 삼국시대에서 언급했으므로 여기에서는 생략한다.

68) 이기문, 「불가살이 어원」, 『한국문화상징사전』, 두산동아, 1995, 336쪽.

① 쇠만 먹고 사는 불가살이가 장안의 쇠를 다 삼키고 난 후 몽고병의 총까지 다 삼켜, 몽고병이 물러난 후 큰 철산(鐵山)으로 변하여 호국의 신(神)이 되었다.

② 고려 말(또는 조선 초) 나라에서는 승려들을 잡아들이며 불교를 탄압했다. 이를 피해 숨어 있던 승려(또는 신돈)가 밥풀을 뭉쳐 불가살이를 만들었다. 이것이 나라 안의 쇠붙이를 모조리 먹어 치웠으나 죽일 수가 없었다. 승려의 도움(불공을 하고, 불교 탄압을 그치라는 권고, 또는 승려가 준 부작을 붙이고 불로 퇴치)으로 사태가 수습되고, 쇠붙이는 원래의 모습으로 돌아간다. 이후로 나라에서는 불교를 탄압하지 않게 되었다. (불교를 탄압하던 고려 혹은 조선이 망했다.)[69]

③ 고려 말 송도에 한 과부가 살고 있었다. 일찍이 남편을 잃고 수절하던 과부는 가난하여 삯바느질을 하며 살았다. 어느 날 과부의 몸에 딱정벌레 같은 벌레가 기어다니며 몸을 간지럽게 했다. 과부가 풀잎을 따 주었으나 벌레는 먹지 않았다. 밥을 주어도, 생선을 주어도 먹지 않자 과부는 바느질을 계속했다. 그런데 갑자기 벌레는 과부의 바늘을 냉큼 삼켜 버렸다. 과부는 깜짝 놀랐으나 그 후로 딱정벌레는 계속해서 집안의 쇠붙이들을 먹어 치웠다. 벌레는 점점 자라 큰 개만큼이나 커졌다. 드디어 공포의 괴물로 둔갑한 벌레는 과부의 집을 떠나 온 나라 안을 다니며 쇠붙이를 먹어 치우기 시작했다. 나라에서는 피해가 극심해지자 갖가지 방법을 동원해 잡으려 했으나 소용이 없었다. 불로도 안 되고 무기로도 안 되는 상황이었다. 이리하여 사람들은 이 괴물을 죽이려야 죽일 수도 없다 하여 불가살이라고 부르게

69) 김보영, 「한국서사문학에 나타난 불가살이 연구」, 『도솔어문』 6집, 1990, 11쪽, 재인용.

되었다.[70]

④ 고려 말에 신돈은 승려가 되면 자자만손을 둘 상이라는 점괘를 얻고 출가한다. 공민왕의 총애를 받은 그는 대권을 휘두르고 국사가 된다. 그는 마른 콩을 땅에 묻고 불상을 올려 놓은 후에 물을 부어 불자를 속게 하는 등의 속임수를 쓴다. 또 자식을 바라는 양가 여인에게 음행을 하여 자식도 많이 낳는다. 그때 한 여인이 이 사실을 폭로함으로써 신돈은 잡혀 죽고, 불교의 탄압이 시작된다. 나라에서는 상금을 걸고 승려들을 잡아들이니, 그들은 도망쳐 은신한다. 은신한 승려 중에서 한 사람이 밥풀을 뭉쳐 만든 것이 식철(食鐵) 동물로 출현하여, 승려 사냥을 일삼던 폭정을 그치게 한다. 이 식철 동물은 불가살이인 동시에 탄압받던 불가를 살려 낸 불가(佛家)살이로도 인식된다.[71]

위 ①~④의 설화에서 불가살이는 고려의 멸망과 연관되는 중요한 상상의 동물이다. 몽골의 6차 침입 기간으로부터 시작되어 고려의 멸망 기간은 고려인의 입장에서는 국내외적으로 어려운 상황으로 인식된다. 자연재해와 무인정권에 의한 전횡으로 인해 민간에서는 농민항쟁이 일어났으며, 그 이외의 멸망의 징후로 등장하는 일련의 일들로 인해 불안한 생활을 할 수밖에 없었다. 이러한 과정에서 몽골군에 대한 응징은 보다 더 간절했을 것이다. 민초들의 이러한 내면의 소망이 불가살이라는 상상의 존재를 만들었으며, 그것은 훗날 몽골 병사와 같이 유해(有害)한 존재를 제거하는 벽사의 부적으로 이용되었다.

70) 강재철, 『한국 속담의 근원설화』, 백록출판사, 1980, 22쪽 재인용.

71) 최래옥, 『구비문학과 기록문학의 전승 체계-한국문학사 서술의 제문제』, 단국대출판부, 1993, 33쪽 재인용.

이러한 불가살이가 없어지게 된 계기는 이야기마다 다르다. 중이 지팡이를 휘두르며 혼내자 먹었던 쇠붙이들을 모두 쏟아 놓고 사라졌다는 이야기가 있는가 하면, 무당의 참언(讖言)이 있은 후 고려가 멸망했고 그와 동시에 극성을 부리던 불가살이도 함께 사라졌다는 이야기도 있다. 무당의 참언 내용은 "화생(火生)은 목(木)이요, 목생(木生)은 토(土)라, 태초에 건국할 때 토(土)에서 거목(巨木)이 나서 거목에 불꽃이 있었거늘, 시절은 불운해서 목생은 화가 아니라 지금은 목(木)을 이기는 금생토(金生土)라. 쇠붙이를 먹는 괴이한 짐승이 나타났으니, 목은 넘어지도다. 나라의 큰 나무는 쇠붙이로 인해 넘어지도다."라고 하여 몰락해 가는 왕조 말기의 민심과 사회 분위기를 짐작하게 한다.[72]

그러나 위의 설화가 고려시대의 산물이라는 확증은 없다. 다만 위의 내용들이 전쟁에 따른 쇠〔鐵〕의 피해를 극복하려는 민초들의 의식과 고려 말의 외침과 불교 탄압이라는 전환기적인 상황이 만들어 낸 것이라고 여겨질 뿐이다. 훗날에 위와 같은 사항들을 조합하여 창작한 것이 불가살이라 해도 그것이 고려 말의 분위기를 담고 있는 것은 사실이다.

이러한 불가살이가 조선시대에 들어서면 불로장생을 염원하는 십장생과 더불어 사용된다. 경복궁의 아미산에 설치된 굴뚝에 십장생과 더불어 있는 불가살이를 볼 수 있다. 이외에도 불가살이는 베개 장식으로도 이용된다. 베갯모에 불가살이를 장식해 두면 악몽(惡夢)을 퇴치할 수 있다고 한다. 이러한 변화는 불가살이가 지닌 기본적인 의미가 변모되어 나타난 변이현상이라 할 수 있다. 그러나 불가살이가 지닌 벽사적인 의미는 그대로 전승되고 있다고 할 수 있다.

---

72) 방종현 · 김사엽, 『속담대사전』, 교문사, 1949, 참조.

경복궁 아미산 굴뚝의 불가살이

베갯모에 장식된 불가살이

기타-닭 그림 부적

고려 의종(毅宗) 대에 궁녀가 왕의 총애를 받기 위해 왕의 요 밑에 닭 그림 부적을 넣었다가 발생한 사건에서 부적의 사례를 찾을 수 있다.[73)]

> 신축일에 왕의 사랑하는 궁녀가 왕을 매혹시키려는 술책으로 왕의 침상 밑에 은밀히 닭을 그려 넣었다가 그것이 발각되었는데, 궁녀가 왕에게 거짓말로 고하기를 주부(注簿) 동정(同正) 김의보(金義輔)가 내시 윤지원(尹至元)과 공모하여 왕을 저주한 것이라고 했다. 그리하여 의보는 목을 베어 죽이고 지원은 무인도(無人島)로 귀양을 보냈다.
>
> ―『고려사(高麗史)』 세가(世家) 권18, '의종 15년 신축 9월조'[74)]

이처럼 궁실에서도 부적을 사용하는 주술적인 비방이 쓰이고 있었다. 닭은 태양의 상징으로 인식되어 왔다. 또한 밝음을 알려 주고 어둠 속에서 활동하는 음귀를 쫓아내는 벽사력까지 지닌 것으로 상징성이 확대되었다. 『동의보감』에는 사내아이를 낳으려면 수탉 꽁지 3개를 뽑아 몰래 부인의 자리 속에 넣어 두면 이루어진다고 했다. 앞의 사료에서 왕의 침상 밑에 닭 그림을 넣은 것은 닭이 지닌 주술력을 이용해 음기를 제어하는 비방이라 할 수 있다.

왕을 매혹시키려고 사용한 닭 그림이 반전되어 왕을 저주한 것으로

---

73) 의종(毅宗, 1146～1170) 대에는 이녕이라는 화원이 궁중 내의 모든 그림에 관련된 일을 주관했는데, 의종 15년 이녕 휘하의 화원 중 한 사람이 닭 그림을 그렸을 가능성이 농후하다.

74) 辛丑 王之嬖倖, 挾媚道, 密置畵雞於御床褥中, 事覺, 誣告注簿同正金義輔, 與內侍尹至元, 通謀祝詛.斬義輔, 流至元於無人島.

닭 그림 부적(미국 스미소니언 박물관)

사용되었다는 것은 당시 부적이 지닌 주술적인 도구로써의 기능을 나름대로 믿고 있었기 때문으로 해석할 수 있다. 이는 당시 사회의 흉흉했던 인심 탓이기도 하지만, 위의 사례는 부적이 당시에 나름대로의 역할을 감당한 증거로 삼을 수 있다. 비록 벽사부적은 아니지만 부적의 실체를 확인케 하는 중요한 자료다.

이와는 별도로 닭을 이용한 축귀 행위도 있었다. 섣달에 베풀어지는 나례에서는 역귀를 구축하기 위해 닭 5마리를 사용했다. 그러나 정종이 생명을 지닌 닭을 대신하여 흙으로 소 4마리를 만들어 사용하도록 했다. 한 해의 액을 막기 위해 12월에 베푸는 나례에 사용된 주물이 닭인 것은 이 시기에 닭이 지닌 주술성을 나름대로 인식하고 있었음을 나타낸다.

조선시대에는 단옷날 대문에 붙일 벽사신 종규를 그릴 때 먹으로 그리고, 닭의 피로 종규의 눈을 그리기도 했다. 벽사의 신인 종규의 눈을 그리는 도구로 닭의 피가 사용되었다는 것은 주목할 만하다.

닭 부적은 흔히 오늘날 민간에서도 사용하는데, 대개 음력 정월 초에 대문이나 방문 앞에 붙인다. 닭의 울음소리는 귀신을 쫓는 기능이 있다고 한다. 닭의 축귀력을 믿는 사고는 서양에서도 엿볼 수 있다.[75] 왕을 저주한 것이든, 왕을 매혹시키려 했던 것이든 닭을 부적에 이용하는 것은 후대에도 계속되었다.

이상의 고려시대 부적들을 살펴보면 그 시대를 살던 사람들의 사고와 의식을 짐작할 수 있다. 병이나 재앙을 일으킨다고 믿었던 병귀나 악귀를 물리치기 위해 다양한 방법이 동원되었겠지만, 부적도 당대인들에는 다양한 종교적인 욕구를 해결케 하는 하나의 도구다. 특히 불교가 국교이던 시대이니 만큼 불교와 부적은 서로 연관되어 나타난다. 사찰의 탑 안에 봉안한 부적은 불교식 부적의 효시라 할 수 있다. 그러나 그 부적은 불교와의 직접적인 관련보다는 당대인의 종교적인 심성을 담아내는 도구로 사용되었다. 안산(安産)을 중심으로 인간의 일상생활에서 가장 기본이 되는 내용이 담겨져 있다. 귀신의 침범을 막고, 인간 사이의 쟁의나 불화를 극복하고, 더 나아가 현세복락을 위한 신의 가호와 사후 극락세계에 대한 염원이 그 내용이다. 이러한 생각은 고려시대에 특수계층들 사이에서 유행되기보다는 시대와 계층을 초월해서 추구되었을 것이다. 왜냐하면 그것이 바로 인간의 원초적인 바람이기 때문이다.

---

75) "닭이 우니까 마치 무서운 호출이라도 받은 것처럼, 죄인인 것처럼 깜짝 놀라더군. 닭은 새벽의 나팔수, 높은 목청으로 태양신을 깨우지. 그 울음소리를 들으면 천지를 방황하던 온갖 헛것들이 모두 자기 자리로 허둥지둥 달아날 수밖에 없다지 않은가." (셰익스피어 『햄릿』 제1막 2장)

조선시대의 부적

조선시대는 숭유억불(崇儒抑佛) 정책에도 불구하고 부적이 매우 다양하게 이용되었다. 왕실로부터 사대부를 비롯하여 서민에 이르기까지 부적을 이용했는데 생활상의 필요, 세시의례·평생의례 등의 의례적인 필요, 신앙적인 필요 등에 따라 다종다양하게 활용되었다. 특히 불교의 진언집 등에 부적의 실체가 남아 있어 종교와 연관된 부적 사용을 구체적으로 살펴볼 수 있다.

이 밖에도 소수이기는 하지만 불상의 복장물이나 탑과 건축의 상량(上梁), 고가구의 내부, 무덤 속 부장품 속에서도 부적이 발견되어 그 쓰임이 매우 다양했음을 알 수 있다. 이러한 사정은 당시 조선이 국시로 삼은 숭유억불과 달리 실생활에서는 다양한 이념이 존재했음을 보여 주는 것이기도 하다.

이처럼 다양한 모습은 이전에 찾아볼 수 없던 것이지만 사회 이념의 변화 속에서도 존속했다는 점은 오히려 그 이전의 오랜 습속임을 반증하는 것이 아닐까 한다. 아울러 조선시대의 다양한 부적의 용례는 부적에 대한 믿음의 행위 체계를 잘 드러낸다.

세시풍속 관련 부적

원단(元旦)의 세화(歲畵)

음력 정월 초하루에는 대문에 여러 가지 부적을 붙인다. 대표적인 것이 '세화'와 '문배'다. 이와 관련하여서는 다음의 기록이 주목된다.

> 일반 백성들은 바람벽에 닭 그림과 호랑이 그림을 붙여 액을 물리친다. 내 생각에는 후한시대 학자인 동훈(董勛)의 『문례(問禮)』에 "세속에 초하룻날 닭을 그린다."고 했다. 또 생각하건대 『형초세시기』에 "정월 초하루에 닭을 그려 창호 위에 붙인다."고 하였는데, 지금의 풍속이 여기에서 비롯된 것으로, 호랑이를 그리는 것은 인월(寅月), 즉 호랑이달이란 뜻을 취한 듯하다.[76]

위의 내용은 항간에서 베풀어지는 세화 풍습이다. 항간에서는 닭이나 호랑이를 그려 붙인다. 홍석모는 닭을 사용하는 것에 대해 『형초세시기(荊楚歲時記)』에 정월 초하루에 닭을 그려 문에 붙인다고 설명하고, 호랑이는 정월을 인월(寅月, 호랑이달)로 취한 것 때문이라고 한다. 그러나 닭은 신의(信義)의 동물이며, 음귀의 활동을 제어하는 동물이다. 음귀는 닭의 울음이 밝음을 알리면 사라지기 때문이다. 이 때문에 닭은 음귀(陰鬼)를 쫓는 주력(呪力)을 가진 동물로 간주된다.

『설문해자(說文解字)』에는 닭이 때를 아는 가축이라 했고, 『역경(易

---

76) 閭巷壁上貼鷄虎畵以禳之 按董勛問禮俗一日爲鷄 又按荊楚歲時記正月一日畵雞帖戶 今俗昉此 畵虎似取寅月之義也

세화용 호랑이

經)』에는 닭이 팔괘의 손(巽)에 해당되는 동물로 기록되어 있다. 손괘의 방위는 동남쪽이다. 이 방향은 여명이 시작되는 곳이기 때문에 닭은 희망찬 출발이나 상서로움의 상징으로 간주된다.

옛사람들도 닭이 울면 모든 잡귀들이 사라진다고 믿었기 때문에 벽사의 의도로 닭 그림을 그렸다.[77] 광명이 임한다는 것은 곧 어두움과 사악한 것이 물러나는 것인 만큼 닭이 신성을 지닌 벽사의 동물로 간주되는 것은 매우 자연스럽다.

반면에 호랑이는 인월을 정월로 정하면서부터라고 하나 호랑이가 지닌 기본적인 상징성을 부인할 수는 없다. 호랑이는 동물의 맹장으로서 강력한 주력(呪力)을 지닌 것으로 간주되기 때문이다.

---

77) 허균, 『전통문양』, 대원사, 1995, 52~53쪽.

문배

세화와 더불어 대문에 붙이는 것으로 '문배(門排)'가 있다. 다음 기록은 세화와 문배를 분명히 구분하고 있다.

서화에 관한 임무를 맡고 있는 도화서(圖畵署)에서는 〈수성선녀도(壽星仙女圖)〉와 〈직일신장도(直日神將圖)〉 그림을 그려 임금에게 바치고 또 서로 선물하는데 이것을 '세화(歲畵)'라고 하며, 축하하는 뜻을 나타낸다. 또 금갑옷을 입은 두 장군의 화상을 그려 임금에게 바치는데, 키가 한 길이 넘는 장군들은 각각 천자의 신임을 상징하는 도끼와 절월(節鉞)을 들고 있다. 이 그림을 대궐문 양쪽에 붙이는데, 이것을 문배(門排)라고 한다. 또 붉은 도포를 입고 까만 사모를 쓴 화상을 그려 편전의 겹대문에 붙이기도 하고, 사악한 귀신을 잡는 종규(鍾馗)라는 귀신상을 그려 문에 붙이기도 하며, 또 귀신의 머리를 그려 문 상방에 붙이는 등의 방법으로 사귀와 전염병을 물리친다. 모든 왕실 내외척들의 문간에도 이런 것들을 붙이며, 일반 백성 집에서도 이를 많이 따라 한다. 금갑옷을 입은 두 장군은 사천왕(四天王) 신상이라고도 하고, 혹은 당나라 태종 때의 명장인 울지공(尉遲恭)과 진숙보(秦叔寶)라고도 하며, 진홍색 도포를 입은 자는 당나라 때 학자인 위정공(魏鄭公)이라고 한다. 내 생각에는 송나라 사람 송민구(宋敏求)가 쓴 『춘명퇴조록(春明退朝錄)』에 도가(道家)에서 상소를 올려 천문(天門)을 지키는 금갑옷을 입은 두 사람 중 갈장군(葛將軍)은 기를 잡고 있고, 주장군(周將軍)은 절월을 잡고 있는 것으로 그린 것을 보면 지금 우리나라 문배에 나오는 그림은 이 갈·주 두 장군인 듯하며, 세속에서 괴담소설에 나오는 당나

라 태종 때의 일이라고 한 것은 억지로 붙여 낸 말이다.[78]

—『동국세시기(東國歲時記)』'정월 원일(元日)조'

위의 인용문에 의하면 수성과 선녀, 직일신장 등의 그림을 임금에게 드리거나 서로 선물하는 것을 '세화'라 하고, 황금빛 갑옷을 입은 두 장군, 귀신이나 도깨비의 머리를 그려 대문 양쪽에 붙이는 이것을 '문배'라 했다.[79]

이러한 구분을 통해 볼 때 세화가 한 해를 축하하기 위한 성향이 강하다면, 문배는 액막이의 기능이 강한 것이라 할 수 있다.

액막이 기능을 하는 것으로는 이외에도 신라의 처용상이나 중국의 종규, 도깨비 머리(치우로 간주) 등을 그린다고 했다. 궁궐 문에 붙인 이러한 것들을 민간에서도 차용했다고 한 것으로 보아 문배의 풍습은 매우 보편화되었다고 하겠다.

그렇다면 액막이 기능으로 사용되는 문배에 등장하는 인물은 어떠한 특성을 지니고 있을까? 그들의 특성이 결국 문배의 성격을 설명하므로 그에 대해 고찰해 보도록 하자. 위에서 언급된 처용, 중국의 종규, 도깨비 머리와 더불어 중국의 신도나 울루, 울지공, 진숙보, 위정공, 주장군,

---

78) 圖畵署畵壽星仙女圖直日神將圖 獻于公亦相贈遺 名曰歲畵 以寓頌祝之意 又畵進金甲二將軍像 長丈餘一持斧一持節 揭于闕門兩扇名曰門排 又以絳袍烏帽像揭重閤門 又畵鍾馗捕鬼貼戶 畵鬼頭貼楣以辟邪瘟 諸宮家戚里門扇亦皆揭之 閭巷又多效之俗 以金甲者謂四天王神像 或以爲尉遲恭秦叔寶 絳袍者爲魏鄭公 按宋敏求春明退朝錄道家奏章圖天門守衛金甲人葛將軍掌旌周將軍掌節 今之門排似是葛周二將軍 而世俗乃以傳奇中唐文皇時事傅會之爾

79) 이능화는 도교가 우리나라에 들어오게 된 내력을 고려 중엽으로 잡고 있다. 고려 예종조(睿宗朝)에 송(宋)의 도교가 들어와 복원궁(福苑宮)을 세우고 우류(羽流)를 두었으며, 문신상을 설치한 것은 이때부터였을 것이라고 추정한다. (이능화, 『조선 무속고(朝鮮巫俗考)』, 1927, 57쪽)

갈장군 등이 있다. 아래의 기록을 통해 그 내용을 살펴보도록 하자.

① 지금도 문지방 위에서
어슴푸레 그 모습 보이는 듯하네
—김종직(金宗直),「개운포이영 처용암(開運鋪二詠 處容巖)」

② 신라의 지난 일 구름처럼 아득한데
신물(처용)은 한번 간 후 돌아오질 않네
신라 때부터 지금에 이르도록
다투어 그 얼굴을 꾸미고 그리네
요사를 물리치고 병을 미리 막으려고
해마다 설날이면 문 위에 붙인다네
—성현(成俔),「처용(處容)」

③ 어린아이는 여항에서 소리를 지르고
도시 사람들은 밤놀이를 하는구나
문간에는 울루(鬱壘) 자 붙어 있고
창가에는 처용의 머리
액귀는 쫓겨 갔으나
시마는 쫓겼다 다시 머무는구나
—성현(成俔),「제석이수(除夕二首)」

④ 늠름한 신령이 온갖 사귀 쫓으니
척리(戚里)에 이듬해의 부적을 새로 나누어 주네
한 쌍의 금빛 갑옷이 마귀를 굴복시키니
이것은 신도(神荼)와 울루(鬱壘)의 그림 때문이네
—최영년(崔永年),『해동죽지(海東竹枝)』'문신부(門神符)'

위의 ①~④에서 볼 수 있듯이 매우 다양한 형상을 문배로 사용했다. 그중 대표적인 존재는 처용과 중국의 대표적인 문신인 울루, 신도를 들 수 있다. 처용은 신라시대의 인물이기는 하지만 고려, 조선에 이르기까지 꾸준히 문신 역할을 했다. 울루와 신도는 종규와 더불어 대표적인 중국의 문신이다. 이 중 종규는 중국에서 널리 신봉하는 제액신(除厄神)이다. 당나라 현종(玄宗)이 병상에 누워 있을 때 꿈속에 소귀(小鬼) 허모(虛耗)가 나타났다. 현종이 병사를 불러서 쫓으려 하자 갑자기 대귀(大鬼)가 나타나서 소귀를 퇴치했다. 그리고 그 대귀가 자신은 종규라고 하며 관리 채용시험에서 낙제하여 자살한 자로, 만일 정중하게 장례를 치러 준다면 천하의 해악(害惡)을 없애 주겠다고 했다. 눈을 떴을 때 병이 거뜬히 나아서 현종은 화공 오도자(吳道子)에게 명하여 종규의 모습을 그리게 했고, 이때부터 종규의 그림을 대문에 붙여서 사귀악병(邪鬼惡病)을 쫓는 풍습이 생겼다고 한다.[80)]

종규신의 유래를 '종규(終葵)'에서 나온 것으로 보기도 한다. 이것은 명청 대 이래로 계속 제기되어 온 문제로, '종규'라는 두 글자의 발음이 합쳐지면 바로 '추(椎)', 즉 몽둥이라는 의미가 된다. 옛날 제나라 사람들이 이 나무 몽둥이를 귀신잡을 때 사용했던 것인데, 이 몽둥이가 인격화되어 종규가 귀신을 잡는다는 전설이 생겨난 것으로 볼 수 있다.[81)]

이외에 진숙보와 울지경덕 역시 문신의 일종이다. 이들은 장군 모습에 손에는 무기를 든 형태로 등장한다. 그들은 본래 당나라 태종 때의

80) 처음에는 연말 풍습이었으나 후에 5월 5일로 옮겨졌고, 그림은 종규가 칼을 들어 박쥐를 쳐서 떨어뜨리는 그림을 선호했다. 이것은 '박쥐 복(蝠)' 자가 '복 복(福)' 자와 비슷하기 때문에 이것을 통해서 복을 받고 싶다는 마음을 표현한 것이다.

81) 전인초 외, 『중국신화의 이해』, 아카넷, 2002, 156쪽.

진택종규 청중엽 하남개봉(鎮宅鍾馗 淸中葉 河南開封)

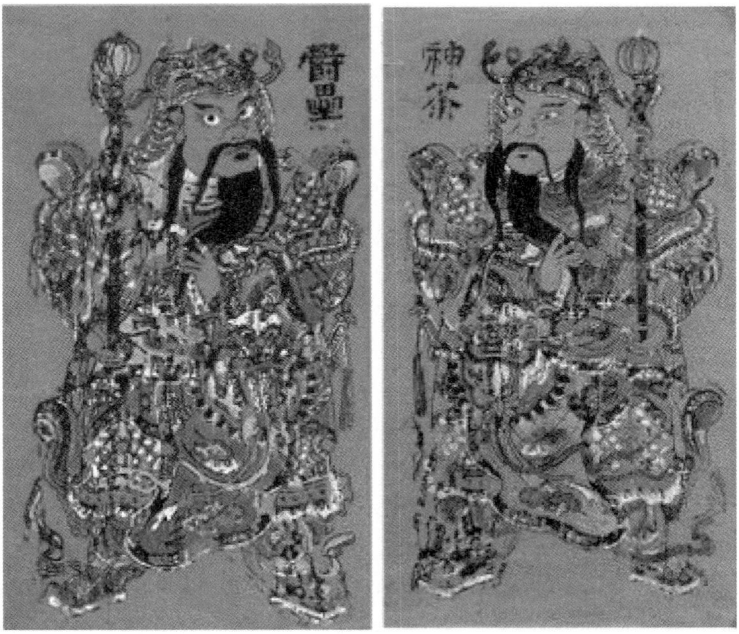

신도(神茶)·울루(鬱壘), 청(淸), 복건장주(福建漳州)

장수들로, 궁중의 문을 지키는 궁전의 문신이었다가 훗날 민간의 문신으로 변했다고 한다.

신도와 울루는 신들의 나라 통치자인 황제의 명을 받아 인간세상을 떠도는 귀신들을 다스리는 일을 맡은 존재들이다. 동해의 도산에서 큰 복숭아나무를 지켰는데, 그 나무 위에는 금계(金鷄) 한 마리가 있었다. 금계는 태양이 솟아오를 때면 부상수의 옥계가 우는 소리를 따라 울었다고 한다. 금계의 울음소리가 울려 퍼질 때면 신도와 울루는 복숭아나무 동북쪽 나뭇가지 사이에 있는 귀문 아래에 서서 인간세상에서 돌아오는 귀신들을 조사했다. 그 귀신들 중에 유별나게 흉악하거나 악한 귀신, 인간세상에서 착한 사람들을 해친 귀신 등이 있으면 두 형제는 즉시 그들을 갈대 끈으로 꽁꽁 묶어 호랑이 밥으로 던져 주었다고 한다. 그래서 흉악한 귀신들도 점차 사라졌다 한다.

이처럼 문신은 대부분 강력한 힘을 지닌 존재로, 귀신을 억압하는 능력을 갖고 있다. 황제의 명을 받아 귀신을 다스리는 존재인 신도와 울루가 있기도 하고, 강력하고 탁월한 무력(武力)으로 귀신을 제어하는 진숙보, 울지경덕, 종규 등도 있다. 이와 달리 신라의 처용은 너그러움과 여유로움으로 역신을 감복시킨 존재이다. 외유내강(外柔內剛)이라는 말처럼 처용은 너그러움으로 오히려 액을 막아 낸 것이다. 그러나 처용은 궁중에서는 별반 사용되지 않고 있다. 궁중에서는 중국의 문신을 이용하는 데 반해, 민간에서는 위의 사료들에서 보는 것처럼 처용을 이용하고 있다. 이러한 차이는 결국 신라의 처용이 지닌 오랜 역사성에서 비롯된 것으로 보인다.

다양한 세화, 문배는 결국 정월 초하루라는 시간과 대문이라는 공간의 중요성에서 비롯된 것으로, 한 해의 시작에 앞서 잡된 것을 막아 한 해의 평안을 희구하는 바람이 응집된 결과라 하겠다. 이럴 경우 벽사부로서의 기능과 아울러 기복(祈福)이라는 측면이 혼재되어 있으므로 이를 명확히 구분하는 것은 무의미하다. 그러나 중요한 것은 기복에 앞서 벽사가 이루어진다는 사실이다.[82] 벽사가 이루어지지 않은 상태에서 기복이 이루어진다면 불행을 막아야 하는 또 다른 과제가 남게 된다. 벽사가 이루어진다면 굳이 기복이 이루어지지 않아도 무해무덕(無害無德)한 삶을 영위하게 된다. 따라서 정월 원단의 벽사 행위는 무엇보다 중요한 것이다. 이러한 중요한 시간을 대문에서 시작하는 것은 건물의 초입이 지닌 상징 때문이다. 문은 안과 밖을 구분 짓는 경계 표식인 동시에 잡귀나 부정이 드나들 수 있는 통로이다. 때문에 이곳을 봉쇄하는 것이 무엇보다 중요하다.

입춘과 입춘첩

입춘에 관상감(觀象監)에서는 주사(朱砂)로 천중절의 붉은 부적을 박아 대궐 안으로 올린다. 그러면 대궐에서는 그것을 문설주 위에 붙였다. 그 내용은 다음과 같다.

> 갑작(甲作)은 흉측한 것을 잡아먹고, 필위(胇胃)는 호랑이를 잡아먹고, 웅백(雄伯)은 도깨비를 잡아먹고, 등간(騰簡)은 상서롭지 못한 것을 잡아먹고, 남저(攬諸)는 허물을 잡아먹고, 백기(伯寄)는 환상을 잡아먹고, 강량(强梁)과 조명(祖明)은 둘이 함께 책사(磔死)에 기생하는

82) 김효경, 「음력 정월 세시풍속과 가정주부」, 『샤머니즘 연구』 5집, 한국샤머니즘학회, 2003, 27쪽.

귀신을 잡아먹고, 위수(委隨)는 관(觀)을 잡아먹고, 착단(錯斷)은 거(巨)를 잡아먹고, 궁기(窮奇)와 등근(騰根)은 둘이 함께 벌레를 잡아먹는다. 무릇 이 열두 신을 시켜 흉악한 것들을 내쫓기 위해 네놈들을 위협하여 몸뚱이를 잡아다가 허리뼈를 부러뜨리고 네놈들의 살을 찢고 내장을 뽑으려 한다. 네놈들 중 빨리 서두르지 않고 뒤에 가는 놈들은 열두 귀신의 밥이 될 테니 율령을 시행하듯 빨리 나가도록 하라.[83)]

—『동국세시기』'정월 입춘조'

위의 입춘첩은 12신령의 권능으로 온갖 잡된 것을 쫓아 새로운 시작을 축하하고자 하는 마음이 담겨 있다. 이 부적은 홍석모가 이르기를 곧 『후한서』「예의지」에서 납일(臘日) 전날에 대대적인 나례를 하여 역질 귀신을 쫓을 때 진자(侲子)가 화답하는 말이다. 그런데 지금은 이것이 입춘날의 부적이 되었다. 단옷날에도 이것을 붙인다고 밝히고 있다. 그렇다면 중국의 섣달 나례의 내용이 우리나라에서는 입춘첩(立春帖)으로 활용되고 있었다는 것을 의미한다. 묵은해를 무사히 보내고 새해를 맞는 시기에 나례의 것을 입춘에 활용한다는 것은 결국 나례와 더불어 입춘을 조선에서는 또 하나의 시작을 앞둔 분기점으로 이해했기 때문이다.

단오의 단오첩과 단오장

단오는 1년 중에서 가장 양기(陽氣)가 왕성한 날이라 해서 큰 명절로

83) 其文曰甲作食歹匈 胇胃食虎 雄伯食魅 騰簡食不祥 攬諸食咎 伯寄食夢 强梁祖明共食磔死寄生 委隨食觀 錯斷食巨 窮奇騰根共食蠱 凡使十二神追惡凶 嚇汝軀拉汝幹節 解汝肌肉 抽汝肺腸 汝不急去後者爲糧 急急如律令

여긴다. 동시에 병원균이 성하기 시작하는 시기이기도 하여 단오첩(端午帖)은 명절을 축하하기보다는 오히려 벽병부의 의미가 더 강하다. 이 날에 붙이는 단오첩의 내용은 알 수 없으나 양기가 강함을 축하하는 동시에 이를 제어하기 위한 내용이었을 것이다. 단오가 지나면 본격적인 논농사철로, 양기를 제어하고 음기(陰氣)인 비를 바라는 시기이기 때문이다.

실제 다음의 기록을 보면 단오첩의 내용이 찬미와 규간을 포함했음을 알 수 있다. 이 부적은 관상감에서 주사로 천중절(단오)의 부적을 박아 대궐 안으로 올린 것이다. 그러면 대궐 안에서는 그것을 문설주에 붙여 불길한 재액을 막았다.[84]

> ① 단오첩(端午帖) 가운데서 이덕해(李德海)·임성(任珹)은 궁관(宮官)으로서 규간(規諫)을 하지 않고 오로지 찬미(讚美)만 했기 때문에 물리치고 뽑지 않았으며, 권정침(權正忱)이 지은 것은 비록 좋으나 역시 지나치게 찬미한 말이 있기 때문에 내가 몸소 비점(批點)했다. 질실(質實)을 숭상하는 고장에서 어찌 찬미만 하는 말을 사용하겠는가마는 권정침을 옥성(玉成)하게 하기 위해서이다.[85]
>
> —『영조실록』 권99, '38년 5월 3일 병신조'

> ② 관상감(觀象監)에서 주사(朱砂)로 천중절, 즉 단오절 부적을 만들어 대궐에 바치면 대궐에서는 그것을 문 위에 붙여 좋지 못한 귀신들을 물리친다. 양반집에서도 이것을 붙인다. 그 부적의 내용을 보면

84) 홍석모, 『동국세시기(東國歲時記)』 '5월 단오조'.

85) 上曰 : 今番端午帖中, 李德海 · 任珹, 以宮官不爲規諫, 專爲讚美, 故斥而不選, 權正忱 所作雖好, 亦爲過讚之語, 故予親批矣. 質實之鄕, 安用此讚美之語, 使 正忱 玉成也.

> "5월 5일 천중절에 위로는 하늘의 녹을 받고 아래로는 땅의 복을 받아라. 치우(蚩尤)의 신은 구리 머리에, 쇠 이마에, 붉은 입과 붉은 혀를 가졌다. 404가지의 병을 일시에 없앨 것이니 율령을 시행하듯 빨리빨리 행하라."는 것이다. 내 생각에는 한나라 제도에 복숭아 인장〔桃印〕으로 악한 기운을 멈추게 한다고 하였으며, 『포박자(抱朴子)』에는 적령부(赤靈符)를 만들었다고 하였는데, 이것이 모두 단오의 옛 제도요, 지금의 부적 제도도 여기에서 나온 것이다.[86]
>
> —『동국세시기』'5월 단오조'

①에서 단오첩의 내용을 파악할 수 있는데, 규간(規諫)과 찬미(讚美)가 어우러져야 그 본의를 드러낼 수 있었던 것 같다. 찬미란 단옷날의 명절을 찬미하는 것을 말할 터인데, 규간은 삼가고 규범으로 삼아야 하는 것이다. 찬미와 규간은 단오부적에 포함되어야 하는 중요한 내용인 것이다.

그러나 ②의 사례를 통해서는 관상감에서 제작한 단오부적이 위로는 천록을, 아래로는 지복을 받고, 치우신의 동두철액(銅頭鐵額)과 적구적설(赤口赤舌)로 사악한 마를 소멸시키라는 내용임을 알 수 있다. 이러한 내용을 담은 글귀를 대궐 안의 문 위 중방에 붙여 하늘과 땅의 권세를 빌어 복을 내리고, 누설을 방지하고자 한 부적이었다.

단옷날은 1년 중 가장 양기가 왕성한 날이라 하여 큰 명절로 여겼다. 이때는 더운 여름을 맞이하기 전의 초하(初夏)의 시기다. 초하라는 시점

---

86) 觀象監朱砂榻天中赤符進于大內貼門楣以除弗祥 卿士家亦貼之 其文曰五月五日天中之節上得天祿下得地福蚩尤之神銅頭鐵額赤口赤舌四百四病一時消滅急急如律令 按漢制有桃印以止惡氣 抱朴子作赤靈符 皆端午舊制 而今之符制蓋出於此

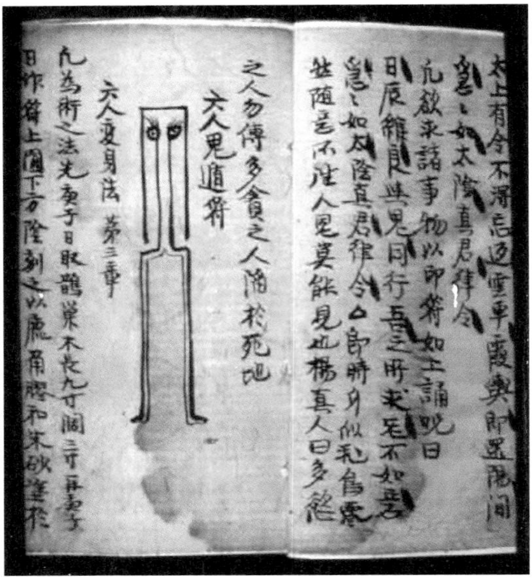

단오 천중부적

은 새로운 계절의 시작을 의미하는 동시에 병균도 성해지는 시기이기도 하다. 단오가 지나면 본격적인 농사철로 접어들게 되며, 본격적인 여름철이 되므로 이를 분기점으로 하여 시간의 흐름을 가늠하려는 것이 단오 풍습이라 할 수 있다.

이러한 시점에 사용되는 단오부적, 즉 천중부적[87]을 주사(朱砂)로 그려서 문 위에 붙이는 것은 어떤 의미일까? ②의 기록에서 언급했듯이 첫째, 살(煞)을 없애고 상서로운 일이 있기를 바라며, 둘째, 5월 5일 천중절에 위로는 천록(天祿)을 받고, 아래에서는 지복(地福)을 받고, 치우신(蚩尤之神)은 동두철액과 적구적설로 404병이 일시 소멸하게 급히 율령을 실행시키고자 한다. 이는 결국 살과 질병을 제거하고 앞으로 상서로

87) 天中符籍 五月五日 天中之節 上得天祿下得地福 蚩尤之神 銅頭鐵額 赤口赤舌 四白四病 一時消滅 急急如律令.

운 일이 있기를 바라는 것이 중심이며, 그 대상으로 하늘·땅·치우가 지적되고 있다. 하늘로부터 천록을 받고, 땅으로부터 지복을 받고, 구리머리·쇠 이마·붉은 입·붉은 혀를 지닌 치우에게 404가지의 병을 일시에 없애게 해달라고 하는 염원을 담은 것이다.[88] 결국 이것은 하늘과 땅과 더불어 치우가 대표적인 강력한 주력을 지닌 존재임을 반증하며, 인간사에 있어 가장 근본이 되는 것이 녹(祿, 행복), 복(福, 복), 질병 퇴치임을 알게 한다. 그중 질병은 치우가 퇴치하는 것으로서 강력한 무력(武力)이 질병이나 재액을 소멸시킬 수 있다는 민간의 관념에 의한 것이다.

이처럼 강한 주력을 담은 천중부적은 도인(桃印)을 주사로 쓰는데, 이것은 부적이 지닌 주력을 더욱 강조하는 것이다.

단옷날 창포탕에 세수를 하고 머리를 감는다. 또 창포의 뿌리를 깎아 비녀를 만들어 머리에 꽂는다. 이로써 재액을 물리친다 했고, 이것을 '단오장(端午粧)'이라 한다. 창포는 쑥·마늘·복숭아 등과 같이 주력(呪力)이 깃든 주초(呪草)로 간주되어 왔는데, 뿌리에서 좋은 향내가 난다. 이처럼 단오장 역시 주력의 힘으로 부정이나 재액을 물리치는 주구(呪具)라 하겠다. 이와 더불어 창포를 사용하는 것은 창포가 나온 다음부터 농사를 시작하므로 창포는 새로운 시작을 의미하는 것이기 때문이다. 본격적인 농사를 앞두고 아름답게 성장함으로써 새로운 시작을 맞이하려는 의미도 포함되어 있다고 하겠다.

원단, 입춘, 단오에 주로 부적이 사용되는 것은 이들 절기의 중요성에 기인한다. 다른 어떤 절기에 비해 이들 세 절기는 특히 새로운 시작과 관련된다. 한 해의 시작인 원단, 새봄의 시작인 입춘, 양기가 가장 성한 날로

88) 구리 머리, 쇠 이마는 치우의 형상이기보다는 투구를 쓰고 있는 무장의 모습으로 이해하기도 한다.(박희준, 「치우와 도깨비」, 『문화와 나』, 2002년 겨울, 23쪽)

여름의 시작이자 농사의 시작인 단오이기 때문이다. 이처럼 새로운 시작을 맞이하여 부적을 붙임으로써 앞으로의 새날에 재액이 틈타지 않기를 바라는 마음에서 행한 것이 바로 위의 절기에 행한 부적 붙이기이다.

일생 의례와 부적

인간은 의례적인 존재이다. 태어나면서 죽음에 이르기까지 인간은 의례와 더불어 생활한다. 이때 인생의 평생 의례에 부적이 사용되기도 한다. 위험을 수반하는 출산과 이승, 저승의 구분을 위한 죽음에 특히 부적이 많이 사용된다. 성인식이나 혼례식에 부적이 사용되지 않는 것과 대비해 본다면 출생과 죽음에 부적이 등장한다는 것은 부적이 지닌 성격을 더욱 분명하게 한다.

부적은 편안한 삶을 희구하고 위험과 예측 불가능한 상황을 안정되고 질서정연한 세계로 이끄는 주술적 도구이다. 그래서 성인식과 혼례식 같은 지위 이동과 관련한 의례보다는 예측 불가능한 새로운 생명의 탄생과 사회 구성원의 멸실(滅失)에 따른 심리적 공허함이 증가되는 의례와 관련을 맺고 있는 것이다.

출산 관련 부적

출산은 한 생명의 탄생으로, 혼인한 부부에게는 무엇보다 고대되는 일이다. 그러므로 임신이 되지 않을 경우에는 임신을 위해 많은 주술적인 수단을 강구하게 된다. 그중 하나가 부적을 사용하는 것이다. 『세종실록』에는 불임녀가 도끼부적을 지니면 사기를 쫓아내 임신할 수 있다하며 신하들에게 하사했다는 기록에서 불임부와 관련한 부적의 사용을 알 수 있다.[89] 도끼는 일반적으로 아들을 얻고자 하는 도구로 이용되었는데, 도끼 모형 3개를 끈에 꿰어 주머니에 넣고 허리에 차면 3정승에 오를 아들을 얻을 수 있다고 믿는다. 도끼는 무력(권력)을 상징하기도 한다. 이처럼 도끼는 중요한 기복 도구이자 벽사 도구이다. 또한 『사씨남정기(謝氏南征記)』에도 득남부적(得男符籍)의 기록이 있다.

도끼 노리개

일단 임신이 되면 여러 가지 금기를 지키며 순산의 순간을 기다린다. 순산은 아이를 제 때에 낳는 것인 동시에 아이와 산모의 생명을 보호해야 한다. 특히 임신부에게는 무엇보다 큰 고통의 순간이기도 하다. 의학이 발달하기 이전에는 순산을 하지 못하여 고통을 당하기도 하고, 많은 경우에는 임신부가 생명을 잃기도 했다. 그래서 그 고통을 줄이고, 생명을 보호하기 위해 부적을 사용했다. 그 예는 궁실에서의 출산과 관련한 내용을 통해 살필 수 있다.

궁실에서 아이를 출산하려면 먼저 산실청(産室廳)을 준비하고, 산실청에는 부적을 붙인다. 산실의 24방위에 방위도를 붙이며, 산모의 무사 출산을 위해 최생부(催生符)를 붙이고, 산실 설치가 끝난 후에는 산모의 안전을 도교의 신령에게 요청하는 차지부(借地符)를 세 차례 외운다. 이때 부적은 모두 붉은색으로 한다. 이와 관련한 자세한 내용이 허준의

89) 『세종실록』 권3 '26년 12월 30일 신묘조'

『동의보감』에 수록되어 있는데, 그 내용은 다음과 같다.[90)]

> 안산방위도와 최생부, 차지법은 모두 주사(朱砂)를 물에 푼 것으로 쓰는데, 먼저 산모의 방 안 북쪽 벽에 안산방위도를 붙인다. 그리고 최생부를 붙이고 나서 차지법을 붙인다. 그 다음 차지법 주문을 세 번 외운다.
>
> 대체로 달에 따라 모두 해산할 때는 월덕방위(月德方位)에 향하고, 태반을 버릴 때는 월공방위(月空方位)에 묻는다. 13가지 신살(神殺)을 모두 꺼려야 한다. 만일 달이 바뀔 때에는 그 달에 해당한 안산방위도로 바꾸어 붙여야 한다. 절기가 드는 날에 바꾸어 붙인다는 것은 잘못된 것이다. 가령 음력 정월 14일이 입춘 날인데 임신부가 13일 날에 해산한다면 지나간 12월에 써야 하기 때문에 반드시 그 달 초하룻날에 써 붙이는 것이 옳다. 만일 절기 드는 날에 써서 바꾸어 붙인다면 천덕(天德)이나 월덕(月德)이 틀려지게 된다.
>
> 해산 후 오로와 태반을 버리는 방향은 멀고 가까운 데 관계없이 버리되 폐두방(肺肚方)을 가려서 버려야 한다. 예를 들어 정월은 월덕이 병(丙)방에 있으므로 해산할 때 방향은 병방에 정하고, 월공(月空)은 임(壬)에 있으므로 태반은 임(壬)방에 버리는 것이 좋다. 나머지 달도 이 방법대로 한다.

위의 내용처럼 '안산방위도', '최생부', '차지법'은 모두 주사로 쓴 부적이다. 안산방위도는 안산을 위해 방위를 표시하는 것이지만 모두 주사로 쓴다는 것은 그것이 최생부와 마찬가지로 부적의 기능을 하고 있음

---

90) 허준, 『동의보감』, 「잡병편」 제10권 婦人 安産方位圖 · 催生符 · 借地法呪.

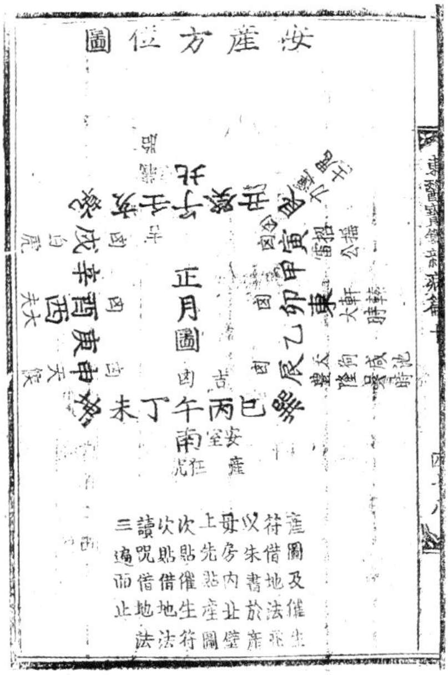

『동의보감』에 수록된 안산방위도

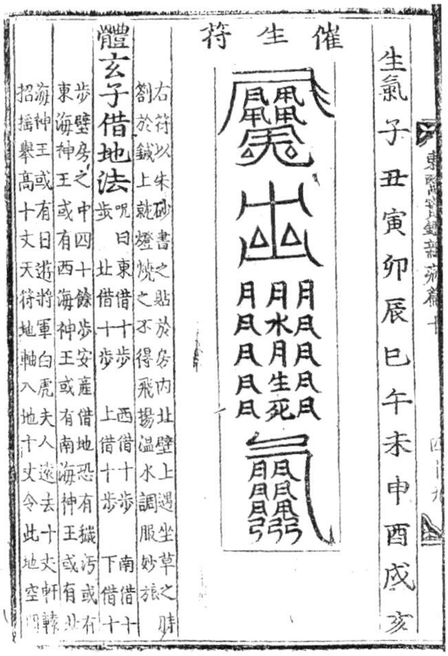

『동의보감』에 수록된 최생부, 차지법

을 의미한다. 방위는 달이 바뀌면 바뀌게 되므로 방위도를 바꾸어 붙여야 한다. 이러한 부적은 대체로 초하룻날에 써 붙이도록 하고 있다.

차지부의 주문 내용은 다음과 같다.

체현자차지법(體玄子借地法) 주문〔呪〕

"동차십보 서차십보 남차십보 북차십보 상차십보 하차십보 벽방지중 사십여보 안산차지 공유예오 혹 유동해신왕 혹 유서해신왕 혹 유남해신왕 혹 유북해신왕 혹 유일유장군 백호부인 원거십장 헌원초요 거고십장 천부지축 입지십장 영북지공한 산부모씨 안거무소방애 무소외기 제신옹호 백사축거 급급여율령(東借十步 西借十步 南借十步 北借十步 上借十步 下借十步 壁房之中 四十餘步 安産借地 恐有穢汚 或

有東海神王 或 有西海神王 或 有南海神王 或 有北海神王 或 有日遊將軍 白虎夫人 遠去十丈 軒轅招搖 擧高十丈 天符地軸 入地十丈 令北地空閑 産婦某氏 安居無所妨碍 無所畏忌 諸神擁護 百邪逐去 急急如律令)"을 세 번 외운다.

이러한 부적은 모두 산모의 안산(安産)을 위한 조치라고 할 수 있다. 이외에도 궁중에서는 여러 가지의 조치를 취하는데 이것들도 모두 안산을 위한 주술적인 조치로, 결국 부적의 기능을 지니고 있다고 할 수 있다. 그 내용을 살펴보면 다음과 같다.

산실의 길방에 산모가 몸을 풀 산자리를 까는데 갈초, 백문석, 갈문석, 양모모, 유둔, 백마피, 세초석의 순서이다. 산자리의 아래쪽에는 다남서피(多男鼠皮)와 태사를 놓았다. 태를 받아 놓을 태의(胎衣)를 둔 방향에도 붉은색으로 쓴 부적을 붙였다. 그 다음에는 의관이 차지법을 세 번 외운 다음에 산방의 벽에 마사를 걸었는데, 이것은 해산할 때 산모가 잡기 위함이다. 이어 흘철관이 산실 밖에 해산 후 산자리를 거두어 둘 곳에 못을 박고 붉은 실을 걸어 둔다.[91)]

이처럼 산실에 종이 부적을 포함하여 다남서피나 백문석 등의 다양한 물건을 두는 것은 모두 동일한 의미에서 행한 것임을 알 수 있다. 순산을 위한 조치로 사용된 다양한 주물과 방위부적, 최생부, 차지부 등 부적은 그 쓰임이 매우 다양했음을 전해 준다.

---

91) 신명호, 「조선시대 궁중의 출산 풍습과 궁중의학」, 『고문서연구』 21, 한국고문서학회, 2002, 22쪽.

죽음 관련 부적

죽음은 자신과 관련한 가족 구성원 중의 한 명을 미지의 세계로 떠나보내야 하는 순간이다. 망자가 가야 하는 미지의 세계는 경원의 대상인 동시에 두려움의 대상이다. 그러므로 죽은 자를 보낼 때도 여러 가지 조치를 베푼다. 편안하게 저승으로 가도록 돕는 것에서부터 시작하여 저승에서 보낼 편안한 삶을 위해 식량과 여비를 주는 의례도 있다. 이와 더불어 저승에서의 다양한 삶의 문제를 해결하기 위해 부적을 넣기도 한다.

조선시대에 실제 망자를 위해 부적을 넣은 사례가 확인되는데, 파주군 금촌읍 금릉리의 미라 정온(鄭蘊)의 묘에서 발굴된 부장품과 대전 월드컵축구경기장 부지 조사에서 출토된 미라의 경우가 있다. 이 부적들을 통해 죽음과 관련한 부적의 의미를 살펴보도록 하자.

1995년 11월 6일 경기도 파주군 금촌읍 금릉리에서 미라로 출토된 정5품 통례원 찬의를 지낸 정온(1481~1538)의 묘에서는 다량의 복식과 관내의(棺內衣)가 함께 출토되었는데, 거기에는 보살상과 비천상 그리고 진언 다리니경과 불교 부적이 매장되어 있었다.[92]

파주 정온 묘 출토 부적 관내의 하단 부적 내용은 "鬼神不慢 當得見佛 當生淨土 見者愛敬 爲貴人念 自然遠離三災 能避爭訟之厄 能産印朱書呑之出"[93]이다.

위의 내용은 삼재 등 모든 액에서 벗어나고 귀신이 침범하지 말고 부

92) 박상국, 「파주 금릉리 경주 정씨 분묘에서 출토된 복식에 찍힌 다라니와 불교 부적」, 『한국복식』 제16, 단국대 석주선 기념박물관, 1998, 1~12쪽.

93) '귀신불만(鬼神不慢)'은 일상적으로 사용되는 '귀신불침(鬼神不侵)'으로 읽어야 하지 않을까 한다.

파주 정온 묘 출토 부적

파주 정온 묘 관내의 부분

처님에게 의지하여 정토에 태어나기를 바라는 내용을 담고 있다. 이것은 대부분 불교와 관련된 것으로, 위에서 살핀 고려시대의 용주사탑에 복장되었던 부적과는 그 내용이 상이하다. 200여 년의 시간 속에서 부적이 바뀌어 간 것으로 보인다.

이외에도 염습의에는 관세음보살좌상과 비천상 그리고 육자진언의 다라니경, 범어가 24항 12자씩 배열된 다라니경이 먹으로 찍혀 있다. 이는 망자 혹은 그를 매장하는 주체가 불교도였음을 의미한다. 염습의에 목판 문양을 시문하고, 관 내벽에는 종이로 만든 부적을 붙인 것은 그러한 내용을 보다 분명히 한다. 또한 죽음과 관련하여 이러한 부적이 사용된 것은 불교도의 극락왕생을 바라는 마음의 발로에서 비롯되었다고 하겠다.

그러나 위의 내용 중 삼재와 관련한 내용은 이 부적이 망자를 위해 별도로 제작된 것인가 하는 의문을 갖게 한다. '자연원이삼재(自然遠邇三災)'란 삼재가 자연스레 멀리 떠난다는 의미로, 이러한 내용은 결국 망자보다는 산 자에게 더 필요한 것이기 때문이다. 그렇다면 이들 부적은 망자를 위해 별도로 제작되었다기보다는 당시 불교가 지닌 속성, 즉 현세불교가 아닌 미래지향적인 불교의 성향과 현세의 필요성이 적절하게 혼합되어 만들어 낸 합작물로 해석할 수 있을 것이다. 때문에 목판으로 제작되었을 것이며, 산 자를 위해서나 죽은 자를 위해서나 위의 부적은 불교도라면 누구에게나 필요한 물건이 될 수 있다. 그러므로 일괄로 배포된 부적이 필요에 따라 취사선택되어 다양한 용도로 사용되었을 것으로 추정된다.

이보다 앞선 연대로 추정되는 부적인 대전 월드컵축구경기장 부지 내에서 출토된 주인을 알 수 없는 분묘의 부적을 살펴보자. 이 분묘에서 나온 육자대명왕진언(六字大明眞言)과 다리니부적과 함께 그려진 불교 부적들은 지금까지 알려진 조선시대 부적 중 가장 초기의 것으로 알

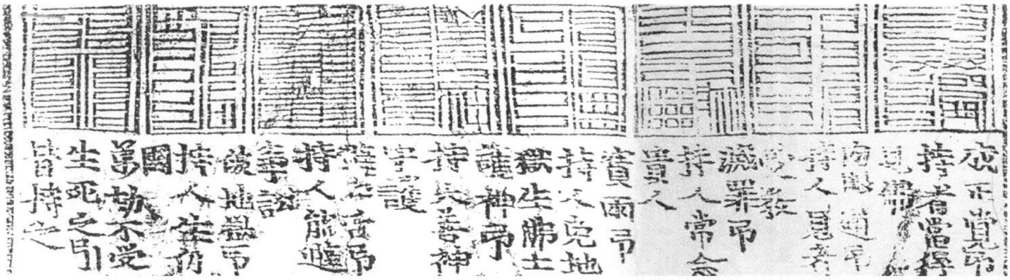

대전 월드컵축구경기장 부지 내 묘지에서 발견된 부적(2001년, 한남대박물관 소장)

려져 있다.[94] 이 부적 중 '육자대명진언'으로 된 부적의 내용을 소개하면 다음과 같다.

> 六字大明眞言 成正覺吊 持者當得見佛 肉眼通而 持人見者受教 滅罪而 持人常念貴人
>
> 寶雨而 持地獄生佛土 護神而 善神守護 避口舌而 持人能避爭訟 破地獄而
>
> 持人生仍國 萬劫不受 生死之而 堅持之

위 부적의 내용은 '진언'이라는 말처럼 밀교부적임을 알 수 있다. 위의 진언 대부분은 불교도에게 필요한 내용을 담고 있다. 정각(正覺)을 이룬다, 견불(見佛)을 한다, 멸죄(滅罪)를 한다, 면지옥(免地獄)을 한다는 것은 불교도와 밀접한 관련이 있다. 특히 망자의 저승 생활에 밀접히 연계된다. 그러나 피구설(辟口舌), 능피쟁송(能避爭訟) 등은 저승 생활보다는 이승 생활과 더 밀접한 관련이 있어 보인다. 구설수를 피하고 능히

---

94) 한남대학교박물관 발굴, 〈대전 월드컵 운동장 부지 지표조사 보고서(미발간)〉, 2001년.

송사에 연루되지 않도록 하는 것은 이승의 삶에서 피해야 하는 중요한 부분이기 때문이다. 위의 정온 묘에서 출토된 부적과 마찬가지로 이것 역시 죽은 자를 위해 특별히 고안된 부적이라기보다는 당시에 일상적으로 통용되던 부적이었던 것으로 보인다. 즉 산 자나 죽은 자를 구분하지 않고 일상적으로 사찰에서 처방되던 부적이었던 것으로 생각된다. 또한 이 부적의 경우는 망자의 저고리 속에서 출토되었다. 이것 역시 인쇄물인 점으로 미루어 보아 역시 사찰에서 대량으로 제작되어 배포한 것이다. 대량 배포되었다는 것은 당시에 이러한 부적의 사용이 상당히 빈번했음을 의미한다. 조선 후기에 불교는 이미 사회 이념을 제공하는 종교로서의 기능을 잃고 내세를 담당하는 종교로 간주되고 있었다. 이러한 점을 감안한다면 사찰에서 발행된 것으로 보이는 이러한 부적은 사찰이 지닌 당시의 종교성을 잘 드러내 준다고도 할 수 있다.

실생활 관련 부적

인간의 실생활에서는 화복이 다양하게 존재한다. 이때 복을 추구하고 화를 모면하기 위해 다양한 주술적인 도구를 사용한다.

어소(御所) 이동 부적

조선의 궁궐은 임금이 거처하는 법궁(法宮)과 가끔 옮겨 생활하는 이궁(移宮)의 이중적인 체제였다. 이궁으로 옮겨 가거나 법궁으로 환궁할 때 일정한 의례를 베풀었다. 특히 공간을 옮길 때는 이동에 따른 위험이 수반되어 관리가 철저하게 이루어졌다. 인간적인 부분에서 막을 수 있는 위험은 수비로써 극복되지만, 비인간적인 부분과 관련한 것은 별도의 조치를 취하지 않으면 안 된다. 이러한 특별한 조치 중 하나로 부적이 사용되기도 했다. 그 실례는 중종 10년의 기록을 통해 살필 수 있다.

> 홍문관 부제학 신상이 차자를 올리기를, "요즈음 날을 정하여 어소(御所)를 옮기는 일이 매우 창황(蒼黃)합니다. 궁금(宮禁)의 일은 은밀하여 그 까닭을 알 수 없으나, 장님과 무당이 재액(災厄)을 물리치는 푸닥거리를 하는가 하면, 포(砲)를 쏘며 부적(符籍)과 주술(呪術)을 써서 귀신을 두렵게 만들어 누르려 하고 있습니다. 이것으로 헤아려 보면 반드시 금중(禁中)에 사괴(邪怪)한 일이 일어나서 그런 것이 아닌가 하는 생각이 들어 신 등은 놀라고 근심하여 마지않습니다. 대체로 마음이 광명(光明)하면 요괴(妖怪)한 것이 나타나지 못하지만, 의심이 한번 싹트면 온갖 괴이한 것이 함께 일어나는 것입니다. 그것을 바른 마음으로 진압(鎭壓)하지 못하고 구구(區區)하게 푸닥거리와 주술에 매달리면 다만 마음의 의심을 더할 뿐입니다. 임금의 한 몸은 하늘의 밝은 명(命)을 받아, 사직(社稷)과 신인(神人)의 주(主)가 된 것입니다. 주상의 일동일정(一動一靜)이 바로 가정의 법이 되고 나라의 의표(儀表)가 되는 것이니, 결코 경이(輕易)하게 할 수 없습니다.[95]
>
> ―『중종실록』 권22, '10년 4월 22일 무인조'

95) 戊寅/弘文館副提學申鏛上箚曰：頃者, 刻日移御事, 甚蒼黃. 宮禁事密, 莫知端由, 瞽巫以禳除之, 放砲符呪, 以怖厭之. 以此料之, 意必有邪怪之事, 見於禁中而然耳, 臣等不勝驚慮. 大抵方寸光明, 妖不自見, 疑心一萌, 百怪交作. 不能以正鎭之, 而區區於禳呪, 祇益人心之疑貳耳. 人主一身, 受天明命, 爲社稷, 神人之主. 一動一靜, 刑家儀國, 宜不可容易.

앞의 기록을 보면 어소를 옮길 때 장님과 무당이 재액을 물리치기 위해 푸닥거리를 했다. 이때 포를 쏘기도 하고, 부적과 주술을 써서 귀신을 두렵게도 했다. 이러한 방식은 공간의 이동이라는 측면과 입주라는 시·공간성과 관련된다. 새로운 공간이라는 것은 미지의 것으로, 알 수 없는 시간과 공간으로의 접근을 의미한다. 때문에 새로움은 두려움의 시간이므로 혹여라도 발생할지 모를 재액을 막기 위해 일정한 의례를 베풀어야 하는 것이다. 오늘날 아파트나 건물에 새로 입주하게 되는 경우에 고사를 지내거나 일정한 예방의 조치를 행하는 것과 동일한 차원이다.

새로운 공간에서의 안정을 추구하고자 하는 마음에서 다양한 주술 행위와 더불어 부적을 사용했다는 것은 부적 역시 그러한 기능을 하고 있었음을 추론케 한다. 그러나 이러한 행위는 중종 때에 새롭게 등장한 사림(士林)에 의해 거부된다. 이미 이전부터 이러한 종교 행위가 이루어졌지만 유학을 지상의 학문으로 여기는 사림의 등장으로 그러한 것이 거부되기에 이른 것이다. 그러나 건국 초부터 유학의 이념을 논한 조선시대에 중종 대까지 이러한 관행이 지속적이었다는 것은 매우 이례적이다. 특히 왕이 어소를 옮기는 것은 민중과 만날 수 있다는 특징이 있는데, 그러한 시간에 위와 같은 주술적인 의례가 공공연하게 이루어졌다는 것은 사회의 다양한 삶의 구성 요소에 아직은 유교식 절차가 마련되지 않았기 때문이라고 볼 수도 있다.

이러한 의례 행위는 예식장 혼인이 보급되기 이전에 베풀어지던 혼례식에서는 매우 흔하게 볼 수 있었다. 신부가 신랑 집에 처음으로 들어가거나 신랑이 신부 집에 처음으로 들어갈 때에는 반드시 이와 같은 의례를 베풀곤 했다. 이러한 의례가 비록 근래에는 무당이나 맹인에 의해 베풀어지지는 않았다 하더라도 '문'이라는 공간이 지닌 주술적인 특성과 연계되어 조선 전기 이전부터 의례가 이루어졌다고 할 수 있다.

피접 관련 부적

예전에는 질병을 귀신의 장난으로 간주하여 이를 피하기 위해서 다양한 방법을 사용했다. 약물 치료와 더불어 주술적인 치료도 중요한 부분을 차지했다. 조선의 중종 대에는 왕자의 병을 낫게 하기 위해 피병(避病)행위를 했는데, 이때도 역시 부적이 사용되었다. 다음 기사를 통해 그 구체적인 내용을 살펴볼 수 있다.

> 신 등이 삼가 고찰하건대, 옛적의 세자들은 거처나 음식이 모두 떳떳한 법도가 있었다. 그런데 지금은 평소의 원자 교양이 지극히 소략하니 한심하다 하겠습니다. 탄생한 처음에 아직 성질(聖質)이 굳어지지 않았는데 보모(保母)에게 주어 곧 외간(外間)으로 나가되, 동쪽으로 피접했다 서쪽으로 갔다 하기를 한 달에도 두서너 번씩이나 하며, 잡다한 부적(符籍)이 문에 나붙고 고사(史)는 화복(禍福) 이야기만 늘어놓는데, 오직 방위(方位)만 묻고 처소는 가리지 않는다.[96]
>
> —『중종실록』 권27, '12년 1월 19일 을미조'

위의 사료를 볼 때, 세자는 태어나서 곧 보모에게 넘겨 주어 궁궐이 아닌 외가에서 자란다. 이때 '피접(避接)'이라 하여 동쪽과 서쪽을 한 달

96) 臣等謹按, 古之世子, 居處, 飮食, 皆常度, 師傅賓僚, 輔養有素, 聖人之慮深矣. 今也, 居養元子, 至爲疎略, 可謂寒心. 誕生之初, 聖質未固, 而授諸保母, 旋出外間, 避東趨西, 月或再三, 符祝雜沓於門墻 ; 瞽史縱橫於禍福, 唯問方數, 不擇處所.

에 두서너 번씩 왔다 갔다 한다. 옮겨 가는 집의 문에는 부적을 붙인다. 이러한 일련의 행위는 모두 잡된 것으로부터 세자를 보호하기 위한 주술적인 행위다. 특히 피접은 귀신이나 잡귀의 범접을 막기 위해 공간을 달리하는 것으로, 오늘날 환자를 위해 굿을 하고 피병을 위해 다른 집으로 가는 것과 동일한 맥락으로 이해된다. 세자는 왕과 더불어 나라의 기둥으로, 그의 안위는 무엇보다 중요한 일이었으므로 이처럼 다양한 방법이 구사된 것이며, 동일한 차원에서 부적이 사용되었던 것이다.

한편 피접과 동시에 세자가 머무는 집 대문에는 부적을 붙였다. 문은 안과 밖을 구분 짓는 중요한 분기점으로, 인간이 문을 통해 출입을 하듯이 잡귀 잡신도 문을 통해 드나드는 것으로 여겨졌다. 그러므로 다른 어떤 곳보다 문은 종교적인 도구의 설치가 절실한 공간이다. 이러한 맥락에서 부적은 문 위에 붙인다. 이때 사용되는 부적은 제액초복을 위한 것이라 할 수 있다.

대문 앞의 부적

위에서 세자의 피접과 관련한 부적 사용의 예를 살펴보았는데, 그러한 경우 이외에도 대문에 부적을 붙이는 일은 매우 상례화되어 있었다고 할 수 있다. 『춘향전』에는 이도령이 월매의 집에 도착하여 그 모습을 묘사한 구절에 부적에 관한 내용이 다수 존재한다. 그 내용을 소개하면 다음과 같다.

> 이도령의 거동 보소, 춘행의 손목 들입다 덤썩 마주잡고 가슴이 도근도근 제두리뼈가 시근시근, 한 손으로 어깨 짚고 희희낙락 들어갈

때, 좌우편 살펴보니 집치레도 황홀하다. 대문짝 좌우 편에 울지경덕(尉遲敬德) 진숙보(陳叔寶)요, 중문에는 위징선생(魏徵先生), 사문 활짝 높은 집을 입구(口) 자(字)로 지었는데, 상방 세 칸, 쌍벽장에 협방 두 칸, 대청 여섯 칸, 월방 네 칸, 부엌 세 칸, …(중략)…[97]

위의 내용을 볼 때 월매집 대문 좌우에는 울지경덕·진숙보가 붙어 있고, 중문에는 위징 선생이 붙어 있음을 알 수 있다. 울지경덕은 당나라 초기의 유명한 장군이며, 진숙보는 진(陳)의 후주(後主)를 일컫는다. 위징 선생은 당나라 정치가로, 그가 쓴 시구가 유명하다. 이처럼 중국의 역사적 실존 인물의 화상(畵像)이나 정치가의 시구를 붙였다는 것은 앞에서 살펴본 문배와 유사한 기능을 하는 것이라 할 수 있다. 장군의 강력한 주력(呪力)으로써 액귀를 막고자 한 목적에서 사용된 것이라 여겨진다.

화재 예방 부적

경복궁 근정전 2층 지붕에서 경복궁 중건과 관련한 문서가 나왔는데, 이와 함께 근정전에서는 '물 수(水)' 자를 큼지막하게 쓴 장지 2장(383㎜×445㎜)과 용을 그린 장지 1장(383㎜×270㎜), 은으로 만든 6각형 모양 장식품(각 폭 36㎜, 두께 2.5㎜) 5개가 발견됐다. 이 중 '물 수' 자는 각 1천 자 가량이나 되는 '용(龍)' 자를 채워 넣어 글자를 장식했으며, 6각형 은 장식에는 각 모서리마다 역시 '수(水)' 자를 새겼는데, 모두 금가루로 입힌 아말감 도금을 하고 있다.[98] 이외에 용을 그려 넣거나 쇠로 만든 용

97) 설성경 역주, 『춘향전』 한국고전문학전집 12권, 고려대 민족문화연구소, 1995, 290~291쪽.

98) 《한국일보》, 2001년 6월 8일자 참고.

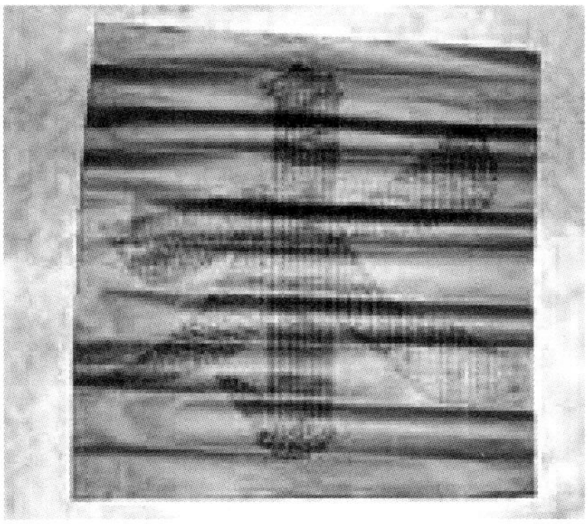

경복궁에서 발견된 '水(수)' 자 부적

경복궁에서 발견된 용 부적

을 만들어 넣기도 했다.

이러한 궁궐의 화재 예방 부적이 임금의 어전인 근정전 지붕에 봉안되어 있는 것은 용이 임금을 상징하는 한편, 옛날에 '용(龍)'이라는 글자를 '미르(물)'로 새긴 데서 볼 수 있듯이 물과 밀접한 관련이 있으며, 은이라는 금속 또한 '차다'는 뜻을 지니고 있는 것과 연관되지 않을까 한다. 즉 임금이 거주하는 곳이라는 뜻과 함께 경복궁이 화재 우려가 큰 목조건물이란 점을 의식해 불을 막기 위한 어떤 주술적인 구실도 겸한 것으로 추정된다.[99]

또한 경복궁 정면에는 지금도 해태상이 놓여 있다. 이를 두고 일부에서는 경복궁의 화재를 예방하기 위한 것이라고 한다. 그러나 이것은 궁궐 문 밖에 위치한 사헌부의 관리들이 교감으로 삼기 위해 마련한 법질서 수호자로서의 상징물이라 한다.[100]

이외에도 궁궐에는 화재 예방을 위한 부적이 또 하나 있다. 다름 아닌

99) 《한국일보》, 2001년 6월 8일자 참고.
100) 홍순민, 『우리 궁궐 이야기』, 청년사, 1999, 131쪽.

숭례문(崇禮門)의 편액이다. 다른 궁궐의 대문과 달리 숭례문의 편액은 세로로 쓰여 있다. 숭례문의 '예(禮)' 자는 오행의 화(火)에 해당하고, '숭(崇)' 자는 높인다, 가득차다라는 뜻이다. 이 두 자를 함께 써서 수직으로 달아 마치 타오르는 형상이고, '예' 자는 오행설에서 불에 해당되는 것이기 때문에 이 두 자를 포개면 불이 더 잘 탈 것이라고 생각했다고 한다. 즉 "불로써 불을 다스린다(以火治火)."는 오행의 원리를 적용한 것이다.[101]

사찰에서도 유사한 것을 발견할 수 있다. 순천 선암사의 승방 칸막이에는 '水' 자가 음각되어 있으며, 서울 진관사의 벽에는 '水' 자를 거꾸로 붙였다. 설악산의 신흥사나 계룡산의 동학사에도 역시 '水' 자를 거꾸로 쓴 부적을 붙였다고 하는데, 지금은 남아 있지 않다. 이들 사찰은 대부분 화재를 예방하기 위해 부적을 붙였다고 한다.

전남 순천에 위치한 선암사는 화재가 빈번하여 대웅전과 심검당, 창파당에 '바다 해(海)' 자와 '물 수(水)' 자를 그리거나 투각(透刻)을 해 두었다. 대웅전에는 '海' 자가 서까래 사이사이의 창방에 쓰여 있다. 단청이 없는 대웅전의 창방에 흰 물감을 이용하여 둥근 원속에 '海' 자를 써넣었다. 대웅전을 화마(火魔)로부터 보호하기 위해 그리한 것이라 한다. 심검당과 창파당에는 '水' 자와 '海' 자를 각기 벽면의 목판에 투각해 두었다. 현재 성보박물관으로 이용되고 있는 심검당 정면에 있는 6개의 문 중 왼쪽 문 위와 오른쪽의 문 2개에 각기 '海' 자와 '水' 자가 각기 투각되어 있다. 이 역시 둥근 원 위 안에 각기 글자를 한 자씩 넣었다. 창파당으로 들어가는 문 위의 벽면에도 역시 심검당과 같은 방식으로 제작된 글자가 새겨 있다. 투각된 글자 위에는 흰 페인트로 칠을 해 두어 멀리서도 쉽게 인지할 수 있다.

---

101) 정종수, 『역사를 움직인 풍수 이야기』, 웅진닷컴, 1999, 128쪽.

이처럼 대웅전을 중심으로 한 건물에 각기 '水' 자와 '海' 자를 쓴 것은 화재를 예방하기 위한 것이다. 선암사는 본래 도선국사가 창건했다고 하는데, 현재까지 큰 불이 세 차례가 나서 대웅전 등의 건물이 화마 피해를 입었다. 선암사의 약력 중 화재와 관련해서 다음과 같은 이야기가 전한다. "선암사는 다른 절과 마찬가지로 정유재란 때에 큰 피해를 입는데, 모든 전각이 불에 타고 철불·보탑·부도·문수전·조계문·청측만이 남았다고 한다. 그 후 선암사는 복구를 못 하다가 1660년에 경준(敬俊), 경잠(敬岑), 문정(文正)의 세 대사에 의하여 대웅전을 세우는 등 8년간 괄목할 중수를 이루었다. 영조 35년(1759) 봄에 선암사는 다시 화재를 만나 큰 피해를 입게 되었는데, 상월새봉(霜月璽封)과 서악(西岳) 스님이 다음 해인 1760년에 재건 불사를 시작했다. 이때 상월 스님은 화재를 예방하기 위하여 1761년 산 이름을 '청량산', 사찰 명을 '해천사'로 개칭했다고 한다. 순조 23년(1823) 3월 30일 실화로 대웅전을 비롯한 여러 동의 건물이 불에 타자 다음 해부터 해붕·눌암(訥庵)·익종(益宗) 등이 제6중창 불사를 하여 현재의 가람 규모를 갖추었다. 이처럼 선암사는 화재의 피해를 자주 입은 사찰이다."[102] 그러므로 화재 예방을 위한 '水' 자와 '海' 자 부적을 판각한 것이 아닌가 한다. 실제 선암사의 스님들도 이 부적은 화재를 예방하기 위한 조치라고 한다.

대웅전의 부적을 제외하면, 부적이 모두 문에 설치되어 있다는 것은 문의 중요성을 다시 한 번 확인하게 한다. 문은 인간이 드나드는 공간인 동시에 잡귀나 화마가 드나들 수 있는 곳이므로 이곳에 부적을 설치해 둠으로써 화마를 예방하고자 한 점이다. 또한 건물을 지은 후에 나중

---

102) 한국불교태고종 태고총림 태고사 선암사 소개 글(http://www.seonamsa.co.kr.)

선암사 '海(해)' 자 명 막새

창파당의 화재 예방 부적

심검당의 화재 예방 부적

진관사의 '水(수)' 자 부적

에 부적을 설치한 것이 아니라 건물의 부재를 부적으로 이용하고 있는 점으로 볼 때, 화재 예방에 대한 강한 관심을 짐작할 수 있다. 선암사 성보박물관에 보관된 '海' 자 명 막새의 존재는 목판 이전에도 화재 예방을 위한 조치가 있었음을 의미한다. 잦은 화재는 결국 지붕 위에 설치하는 막새를 부적으로 삼았고, 건물의 부재에 부적을 새겨 넣도록 했다. 이처럼 강한 염원에 의해 마련되는 것이 바로 부적인 것이다.

이외에도 서울시 은평구에 위치한 진관사는 고려시대 건립되었지만 6·25전쟁으로 소실되어 1963년에 중창했다. 이 사찰 역시 예로부터 화재가 자주 일어나 이를 예방하기 위해 노력했다는 스님들의 이야기가 전해진다. 이에 스님들은 요사채의 방 안 네 귀퉁이에 '水' 자를 거꾸로 붙여 두었다. 거꾸로는 정상의 반대로, 결국 의례적인 상황을 의미한다. '水' 자를 거꾸로 써 놓은 것은 물이 쏟아 내리라는 의미가 담긴 것으로 볼 수 있는데, 유사는 유사를 낳는다는 유사주술적인 원리가 담겨 있는 듯하다. 이러한 것들은 모두 오랜 경험에서 배태된 습속으로, 화재를 예방하기 위한 노력이라 하겠다. 이처럼 부적은 실생활의 다양한 필요에 의해 다양한 방법으로 활용되고 있었다.

건축물과 부적

자신이 거주하고 있는 공간을 편안하고 안정된 공간으로 꾸미기 위해 건물에 다양한 물건을 비치한다. 그중 하나가 잡상과 같은 주술적인 도구이다. 잡상은 잡된 것이 집 안으로 들어오지 못하도록 예방하기 위해 마련한 주술적인 상징물로, 벽사의 의미로 사용되곤 하는 주물(呪物)이다. 궁궐의 지붕 위에 여러 개의 상을 만들어 놓은 것이 그 예다.

이능화의 『조선도교사(朝鮮道教史)』에 의하면 궁궐의 전각과 문루의 추녀마루 위에 놓은 10신상을 일러 잡상이라 하는데, 이는 소설 『서유기(西遊記)』에 나오는 인물 및 토신(土神)을 형상화하여 벌여 놓아 살(煞)을 막기 위함이라 한다. 이 10신상에 대해 『어우야담(於于野談)』에는 ① 대당사부(大唐師傅), ② 손행자(孫行者), ③ 저팔계(猪八戒), ④ 사화상(沙和尙), ⑤ 마화상(麻和尙), ⑥ 삼살보살(三煞菩薩), ⑦ 이구룡(二口龍), ⑧ 천산갑(穿山甲), ⑨ 이귀박(二鬼朴), ⑩ 나토두(羅土頭)의 상을 적고 있다.[103)]

이러한 잡상이 기와지붕 위에 놓이게 된 이야기가 『서유기』에 나오는데, 당나라 태종의 꿈속에 밤마다 나타나는 귀신이 기와를 던지며 괴롭히자 문관·무관을 내세워 전문(殿門)을 수호하게 했다는 내용에서 유래된 것이라 여겨지지만, 불법 홍보 등의 방편에서 당나라 이후에 와서야 비로소 채택된 것으로 보인다.[104)]

이러한 잡상은 우리의 궁궐 의궤에도 잡상·용상(창경궁영건도감의궤(昌慶宮營建都監儀軌), 1834)의 이름으로 나오면서 설계 입면도(간가도(間架圖))에는 매우 간략히 그려지고만 있어 그 형상 하나하나를 바로 알 수는 없다.

현재는 19세기 이후 것만 실물 자료로 남아 있는데 선인상 또는 대당사부 현장상이 아예 없으며, 손오공상이 가장 앞에 놓여 있다. 중국에는 궁궐·문루·관아·능사(陵祠)·사찰의 지붕 위에 모두 잡상이 보이나 우리나라 사찰 지붕에는 그 예가 없어 주목된다. 이처럼 중국의 제도이기는 하지만 잡상을 채택하여 궁궐의 장식물로 사용했는데, 이것은 벽사를

---

103) 『어우야담』에 신임관이 선임관들에게 첫인사(면신허참(免新許參))할 때 반드시 대궐문루 위의 이 10신상 이름을 단숨에 열 번 외워 보여야 받아들여진다(허참(許參)) 하면서 위와 같은 잡상의 10신상의 이름을 외게 했다고 전한다.

104) 강순독, 「잡상」, 『한국민족문화대백과사전』, 한국정신문화연구원. 1998.

창덕궁 인정전의 잡상

위한 주술적인 도구였다.

유사한 목적으로 사용된 궁궐의 장식물이 하나 더 있다. 창덕궁 금천교의 위와 아래를 장식하고 있는 신상이 그것이다. 다리 위의 난간에 올려진 형상은 무엇인지 분명하지 않지만, 다리 아래 좌우에 놓인 것은 귀면과 거북이다. 이들 위아래에 설치된 조형물은 결국 다리를 통해 들어오는 온갖 잡된 것을 막겠다는 강력한 의지의 산물로 볼 수 있다. 특히 다리 아래의 물속에 귀면과 거북을 각기 조각해 둔 것은 땅속으로부터 혹은 물속으로부터 침입할지 모르는 잡된 것을 예방하기 위한 것으로 볼 수 있다.

이러한 동물의 형상이 궁궐로 들어가는 금천교 다리 위와 아래에 장

창덕궁 금천교의 돌 거북이

식되어 있다는 것은 결국 벽사의 기능을 지닌 부적과 일맥상통한다고 할 수 있다.

종교 관련 부적

무속 부적

무속은 조선시대에 숭유억불 정책에 의해 음사(淫邪)로 간주되어 이전 시기에 비해 많이 위축되어 있었다. 무속에서 부적의 사용은 매우 일반적이었을 것으로 여겨지지만 그러한 사례를 파악하기에는 어려움이 있다. 무속에서의 부적 사용은 앞에서 언급한 어소의 이전과 관련하여 궁궐의 대문 앞에 붙이는 부적과 피접할 때 역시 대문에 붙였던 부적 등을 사례로 들 수 있다.

그러나 무속에서는 인간을 보호하기 위한 주술적인 도구 이외에 인간에게 위해를 가하기 위해 행하는 주술적인 행위인 무고에서도 부적을 사용했다. 무당이나 경사 등은 저주(咀呪)할 목적으로 무고를 행했다. 그 내용을 살펴보면 다음과 같다.

① 재작년 10월 어느 날 저녁밥을 먹고 난 후에 박도창이 그 첩의 집에 들어왔기에 이 몸도 또한 따라갔는데, 송내성이 행담(行擔) 속에 있는 인두골(人頭骨)·호골(狐骨)·묘골(猫骨) 가루를 담은 종이 주머니를 박도창의 첩에게 전해 주니 박도창이 돈 14냥을 건네주었습니다. 박도창의 첩이 나인이라 핑계대고서 황혼(黃昏) 무렵에 이 몸과 함께 대궐에 들어가 한 곳에 당도하니, 한 나인이 있어 서로 귀를 맞대고 자세히 이야기를 했습니다. 박도창의 첩은 품안에서 뼛가루를 내어 주었으며 이 몸은 바지 속에서 두골(頭骨)을 내어 주니, 나인과 박도창의 첩이 식도(食刀)로써 땅을 파고 정 선달이 써서 준 붉은 부적(符籍)과 아울러 주문(呪文)을 만들어 묻으면서 말하기를, "이 부적은 방위(方位)를 바꾸어 묻으면 안 된다."고 운운했습니다. 이 몸이 박도창의 첩과 더불어 대궐 안에서 2일을 머물러 있다가 나왔으며, 앞뒤에 무릇 네 차례 대궐에 들어갔는데, 조용한 때에는 번번이 뼛가루를 가지고 대궐의 역내(域內)에 두루 묻었고, 혹은 음식물에도 섞었으며, 매흉(埋凶)할 때에 살펴본즉 나인은 나이 30여 세요, 성은 박씨(朴氏)이며 상궁(尙宮)이라고 일컬었습니다. 박도창이 항상 말하기를, "이 일이 만약 이루어진다면 너도 또한 크게 귀(貴)하게 될 것이니 네 부모의 분묘(墳墓)도 또한 영화로울 것이다. 우리들의 미워하는 자가 모두 죽고 나라 일이 변혁(變革)되면 상놈(常

漢)도 또한 양반(兩班)이 될 수 있다. 이 말을 누설하지 말라."고 운운했습니다. —『영조실록』 권26, '6년 5월 3일 경오조'[105)]

② 홍술해의 아내가 과연 감정을 시켜 신(臣)의 아내를 만나러 왔었는데, 그의 지아비가 귀양 간 것을 들어 기필코 도승지(都承旨)에게 앙갚음하려고 했기에 부적을 써서 그가 드나드는 길에 묻었고, 또한 주사로 화상 둘을 그리어 그 위에다 화살을 얽어 맺는데, 하나는 도승지를 뜻하고, 하나는 감히 말할 수 없는 자리를 뜻한 것이었습니다. 또한 궁인(宮人) 중에 김수대(金壽大)의 절족(切族)인 사람을 유인하여 뇌물을 주고 흉계(凶計)를 부리려고 했었습니다. 무릇 이와 같은 짓을 했음은 한결같이 감정이 말한 그대로입니다.

—『정조실록』 권3, '1년 8월 11일 갑진조'[106)]

③ 부적을 그리고 더러는 귀신을 그리며 더러는 허수아비를 만들게 했고, 또한 주사(朱砂)로 국왕의 화상을 그리고 화살을 매달아 묻으며 "홍술해를 위해 원수 갚아 달라."고 했었습니다.

—『정조실록』 권5, '2년 2월 27일 무오조'

---

105) 上上年十月日不記夕食後, 道昌 入來其妾家, 而矣身亦爲隨往矣, 來成 以行擔中, 人頭骨, 狐骨, 猫骨末所藏紙囊, 傳給 道昌, 妾則 道昌 給錢十四兩. 道昌 妾稱以內人, 黃昏時, 與矣身同入闕中, 行到一處, 則有一內人, 相與細語. 道昌 妾則自懷中出給骨末, 而矣身則自袴縫中出頭骨以給, 內人與 道昌 妾, 以其食刀掘土, 幷與 鄭先達 所寫朱書符, 作口呪而同埋, 以爲此符, 不可易方而埋之云云. 矣身與 道昌 妾, 留闕中二日而出來, 前後凡四次入闕, 若從容時則輒以骨末, 遍埋於闕中, 或和於飮食, 埋凶時所見, 內人年可三十餘, 姓 朴 稱尙宮. 道昌 常言: "此事若成, 則汝亦大貴, 而汝父母之墳, 亦榮矣. 吾輩所憎之人, 皆死, 國事變幻, 常漢亦可爲兩班. 須勿泄此言." 云云. 矣身與 道隆, 道昌, 符同埋凶謀逆的實.

106) 述海 妻果使 甘丁 來見臣妻, 以其夫被謫, 必欲甘心於都承旨, 寫符埋其出入之路, 又以朱砂畫二像, 編矢其上, 一指都承旨, 一指不敢言之地. 且欲因宮人中壽大 切族, 行貨逞凶. 凡若此類, 一如 甘丁 言也.

④ 문양해(文洋海)는 여우와 이리처럼 교활하고 물귀신같이 흉악한 자로서 신령스럽고 기이하다는 칭호를 얻으려고 일부러 적석산(赤石山) 속에 종적을 감추고 신선(神仙)을 따라서 논다고 핑계대고 이르기를 "백원(白圓)에게서 명을 받고 꿈속에 관노(奴)와 학노(鶴奴)를 자주 보낸다."라고 하면서 문득 신통한 계제(階梯)라고 일컬으면서, 웅정(熊精)·녹정(鹿精)과 서로 만나서 세상을 현혹하는 수단으로 삼았었다. 윤리가 없어지는 것을 달갑게 여기고, 그의 행동하는 것이 괴이하여 나이 30살에 장가를 들지 못하여 가정도 이루지 못하고, 참언(讖言)을 전하고 부적(符籍)을 쓰는 것을 일삼아서 천만 가지 방법으로 사람들을 선동했던 것이다.

—『정조실록』 권19, '9년 4월 14일 계사조'[107]

①의 내용은 영조 대에 반역의 무리인 박도창이 왕실 여러 곳에 부적과 인두골(人頭骨)·호골(狐骨)·묘골(猫骨)의 뼛가루를 식도를 이용하여 파고 묻었다는 내용이다. 이때 사용된 부적은 붉은색으로 쓴 것이었다.

②는 정조 원년(1776년)에 황해도 관찰사로 재직 중에 장전(贓錢) 4만 냥, 조 2,500석, 송목(松木) 260주를 사취한 사실이 드러나 흑산도에 위리안치(圍籬安置, 죄인이 달아나지 못하도록 가시로 울타리를 만들고 그 안에 가두어 둠.)된 홍술해와 관련된 내용이다. 홍술해의 부인이 그의 지아비가 귀양 간 것을 들어 앙갚음을 하기 위해 도승지가 드나드는 길에 부적을 써서 묻고, 주사로 화상 둘을 그리어 그 위에 화살을 얽어맸다. 이것

107) 洋海, 孤狸之精, 鬼蜮其狀. 要得靈異之號, 故藏蹤於赤石山中 : 托從神仙而遊, 云受命於白圓夢裏. 鸛奴, 鶴奴之頻送, 輒稱通神之階梯 : 熊精鹿精之相逢, 把作惑世之資斧. 甘廢倫而行恠, 三十歲不娶不家; 事傳讖而書符, 千萬方以煽以動.

역시 무고로 부적이 사용되었다.

③은 ②와 마찬가지로 홍술해 부인의 무고 행위다. 그녀는 무당으로 하여금 부적과 더불어 귀신을 그리거나 허수아비를 만들거나 혹은 주사로 국왕의 화상을 그려 화살을 매달았다.

이들 무고는 왕실과 관련한 것으로 역모의 일환으로 이용되었는데, 부적을 기본으로 하여 각기 다른 도구들을 사용했다. 함께 사용한 도구를 기준으로 부적과 화상(畵像), 부적과 주문, 부적·주문·화살·주사(朱砂), 참언과 부적 등으로 구분할 수 있다. 어떠한 것을 가지고 무고를 하려 했든지 간에 무고에 가장 많이 등장하는 것이 바로 부적이다. 부적을 빼놓고는 무고가 성립되지 않듯이 부적은 다양하게 사용되었다. 그러므로 이 시기의 부적은 무고에 있어 기본적인 도구였다고 할 수 있다.

부적은 대부분 땅에 묻는데, 이때 부적 묻을 땅 파는 도구로 식도를 이용했다. 식도는 물건을 자르는 데 이용되는 대표적인 도구로, 오늘날 민속 현상에서 부정한 것을 물리거나 잡된 것을 몰아낼 때에 사용한다. 이러한 도구를 사용했다는 것은 결국 보다 강력한 의지를 드러내기 위한 것이라 하겠다.

불교 부적

사찰에서도 부적을 많이 사용했는데, 그 흔적으로는 1694년에 발간된 의례집(儀禮集)과 1882년 해인사 도솔암에서 간행된『승가일용식시묵언작법(僧家日用食時默言作法)』과 진언들을 불교의 의례에 맞게 편찬한 1800년 망월사 진언집, 1777년에 간행된 진언집 등에서 찾아볼 수 있다. 사찰에서 부적을 사용한 것과 달리 불경에 부적이 수록되어 있는 것은 불교와 부적 간의 관계를 살필 수 있는 좋은 자료가 된다.

진언집과 부적

불교에는 경문과 더불어 밀교의 영향을 받은 진언(眞言)을 기록한 진언집이 전한다. 진언집은 불경(佛經) 가운데 진언을 한글·한문·범자(梵字)의 순으로 병기한 책이다. 이들 책자의 일부에 부적이 삽입되어 있다. 확인할 수 있는 것으로는 1777년판과 1800년판이 있다. 먼저 1777년판의 진언집에 나오는 부적을 소개하면 다음과 같다.

- 화합부 외 3종 : 善神守護, 救產符, 避熱符
- 삼광백령뇌전불침부 외 8종 : 三光百靈電雷不侵, 自然遠榷三災, 見君密護, 能避爭訟, 爲貴人念, 產女胎血能出, 能產印朱書呑之卽出, 大招官職 疾病消除增補壽
- 탑다리니 외 3종 : 當得見佛, 當生淨土, 諸神能滅
- 소망성취부 외 8종 : 所望成就, 滅罪成佛果, 金銀自來富貴, 破地獄生佛土鬼神不侵, 宅內百神不侵, 萬劫不受生死, 夫婦子孫和合長壽
- 연화탑상다라니부 : 當得見佛 當生淨土, 諸罪能滅 善神守護, 鬼神不侵, 所望成就

다음은 1800년에 망월사에서 중간한 진언집의 부적에 소개된 부적의 종류다.[108]

108) 1800년에 망월사에서 중간한 진언집 (고려대학교 중앙도서관 소장본)

• 화합부 : 避熱符, 救産符, 善神守護
• 다라니경 : 當得見佛, 當生淨土, 諸罪能滅
• 소망성취부 : 所望成就, 滅罪成佛果, 金銀自來富貴, 破地獄生佛土, 鬼神不侵, 宅內百神不侵, 萬劫不受生死, 夫婦子孫和合長壽

1800년에 중간된 망월사 진언집의 부적은 1777년 진언집의 부적과 그 내용과 형태에 있어 매우 유사하다. 소망성취부의 경우 일곱 번째 부적의 명칭이 소개되어 있지 않은 것까지 유사하여, 이것은 이전에 사용하던 것을 수정 없이 수록했음을 짐작케 한다. 즉, 불교의 진언집의 부적은 일정 기간 동안은 유사하게 사용되었던 것이다. 그러나 이들 진언집 부적의 내용은 시사하는 바가 크다. 우선 각 유형별로 그 안에 포함되는 부적을 살펴보도록 하자.

화합부와 함께 수록된 부록은 선신수호(善神守護), 구산부(救産符), 피열부(避熱符) 등이 있다. 이들 부적의 내용으로 보아 실생활에서 필요한 부적임을 알 수 있다. 아이를 낳는 것이나 열병으로부터 보호받고자 하는 것 등은 기본적인 벽사부의 하나이다.

삼광백령뇌전불침부와 함께 수록된 부적은 삼광백령뇌전불침(三光百靈電雷不侵), 자연원이삼재(自然遠邇三災), 견군밀호(見君密護), 능피쟁송(能避爭訟), 위귀인념(爲貴人念), 산녀태혈능출(産女胎血能出), 능산인주서탄지즉출(能産印朱書呑之卽出), 대초관직(大招官職), 질병소재증보수(疾病消除增补壽)이다. 이들 부적은 매우 다양한 내용을 담고 있는데, 고려시대의 용주사 석탑에서 나온 것과 동일한 것이 다수 보인다. 이것 역시 인간생활에서 가장 중요한 부분을 수록하고 있는데, 산녀태혈능출이나 능산인주서탄지즉출 등은 산모의 안전과 관련되며, 질병소재증보

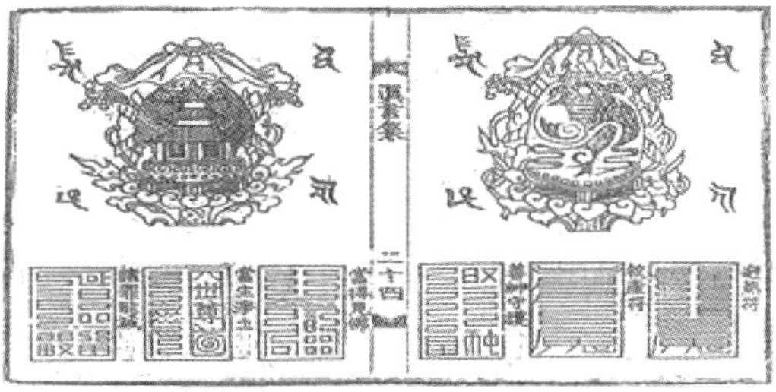

1777년 중간된
만연사 진언집의
부적 1

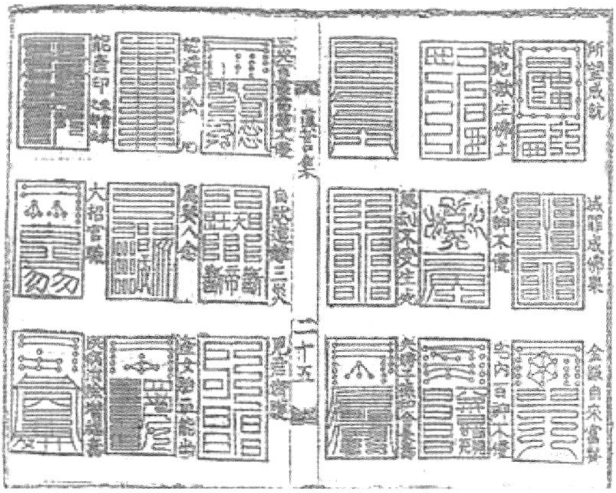

1777년 중간된
만연사 진언집의
부적 2

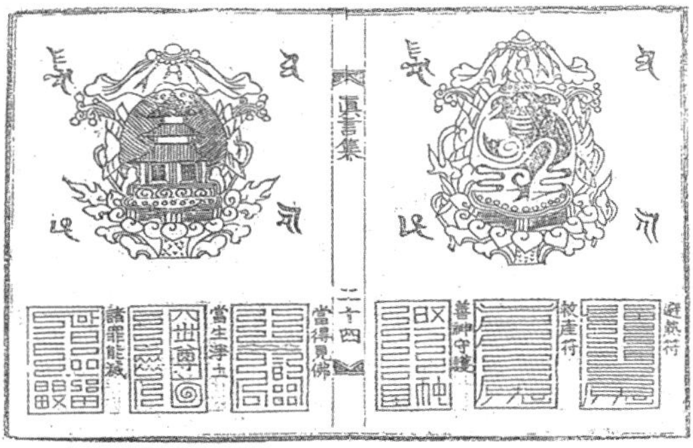

1800년에 중간된
망월사 진언집의
부적 1

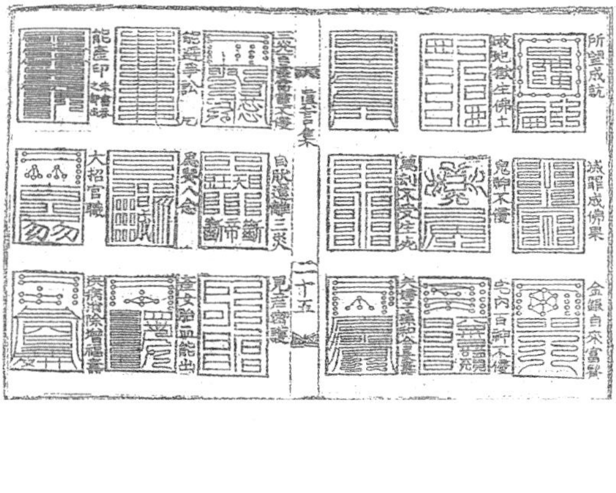

1800년에 중간된
망월사 진언집의
부적 2

수는 질병부, 능피쟁송·대초관직·위귀인념 등은 일생의 중요한 고비와 관련된다. 자연원이삼재나 삼광백령뇌전불침은 귀신불침부와 유사한 성격의 부적으로 볼 수 있다. 이들 부적은 여전히 생활상의 문제를 포괄한다.

하지만 탑다리니와 함께 수록된 부적은 불교 부적답게 당득견불(當得見佛)·당생정토(當生淨土)·제죄능멸(諸罪能滅)로, 신앙적인 성향을 담고 있다. 이는 불교 부적이 지향하는 바를 가장 잘 드러낸 부적이라 하겠다.

소망성취부와 함께 수록된 부적은 벽사부라고 하기보다는 길상부에 속한다. 이러한 예로 소망성취(所望成就), 멸죄성불과(滅罪成佛果), 금은자래부귀(金銀自來富貴), 파지옥생불토(破地獄生佛土), 귀신불침(鬼神不侵), 택내백신불침(宅內百神不侵), 만겁불수생사(萬劫不受生死), 부부자녀화합장수(夫婦子孫和合長壽) 등이 있다. 이 부적 역시 불교 부적과 일상생활의 부적이 혼재되어 있다.

연화탑상다라니부에는 당득견불(當得見佛), 당생정토(當生淨土), 제죄능멸(諸罪能滅), 선신수호(善神守護), 귀신불침(鬼神不侵), 소망성취(所望成就) 등이 함께 수록되어 있다. 이것은 불교적인 내용이 중심이 되고, 기본이 되는 일상생활 부적이 병기된 느낌이다. 이처럼 불교의 진언집에 수록된 부적이라고 하지만, 그 내용에 있어서는 불교적이기보다는 일상생활의 문제와 관련한 부적을 보다 많이 수록하고 있다. 이는 불교의 민간신앙화 차원에서 살필 수 있다. 어느 종교든지간에 주술적인 요소를 지니지 않을 수 없기 때문이다. 그렇다고 하더라도 이들 부적의 내용은 불교의 근본 교리보다는 당시에 필요한 내용을 더 충실히 담아내고 있다고 하겠다.

대장경과 부적

'팔만대장경' 내에 수록된 밀교경전에는 부적이 다수 포함되어 있다.[109] 부적의 명칭, 부적의 형태, 사용하는 방법, 효험 등이 자세하게 수록되어 있다. 이처럼 팔만대장경 내에 부적이 수록된 것과 더불어 팔만대장경의 목록판에도 부적이 수록되어 있다.

가장 최근의 것으로는 서울시 종로구 창신동 130-1번지에 소재한 안양암(安養庵)에 소장된 '불설팔만대장경목록(佛說八萬大藏經目錄)판'이다. 이 목록판은 하단에 "조선개국오백이십오년병진오월일(朝鮮開國五百二十五年丙辰五月日)"이라고 소개된 것으로 보아 1916년에 제작되었음을 알 수 있다. 이 목판은 팔만대장경의 경문을 소개하는 목판인데, 경문 목록 아래와 왼쪽 측면에 24장의 부적을 수록해 두었다. 이로써 대장경과 부적과의 깊은 관련성을 짐작할 수 있다. 이 목판은 고려시대 화엄종 승려 수기(守其)가 재조(再雕)한 '대장경(해인사)'의 목록을 나무에 판각한 것으로, 그 연원이 오래되었다고 할 수 있다.

팔만대장경목록에 수록된 부적은 금은자래부귀(金銀自來富貴), 피열부(避熱符), 택내백신불침(宅內百神不侵), 구산부(救産符), 부부자손화합장수(夫婦子孫和合長壽), 선신수호(善神守護), 견군수호(見君守護), 당득견불(當得見佛), 산녀태혈능출(産女胎血能出), 당생정토(當生淨土), 질병소재증보수(疾病消除增补壽), 제죄능멸(諸罪能滅), 소망성취(所望成就), 멸죄성불과(滅罪成佛果), 파지옥생불토(破地獄生佛土), 귀신불침(鬼神不侵), 이름없음, 만겁불수생사(萬劫不受生死), 삼광백령전뇌불침(三光百靈電雷不侵),

109) 한정섭은 불교 부적을 주술적인 것과 비주술적인 것으로 양분하고, 그것과 관련한 부적을 개별적으로 소개했다.(한정섭, 「불교 부적신앙 소고-특히 밀교부를 중심으로」, 『한국불교학』 2집, 한국불교학회, 1976)

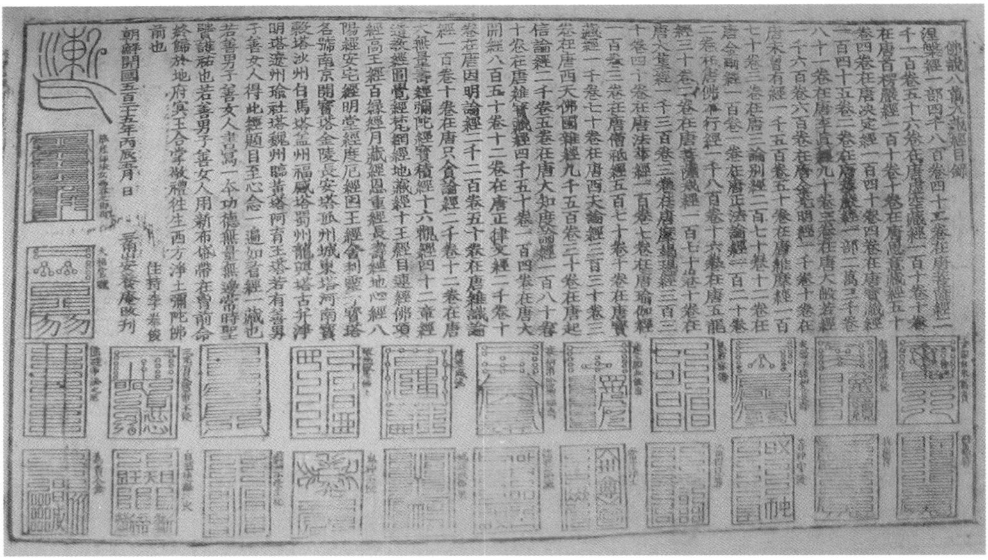

불설팔만대장경목록판본(1916년, 서울 안양암박물관 소장)

자연원이삼재(自然遠邇三災), 능산인주서탄지즉출(能産印朱書呑之卽出), 대초관직(大招官職), 능피쟁송(能避爭訟), 위귀인념(爲貴人念) 등이다. 이들 부적은 위의 진언집에서 언급된 부적과 동일하다. 현재 남아 있는 문헌상으로는 1777년 진언집에서 가장 오래된 모습을 찾아볼 수 있다. 그러나 안양암의 불설팔만대장경목록이 1916년에 제작되었다고는 하나 그 모습은 고려대장경의 모습을 갖추고 있으므로, 이러한 불교 부적의 대다수는 고려대장경으로부터 비롯되었다고 하겠다. 팔만대장경의 기본 구조가 상단에는 불설팔만대장경목록을 나열하고, 하단에는 여러 종류의 부적들을 배열한 것이기 때문이다. 목록에는 상단의 2점을 포함하여 모두 24가지의 다양한 부적이 새겨져 있다.[110]

2006년 11월 22일 해인사 보유 판고(補遺板庫)에서 찾아낸 '예적금강

110) 「대장경목록」, 『한국민족문화대백과사전』, 한국정신문화연구원, 1992.

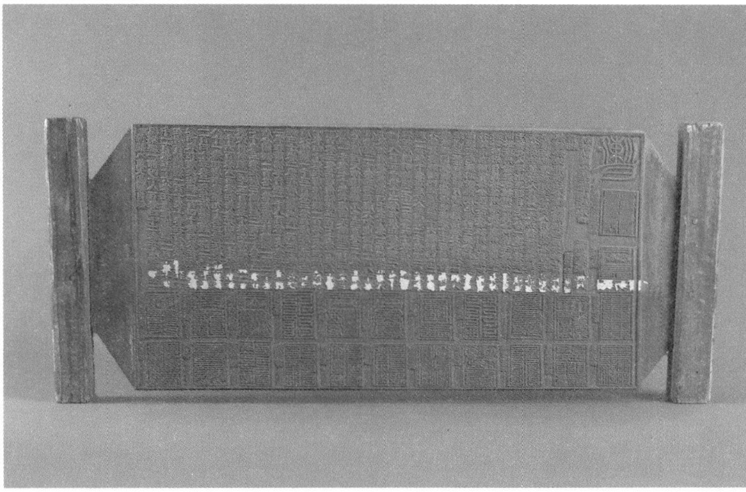

안양암 소재 불설팔만대장경목록경판(1916년 제작)

해인사 보유 판고에서 발견한 예적금강경판

경판'에서도 그 구조가 똑같은 것을 확인하였다. 즉, 불경이 나열되고 하단에는 부적이 2열로 배열되어 있다.

부적의 내용이 불교의 교리를 설명하는 것과 주술적인 것이 혼재되어 있어 이것이 팔만대장경과의 관련성을 찾기가 용이하지는 않다. 다만 여러 진언집에서도 동일한 것들이 소개되고 있는 것으로 보아 팔만대장경목록에 수록된 부적이 이후에 다양하게 활용되었다고 할 수 있다. 이러한 점은 불설팔만대장경목록에 수록된 부적 중 하나에 이름이 기재되지 않았는데, 그것이 이후에 편찬된 진언집에서도 동일하게 이름을 기재하지 않은 채 사용되고 있는 것으로 보아 불설팔만대장경목록이 하나의 기준이 되었음을 알 수 있다. 이는 불설팔만대장경목록의 부적이 불교 부적의 모체가 되고 있음을 알게 한다.

일설에는 이 고려대장경목록에 부적을 수록한 것을 두고 다음과 같이 말하기도 한다.

> 팔만대장경 앞 장에는 팔만대장경을 안전하게 보존하려는 신심으로서 과거 고승 대덕께서는 수해예방부, 화재예방부, 피열부, 선신수호부 등을 경전 앞머리마다 각인하여 놓으셨다. 부적은 우리들에게 정해진 길흉화복의 업보를 간절한 염원과 기도를 바탕으로 보정해 보려는 의지를 담고 있으며, 복을 빌고 행복해 보려는 적극적인 기도인 종교 행위이지 막무가내로 복만 추구하는 미신이 아니다.[111]

이처럼 지금까지도 팔만대장경에 수록된 부적은 불교에서 단순히 미

111) 성엄 스님 블로그(http://blog.naver.com/hholiness?Redirect=Log&logNo=80023350552)

신이 아니라 팔만대장경을 수호하기 위해 판각된 호신부로 이해되기도 한다. 물론 위의 성엄 스님의 이야기처럼 대장경을 단순하게 보호하기 위해 판각한 부적은 아니다. 오히려 불교에서 사용되는 가장 일반적인 종교심의 표현이라 할 수 있다. 인간이 세상살이를 하면서 필요한 다양한 욕구를 부적으로 마련하여 수록해 둔 것이다. 때문에 길상과 벽사의 내용이 고르게 포함되어 있다.

『신수대장경(新脩大藏經)』은 고려대장경을 모본으로 삼고, 인도의 산스크리트 경전, 팔리어 원전, 중국의 한역 경전을 비교 검토하는 등 학계에 보고된 모든 경전을 수집 정리하여 간행하였다. 원제는 '대정신수대장경(大正新修大藏經)'이다. 대정은 일본 연호로, 이 대장경이 대정 연간(1912~1925)에 간행되었기 때문에 붙인 것이다. 대승불교와 소승불교의 경(經)·율(律)·논(論) 삼장(三藏)을 각각 구분하여 편찬하였으며, 한문 문장에 토를 달고 서로 다른 언어로 간행된 경전의 차이점도 설명하였다. 총 100권 중 인도와 중국의 찬술부가 55권, 일본 찬술부가 29권, 둔황사본이 1권, 도상부(圖像部) 12권, 목록 3권으로 이루어져 있다. 『신수대장경』에는 〈예적금강경〉과 〈불설북두칠성연명경〉이 부적과 함께 수록되어 있다. 〈예적금강경〉은 불경이고, 〈불설북두칠성연명경〉은 도교에 그 근원을 두고 있다. 〈예적금강경〉에는 46개의 부적이 수록되어 있고, 〈불설북두칠성연명경〉에는 7개의 부적이 들어 있다.

의례집과 부적

불교 의례를 수록한 의례집에도 부적이 수록되어 있다. 1694년(숙종 20)에 금구(김제) 모악산 금산사(金山寺)에서 개간한 의례집과 1882년 해인사 도솔암에서 간행된 『승가일용식시묵언작법』에 부적이 있다. 전자는 사찰의 제반 의식을 모은 책이고, 후자는 공양할 때에 행하는 상용 의례를 수록한 책이다. 매우 일상적인 의례의 순서를 담고 있는 의례집에도 부적이 수록되어 있다는 것은 부적의 사용이 나름대로 일상적인 수준에서 이용되고 있음을 의미한다.

전자의 의례집에는 각종 불공 때 사용되는 염불이 수록되어 있는데, 그중 〈칠성청(七星請)〉의 내용과 왕생정토(往生淨土)와 더불어 부적이 소개되어 있다. 〈칠성청〉은 칠성불공을 올릴 때 칠성신을 청하는 법문인데, 불공의 마지막 부분에 칠성부적이 수록되어 있다. 칠성부적은 북두칠성 각각의 별마다 부적을 적어 놓았다. 7개의 별자리, 즉 탐랑성(貪狼星), 거문성(巨門星), 녹존성(祿存星), 문곡성(文曲星), 염정성(廉貞星), 무곡성(武曲星), 파군성(破軍星) 등이다. 이들 별자리마다에 각기 별자리에 해당되는 사람들의 길흉을 적어 놓았다. 이에 해당 부적을 사용하면 길하다는 내용도 있다.

한편, '왕생정토'는 죽은 자가 극락왕생하기를 바라는 마음에서 베푸는 의식인데, 이 역시 경문 마지막에 부적이 소개되어 있다. 부적 위에 "왕생정토 육재일(往生淨土 六齋日)"이라 쓰여 있는 것으로 보아 해당 일에 사용되는 것이라고 할 수 있다.

후자의 『승가일용식시묵언작법』에 수록된 부적은 그 종류가 매우 다양하다. 피열부(避熱符), 구산부(求産符,) 선신수호(善神守護), 소망성취(所望成就), 파지옥생정토(破地獄生淨土), 멸죄성불(滅罪成佛), 귀신불침(鬼神不侵), 만겁불수생사지부(萬劫不受生死之符), 당득견불(當得見佛), 당생정토(當生淨土), 제죄능멸(諸罪能滅), 금은자래부귀부(金銀自來富貴), 택내백신불침(宅內百神不侵), 부부자녀화합장수(夫婦子孫和合長壽), 삼광백령뇌전불침(三光百靈電雷不侵), 자겁완추삼재, 견군밀호(見君密護), 능

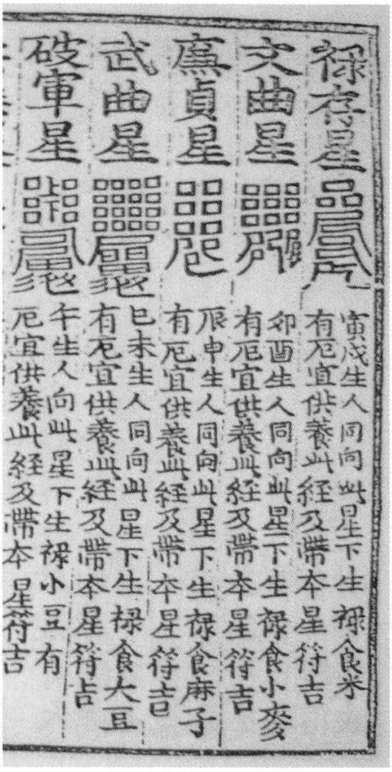

〈칠성청〉의 칠성부

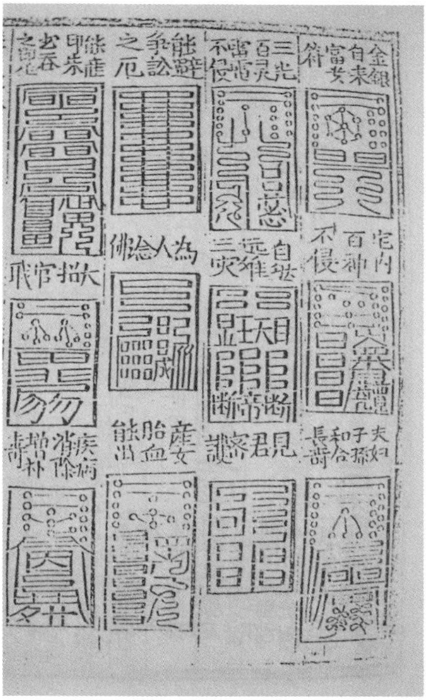

『승가일용식시묵언법』의 부적

피쟁송지액(能避爭訟之厄), 위인염불(爲人念佛), 산여태혈능출(產女胎血能出), 능산인주서탄지즉출(能產印朱書呑之卽出), 대초관직(大招官職), 질병소재증보수(疾病消除增补壽) 등이다.

이들 부적은 위에서 언급한 불교 진언집과 불설팔만대장경목록의 부적과 일치한다. 그러나 진언집에는 위의 부적이 각기 나뉘어져 있었으나, 의례집에는 구분 없이 일렬로 배치되어 있다. 부적을 종류별로 구분하지 않고 나열하고 있는 것은 부적의 종류만을 언급한 것으로 볼 수 있다. 그러나 내용이 변하지 않은 것으로 보아 불교에서 주로 이용하는 부적이었다고 하겠다.

이러한 부적들을 현재 사찰에서는 사용하지 않는다. 관련 의식문은 그대로 사용하는 것과 달리 부적은 전혀 사용하지 않는다. 그러나 불교 의례집에 부적이 수록되어 있다는 것은 지금은 잊혀졌지만 과거에는 의식과 관련된 부적도 있었음을 짐작케 한다. 그렇다면 사찰에서 사용된 부적은 그간에 알려진 신자들의 수요와 관련된 것 이외에 불교 의식을 행하는 수단으로 이용되었다고 하겠다. 그러나 이들 부적이 〈칠성청〉과 왕생정토와 관련되어 있다는 것은 부적의 사용이 순수 불교적인 모습에서 벗어나 있다고 할 수 있다. '칠성'은 주지하다시피 도교계 신령으로, 훗날 불교에 차용된 신령이므로 이러한 신령을 청배하는 〈칠성청〉에 사용된 부적은 순수 불교적인 의례와 무관할 수도 있기 때문이다. 그러나 의례집이 1694년과 1882년의 것이고 보면 해당 시기에는 이미 부적, 칠성, 불교가 일체되어 있었다고 할 수 있다. 따라서 비록 일부이기는 하지만 부적이 불교에서도 중요한 수단이었다고 하겠다.

경문과 부적, 『은중경(恩重經)』의 진언

『은중경』은 흔히 '부모은중경'이라 하여, 불경 중의 하나다. 부모의 은혜가 한량없이 크고 깊음을 설하여 그 은혜에 보답할 것을 가르친 불교 경전인 『은중경』에는 다음과 같은 진언이 삽입되어 있다.

> 나무 사만다 못다남 옴 아아나 사바하(曩謨 三滿多 沒馱喃 唵 誐誐曩 娑嚩訶) —『동국세시기』 '정월 입춘조'

건릉(健陵, 정조) 대에 입춘 때 위의 진언을 인쇄하여 나누어 주고, 문에 붙여 액을 막도록 했다고 한다. 위의 진언이 무엇을 의미하는지는 알 수 없지만 '입춘'이라는 시간이 한 해의 시작으로 제액과 초복이 실시되는 1년 중 앞선 시간임을 감안한다면, 위의 내용도 그러한 뜻을 담고 있다고 하겠다.

목판과 부적

사찰에서는 부적을 일일이 그릴 수 없으므로 목판을 마련하여 아예 부적을 찍어냈다. 이는 부적의 사용이 얼마나 빈번했나를 보여 준다. 18세기 이전에 인쇄술을 지닌 대표적인 공간이 사찰이었으므로 사찰에서는 부적도 인쇄했다. 이들 부적은 대부분 신도들의 필요에 의한 것이므로 당시 목판으로 인쇄해서 보급해야 할 만큼 부적의 수요가 많았음을 의미한다. 많은 부적을 만들었겠지만 지금까지 전해지는 것은 다음과 같은 것들이다.[112)]

앞에서도 언급했듯이 불설팔만대장경목록판에 수록된 24개의 부적을 비롯하여, 대불정여래진언다라니판에도 6개의 부적이 수록되어 있다. 대불정여래진언다라니판의 경우 오른쪽에 부적이 판각되어 있음을 볼 수 있다.

세트로 제작된 부적 이외에도 개별적으로 목판에 새긴 것도 다수 존재한다. 금난장(禁亂將), 삼재소멸부(三災消滅符), 명부전판(冥府錢版), 염병부(染病符), 도깨비 쫓는 부적, 만겁불수생사부(萬劫不受生死符), 피구설부(避口舌腐) 등이 있다.[113)] 여러 개의 부적을 하나의 목판에 새긴 종

---

112) 목판 부적의 내용은 2001년 10월부터 2002년 1월까지 계명대학교박물관에서 전시된 '면과 선의 세계'의 내용을 기본으로 했다. 당시 전시에는 목판인쇄물이 많이 선을 보였는데, 대표적인 것으로 능화판·시전지판·부적판 등이었다. 이 중 부적판만을 대상으로 했다.

113) 계명대학교박물관, 『계명대학교·영남대학교 박물관 교환 특별전, 면과 선의 세계 』, 2001의 팸플릿 자료와 영남대학교박물관 『면과 선의 세계』의 부적판에 개별 부적판들이 비교적 자세하게 소개되어 있다.

합부는 '소원성취대길부(所願成就大吉符)'라 하여 무곡부(武曲符), 문곡부(文曲符), 염정부(廉貞符), 거문부(巨門符) 등의 칠성부와 뇌불검(雷不劍), 수불(受不), 멸죄(滅罪) 등 추가 부적이 수록되어 있다. '칠성'은 일반적으로 아이를 돌보아 주는 신령으로 이해되므로 칠성부는 그러한 의미에서 사용한 것이 아닐까 한다.

목판 부적 중 재액과 관련한 것의 대표적인 것은 '금난장'이다. 호랑이를 중앙에 두고 윗면에는 '대길(大吉)'을 그 옆에는 '쇠 금(金)' 자를 넣고, 아래에는 '금난장'이라 써 놓았다. 호랑이의 강력한 힘을 빌어 액을 쫓고 복을 초치(招致)하려는 의도에서 만들어진 것이라 하겠다. 또한 목판 부적은 순수 민간신앙과 전통 공예목각 기능이 어우러져 만들어 낸 작품으로도 의미가 있다.

삼재소멸부(三災消滅符)는 '삼두일족응(三頭一足鷹)'이라 하여 오늘날 삼재부로 사용되는 것과 동일하다. 삼재부 부적 목판은 세 마리의 매 중 두 마리는 앞을 바라보고 나머지 한 마리는 반대쪽을 바라보고 있으나, 눈은 동그랗게 치켜떠서 사방에서 들어오는 삼재를 막고자 하는 의지가 강력해 보인다. 매서운 발톱도 하나는 치켜들어 금방이라도 싸움을 걸 듯하다. 날개 역시 금방이라도 치고 올라갈듯 허공으로 치솟아 있다. 금방이라도 삼재를 향해 돌진할 듯한 형상으로 삼재를 막고자 한 것이다. 반면에 다른 삼재부는 세 마리의 매가 각기 겹쳐 있는데, 이것 역시 삼재를 상징하는 세 마리의 매로 구성된다. 매는 각기 입에 무엇인가를 물고 있다. 세 마리가 한 개씩 물고 있는 것으로 보아 삼재의 원인이 되는 무엇이 아닐까 한다. 또한 매 양쪽에는 글자로 이루어진 부적이 추가되어 있다. 부적과 매가 함께 어우러져 보다 강력한 종교적인 효과를 낼 수 있도록 하기 위해 마련된 목판이라 할 수 있다.

금난장 부적 목판(1777년)

삼재부 부적 목판

'염병부'는 말 그대로 염병을 막고자 할 때에 사용하는 부적이며, 도깨비 부적은 귀신을 쫓을 때 사용하는 부적이다. '피구설부'는 구설을 피하고자 하는 부적이다. 이처럼 재액으로 간주된 것 중 가장 대표적인 것은 염병, 도깨비, 구설, 삼재 등이었던 것이다. 이러한 재액이 추방된다면 마땅히 대길하게 되니 금난장의 대길과 재부를 상징하는 금은 그러한 의미에서 사용된 것이라 여겨진다.

이외에도 목판화의 종류는 많을 것으로 예상되지만 앞에서 열거한 것이 대표적인 것들로 간주된다. 살아가면서 부적의 효과가 절실하게 요구되는 부분과 관련한 것이 다량 생산할 수 있도록 목판으로 제작되는 것이기 때문에, 앞에서 열거한 것들은 그러한 종교적 욕구를 충족시키기 위한 것이라 할 수 있다.

동학 부적

동학이 창시된 19세기는 정치·사회·경제적 불안, 종교·사상적 위기 등 이루 헤아릴 수 없이 많은 문제를 지닌 어려운 상황이었다. 이와 같이 격심한 사회 변화와 가치 변동에 따른 새로운 의미의 추구, 사회 불안에서 오는 안심입명(安心立命)의 획득, 생활난과 병고를 타개하기 위한 주술적 동기 등이 복합적으로 작용하여 새롭게 민족종교가 등장했다. 그 대표적인 종단이 바로 서학(西學)과 양반 종교가 아닌 백성의 종교로서 탄생한 동학(東學)이다.

동학의 창시자 최제우(崔濟愚)는 신비 체험을 통해 동학을 창시했다. 최제우는 신비 체험을 하는 동안 신령으로부터 부적을 받았는데, 이것이 바로 '궁을부'이다. 최제우가 쓴 동학의 경전인 『동경대전(東經大全)』

의 포덕문에 이와 관련한 내용이 전한다.[114]

뜻밖에도 4월에 마음이, 간담이 서늘해지고 몸이 떨렸다. 병이라 해도 무슨 병인지 알 수 없고, 말하려 해도 말을 이룰 수 없었다. 어느 순간 갑자기 선어(仙語)가 들려 놀라 일어나 탐문하니, "무서워 말고 두려워 말라. 세상 사람들은 나를 상제(上帝)라 부른다. 너는 상제를 몰라보느냐?"라 말씀하셨다. 다시 그 까닭을 물으니 "나 역시 일한 보람이 없었다. 그래서 너를 세상에 나게 하여 사람들에게 이 법을 가르치게 하려 하니 내 말을 의심치 말지어다." 하고 대답했다. "그러면 서도(西道)로써 사람들을 가르칠까요?" 하니, "그렇지 않다. 나에게 영부(靈符)가 있으니 그 이름은 포약(布藥)이고, 그 형체는 태극(太極)과 같고 궁궁(弓弓)과 같기도 하다. 이 영부를 받아 사람의 질병을 고치고, 나의 이 주문(呪文)을 받아 사람들의 질병을 고치고, 나의 이 주문을 받아 사람들이 나를 위하도록 가르치라. 그러면 너는 장생(長生)하며 천하에 덕을 펼칠 것이니라." 했다.[115]

위의 내용에서처럼 최제우는 상제로부터 부적과 주문을 받았다. 부적은 병자를 고치는 영부(靈符)이고, 주문은 상제를 받드는 주언이다. 최제우의 영부는 '벽병부'인 셈이다. 이것이 어떻게 총알을 피하는 부적

114) 최제우, 『동경대전(東經大全)』, 포덕문(布德文)

115) 不意四月 心寒身戰 疾不得執症 言不難狀之際 有何仙語 忽入耳中 驚起探問 則曰勿懼勿恐 世人 謂我上帝 汝不如上帝耶 問其所然 曰余亦無功 故生汝世間 敎人此法 勿疑勿疑曰然則 西道以敎人乎 曰不然 吾有靈符 其名太極 又形弓弓 受我此符 濟人疾病 受我呪文 敎人爲我 則汝亦長生 布德天下矣(『동학사상자료집』, 아세아문화사, 1979, 8쪽.)

으로 사용되었는지는 알 수 없지만,[116] 최제우는 영부를 작성할 수 있는 사람으로, '궁을부' 역시 그의 창작물일 가능성이 농후하다. 오늘날 무당들이 말하는 영부 역시 자신의 몸주와 영적인 교감에 의해 받은 영부이므로 동일한 차원에서 이해된다.

실제 최제우는 신의 계시를 받아 부적을 태워 먹었는데, 그 후 7, 8개월간이나 부적을 태워 먹고 몸의 상태가 매우 좋아졌다고 한다.[117]

이외에 『수운행록(水雲行錄)』에는 다음과 같은 일이 전한다. 최제우가 관가에 붙잡혔다가 석방된 후의 일이다. 관청으로부터 사람이 와서 "사또 부인께서 병에 걸렸습니다. 선생은 약을 쓰지 않고도 병을 고칠 수 있다고 하시니, 부도(符圖) 한 장을 주셨으면 합니다."라고 했다. 이는 부적이 병에 효험이 있음을 증명하는 자료다.

이처럼 효험을 본 최제우는 병에 걸린 사람들에게 상제에게 받은 '궁(弓)' 자를 종이에 써 주어서 그것을 태워 마시게 했더니 병이 나았다고도 한다.[118] 또한 동학군이 관군과 대치할 때 이 '궁(弓)' 자 부적을 사용하도록 했다고 한다. 열악한 상황에서 막강한 관군과 대치해야 했으므로 종교적인 힘으로나마 그 상황을 극복하기 위해 부적을 사용한 것이다. 재난을 피할 수 있는 장소인 '궁궁(弓弓)'을 부적으로 만들어 태워 마심으로써 재난을 피할 수 있다고 생각한 것이다. 이처럼 최제우의 신비체험을 통해 탄생한 영부는 동학이 흥기했던 시대적인 문제점을 나름대로 극복하기 위해 마련된 것이라 하겠다. 그 효과는 차치하더라도 서양의 침입과 관군의 억압으로부터 탈출구를 찾던 동학교도들에게는 자

116) 임태영, 「초기 동학교단의 부적과 주문」, 『종교연구』 42, 한국종교학회, 2006, 171쪽.

117) 『용담수사(龍譚遺詞)』 안심가(安心歌).

118) 『고종실록심문기록(高宗實錄審問記錄)』

신들을 서양세력으로부터, 병으로부터, 국가로부터 보호할 수 있는 구세주와 같은 존재로 간주되었을 것이다. 최제우의 영험과 함께 등장하는 영부는 기본적으로는 벽병부지만, 다양한 상황 속에서 실생활의 어려움을 극복하는 하나의 수단으로 확대되었다. 이 시기의 부적은 결국 하나의 기능을 하는 것이라기보다는 사용하는 사람의 의지와 관련하여 다양한 용도로 활용되었다고 하겠다.

기타 부적

일본 속의 한글 부적

일본 속의 한글 부적

최근에 일본에서 보관된 한글로 만들어진 부적이 2개나 소개되었다. 하나는, 시코쿠 도쿠시마시 야마시로라는 마을의 신사와 집집마다 이 지역의 토속신인 '에비스(エビス)'를 섬기고 찬양하자는 내용의 한글 부적이다. 다른 하나는 시네마현의 일본인 미우라 씨 집에 오래전부터 내려오는 2개의 부적이다.

전자의 부적은 야마시로 마을 주민들이 에비스신 축제와 경조사 때 에비스신이 직접 적어 줬다는 이 부적을 일본어로 낭독하는데, 이들은 한글로도 읽을 수 있다고 한다. 주민들은 특히 115쪽 분량의『계시록』을 갖고 있는데, 이 계시록의 제목도 '가이ㅣㅏ아(카미야마, 神山)의 계시록'으로 적혀 있다고 한다. 이 계시록에는 생활법규와 신의 계시 등을 담고 있어 주민들은 이 책을 기독교의 성경처럼 여긴다. 이 지역 외에도 오카야마 비전시 가가도와 후쿠오카 히예신사, 나고야신사, 관서지방의 한 역사자료관 등에도 토속신은 다르지만 이들 신을 찬양하는 한글 부적을 붙여 놓고 있거나 보관하고 있다. 일본 학자들은 이 부적이 고대사회부터 전해 내려오는 것이라고 주장하고 있으나, 이것은 1600년대 조선통신사가 전한 한글이 지금까지 전래되고 있는 것으로 추정된다.

후자의 부적 역시 한글로 된 부적으로, 하나는 나무 부적이고 다른 하나는 종이 부적이다. 나무 부적의 앞면에는 '하찌만신사(八車番神社)'라는 신사 이름이 적혀 있고, 한글 문자는 그 뒷면에 적혀 있다. 한편 종이 부적은 2겹으로 싸여 있고, 바깥쪽에는 나무 부적과 똑같이 "하찌만신사"라고 적혀 있으며, 그 안에 한글 문자가 적혀 있다. 이 부적의 제작은 부적에 쓰인 '경응(慶應) 5년'이란 기년으로 보아 1868년으로 추정된다. 나무 부적에 적힌 글씨는 검은 먹으로 쓴 것으로서 "도승ㅜ가미어미가미"라는 문자이고, 종이 부적의 내용은 "ㅇㅜ승ㅗ승ㅜㅅㅜ나ㅇㅗㅇㅗ가미"라고 적혀 있다. 이 문자들은 한글을 모델로 삼은 한글형 일본의 신대문자였다. 한글형 신대문자의 일람표를 근거로 부적에 쓰인 문자를 읽어보면, 나무 부적에는 '토호카미에미타메'로, 그리고 종이 부적에는 '우부스나오오가미'라고 쓰여 있다. 이 말은 종교적인 주문이었고, 일본의 신(神) 이름이다. '토호가미'는 천지의 신인 아마테라스를, '에미타메'는 천지신의 백성을 의미한다. 또한 '우부스나오오가미'는 흔히 토지의 신으로서 자신의 지역에서 태어난 사람을 보호해 주는 신이면서

또한 산모와 아이를 보호해 주는 신이기도 하다.[119]

이처럼 한글이 쓰인 부적이 일본 내에 존재한다는 것은 부적의 사용이나 제작이 한국인과 연관이 있음을 시사한다. 특히 전자의 부적은 1600년대 조선통신사가 전한 한글이 지금까지 전래하고 있는 것으로 추정하기도 한다. 그러나 보다 중요한 것은 한글이 전래된 시기가 아니라 왜 그것이 신사나 마을의 부적에 사용되고 있는가이다. 그 안에는 명확히는 알 수 없지만 한국인이나 한국의 부적 문화가 일정한 영향을 주었다고 할 수 있다. 특히 일본 신령의 이름을 소리 나는 대로 한글로 표기했다는 것은 일본의 문화를 한국어로 표현하는 과정의 산물이라 하겠다. 또한 한글로 굳이 부적을 마련했다는 것은 부적에 대한 열망이 얼마나 강했는가를 짐작할 수 있다.[120]

다양한 주술적 의미를 담은 장식물

실생활에 사용되는 다양한 물건들에는 주술적 의미가 들어 있기도 하다. 늘상 사용하는 물건에 '복 복(福)' 자나 '목숨 수(壽)' 자, '길할 길(吉)' 자 등을 써 넣기도 하고, 그러한 의미를 담은 동물이나 식물 등으로 장식하기도 한다. 복을 초치하고자 하는 의미에서, 혹은 다남(多男)을 위해 각종 문양을 사용한다. 실생활 용구에 사용되는 문양은 대부분 길상(吉祥)과 관련한 것으로, 벽사와 관련한 것은 별반 나타나지 않는다.

---

119) 노성환, 「일본 속의 한글 부적」, 『일본학』 22집, 2004, 269~275쪽.

120) 최덕원, 「부적의 원형과 유형별 기능」, 『남도의 민속문화』, 밀알, 1994, 226쪽. 최덕원은 이러한 부적을 조소적 부적으로 구분했다. 분묘의 문무석인(文武石人), 석마(石馬), 석양(石羊), 석난(石蘭), 십이지신상, 마을 입구의 장승을 모두 부적으로 보았다.

묘소 앞에 세우는 의물인 문무인석(文武人石)이나 석마(石馬), 석양(石羊) 등은 묘소로 침입하는 재액을 막기 위한 것으로, 벽사부적의 일종으로 볼 수 있다. 이외에 마을 입구의 장승이나 선돌 등의 신앙 대상물 역시 벽사부적이라 할 수 있다.

화기(火氣)를 막기 위해 해태를 조각하거나 그림으로 그리고, 또는 나무로 만든 닭(목계(木鷄))으로 장식한다. 조선시대 도읍의 성곽 중 북문에 해당되는 창의문(자하문)에 장식된 목계가 바로 그러한 예다. 창의문 밖의 지형이 지네형이므로 이와 상극인 닭을 조각함으로써 풍수적으로 비보(裨補)를 위해 만들어 두었다.

이와 더불어 마을 앞에 세워 둔 장승 역시 비보적인 것인 동시에 마을로 재액이 침입하지 못하도록 만들어 둔 것이므로 넓은 의미에서 본다면 부적의 일종이라 할 수 있다.[121] 이외에도 병풍에 그려진 상징적인 그림이나 글씨, 담 벽에 새겨 놓은 글씨나 그림 역시 동일한 차원으로 이해할 수 있다. 실생활에 녹아 있는 다양한 상징적인 장식물들에는 기본적으로 제액초복이라는 종교성이 내재되어 있다.

전쟁에서 총탄을 피하기 위한 부적

1866년 병인양요에서 프랑스와 전투를 치른 조선은 서양의 무력 도발에 경각심을 갖게 되었고, 앞으로의 도발에 준비하게 되었다. 특히 서양 총기류의 우수함에 주목한 조선 조정은 총기 공격을 무력화시키기기 위한 방도를 찾기 시작했고, 이에 흥선대원군은 서양의 총탄을 막아 낼

121) 최광식, 「무속신앙이 한국불교에 끼친 영향-산신각과 장생을 중심으로」, 『백산학보』 26호, 1981, 76쪽.

갑옷을 제조하도록 명한다.

당시 무기제조자였던 김기두와 안윤은 조정의 명에 따라 면갑과 철갑 등으로 실험을 거듭한 결과 면 12겹에 총탄이 뚫리지 않음을 확인했다. 이에 면 13겹으로 만든 면갑을 만들어 내게 된다. 병인양요 직후에 만들어진 이 면갑은 곧 조선병사에 배포되었고, 1871년 신미양요 때 실제로 사용된다. 면제배갑(綿製背甲)은 실제 총탄을 막아 내기는 했으나 한여름에 착용하기는 너무 더웠고, 또한 불에 약하여 쉽게 타버리는 약점이 있었다. 1871년 여름, 강화도를 침공한 미군은 총알 세례에도 용맹하게 달려드는 조선군에 깊은 인상을 받았다고 적고 있으며, 대포 공격으로 파편에 맞아 불에 붙은 조선군을 보기도 했다고 한다. 당시 미군은 그중 한 점을 노획해 미국으로 가져갔다. 최근까지 스미스소니언 박물관에 보관되어 왔던 것이 세상에 알려져 이 방탄조끼의 존재가 한국에 알려졌다. 면제배갑, 또는 면제갑옷(綿製甲冑)은 무명을 여러 겹 겹쳐 만든 조선 말기의 갑옷으로, 세계 최초로 발명된 면제 방탄조끼다.

신미양요 당시 미군에 빼앗겼던 조선군 깃발의 존재가 발견되자, 이의 한국 반환운동이 제기되었다. 반환 관련 법규 등이 존재하지 않는 이유로 10년 임대 형식으로 2007년 한국에 들어오게 된다. 그리고 고궁박물관에서 '수자기특별전'이 전시되면서 신미양요 당시 사용된 유물들이 함께 전시되었는데, 면제배갑도 이때 전시되었다.

현재 면제배갑은 국립중앙박물관에 보관되어 있다. 이 면제배갑에는 병사들에게 활력을 주고 총상을 피하려는 목적의 부적이 찍혀 있다. 부적의 이러한 쓰임은 4세기의 가야 종장판(縱長板) 갑옷 문양에서도 확인할 수 있는 것으로, 매우 유래가 깊다.

조선시대 면제배갑(국립중앙박물관 소장)

면제배갑 중 석류부

면제배갑 중 북옥어부(北獄御符)

면제배갑 중 남옥어부(南獄御符)

면제배갑 중 중옥어부(中獄御符)

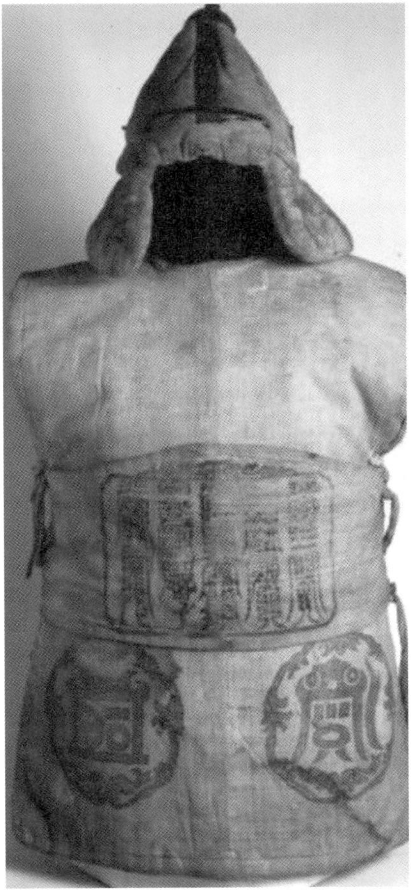

면제배갑(미국 메트로폴리탄 박물관 소장)

가야의 종장판 갑옷

근현대의 부적

근현대로 접어들면서 부적은 많은 변화를 겪는다. 이전의 시기가 부적에 대한 내용을 수록하고 있지 않았던 데 반해, 이 시기에는 부적을 전통의 일부분으로 간주하여 기록하기 시작한다. 물론 시기가 오래지 않아 이 기간의 자료가 많이 남아 있는 것도 이 시기의 부적을 파악하는 데 유리하다. 그러나 일제강점기를 거치면서 한국적인 관습을 미신(迷信)이라 하여 타파의 대상으로 간주했다. 많은 민간신앙이 이 시기에 타파되어 모습을 감추었지만, 부적은 오히려 이러한 상황에서 다양한 모습으로 변모했다. 신흥 종교에서 부적을 포교의 수단이자 경전의 한 유형으로 이용하기도 했고, 사찰에서는 보다 많은 대중과의 접촉면을 갖는 수단으로 이용하기도 했다. 오히려 민간신앙의 쇠퇴와는 반대로 사용이 늘고 있다. 일부에서는 부적은 동양적인 코드라 하여 상품화를 추진하기도 한다. 이러한 양상에 대해 구체적으로 살펴보기로 하자.

종교와 부적

신흥 종교 부적

근대로 접어들게 되면서 다양한 종교가 새롭게 형성되었다. 일명 '신흥 종교'라고 하여 민족종교의 성향을 지닌 종교들이 대거 등장했는데, 이때 이들이 주된 종교적인 도구로 사용한 것이 부적이다. 천도교와 증산교가 그 대표적이므로 이들을 대상으로 부적의 사용을 살펴보도록 하겠다.

천도교 영부

손병희에 의해 동학이 발전되어 이룬 천도교는 동학의 교주 최제우가 만든 '영부'를 지속적으로 사용했다. 최제우의 영부와 주문은 천도교를 포교할 때 중요한 방편으로 사용되었다. 영부를 불에 태우고 거기서 남은 재를 물에 타서 그를 따르는 병자들에게 마시게 했다. 이때 그 잿물을 먹은 병자들은 그들의 병이 낫기도 했다. 한편 주문을 수도자에게 외게 함으로써 강신(降神)·개안(開眼)·통영(通靈) 등과 같은 신비를 체험하게 했다. 그와 같은 방편과 그 자신에 얽힌 여러 가지 기행이적(奇行異跡)들이 그것을 체험한 병자나 수도자들에 의해 널리 알려지게 되었다. 이러한 소문을 들은 다른 병자들과 구도자(求道者)들이 그와 같은 사실을 체험하기 위해 그의 집으로 모여들어 문전성시를 이루었다.[122]

천도교 영부

동학과 맥을 같이하는 천도교는 민중들과 밀접한 관련 속에서 그들의 어려움과 고통을 해결해 주는 차원에서 부적을 사용한 것이다.

---

122) 「신홍 종교(대종교)」, 『한국민속대관』, 고려대 민족문화연구소, 1982.

증산교의 부적

천도교와 더불어 신흥 종교의 양대 지주인 증산교는 동학의 맥을 전승하고 있는 또 하나의 신흥 종교다. 초대 교주 강일순(1871~1909)의 신명(神名)을 '구천응원뢰성보화천존(九天應元雷聲普化天尊)'으로 정하고, 증산교는 주로『현무경』을 경전으로 사용했다. 교단의 의식은 첫째, 송주, 즉 주문을 외우고, 둘째, 소부, 즉 부적을 태우는 의식을 행하는 방식으로 거행된다.[123] 증산교는 천도교와 달리 교단의 의식 중 많은 종류의 부적을 사용했고, 현재까지도 이어 온다.

그는 자기를 따르는 사람들에게 주문을 외우는 수련 공부를 시켰으며, 환자를 치료할 때에는 한약 처방에 의한 약물치료와 함께 주문을 외우게 하거나, 또는 부적을 사용하고 안수치료를 병행했다고 한다. 따라서 그에게서 병을 고쳤다고 생각하는 사람들은 그를 신인(神人)으로 여기어 따르게 되었다. 더욱이 그는 자기가 하늘과 땅과 인간의 삼계대권(三界大權)을 가지고 있으며, 조화로 천지를 개벽하고 선경(仙境)을 열어 고통 속에 헤매는 중생을 건지기 위하여 이 세상에 내려왔다고 설교했다.

이처럼 증산교의 부적 역시 질병부의 기능을 갖고 있다. 약물치료와 더불어 부적을 사용했다는 것은 동학과 달리 질병에 대한 근대적인 관념에 기인하는 것 같다. 최제우가 부적을 태워 마심으로써 종교적으로 질병을 치료하려 했다면, 강증산은 부적과 약물을 동시에 이용함으로써 그 효과를 배가시키려 했다. 질병이 귀신에 의한 것이라고 관념하던 전근대적인 입장에서는 전자와 같은 치료법이 가능했을지 모르나 서양 의학의 유입 이후에는 약물과 부적이라는 이중성을 인정하지 않을 수 없

123) 계명대학교·영남대학교 박물관 교환 특별전,『면과 선의 세계』, 2000.

증산교의 음해소멸부

증산교 신장공사도

증산교 예장공사도

증산교 성장공사도

었을 것이다. 그 결과 부적과 약물을 동시에 처방하게 되었다고 하겠다. 당시에는 인간이 극복해야 하는 커다란 문제가 바로 질병이었으므로 포교 대상이 치병과 관련된 자들에게 집중되었고, 주술적인 치료 방법으로 가시적인 수단인 부적이 이용된 것이다. 따라서 부적은 신흥 종교가 선택할 수밖에 없었던 시대적인 산물이었다고 하겠다.

무속 부적

무당들에 의해 다양한 부적이 사용되었다. 무속인에 의해 마련된 것 중 순수하게 무속적인 것은 강신무들이 제작한 영부이다. 영부는 신령의 강림에 의해 마련한 것으로, 기존의 불교나 도교에서 전래되었다고 여겨지는 부적과는 판이하게 다른 형태를 띤다.

반면에 경사나 술사는 도교의 경전들이나 불교의 의례집 등에 수록된 부적을 이용하는 경향이 강하게 나타난다. 특히 19세기에 도교의 경전이 민간에까지 보급되면서 부적의 사용은 더 다양하게 전개된 것으로 보인다.

그 구체적인 사례는 고려대학교박물관에 소장되어 있는 『각양부적(各樣符籍)』에 수록된 부적을 살펴볼 수 있다. 『각양부적』은 19세기 말엽에 작성된 것으로 추정되는데, 마지막 장에 '임신(壬申) 정월'에 만든 것이라 기록하고 있는 점으로 보아 1872년이나 1932년에 제작되었을 것으로 추정된다. 제작자는 알 수가 없다. 부적의 모양이나 내용을 보아 누군가에 의해 여러 부적집의 부적이 종합된 책으로 여겨진다. '각양부적'이라는 명칭처럼 이 부적집에는 다양한 부적이 수록되어 있다.

① 팔문신장부·별자리 28수(宿) 부적·오행부(五行符)·피병인부(避兵

刃符)·9성부(星符)·본명부(本命符)·선인오명위부(仙人吾命位符)·24절기(節氣)부적·10간(干) 12지(支) 부적·28방 방위부적·팔괘부(八卦符)·오방부(五方符)·통갑부(通甲符)·태을부(太乙符) 등의 오행과 관련한 부적, ② 묘자리에 사용하는 부적 문상부(問喪符), ③ 실물부(失物符)·삼재부(三災符)·퇴액부(退厄符)·동토부(動土符)·벌목부(伐木符)·대장부(大將符)·도왕부(図王符)·이사방처부(移徙方處符)·작목부(作木符)·화고부(畵庫符)·인귀부(人鬼符)·백귀불침부(百鬼不侵符)·객사불침부(客死不侵符)·책귀부(責鬼符)·축사부(逐邪符)·요사귀진축부(妖邪鬼 盡逐符)·토황신금기부(土隍神禁忌符)·동토병인배부(動土病因背符)·구설퇴거부(口舌退去符)·사호부(巳護符) 등의 액막이부적, ④ 백병부(百病符)·우마병부(牛馬病符) 등의 질병부, ⑤ 취식부(取食符)·취어부(取魚符)·취병부(取餅符)·취육부(取肉符)·취산물부(取山物符) 등의 무엇인가를 갈구하는 부적, ⑥ 안택부(安宅符)·성조부(成造符) 등의 집안과 관련한 부적 등이 수록되어 있다.

이 부적집에서 방위나 자연현상을 부적의 대상으로 삼은 것을 제외한다면 가장 많은 수를 차지하는 것은 ③의 재액과 관련한 부적이다. 혹시라도 발생할지 모를 액을 막고자 사용한 부적인데 삼재, 액, 동토, 나무를 벨 때에 나는 탈, 대장군 방위에서 나는 탈, 이사할 때 발생하는 탈, 인귀·백귀·귀신·사악한 것, 요사귀신, 구설, 도둑 예방 등 액의 종류가 매우 다양하다. 이들 중 도둑이나 구설을 제외하고는 모두 비가시적인 영적인 존재들이다. 영적인 존재로 인해 빚어질지 모를 탈을 예방하는 데는 역시 부적이 최상의 방법이었던 것 같다. 이외에 도둑이나 구설을 부적으로 예방할 수 있다고 간주한 것은 이러한 일들 역시 인간의 마음과 관련한 것들로, 구체적인 실물과 관련되지 않았다는 차원에서 동일한 차원으로 이해된다. 즉 액막이의 대상은 인간의 힘으로는 어찌해 볼

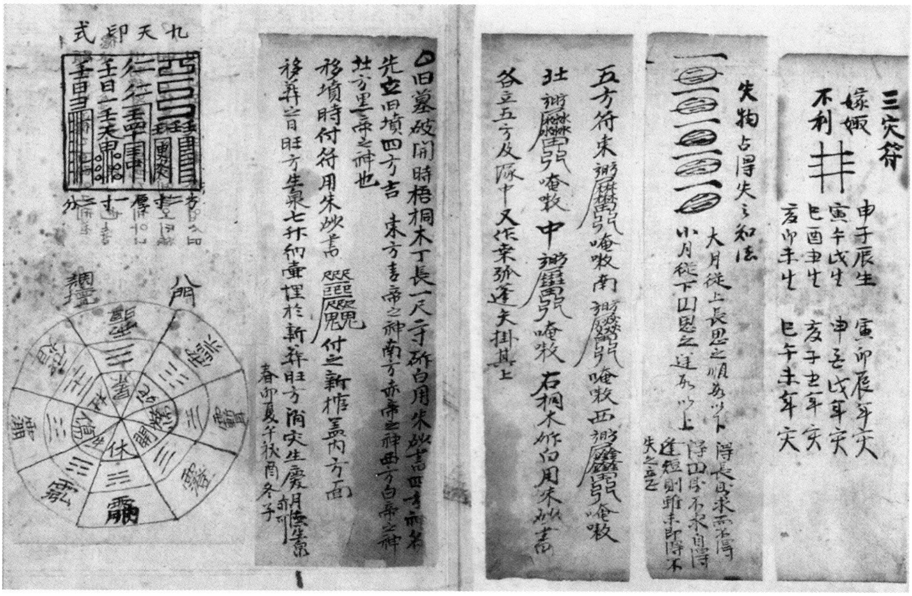

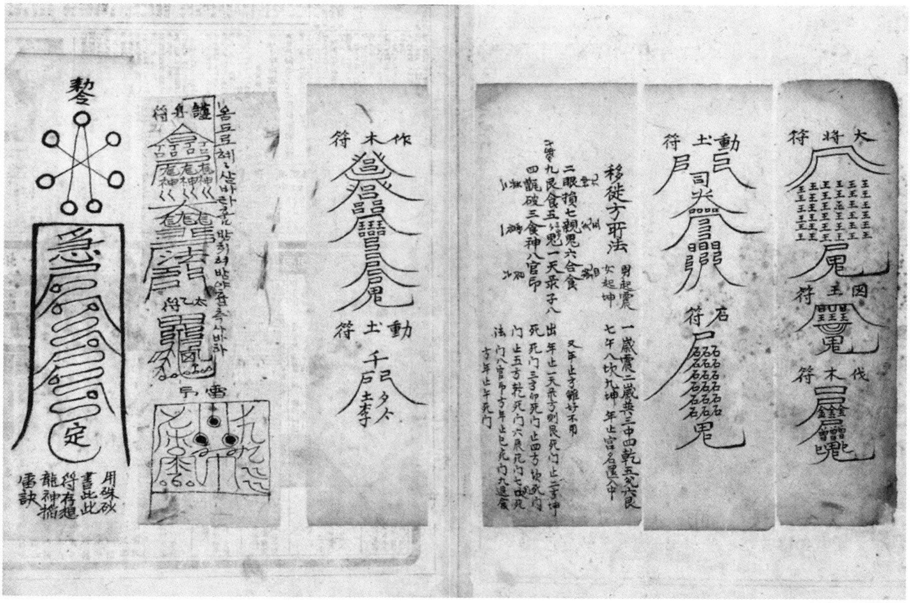

고려대박물관 소장 『각양부적』에 수록되어 있는 (위) 삼재부·실물부·오방부·이장할 때 사용하는 부적 등과 (아래) 대장부·벌목부·동토부·석부·작목부 등의 부적

수 없는 비가시적인 영적인 존재와 관련된다고 하겠다.

이외에도 질병과 관련하여 '백병부'와 '우마병부'가 있는 것으로 보아 질병 역시 귀신의 침입에 의한 것이라는 고전적인 관념을 엿볼 수 있다. '우마병부'처럼 소나 말의 질병에도 부적이 사용되었다는 것은 이들 짐승을 인구(人口)라 하듯이 사람과의 밀접함 때문이라고 하겠다. 개나 닭 등의 짐승을 위한 부적이 없는 것과 대비해 본다면 소나 말의 중요성이 부적을 통해서도 다시 한번 드러나는 셈이다.

액막이부적 이외에도 『각양부적』에는 잘못된 부적과 관상법을 비롯하여 경문도 일부 수록되어 있다. '잘못된 부적'이라 표기된 부적 3장과 원본 부적이 함께 그려져 있다. 이는 작성하다 잘못되었는지, 아니면 필자가 부적을 모으는 중에 잘못 작성된 부적을 바로잡기 위해 적기해 두었는지는 분명하지 않지만, 부적을 옮겨 그리다가 잘못 작성한 예를 표현하고자 한 것이라 여겨진다.

이처럼 다양한 부적과 경문, 관상법 등을 묶어 놓은 것을 보면 『각양부적』은 명칭 그대로 종합적인 무속의 경전으로 만들려고 한 것으로 추정된다. 이 부적집을 통해 19세기 말엽부터 20세기 초엽에 이르는 기간 사용되던 다양한 부적과 부적의 용도를 살펴볼 수 있다.

불교 부적

국가적인 종교라는 자리를 유교에 내어 준 후 불교는 더욱더 민간과 친밀해졌다. 그래서 불교는 지금껏 부적이라는 도구를 이용하여 민간과의 접촉점을 마련하고 있다. 이미 고려시대로부터 부적이 불교의 종교 수단의 하나임을 살펴보았듯이 불교에서 부적은 나름대로 중요한 역할을 하고 있었다. 조선시대에도 꾸준히 의례집에 부적이 소개될 정도로 부적은 그 쓰임이 지속되었다.

불교에서는 17~18세기에 의례집을 다수 제작했는데, 이는 불교의 종교적 기능의 변화에 따른 자연스러운 현상이었다. 그러나 근현대에 이르러서는 불교에서 의례집이 새롭게 마련되지 않고 있다. 새로운 것을 마련하기보다는 기존의 다양한 것들을 현대에 맞게 활용하고 있는 실정이다. 그러한 가운데 과거의 의례집에는 수록되어 있지만 현재는 사용되지 않는 것들도 존재한다. 그중 하나가 부적이다. 조선시대에 간행된 의례집에는 〈칠성경〉을 낭송할 때와 멸죄소멸과 관련한 의례를 집행할 때의 부적이 수록되어 있다. 그러나 현재는 두 의례를 행할 때 부적을 사용하지 않는다. 의례집에는 수록되어 있지만 그 의미가 퇴색되어 사용하지 않는 것이다.

그렇다고 하여 불교와 부적의 관계가 무관하다는 것은 아니다. 오히려 불교 의례가 순수함을 찾아갔다면, 다른 차원에서 부적은 별도로 사용되고 있다. 지금도 사찰에서는 부적을 발행한다. 스님들이 자체 제작을 하기도 하고, 인쇄소에서 인쇄된 것을 구입해 사용하기도 한다. 주로 많이 사용하는 것은 삼재부적, 입춘부적, 입시부적 등이다. 입시부적은 과거에는 볼 수 없었던 것으로, 최근 입시지옥과 관련하여 새로운 종교적 욕구에 의해 마련된 것이다.

이와는 별도로 사찰에서 마련한 부적을 놀이패인 사당패가 판매하기도 했다.[124] 비록 후대의 사례이기는 하지만 사찰과 긴밀하게 연계된 사당패가 놀이를 하면서 부수입을 거두기 위해 부적을 판매했던 것이다.

---

124) 전경욱, 「재승(才僧) 집단 연희자 연구」, 『민속학연구』 11, 국립민속박물관, 2002, 251쪽.

구한말까지 경기 지역의 대표적인 놀이패였던 안성의 '바우덕이패' 역시 그러한 일을 담당했다고 한다.[125] 이렇게 마련된 부적 판매 대금의 일부는 놀이패와 연계되어 부적을 발행한 사찰에 지급하고, 나머지는 놀이패의 기금으로 활용했다고 한다.[126] 유랑집단인 놀이패가 공연을 하면서 부적을 판매했다는 사실은 그만큼 부적의 사용이 공공연했음을 보여 준다.

평생 의례와 부적

1920년대부터 일제 관학자들에 의한 한국 무속 연구가 본격화되었다. 민속 연구가 중시되면서 무속 연구는 그 중심에 놓이게 된다. "한국인의 정신세계를 이해하려면 한국인이 섬기는 신령과 종교를 보라."는 아키바 다카시(秋葉隆)의 말처럼 무속은 일제강점기 정부가 식민정책을 펴기 위한 한 발판으로 연구되었다. 이런 과정에서 저술된 무라야마 지준(村山智順)의 『조선의 귀신(朝鮮の鬼神)』, 아카마쓰 지죠·아키바 다카시의 『조선 무속의 연구(朝鮮巫俗の硏究)』에는 당대에 수집된 198여 개의 부적과 사용법이 소개되어 있다. 이와 더불어 고려대학교에 소장된 19세기 말경에 제작된 『각양부적』에도 다양한 부적이 소개되어 있는데, 이들 자료를 통해 의례와 관련한 부적을 살펴보면 다음과 같다.

---

125) 심우성, 『남사당패 연구』, 동문선, 1989, 27쪽, 32쪽.

126) 윤광봉, 『유랑예인과 꼭두각시놀음』, 밀알, 1994, 126쪽.

출산 및 육아 관련 부적

- 임산부의 발에 '천(天)' 자를 쓰면 즉시 순산한다.(평안북도)
- 갓난아이의 사망을 방지하기 위해서는 부적을 아이의 옷깃에 넣고, 한 장은 입구에 붙인다.(평안북도)
- 백일해에는 환자의 양손바닥에 먹칠을 한 후에 백지에 누른 것을 바깥 문에 붙여 두면 낫는다.(경상북도)

백일해 부적

위의 부적은 아이의 출산 및 양육과 관련된 것으로, 아이를 낳을 때에 '하늘 천(天)' 자를 임신부의 발바닥에 쓴다는 것은 하늘의 권능으로 모든 것을 이루어 낼 수 있다는 믿음에 의한 것이다. 이외에 갓난아이의 사망과 백일해를 예방하기 위한 것은 아직은 온전하지 않은 아이를 보호하고자 하는 것이다. 어른과 달리 아이는 완전한 인격을 갖춘 성숙한 존재가 아니니 미연에 예방해야만 하므로 실제 질병이 발생하기 전에 미리 사용하는 것이다. 이처럼 부적은 온전하지 못한 아이를 온전하게 하는 종교적인 중요한 수단이었다.

출산 시 부적을 사용한 실례로 1941년의 사례를 들면 다음과 같다.

부적을 그려 주는 한 잡술가 집에서 부적에 대하여 이것저것을 묻고 있는데, 같은 동네에 사는 남자 한 사람이 황급히 나타나 자기 부인이 아기를 낳는데, 아기가 나오지 않아 고통이 심하니 빨리 나오게 하는 부적 하나만 만들어 달라고 했다. 그러자 그는 알았다는 듯이 흰 백지에다 붉은 주사로 부적을 만들어 주었는데, 그것은 종이 가운데에 '수레 거(車)' 자를 크게 쓴 다음, 네 귀퉁이에 각각 '말 마(馬)' 자 한자씩을 비스듬히 기울어지게 쓴 것이었다. 그러고는 "이것이 빨리 분만할 수 있는 순산의 부적인데, 이것을 가지고 가서 성냥불에 태워 그 재를 물에 타서 마시면 곧 분만할 수가 있다."고 했다. 그때 잡술가에게 "그 부적에 수레 거 자와 말 마자는 무엇을 의미하는 것이기에 그렇게 써서 사용하는 것인가?" 하고 물으니 그는 순산부적이라고만 할 뿐이었다.[127]

이 사례는 1941년 강용권이 직접 경험한 것으로, 당시까지는 출산부적이 사용되고 있었음을 확인할 수 있다.

질병 관련 부적

무라야마 지준이 수집한 부적 중에서 가장 높은 빈도를 나타내는 것은 질병부이다. 165개의 일반부와 '거병부(去病符)'라 하여 별도로 35개의 부적과 동토부 10개, 진악몽진부 16개를 소개했다.[128] 거병부는 말 그대로 질병을 물리치기 위한 것이므로 모두 질병과 관련된다. 그러나 일반부 165개도 10여 개만 제외하고 모두 질병과 관련되어 있어 질병 관련의 부적이 매우 많음을 알 수 있다. 질병부적의 대표적인 내용만 소개하면 다음과 같다.

127) 강용권, 『한국민속문화연구』, 집문당, 1996, 152쪽.
128) 무라야마 지준, 앞의 책, 동문선, 1990, 306~364쪽.

- 병이 났을 때 부적을 귀신이 싫어한다 하여 이것을 복용한다.(평안북도)
- 정신병에 뜸질을 하고 종이에 붉은 것으로 주문을 쓰고, 그것을 태운 가루를 먹으면 낫는다.(평안북도)
- 정신병에는 부적을 사방의 벽에 붙인다. 또한 부적을 태워서 복용한다. 부적을 실내 구석까지 붙이고 독경한다.(평안남도)
- 복통일 경우 백지를 넷으로 접어 주묵으로 달팽이가 기어가는 모양의 그림을 그려 복부에 대고 있으면 낫는다.(함경북도)
- 신경통에는 그림을 그린 부적을 천장 안에 붙여 놓는다.(평안남도)
- 열병에는 부적을 대문에 붙여 놓으면 병이 들어오는 것을 막고, 부적을 병실 사방에 두 장씩 붙이면 병마가 물러난다.(평안남도)
- 눈병에는 부적의 왼쪽 하단에 있는 '눈 목(目)' 자를 매일 아침 바늘로 찌르면 낫는다. 부적을 입구 좌측에 백지(가로 5치, 세로 6치)에 써서 붙인다. 부적을 붉은색으로 그려 벽에 붙인다.(평안남도)
- 신장병에는 부적을 붙인다.(평안남도)
- 일반적인 병에는 부적을 붉은색으로 세 장 그려서 대문에 붙인다. 다른 부적은 실내 및 문에 붙인다.
- 발진티푸스는 병실 서쪽 벽에 붙인다.
- 콜레라는 온돌 입구 벽에 붙인다.
- 기면성 뇌염에는 웃옷의 등 쪽에 넣어 두면 이 병에 걸리지 않는다.
- 말라리아는 실내에 붙인다. 혹은 환자의 옷깃에 꿰매 넣는다.
- 홍역에는 대문에 붙인다. 부적을 붙이면 7일 내에 효과가 있다.
- 백일해에는 실내 입구에, 또는 문 입구에 붙인다.
- 유행성 감기에는 실외 벽에 붙이거나 거실 내에 붙인다. 혹은 온돌 입구나 문 앞, 방 입구, 입구 벽, 방 벽이나 문에 붙인다.

- 산후병에는 부엌 입구 및 환자의 베개에 붙인다.
- 수역(獸疫)에는 대문에 붙이고, 우역에는 외양간 입구에 붙인다.
- 유병(乳病)에는 유방 둘레에 '鯨·鯖·鮰·鮹·魚自·鱈·魚以·鯠'의 여덟 글자를 쓰면 낫는다.
- 홍역에는 '계집 여(女)' 자를 112번 쓴 부적을 붙이면 낫는다.
- 말라리아는 등에 '鎷·鈦·鈷·鈴·鉮·鉀·金鬼'의 문자를 먹으로 쓴다.
- 보통 병을 제거하는 데는 '蘇民將來之子孫海州后入'이란 문자를 세로 세 치, 가로 한 치의 붉은 종이에 써서 문 입구에 붙인다.

재미있는 것은 첫 번째의 사례에서 보이듯이 귀신이 부적을 싫어하므로 부적을 복용한다는 사실이다. 귀신, 부적, 병의 상관성을 볼 수 있기 때문이다. 부적은 결국 병의 원인이 되는 귀신을 처방하는 처방전인 셈이다.

당시 사용된 벽병부에는 콜레라, 말라리아, 뇌염, 백일해, 감기 등의 병으로부터 정신병, 보통병, 전염병에 이르기까지 매우 다양하게 수록되어 있다. 이는 모든 질병에 부적을 사용할 수 있다는 말이 된다. 모든 병을 종합적으로 치유하는 부적도 존재한다.

부적의 형태는 질병의 증세에 따라 연관된 글자를 적어 넣기도 하고, 관련된 공간에 붙이도록 되어 있다. 이는 질병과 부적과의 관련성을 나타내며, 결국 증상에 따라 개별적으로 치료를 할 수 있다는 믿음이 있었다고 할 수 있다. 이러한 상황은 전근대적인 의료 현실에서 무엇보다 필요한 것이 바로 질병의 극복이었기 때문으로 풀이된다.

한편 질병과 관련한 많은 부적들 중에 콜레라, 말라리아 등의 유행성 전염병의 경우에는 때에 맞는 처방전을 구할 수 없으므로 부적에 대한 기대치가 컸을 것으로 여겨진다. 그러나 이와 달리 복통이나 신경통 등의 원인을 알 수 있는 질병의 경우에도 부적을 사용했다는 것은 부적에 대한 일반적인 믿음이 존재했음을 짐작케 한다. 즉, 원인을 알 수 있고 의약적인 처방이 필요한 질병에도 부적을 사용했다는 사실은 오늘날과 달리 부적이라는 주술적인 도구에 거는 기대가 상당했음을 보여 준다.

별도로 소개되어 있는 거병부 35개는 12일진부, 30일부, 질병부, 보통병부 등으로 나눌 수 있다. 이처럼 날짜를 나누거나 다양한 질병을 위한 부적이 마련되어 있다는 것은 무엇보다 질병은 인간의 삶에 위해(危害)한 존재로, 이것으로부터 자신을 보호하기 위해 나름대로 노력해야 했던 당시의 사정을 알게 한다.

의학이 발달하지 못했고, 또한 발달되었다 하더라도 민간에서는 위와 같은 재래적인 부적 사용으로 치병을 하고자 했을 것이다. 이와 관련하여 구한말 기독교 선교사인 헐버트(Homer Bezaleel Hulbert)와 게일(J. S. Gale)의 지적을 상기할 필요가 있다.

구한말에 선교사로 조선에 온 헐버트가 "조선인은 사회적으로는 유교도이고, 철학적으로는 불교도이고, 고난을 당할 때는 영혼 숭배자이다."라고 말했으며,[129] 게일은 "조선인들이 세계와 단절된 채 아무것도 모르고 미신에 의지해서 살아왔고, 그 때문에 사물을 제대로 보지 못해 왔다."라고 했다.[130] 물론 이는 기독교 선교사의 입장에서 한국인의 민간신앙을 미신으로 이해한 데서 오는 견해이기는 하지만, 당시에 여전히 만연되고 있던 부적의 사용을 짐작하는 데 도움이 된다.

---

129) 이필영, 「기독교 선교사의 민간신앙 이해」, 『서양인의 한국문화 이해와 그 영향』, 한남대출판부, 1989, 179쪽.

130) J. S. Gale, 「Korea Sketches」, 1898.(번역본은 J. S. Gale저, 장문형 역, 『코리안 스케치』, 현암사, 1970, 103쪽.)

오랜 기간 동안 한국인 삶의 다양한 부분에 깊게 관여되어 있던 부적은 특히 질병이라는 인간의 힘으로는 극복할 수 없는 영역에서 강한 힘을 발휘했다. 예측할 수도, 인간의 힘으로 극복할 수도 없는 부분이므로 보다 강력한 종교적인 열망 속에서 부적이 사용되었을 것이다. 그 결과 길상보다는 벽사 쪽에 보다 많은 자료를 남기게 되었던 것이다.

구전 자료와 부적

민간에서 구전되는 설화나 무가(巫歌) 등의 자료에도 부적에 대한 내용이 소개되어 있다. 다름이 아니라 전남 보성군 복내면 삼박실이라는 마을에 구전되는 설화와 서울·경기 무당의 〈황제풀이〉 무가가 그것이다. 먼저 전자와 관련한 내용을 살펴보도록 하자.

이 마을 뒤 골짜기에는 모기뿐 아니라 개구리 울음소리도 들리지 않는다. 그 이유는 강감찬 장군이 전시에 노모를 모시고 하룻밤을 지내게 되었는데, 모기가 물고 개구리가 요란스럽게 울어 잠을 이룰 수 없자 장군이 부적을 사용하고, 그 후 지금까지 모기도, 개구리의 울음소리도 들리지 않는다고 한다.[131]

위와 같은 이야기는 강감찬 장군과 지역과의 관련성을 매개로 하여, 그의 장군으로서의 무력적인 힘이 주술적인 도구로 활용되고 있음을 의미한다. 이는 유사(類似)는 유사를 낳는다는 유감주술(Imitative magic)의 원리 속에서 탄생한 설화인 셈이다.

경기 무가의 〈황제풀이〉에는 앞서 살펴보았던 『춘향전』의 월매 집 앞

---

131) 최덕원, 『남도의 민속문화』, 밀알, 1994, 35쪽.

에 붙은 부적의 내용이 수록되어 있다.

…(전략)… 벽장문은 복북자 필통그림, 다락문은 병화그림, 대청을 쳐다보니 부모는 천년수요 자손은 만세영이라 둥구렷이 붓쳤구나, 안방을 바라보니 부모께 천년산의 수양산이 빗초엿구나, 거는 방을 바라보니 자손의 만년수라 귀봉이 깃들엿구나, 남벽을 바라보니 삼신산 세 노인이 흑백을 들고 바둑두는 형상이요, 북벽을 바라보니 십장생이 분명하다. 사각기둥 립츈서라 천증세월인증수요 천만건곤복만가라 벽문 위를 바라보니 제견사호 쌍기린이 분명허다. 중문에 세 선비요 대문에는 을지문덕 진숙보가 분명허다. 그림치장 헌 연후에 사방 부벽이 업습소냐 동편에 진처사 도연명이 팽태령을 마다하고 추강에 배를 띄워 심양으로 가는 형상 넉넉히 그렷구나. 서편을 바라보니 삼국풍진 소란시에 한종실 유현덕이 적토마를 빗겨 타고 남양초당 설한즁에 와룡선생 기다리는 형상 녁녁히도 그렷구나. 남벽을 바라보니 서산대사 성진이가 석교에 올라 팔선겨늘 히롱하며 합장배례하는 형상이요, 북벽을 바라보니 위수에 강태공이 선팔십이 곤궁하야 고든 낙시를 물에 넛코 쥬문왕을 기다리는 형상 넉넉히도 그렷구나. …(후략)…[132]

이 무가에서는 집의 중문과 대문에 문배가 나타나는데, 이곳에서도 역시 『춘향전』에서 본 것과 마찬가지로 중문에 세 선비를 그렸고, 대문에는 을지문덕, 진숙보를 그렸다. 그런데 여기서는 '울지경덕'을 '을지문덕'으로 표시하고 있다. 울지경덕은 당나라 초기의 장군이지만, 을지문

132) 秋葉隆·赤松智城, 『朝鮮巫俗の硏究 上』, 朝鮮印刷株式會社, 1937, 203~204쪽.

덕은 고구려와 수나라의 싸움에서 혁혁한 공을 세우며 수나라를 격퇴한 장군이다. 다른 기록이나 실제의 입춘첩에서 사용하는 것은 진숙보와 울지경덕의 그림이므로 여기서의 을지문덕은 울지경덕의 착오다.

제3장
부적의 제작과 전승 양상

부적은 매우 다양한 이들에 의해 제작되어 전승되고 있다. '벽사진경'이라는 종교적인 목적을 지닌 부적은 종교 직능자에 의해 제작되고 전승되는 것이 기본적이다. 부적을 누가, 어떻게 제작하는가는 부적을 이해하는 또 하나의 방법이 된다. 부적 제작자가 누구인가는 부적이 지닌 정체성을 설명하는 수단이 될 것이며, 부적을 어떻게 제작하는가는 부적이 지닌 종교성을 설명하는 자료가 될 것이다. 또한 그 전승 양상은 부적이 실제 사용되는 바를 살피는 것으로, 그 효용성을 이해하는 척도가 될 것이다. 특히 부적의 전승 양상은 부적을 사용하는 자와 부적의 사용 방식, 사용처, 부적의 처리 방식 등을 통해 부적 사용의 구체적인 면모를 이해할 수 있다.

부적 제작자

부적을 제작하는 이가 누구인가는 부적의 사용을 가늠하는 하나의 척도가 된다. 부적은 앞장에서 살펴보았듯이 그 쓰임이 매우 다양했다. 조선시대에는 궁궐로부터 민가에 이르기까지 부적을 사용하지 않는 이가 없었다. 궁궐에서는 관상감에서 문배나 춘첩이나 단오첩 등을 제작하기도 하고, 사대부 집에서는 집안의 식구가 직접 제작한다. 사찰에서는 승려가 직접 제작하고, 무속인은 본인이 직접 제작했을 것이다. 부적은 신앙적인 용도로 사용되기도 하고, 일상적인 용도로 사용되기도 한다. 종교적인 목적으로 사용되는 것은 종교인에게 의뢰하여 제작하는 것이고, 일상적인 용도로 사용하는 것은 본인이 직접 제작하거나 글을 아는 이에게 의뢰한다.

부적 사용의 사례별로 제작자가 누구인가를 살피는 것은 어찌 보면 무의미하다. 따라서 본고에서는 그 대표적인 존재로 무속 관련한 존재와 불교와 관련한 존재만을 대상으로 살폈다. 이들은 현재까지 부적을 제작하는 대표적인 존재이므로 구체적인 실상을 파악하는 데 도움이 되기 때문이다.

무속인은 조선시대로부터 오늘날까지 부적을 제작하는 독경무(讀經巫·經師), 무당(巫堂), 술사(術士)로 구분하여 먼저 그들이 부적과 관련되는 상황을 살펴보았다. '독경무'는 주로 학습에 의해 무업에 종사하게 된 이들로, 경문을 독송(讀誦)하며 굿을 진행하는 존재들이다. 이에 반해 '무당'은 주로 강신(降神)에 의해 무업에 종사하게 된 이들로, 무가(巫歌)를 낭송하며 굿을 진행한다. 이들은 입무(入巫)의 과정과 굿의 진행 방식이 다르므로 부적을 제작하거나 사용함에 있어 차이를 나타낸다. 술사는 전문적인 종교인이라기보다는 아마추어 종교인으로서 신령을 모시지 않았어도 학습에 의해 부적을 사용할 줄 아는 이들을 지칭한다. 비록 전문 종교인이 아니라 해도 종교적으로 무당과 동일한 역할을 수행하므로 동일 선상에서 함께 다루었다.

한편, 무당 이외에 대표적 부적 제작자로 꼽을 수 있는 스님들도 조사 대상으로 선정했다. 전근대 사회로부터 오늘날에 이르기까지 불교가 민중 종교로서 부적을 생산하고 보급하는 데 일조를 하고 있는데, 그 도구로 부적이 다수 사용된다.

따라서 부적 제작 경험이 있는 분을 선정해 면담 조사하여 제작 방법과 제작하는 부적의 종류, 사용 방법 등을 살펴보고자 한다. 이 책에서 제한적인 대상에 국한하여 부적 제작자의 존재를 살폈지만, 그것은 다양한 부적의 제작과 쓰임을 이해하는 데 도움이 되길 기대한다.

무속인

독경무(경사(經師))

부적을 제작하는 대표적인 존재로, 조선시대로부터 오늘날까지 그 중심에 있는 존재가 바로 독경무다. 이 독경무를 조선시대에는 '경사'라 불렀다. 경사는 말 그대로 경을 읽는 자로서 오늘날에는 보통 '독경무' 혹은 '법사'라고도 부른다.[133] 이들은 여느 무당과 달리 경문을 읽을 줄 아는 식자(識者) 계층에 속한다. 때문에 글자로 이루어진 부적을 제작할 수 있는 기초 소양을 지니고 있다.

경사가 직접 부적을 제작하고 사용했다는 증거는 다음의 사례를 통해 알 수 있다.

> ① 임금이 궐내(闕內)의 문호(門戶)에 써 붙인 단오(端午)의 부적(符籍)을 보고 대언(代言)들에게 이르기를, "이것은 반드시 재앙(災殃)을 물리치려는 술법일 터인데, 어찌하여 그 글이 한결같지 않은가?" 했다. 대언(代言)들이 경사(經師)로 있는 중〔僧〕에게 물으니, 그 중이 대답하기를, "다만 스승께서 전수(傳授)하신 것뿐이지, 실은 부본(符本)은 없습니다." 하니, 임금이 말하기를, "금후로는 서운관(書雲觀)으로 하여금 이를 관장하게 하고, 경사(經師)의 업(業)은 파하는 것이 좋겠다." 했다. 대언(大言)들이 말하기를, "이 중〔僧〕이 비록 올바른 술법(정술(正術))은 가지지 못했다 하더라도, 죽은 자를 보내는 사람(송사자(送死者))들이 이것을 의지하여 온 지가 오래되었습니다." 하니, 임금이 말하기를, "아직은 그대로 두라." 했다. —『태종실록』 권21, '11년 5월 6일 병인조'[134]
>
> ② 황해도(黃海道)의 병이 근경(近境)에 흘러 들어오니, 다만 의약

---

133) 독경무를 지칭하는 다양한 용어 중 '경사'는 조선시대에 주로 사용된 용어이므로 본고에서는오늘날까지 보다 보편적으로 사용되는 '독경무'라는 용어를 사용하기로 하겠다.

134) 命罷經師之業, 不果. 上見闕內門戶端午符, 謂代言等曰 : "此必禳災之術, 何其文之不一耶?" 代言等問諸經師僧, 對曰 : "但師授耳, 實無符本也." 上曰: "今後令書雲觀掌之, 經師之業則宜罷之." 代言等曰 : "此僧雖非正術, 送死者賴之久矣." 上曰: "姑存之."

(醫藥)으로써는 쉽사리 치료할 수가 없습니다. 신(臣)은 생각하기를, 푸닥거리〔禳〕로 진압하고, 부적(符籍)으로 주원(呪願)하여 병을 치료하는 방술(方術)이 없는 것이 아니니, 도류(道流)와 부적(符籍)으로 주원(呪願)할 수 있는 경사(經師)를 보내어 병을 치료하게 하여 그 발단(發端)을 막게 하소서. —『문종실록』 卷12, '2년 3월 3일 병신조'[135)]

③ 요즈음 날을 정하여 어소(御所)를 옮기는 일이 매우 창황(蒼黃)합니다. 궁금(宮禁)의 일은 은밀하여 그 까닭을 알 수 없으나, 장님과 무당이 재액(災厄)을 물리치는 푸닥거리를 하는가 하면, 포(砲)를 쏘며 부적(符籍)과 주술(呪術)을 써서 귀신을 두렵게 만들어 누르려 하고 있습니다. —『중종실록』 권22, '10년 4월 21일 무인조'[136)]

위의 사료를 통해서 궐내의 문호에 붙인 단오부적이 경사에 의해 제작되었음을 알 수 있다. "경사로 있는 중"이라는 표현에서 당시 경사는 모두 삭발을 했으며, 일반에서는 '선사(禪師)'라고 불렀음을 알 수 있다.[137)] 이들이 부적을 쓰는 것은 실로 오래되었으므로 올바른 술법을 가지지 못했다고 하면서도 이를 폐지할 수 없다고 하는 것은 이들의 역할을 짐작케 한다. 특히 경사의 주된 업무가 죽은 자를 보내는 것(송사자(送死者))이고 보면 오랜 습속에서 경사의 역할을 알 수 있다. 실제 오늘날에도 많은 독경쟁이가 뒷자리를 쓸 때 부적을 삽입한다.[138)]

135) 臣謂, 禳鎭符呪, 不無治療之術, 遣道流, 及能作符呪經師治療, 以杜其漸.

136) 頃者, 刻日移御事, 甚蒼黃. 宮禁事密, 莫知端由, 瞽巫以禳除之, 放砲符呪, 以怖厭之.

137) '선사'는 대개 맹인(盲人)이지만 소경이 아니면서도 독경을 업으로 하는 자도 있었다.

138) 장세일 법사 면담(2004년 11월).

②의 사료에서도 역시 부적은 경사가 쓰며, 병이 발생하면 치료를 위해 의약과 더불어 경사를 보냈음을 알 수 있다. 특히 경사의 역할이 푸닥거리보다는 부적을 사용하는 것임을 알게 한다. 경사와 함께 언급되는 도류(道流)도 동일한 역할을 했을 것으로 여겨지지만 부적의 제작과 사용은 통상 경사를 통해 이루어졌다 하겠다.

③의 사료에서는 부적이 장님이나 무당에 의해 제작되고 있음을 알게 한다. 어소를 옮기는 데 날을 택하고, 재액을 물리치기 위해 푸닥거리를 하고, 포를 쏘며, 부적을 사용하고, 주술로써 귀신을 두렵게 했다는 것은 오늘날에도 흔하게 볼 수 있는 액막이 의례이다. 이것을 행하는 자가 장님과 무당인 사실도 특별한 것은 아니다. 장님은 경사의 일종이라 할 수 있다. 조선 초부터 명통시(明通寺)를 두어 맹인들에게 경문을 교육하여 경사로 활용해 왔다.[139] 따라서 ③의 장님은 경사를 지칭하는 것이라 할 수 있으며, 이들은 무당과 동일하게 푸닥거리나 액막이에 동원되었던 것이다. 이들이 사용하는 부적과 귀신은 귀신을 두렵게 하여 소기의 목적을 얻는 방법이었다.

이처럼 조선시대로부터 독경무는 부적을 제작하고 사용하는 존재라는 사실은 그 이후에도 변하지 않았다. 현재도 선굿을 하는 강신무들보다는 앉은굿을 하는 독경무들이 부적을 제작하고 사용하는 예가 많다. 독경무는 경문을 외워 구송하는 방식으로 굿을 진행하는데, 경문에는 부적이 수록되어 있기 마련이다. 때문에 독경무의 부적 사용은 다른 무속인에 비해 흔하다. 그 대표적인 사례로 충청남도 태안군 무형문화재로 지정된 장세일을 대상으로 살펴보도록 하자.

청정 장세일은 충남 태안군 소원면 소척리에 살고 있고, 무형문화재

139) 최남선 저, 이종은 역주, 『조선도교사』, 보성문화사, 1992, 259쪽.

겸 앉은굿에 필요한 장엄구(莊嚴具)인 '설위설경(設位說經)'의 기능보유자였다. 일명 '종이바수기(오리기)'로 알려진 설위설경은 앉은굿에 있어 중요한 3대 요소인 '청, 고장, 문서'에는 포함되지 않지만 그와 더불어 중요한 것이다. 말 그대로 위목(位木)과 경문을 종이로 오려서 설치하는 것이 설위설경이므로 그 안에는 앉은굿이 지향하는 중요한 내용이 포함된다. 특히 설경은 그 자체로 충분히 부적의 기능을 한다. 독경무가 사용하는 경문의 대부분이 도교의 경문이거나 위경(僞經), 불교의 불경이다. 이러한 경문의 내용을 종이로 표현하여 설치하는 것이 바로 '설경'과 '위목'이다. 위목은 그 날 굿에 모셔진 신령의 위패로, 그 자체로 귀신을 압박하고 누르는 부적으로 여겨진다. 설경 역시 동일한 차원에서 경문의 내용에 해당되는 축귀에 대한 것이 주로 시문(施紋)되므로 그것 역시 부적의 기능을 한다고 하고 있어 그 효과가 엄하다. 엄한 경문의 무서운 부적인 만큼 정성과 재계를 엄정히 하고, 이외에도 실제 설경 중의 팔사에는 부적을 만들어 붙인다.

한편 독경무의 활동이 두드러진 충청도 지역에서는 보통 4대 경문이라 하여 〈옥추보경(玉樞寶經)〉, 〈옥갑경(玉甲經)〉, 〈기문경(奇問經)〉, 〈천지팔양경(天地八陽經)〉을 든다. 그러나 태안 지역에서는 〈옥갑경〉 대신에 〈지신도라니경〉이나 〈광본태세경(光本太歲經)〉을 윈다. 어쨌든 4대 경문에 기본으로 들어간 경문이 〈옥추보경〉이다. 〈옥추보경〉은 하늘의 뇌우를 인격적으로 뇌성보화천존화(雷聲普化天尊化)하여 형성된 도교의 위경이다. 그러나 앉은굿에서는 주로 이 경을 외워서 미친 사람을 치료하는 의경(醫經)으로 사용한다. 이 경문을 낭송하면 귀신의 뼈가 녹고 모든 사악한 기운이 소멸한다고 하여 독경무조차도 두려워하는 엄청난 경문이다. 이 〈옥추보경〉의 전반부는 경문이지만 후반부는 부적으로 구성되어 있다. 이는 쓰임에 있어서 귀신의 퇴치를 목적으로 하는 연계적 성격의 동일성에서 기인된 것으로 여겨진다. 독경은 귀신에 대한 공격적인 태도를 취하고 있기 때문에 독경과 부적은 의미에서 뿐만 아니라 내용면에서도 유사하다. 다만 차이가 있다면 독경이 귀신과의 대결 양상에서 경문을 읽는 행위가 수반되어야 하는 데 반하여 부적은 제작 시를 제외하곤 어떤 특수한 절차가 필요 없다. 즉 독경에서는 독경무라는 제3자가 있어야 하지만, 부적의 경우는 부적 자체가 그 역할을 하는 것이다. 어쨌든 〈옥추보경〉을 제1경으로 여기는 독경무들은 무당과 달리 부적의 사용이 익숙하다.

장세일 법사는 자신의 선생님들로부터 받은 여러 부적을 모아 하나의 부적집을 마련해 두고 있었다. "장세일 부적집"이라 쓰인 이 부적집에는 다양한 모양의 부적이 포함된다. 계통을 달리하는 부적의 모양들로 보아 여러 책에서 발췌하여 모았음을 알 수 있다.

장세일이 이야기하는 부적과 관련한 특징을 소개하면 다음과 같다.

첫째, 부적의 사용이 무당과 달리 독경무에게 있어 두드러지는 것은 독경무의 특별한 능력과 관련된다.[140] 일반적인 무당과 달리 독경무는 최소한 한학(漢學)에 조예가 깊어야 한다. 한문으로 되어 있는 경문을 암기해야 하며, 또한 위목을 써야 하고, 기본적으로 된 부적도 그려야 하기 때문이다. 때문에 독경무는 기본적으로 부적에 대한 관심이 지대할 수밖에 없다. 특히 문자로 이루어진 부적은 독경무가 주로 사용하는 부적이라 한다. 독경무가 굿을 하기 위해 설치하는 설위설경에는 부적이 포함된다. 위에서 언급한 바와 같이 설경 자체를 부적으로 볼 수도 있지

140) 독경무와 대비하여 언급한 무당은 강신에 의해 무당이 된 선굿을 하는 무당을 지칭한다.

만 그것에 부수적으로 포함되는 것이 부적으로 표현된다. 그러나 이러한 부적은 우리들이 일반적으로 알고 있는 부적과는 조금 다르다. 설경 중 '팔사(八絲)'에 붙이는 부적은 각 방위의 신령과 관련된 것이기 때문이다. 그러나 팔사에 붙이는 부적을 제외한다면 다른 부적은 일반적인 부적을 그대로 사용한다. 이처럼 굿당에 설치되는 장엄구 자체가 부적인 것을 보면 독경무의 부적 사용이 매우 빈번하다고 할 수 있다.

둘째, 부적은 단일 기원을 담은 것보다는 여러 개의 기원을 담은 세트화된 부적을 사용하는 것이 일반적이다. 사용자의 필요에 따라 단일 부적을 사용하기보다는 여러 개의 부적을 모아서 사용한다. 그의 부적집을 비롯하여 어느 부적집이냐를 막론하고 주제별로 부적이 마련되어 있지만, 인간의 삶이 하나의 이유로만 이루어지지 않으므로 이러한 부적을 단독으로 사용하지는 않는다. 대부분 여러 개의 부적을 수요자의 상황에 맞추어 맞춤 부적으로 사용한다. 이러한 현상은 불경이나 유물로 출토된 부적들이 대부분 단독으로 존재하기보다는 여러 개의 부적이 세트화되어 있는 것을 감안할 때 이러한 현상은 매우 자연스러운 것으로 이해된다. 부적은 인간의 가려운 부분을 긁어 주어야 하므로 다양한 조건을 함께 맞추어 최대의 효과를 내도록 한 것이라 할 수 있다.

셋째, 예전에는 부적을 많이 의뢰했지만 근년에 들어설수록 부적의 의뢰 횟수가 줄고 있다고 한다. 그러나 아직도 많이 사용하는 부적은 죽음과 관련한 것이라 한다. 안장(安葬)을 할 때에 내광(內壙)의 사방 귀퉁이에 붙여서 죽은 자의 시신을 보호하고자 하는 것이 주로 사용된다. 일상생활에서 소외되기 시작한 부적이 죽음과 관련하여 여전히 관심의 대상이 되고 있다는 것은 죽음에 대한 두려움과 불안함에 의한 것이라 할 수 있다. 이러한 현대인의 욕구를 충족시키는 것이 바로 독경무의 부적인 것이다.

넷째, 다음으로 많이 사용하는 부적이 아이를 잉태하고자 하는 여인네들이 사용하는 부적이다. 임신을 원하는 부적이 여전히 사용된다는 것은 임신과 관련한 것이 인간의 노력 여하와는 일정 부분 무관한 일이라는 점에 기인한다. 즉, 아이의 잉태는 관념적으로 삼신(三神)의 도움으로 이루어지는 부분이라 여겨지므로 이와 관련한 부적이 여전히 관심의 대상이 되는 것이 아닌가 한다.

다섯째, 삼재부적·입춘부적 등은 일반적으로 잘 사용하지 않는다. 삼재부적은 사용했으나 입춘부적은 별도로 사용하지 않았다. 그러나 근래에는 판화로 찍은 부적이 보급되면서 일반화된 것이 바로 삼재부적과 입춘부적이다. 특히 입춘부적은 절에서 크게 보급시키고 있으며, 독경무는 자신의 집에 만들어 붙일 뿐 다른 부적과 같이 종교적인 목적으로 보급시키지는 않았다고 한다. 삼재부적은 여느 벽사부적과 동일한 차원에서 처방해 주는 것이었는데, 오늘날에는 대표적인 운수와 관련된 부적으로 인식되어 확대된 감이 있다는 지적이다.

이처럼 현대에는 부적의 일부만이 확대되어 보급되면서 전체 부적이 지닌 기능과 역할이 축소되고 일부분만 확대되는 현상을 보여 준다. 그러나 예전과 같이 부적에 대한 믿음이 강한 것은 아니다. 앉은굿에 대한 관심이 점차 줄고 있는 것처럼 부적에 대한 관심도 줄어들고 있다. 그러나 앞에서 언급한 바와 같이 일부 영역에서는 여전히 부적이 제 기능을 다하고 있다.

무당

오늘날까지 부적을 제작하여 종교적인 재료로 사용하는 종교인은 무당을 들 수 있다.[141] 무당이 부적을 제작했다는 사실은 조선시대로부터 오늘날에 이르기까지 흔하게 찾아볼 수 있다. 우선 조선시대의 무당과 부적과의 관련성을 살펴보자.

> 홍술해가 귀양 갈 적에 부적(符籍)과 저주(詛呪)할 물건을 퇴침(退枕) 속에 감추어 가지고 갔었습니다. 그 뒤에 신이 홍술해 아내의 지휘(指揮)를 받고서 돈 55냥을 가지고 정이(貞伊)와 함께 김홍조(金興祚)의 집에 갔었는데, 그의 아내 무녀(巫女)인 점방(占房)이 함께 수유점(水踰店)으로 나가 저주하고 비손하는 일을 했었습니다.[142]

위의 기록에 무당이 부적을 사용한 사례를 볼 수 있다. 경사와 달리 무당은 주로 무고(巫蠱)와 관련되어 나타나는 것으로 보인다. 경사가 치병과 단오첩을 작성하고, 어소의 이전에 관여하는 것과 달리 무당은 무고에 깊게 관여되어 있다. 이 사례는 비록 무당이 사가의 무고 행위와 관련되어 있지만 왕실의 무고와 관련한 사례도 다수 확인된다.[143] 이 시기의 무당은 이처럼 부적을 사용하는 것과 더불어 저주하고 비손하는 일까지를 맡았던 것이다.

---

141) 무당은 엑스터시를 통해 신내림을 받은 존재들로서 경문보다는 무가(巫歌)를 낭송하며 굿을 하는 존재들이다. 본고에서 무당이라 언급한 존재는 학습이든 강신이든 간에 신령을 모시고 점이나 굿을 하는 존재의 대상을 지칭한다.

142) 『정조실록』 권3, '1년 8월 11일 갑진조'. 洪述海 赴謫時, 以符呪之物, 藏于退枕而去. 其後臣受 述海 妻指揮, 携錢五十五兩, 偕 貞伊 往于 金興祚 家, 其妻巫女占房, 同出水踰店, 作詛呪祈禱之事.

143) 민정희, 「광해군 대 무속의 한 연구 : 계축옥사(癸丑獄事)를 중심으로」, 『조선 후기 민속문화의 주체』, 실천민속학회, 집문당, 2004, 263~265쪽. 당대 저주에 사용된 다양한 저주 방법을 소개했는데, 그중 부적과 관련된 것은 화상(畵像)을 이용한 저주의 예에서 찾을 수 있다.

오늘날도 무당들은 굿을 할 때나 점을 보아 그 사람의 운세에 맞게 부적을 처방한다. 그러나 위에서 살펴본 경사들에 비해 부적을 흔히 사용하지는 않는다. 특히 한강 이북의 강신무들은 부적을 사용하지 않기도 한다. 서울 새남굿의 예능 보유자인 김유감 만신은 부적을 사용하지 않는다고 한다.[144] 간혹 부적을 사용한다 하더라도 '영부(靈符)' 혹은 '신부(神符)'라 하여 신령의 가리킴대로 본인이 직접 제작한 것을 사용한다.

부적이 글자나 그림으로 이루어졌기 때문에 일정한 학식이나 재능이 있어야 제작할 수 있기 때문에 그것의 사용이 빈번하지 않았을 것으로 여겨진다. 그러나 강신무들은 본인의 몸주신령의 영향으로 부적을 직접 제작한다. 이들이 제작하는 부적은 그 형태와 양식이 일정하지 않다. 신령의 힘에 의해 다양한 형식으로 부적이 제작된다. 그러나 이러한 영부를 받는 무당도 제한적이라 한다. 때문에 많은 무당들은 본인이 직접 부적을 제작하기보다 부적 용품점에서 판매하는 부적을 구매해서 사용한다. 인쇄소에서 대량으로 제작하여 유통시키고 있으므로 부적의 사용이 오히려 늘고 있다.

이러한 점을 살필 수 있는 대상으로 필자가 실제 부적을 의뢰했던 무속인 김운산과 백일홍을 비롯하여 개신교 신도로서 점을 보고 부적도 쓰는 무당도 포함했다. 이외에 무당의 일종으로 볼 수 있는 마을에서 부적을 쓰고 주술적인 의례 행위를 하는 술사까지를 포함하여 부적 제작의 실태를 살펴보았다.

김운산

김운산은 서울시 종로구 '운명상담소'에서 손님을 받던 무당이다. 여

---

144) 2005년 10월 필자 조사.

느 무당과 같이 굿을 하지는 않았고, 주로 점을 보아 부적을 써주었다. 2003년에 작고하여 현재는 그의 자취를 찾을 수는 없지만 과거에 필자가 면담했으므로 그것을 기준으로 하여 소개하겠다.

손님이 가면 그는 그의 방에 모셔 놓은 관음상 앞에 촛불과 향을 피우고 먼저 생년월일을 묻고는 손바닥에 동전을 놓고 동전을 세면서 점을 보기 시작한다. 점괘를 이야기하고 부적이 필요한 사람에게는 부적을 처방해 주었다. 1970년대 초반까지는 부적을 처방하고는 3일 후에 찾으러 오라고 했다. 부적을 마련하려면 3일 기도를 해야 하기 때문이다. 그러나 세월의 변화 속에서 근래에는 그 자리에서 부적을 마련해 주곤 했다. 정성을 들이는 일이 이제는 시들해졌기 때문이라 한다. 또한 과거에는 아주 긴급한 일이 아니면 부적을 처방하지 않았지만 근래에는 모든 일에 부적을 사용하는 듯했다. 예전에는 시험을 본다거나 부부 사이가 좋지 않다거나 자녀들 혼인 문제가 잘 풀리지 않는 등의 일생에 있어 중요한 시기에만 부적을 사용했으나, 근래에는 일상적인 상황에서도 부적을 처방한다.

이외에도 사람의 목숨이 경각에 달렸을 때나 위급한 때를 당했을 때 전통적으로 내려오는 본인만의 부적 제작 의례를 거쳐 한밤중에 온 정성을 다해 쓴다고 한다. 그 의례에 대해서는 자세한 내용을 말해 주지 않아 알 수 없다. 단지 그런 것은 알 필요 없다고 말했다. 부적을 손님에게 건네줄 때는 흰 봉투에 넣어 그 부적을 사용하는 방법과 함께 주었다. 보관 방법, 장소, 위치, 방향 또는 남녀 다른 사용법을 별도의 종이에 적어 주며 그 방법을 상기시킨다. 부적을 보관하는 장소는 대개 장 속, 베개 속, 지갑 속, 안주머니 등의 개인적인 공간이다. 일정 기간이 지나면 태워버리라고 한다.

김운산이 제작한 돈부적

김운산은 역술가로서 자신의 점괘에 자신감을 갖고 있었다. 그는 부적이란 인간의 상상력에 의한 가상의 조작물이며, 이 가상의 조작물을 인정하면 진실이 되어 돌아온다고 즐겨 말했다. 그는 상인들을 위해서는 부적 용지가 아닌 돈에 직접 부적을 그려 주기도 했다.

백일홍

서울에서 활동하는 백일홍은 그의 할머니가 나라 만신(국무(國巫))이었을 정도로 세습무(世襲巫)적인 전통이 강한 무녀다. 그는 12세에 강신이 되었으나 인식하지 않고 생활했다. 그 후 17세에 말문이 터져 결국 속세를 떠나 강원도 금강산으로 가서 입산수도를 했다. 신령에 의해 정해진 그의 운명을 거역할 수 없어 따랐다. 18세에 6·25전쟁이 터져 고향인 함흥에서 월남하여 거제도로 피난했다. 21세에 혼인하여 5남매를 낳았다. 그 후로 31세까지는 비교적 평탄한 삶을 살았으나 31세를 고비로 시련을 겪게 되었다. 신의 풍파 탓에 되는 일이 없어 결국 점상을 받아 무속인의 길로 접어들었다.

신의 자녀가 되면서 제일 먼저 한 일은 개명이었다. 백일홍은 그의 신명(神名)인데, 목백일홍나무 아래에서 백일기도를 하며 득도했다 하여 그리 불리게 되었다.

기도를 통해 접신을 하는 그는 어떠한 일이 발생하려면 미리 신령이 텔레파시를 통해 일러 준다고 한다. 신탁에 따라 많은 일을 결정하지만 때로는 본인 의사에 따라 행동하기도 한다고 한다. 그에 따르면 신의 뜻을 모두 좇다 보면 미친 사람 소리를 듣게 되므로 그럴 때는 본인의 의지대로 한다는 것이다.

몸주신령으로 팔선녀, 산신령, 나라만신할머니, 부처님, 칠성님 등을 모신 강신무인 백일홍은 부적을 직접 쓰기도 하지만 대개의 경우 구입해서 사용한다. 부적은 사용자에 따라 가격이 다른데, 장당 10만 원 정도를 지급하고 사 간다. 가장 많이 사 가는 부적은 사고예방 부적인 악(惡)부적이며, 삼재부적·재수부적·합격부적의 순이다.

개신교 신자로서 무업에 종사하는 이 보살

서울 강남구 대치동에 거주하는 이 집사는 본래 개신교 신자였으나 현재는 침술과 점을 본다.[145] 특히 ○○ 씨는 사람의 이름을 보면 그 사람의 운명이 훤히 들여다보인다고 하여 이름에 집착하는 성향이 강하다. 무업에 종사한 지는 얼마 되지 않지만 침술과 점술로 이미 서울에서는 유명한 무당이 되었다. 이 집사는 무당의 성무 과정인 신병을 앓았고, 갖은 시련을 겪은 끝에 몸주신으로 하나님(예수)을 모셨다. 무병을 앓던 중 하느님을 만났는데, 하느님의 형상은 백발에 흰 수염을 늘어뜨린 할아버지였다고 한다. 그 할아버지가 백설기 두 덩어리를 주었는데, 그 사이에 『구약성서』 욥기 2장과 5장을 쓴 종이가 끼워 있었다. 또한 자

145) 2006년 5월 필자 조사.

기에게 열쇠 2개를 준 여인을 마리아라 믿고 있다.

점을 치며 침술사로서 활동하기 이전에 번개를 맞은 경험이 있다고 한다. 이것을 구주가 보내는 사인으로 인식하는데, 당시 손에 번개를 맞았었다. ○○ 씨는 이것을 성모 마리아가 열쇠를 준 것으로 해석하며, 그래서 본인이 침술을 하게 된 것이 아닌가 하고 여긴다.

점을 보러 오면 먼저 신자의 이름을 보고 점을 친다. 한문으로 쓰인 이름을 보면 그 사람의 운명이 훤하게 보인다고 한다. 만약 이름이 좋지 않으면 이름을 바꾸어 주기도 하고, 그에 맞는 부적을 마련하여 주기도 한다. ○○ 씨가 마련하는 부적은 그 사람에게 필요한 것이므로 특별히 정해진 것이 없다. 신령의 계시에 의해 작성되므로 영부의 일종이라 할 수 있다. 부적은 붉은색이나 검은색의 펜으로 그리는데, 때에 따라 달라지는 것이라 한다. ○○ 씨가 이름에 집착하는 것은 기독교적 교리에 입각한 것으로 볼 수 있다. 아브람(고귀한 아버지)이 하나님의 계시를 받은 후에 이름을 '아브라함(열국의 아버지)'으로 바꾸는 것, 『구약성서』 사무엘하 12장 24~25절에는 솔로몬왕 이름을 '여디디야(하나님의 사랑하는 자)'로 바꾼 것, 아브라함의 부인인 사래의 이름을 훗날 '사라(열국의 어머니)'로 바꾸었다는 것을 예로 들며 이름의 중요성과 효험을 설명한다.

이 집사를 찾는 이들은 개신교인, 천주교인, 불교인 등으로 다양하다. 부적은 이름 석 자를 써서 만드는데, 기도문을 작성하여 외우며 부적으로 간주하여 태운다. 때로는 옷을 태우기도 한다. 이처럼 무엇인가를 태우는 것은 기독교의 주기도문처럼 '신의 뜻이 하늘에서 이루어진 것처럼 이 땅에서도 이루어지기를 바라는 마음'의 표현이라 한다. 즉, 이 땅에 사는 자기의 소원이 이루어지는 하나의 표식이라 한다. 또한 『구약성서』 레위기는 주로 병 치료에 관한 내용이 수록되어 있는데, 그것에 소지를 올리는 것이나 의복을 태우는 의례가 나오므로 그것과 동일한 것이라고 설명한다.

한편, 이 집사는 창조주는 '빛'이라고 주장한다. 자기가 대화를 나누고 바라보면 형체는 보이지 않고 빛만 보인다고 한다.[146)]

매주 그는 교회에 나가지만 월삭(14일)에 신도들과 함께 개울로 나가 기도와 의례를 행한다. 이때 의례는 본인이 만든 축원문을 읽고 태우는 방식으로 거행한다.[147)] 이처럼 의례를 중시하는 것은『구약성서』에서 제사에 큰 의미를 두고 제사 의례를 중요하게 여기는 것과 맥을 같이한다.

술사

'술사(術士)'라 함은 술법을 가지고 종교적인 활동을 하는 사람을 말한다. 이들의 활동이 두드러지는 시기는 조선 중·후기인데, 특히 후기로 접어들면서 여러 가지 사회 폐단 속에서 양성된 새로운 존재라 할 수 있다. 배움의 길은 열렸으나 취임(就任)의 길은 좁아 많은 학자들이 관료의 길을 접고 유리 방랑하기도 하고, 술법을 펴면서 생활했다. 이들이 많이 사용했던 방식 중 하나가 부적이다. 그 내용은 다음의 사료를 통해 살펴볼 수 있다.

> 금성 지방에는 상한(常漢) 신의선(申義先)이란 자가 있었는데 스스로 성인(聖人)이라 일컬었으며, 회양(淮陽)의 백성 윤풍립(尹風立)은 스

---

146) 이러한 빛의 중요성은 김용희의『예술, 세계와의 주술적 소통』, 책세상, 2002, 78쪽의 내용을 살펴보면 보다 정확하게 이해할 수 있다.

147) 이 집사의 의례 방식은 증산교와 매우 유사하다. 이 집사는『현무경』을 송주(誦呪)하고 그것을 소부(燒符)한다.

> 스로 공자(公子)라고 일컬었다. 그리고 서로 화답하며 응하기도 하고 거짓으로 신(神)의 괴상한 형상을 보이기도 하며, 망령되게 요사하고 허탄한 말을 만들어 주문(呪文)과 부적(符籍)으로 병을 치료할 수 있다고 말하기도 했으나 실제로 특이한 방술은 없었으니, 바로 천박한 무당이었다. 그런데 산골의 백성들은 어리석어 분주하게 신봉(信奉)하는 자가 많았다. —『숙종실록』 권62 '44년 8월 11일 병진조'[148]

이 사료에서 신의선, 윤풍립을 술사라 할 수 있다. 스스로를 성인이라 일컫고, 공자라 일컫는 이들은 승려와는 다른 새로운 존재라고 할 수 있다. 그렇다고 이들을 유자(儒者)라 지칭할 수도 없다. 실록에서 이들을 무당의 일종이라 평한 것은 그들의 역할에 대한 유사성 때문이다. 유교적 소양을 갖춘 치자(治者)의 입장에서 본다면 술사나 무당이나 모두 혹세무민(惑世誣民)을 하는 사악한 무리들이다. 때문에 술사는 무당의 일종으로 인식되는 것이다.

그러나 이들은 무당과는 달리 유학적인 소견을 갖춘 자들이다. 흔히 '유무(儒巫)'라 불러도 될 정도로 유학적인 식견을 갖춘 주술사다. 식자(識者) 계층인 그들이 종교적인 문제를 해결하기 위해 사용하는 도구는 그들의 식견과 일맥상통하는 것들일 수밖에 없다. 주문과 부적은 식자만이 할 수 있는 것들로, 유무로서의 역할을 부각시키는 도구인 셈이다. 최소한의 한문적인 소양이 있어야 제작할 수 있는 것이 부적이다. 한자의 변형으로 이루어진 부적을 무학자(無學者)가 사용한다는 것은 현실적으로 어렵기 때문이다. 한자로 이루어진 경문을 외우는 것 역시 동일

---

148) 金城 地有常漢 申義先 者, 自稱聖人, 准陽 民 尹風立 自稱公子, 互相和應, 佯示神恠狀, 妄做妖誕之說, 謂能呪符療病. 實無異術, 直巫覡之淺者, 而峽氓愚蠢, 多奔走信奉.

한 차원에서 유식 계층의 소유물이다.

조선시대의 이러한 전통은 오늘날까지도 이어지고 있다. 마을에 거주하며 술법을 사용하는 이들이 술사와 맥이 닿아 있다고 하겠다. 이들은 대부분 마을에서 농사를 지으면서 어린 시절에 서당을 다니며 한문을 습득했다. 그러한 과정에서 스승이나 주변인의 권고로 술법을 익히게 된다. 시골에서 삶에 있어 가장 문제가 되는 것이 바로 질병의 치유다. 이 문제를 해결하기 위해 기꺼이 자신들의 지식을 활용한다. 부적이나 간단한 주언(呪言)으로 치병 의례를 행한다. 의료적인 혜택을 받지 못하던 시골 마을들에서는 지금도 농사를 짓는 농부인 동시에 병이 나면 그것을 치유하는 특별한 능력을 지는 존재로 제 기능을 다하고 있다.

술사들의 부적 사용은 매우 빈번하며, 그 활용의 범주가 매우 크다. 이에 경북 상주에 거주하는 최병주 옹과 계룡시 농소리 대실마을의 전운장 옹의 사례를 통해 그 내용을 살펴보자.

경북 상주군 화서면의 최병주

화서면에는 계룡산 종교촌이 폐지된 후에 십승지를 찾아온 많은 도인들이 거주하고 있다. 그중 한 도인인 최병주 옹도 계룡산에서 종교생활을 하다가 이곳으로 이주하여 거주하고 있다. 1970년대 계룡산 도립공원 개발로 인해 신도안의 종교촌이 철거되자 뿔뿔이 흩어지기 이전에는 신흥 종교를 좇아 생활했다. 입교의 계기는 알 수 없었으나 어려서부터 40여 년의 기간 동안 그곳에서 생활했다고 한다. 상주로 이주해서는 십승지 사상만을 믿고 생활하고 있다. 그가 지닌 부적집은 사방 25㎝ 정도의 크기인데, 70여 년 전에 어떤 도인이 가지고 있는 부적집의 내용을 옮겨 놓은 것이다.

부적은 필요에 따라 처방을 위해 사용하는데, 한 예로 음력 정월 16일은 귀신 날이므로 귀신이 집 안으로 침입하는 것을 예방하기 위해 부적을 써서 대문 앞에 붙여 두는 방식으로 사용한다. 이외에도 실생활에서 때때로 부적을 사용하며 반드시 경면주사로 쓰지 않고 백지에 먹을 이용하여 쓴다. 실생활 속에 깊숙이 내재된 부적의 이용이라 할 수 있다. 이 옹의 말로는 경면주사로 쓰면 좋지만 가격이 워낙 비싸 구입하기조차 어려워서 사용하지 못하는데, 종교적인 정성을 기울인다면 먹으로 쓴 것도 효험을 볼 수 있다고 한다.[149)]

충남 계룡시 농소리 대실의 전운장

계룡시 하대실에 거주하는 전운장(2005년 당시 74세)은 부적을 제작한다. '술사'라고까지 할 수는 없으나 주민들을 위해 지금도 부적을 쓴다. 의료적인 혜택을 받지 못하는 시골에서 살다 보니 동네 주민이 병이 나거나 위급한 일이 생겼을 때 제대로 처리하지 못해 많은 어려움이 있었다. 이를 안타깝게 여긴 이웃 마을의 한 서당 선생님이 전 옹에게 부적을 가르쳤다. 부적은 훈장 선생님이 보관한 것을 필사한 것으로, 어린 시절에 한문을 습득한 전운장은 비교적 쉽게 부적을 배울 수 있었다. 부적과 더불어 갑작스레 병이 나면 그것을 잡기 위한 주술적인 방법인 동토잡기도 전수해 주었다.

주로 많이 제작하여 사용하는 부적은 동토부적과 재수부적이다. 삼재부적, 귀신불침부, 질병부 등 다양한 부적을 만든다. 경면주사(鏡面朱

149) 경북 상주시 화서면 금산리 봉산동 최병주 옹, (이필영,『청주-상주 간 고속도로 건설 예정지역 문화유적 지표조사 보고서』, 충북대박물관, 한국도로공사, 1999. 345쪽 참고) 2005년 10월 필자 추가 조사.

砂)를 사용해야 하나 가격이 비싸 사용할 수 없으므로 영사나 먹을 이용한다. 붉은 사인펜도 효험의 측면에서는 동일하다고 한다. 먹은 구하기 쉽고 가격이 싸므로 부적을 제작하는 데 많이 이용했다고 한다.

주민들은 병이나 집안에 좋지 않은 일이 발생하면 전운장을 찾는다. 전운장은 그 상황에 알맞은 부적을 작성하여 준다. 부적은 이웃을 위한 마음에서 무료로 써 주지만, 주민 중에는 고마운 마음에 약소한 대접을 하기도 한다.

전운장의 친구인 우종관의 집 안방에는 그가 써 준 부적이 붙어 있다. 집 안의 물건을 함부로 옮겨서인지 부인이 심하게 앓았다. 그 후 에어컨을 들여 놓으면서 혹시라도 동토가 날까 하여 부적을 써다 붙였다. 안방 중앙에 매달린 에어컨 중앙에는 누런 종이에 붉은 영사로 쓴 부적이 붙어 있다.

에어컨에 붙여 놓은 동토부

이외에도 전운장이 작성한 부적은 동네의 각 가정에 붙어 있을 정도로 흔하다. 전 옹은 이외에도 사주를 보고 택일을 하고, 묏자리를 잡는다. 동네에 거주하는 역술인인 셈이다. 철학관은 아니지만 그곳에서 하는 모든 일을 행한다.

예전에는 전운장과 같이 한문 실력이 있으면 서당 훈장이 되어 아이들을 불러 그러한 것을 가르쳤다고 한다. 재주가 있으면 배우고, 그렇지 못한 사람은 배우지 못했다고 한다. 전운장은 남을 도와주는 것이 좋아 배웠으며, 지금도 귀찮은 마음이 없어 지속해 오고 있다고 한다.

이처럼 지방에서 술사는 실생활의 필요에 의해 자연 발생한 존재들로, 질병을 극복하고 실생활에서 발생하게 되는 다양한 삶의 위기를 극복하는 존재였다.

불승

사찰에서 부적을 제작한 사례는 조선시대에 흔하게 볼 수 있었다. 불교의 의식집인 의례집의 절차에 부적이 삽입되어 있으며,『부모은중경』과 같은 경문을 제작할 때에도 부적을 넣어 준다. 그러나 스님들이 부적을 어떻게 마련했는가에 대해서는 소개되어 있지 않다. 그러나 불교의 의례집에 삽입되어 있는 만큼 부적은 스님들에 의해 제작되었다고 보아도 별 무리가 없을 것이다.

사찰을 찾는 시주자를 위해 스님들은 부적을 제작한다. 부적 의례집과 진언집에 부적이 수록되어 있는 것으로 보아 스님들에 의한 부적의 제작은 쉽게 짐작할 수 있다. 그러나 종교 생활의 변모 속에서 한국의 토속 종교는 미신이라 하여 우리들의 삶과 멀어졌다면, 사찰은 토속 종교가 밀려간 그 자리에 오히려 밀착되어 유입되어 있다. 특히 근래 들어 보다 많은 부적이 사찰에서 제작, 보급된다.

입춘과 동지에 불공을 드릴 때는 으레 부적을 준다. 동지 때는 새로운 한 해가 밝았으니 앞으로 다가올 한 해의 부정을 막을 부적을 준다. 많은 경우 삼재부적이나 액막이부적을 받으며, 재수부적도 받는다. 입춘 때는 입춘부적을 받는데, 입춘부적은 입춘처럼 생기 왕성하라는 의미를 담고 있지만, 한 해의 평안을 바라는 글귀를 써 넣기도 한다. 사찰

사찰에서 개인에게 준 부적

에서는 이러한 부적을 불자들에게 주는데, 만약 절에 가지 못했다면 승려가 알아서 신도의 집으로 보내 주기도 한다. 이러한 상황 속에서 일부의 부적은 그 사용이 상례화되었으며, 점차 보편화되고 있는 실정이다. 이에 서울과 경기도 지역의 사찰에서 생활하는 스님을 대상으로 부적 제작의 실태를 살펴보았다.

법공 스님

법공(法空, 2005년 당시 45세) 스님은 불교 교단에 출가한 승려로, 30년 정도 부적 제작 경험이 있다. 스님은 이미 출가하여 승려가 된 후 대학에 다닐 때 겨울방학 기간에 학비 마련을 위해 입춘 전에 삼재부, 재수부, 교통안전부, 호신부, 학업성취부 등의 부적을 썼다 한다.

먼저 인사동이나 조계사 부근에서 부적 쓸 종이, 붓, 경면주사, 약절구(주사분말 작업용)를 마련하고 시장에서 들기름을 마련했다. 종이는 노란색으로 가로세로 한 묶음에 100장씩 묶어 파는 것을 구입했고, 붓은 일곱 자루 정도 준비, 주사는 고급은 비싸니 중급 정도로 했는데 그 경비가 늘어나서 영사를 섞기도 했다고 한다. 주사를 들기름에 풀어서 쓰는데, 2홉들이 소주병으로 두 병 정도 들어간다. 이것도 나중에는 절약하려고 콜라를 사용하기도 했다고 한다.

이렇게 준비가 완료된 후 아침에 예불을 마치고 쓰기 시작해서 하루 종일 썼다고 한다. 부적을 쓰는 시간이 자시(子時)라고 하기도 하고 아침 일출 때가 좋다고도 하는데, 많은 양을 쓰다 보면 하루 종일 쓰게 되었다고 한다. 처음에는 하루에 5,6백 장 쓰기 시작해서 날이 가면 늘어 나중에는 한 2,3천 장은 쓸 수 있게 속도가 붙었다고 한다. 이를테면 필력이 붙은 것인데, 붓 한 번에 한 장을 눈 깜짝할 사이에 쓰게 되었고, 이렇게 부적을 쓰면 다른 잡념이 들어올 수 없어서 저절로 일념으로 쓰게 된다고 한다.

진관사 회주 진관 스님

서울시 은평구에 위치한 진관사는 천년 고찰로 유명하다. 이 사찰의 회주 진관 스님은 사찰의 안위를 위해 부적을 쓴다. 언제인가 통도사 경봉 스님이 진관사에 들러 절 경관을 둘러보시다가 대웅전 앞에서 다음과 같이 말씀하셨다. "대웅전 앞에 화산(火山)이 비쳤으니 '물 수(水)'

자를 써서 절집의 네 귀퉁이에 거꾸로 붙이십시오!"라고 했다. 이때 '물 수(水)' 자를 먹으로 써 붙이는데, 이는 검은색이 오행으로 보았을 때 물이기 때문이다. 거꾸로 붙이는 것은 그 형상 그대로 물이 아래로 쏟아지라는 의미다. 이러한 부적의 쓰임은 오래전부터 전해져 오는 비법이라 한다.

양주 봉선사 월운 스님

양주 봉선사 월운 스님은 봉선사의 역경원장을 역임했다. 역경원은 팔만대장경을 관리하는 곳으로, 사찰 내 부적의 쓰임에 대해 다양한 사례를 일러 주었다.

부적은 주로 재앙을 막거나 예방하려고 사용하는 것인데, 순수하고 잡된 마음이 없는 사람은 효험을 볼 수 있다. 또한 부적은 인간의 간절한 염원과 그것을 현실화시키려는 의도가 담겨진 것이다. 스님은 젊은 시절에는 부적을 많이들 써 주었으나 지금은 연로하여 직접 쓰시지는 않는다. 부적에 통달한 원로 스님들이 사망해서 지금은 절집에서 부적을 언급하기 어려운 상황이라며 월운 스님은 매우 아쉬워했다.

절집에서 부적은 보다 넓은 의미로 사용하는데, 종이나 나무 등에 그리거나 새겨 넣은 부적 이외에 진언도 부적으로 여긴다. 탑다라니를 죽은 사람의 몸에 지니게 하면 저승길이 열리는 것이 그 예다. 이러한 부적의 쓰임으로 볼 때 단순히 불교 교리라기보다는 도교의 경전과 밀교의 다라니가 습합되어 이루어진 것이라고 한다.

법륜사에서 발행한 『석문의 범』이라는 책 속에는 사찰 의궤에 관한 내용이 실려 있고, 그 속에 왕생정토부와 칠성부가 실려 있어 이것을 사용한다고 한다.

부산시 중구 동광동의 무진 스님

무진 스님은 30년 전 지리산 내원사 원경 스님을 만나 불가에 귀의하게 되었으며, 범어사에서 득명 스님에게 계를 받았고, 그 이후 동국대 불교대학을 졸업하고 영남범음범패를 이수했으며, 통영 안정사와 포항 보경사 암자 등에서 수행 정진했다. 바닷가에 절을 짓기 위하여 '해변사'라는 사찰을 등록하여 현재는 부산 송정구에 머물고 있다.[150)]

스님은 부적을 제작하는 이유에 대해 "부적이 불교의 정법은 아니나 소승은 오래전부터 연구해 온 부적을 포교의 방편으로 택했습니다. 종교의 최종 목적을 인간의 행복이라고 한다면, 부적을 사용함으로써 불안한 마음이 평온해져 목적하는 바가 성취되어 행복을 느낄 수 있다면 이보다 더 큰 불교 포교가 어디 있겠습니까?"라고 대답한다. 즉 포교의 대상으로 부적을 선택한 것이다.

스님은 현재 부산에서 많은 불도들과 생활하고 있으며, '인터넷 부적연구소'를 통해 부적을 통한 불교의 포교에 정진하고 있다. 스님은 부적의 사용법과 관련하여 주의할 점이 있다고 한다. 남이 알지 못하게 보관해야 한다는 것이다. 자신만의 부적으로 마음속에 간직하는 것이 올바른 사용법이라 한다.

또한 부적은 관련된 목적이 달성되면 더 이상 필요치 않으므로 불태

---

150) 2006년 2월 필자 조사. 무진 스님은 인터넷에 '무진 스님의 부적연구소'라는 사이트를 직접 운영하므로 자세한 내용을 파악할 수 있다.(http://www.bujeok.or.kr)

워 버리라 한다. 일반적으로 부적의 효험은 석 달 열흘(100일) 정도라고 한다. 삼재부 등은 1년 동안 액을 막으므로 1년에 한 번씩, 3년에 세 번을 교체하는 것이 바람직하다. 부적은 작고, 휴대하기 편하기 때문에 기일이 지난 부적도 지니고 다니는데, 기간이 지난 부적은 아무 효험이 없으므로 깨끗한 장소에서 태워버리라고 한다.

부적을 사용할 때는 〈천수경〉과 〈반야심경〉을 하루에 한 번 읽으면서 기원하면 소원을 이루기 좋다고 하여 이를 실행한다. 소원을 비는 부적은 필요한 만큼 구입하여 사용하면 되는데, 한 장이든 여러 장이든 본인의 처지와 상황에 맞게 구입하여 몸에 지니도록 한다. 일반적으로 사람의 일은 복합적인 것이기 때문에 부적을 종합적으로 사용하는 것도 하나의 방법이라고 한다.

부적 제작법

부적을 제작하는 사람은 매우 다양하지만 부적을 제작하는 방법은 다음의 두 가지에 의해 이루어진다. 기본적으로 부적을 제작할 경우 본인의 의지와 관련하여 단식법과 자동기술법(Automatis)으로 나눈다. 단식법은 경사나 술사처럼 직접 부적을 제작하는 경우에 사용하는 방법인데, 본인의 몸과 마음을 단식하듯이 한곳에 집중하여 부적을 제작하는 것을 말한다. 반면에 자동기술법은 무당과 같이 본인의 의지가 아니라 몸주가 시키는 대로 부적을 작성하는 방법이다. 전자의 경우에는 일정한 격식을 갖추고 부적의 모본에 의거하여 제작하는 것이 특징이다. 후자의 경우에는 신령의 뜻에 따라 제작되므로 특별한 규칙이 없으며, 신의(神意)에 따라 다양하게 제작되는 것이 특징이다. 개별적인 부적의 제작 방법을 소개하면 다음과 같다.

단식법

단식법(斷息法)은 부적을 제작하는 사람의 몸과 마음을 수련하듯이 집중하여 부적을 제작하는 방법으로, 이와 관련하여 다음의 고사가 있다. 중국의 유명한 『음척록(陰拓錄)』에 "부법(符法)을 모르면 귀신의 웃

음거리가 될 뿐"이라는 구절이 있다. 이 말은 부적을 만듦에 있어서 획 하나하나가 얼마나 중요한가를 명시한 말이다. 예컨대 획 하나가 틀리거나 점 하나를 잘못 찍으면 전혀 다른 말이 되는 것과 같다. 우리가 쓰는 일반적인 문자로 설명하자면 태(太)와 견(犬)이라든가 구(九)와 환(丸), 또는 인(人)과 팔(八)의 차이와 같다. 이처럼 보통 사용되는 문자라 할지라도 획과 점 하나 차이로 그 의미가 전혀 달라지는 것이다. 따라서 부적에 있어서도 그 이치는 같은 것이니 세심한 주의가 필요하다. 그중에서도 가장 중요한 점은 부적을 쓰는 데 있어 붓을 한 번 들었으면 단숨에 써야 한다는 것이다. 정신을 집중하여 단숨에 그려 나갈 때 무의식 속의 상징을 표상할 수 있기 때문이다.

부적 제작은 주술적인 기도와 끊을 수 없는 관계를 갖고 있으며, 지성에서 우러나온 일념은 천지까지도 감응하여 그 성심이 목적을 이루도록 돕는다. 여기에 일필휘지(一筆揮之)로 써내려간 '일자 병풍'의 일화를 소개한다.

어느 가난한 선비가 부잣집에 묵게 되었는데 그 집주인은 선비가 글을 잘하고 글씨도 잘 쓰는 줄로 알고 가보로 남길 좋은 병풍에 글씨를 써 달라고 부탁했다. 날마다 좋은 음식을 대접받으면서 소일하던 무식한 선비가 주인으로부터 독촉을 받자, 할 수 없이 병풍을 펼쳐 놓고 한동안 먹만 정성스럽게 갈고 있었다. 마침내 붓을 들어 먹을 듬뿍 찍어서는 병풍의 맨 왼쪽에서부터 오른쪽 끝까지 단숨에 '얏' 하고 기합을 지르며 '한 일(一)' 자를 긋고는 그만 그 자리에서 죽어버렸다. 졸지에 초상을 치르고 난 주인은 아까운 병풍만 버렸다고 생각하며 그냥 광에 넣어 두었다.

세월이 흘러 어느 날, 출중한 선비가 그 마을 뒷산을 지나다 그 부잣집에서 상서로운 기운, 즉 서기가 뻗쳐 오르는 것을 유심히 보게 되었다. 마침내 선비는 그 집을 찾아가 그 이야기를 했고, 확인한 결과 그 서기는 광에서 나오는 것이었다. 바로 버려두었던 병풍에서 나오는 것이었다. 병풍을 펼쳐 본 선비는 크게 감탄하고 감동했다. 단 한 글자에 기와 혼을 다 불어넣었기 때문이었다. 결국 양심에 가책이 되었던 어리석은 선비가 온몸의 기와 혼을 '일(一)' 자에 다 불어넣고 자기는 기가 끊겨 곧 기절하듯이 죽어 버렸던 것이다. 이후로 그 '일자 병풍'은 귀중한 가보로서 대대로 전해졌다고 한다.

부적도 이와 같아 기와 혼을 불어넣듯이 써야만 좋은 기가 서리고, 또 효험이 빨리 일어난다고 한다.[151)]

이 같이 부적은 일필휘지로 기와 혼을 불어넣어 그려야 한다. 그러나 이러한 표현에는 결국 부적이 일반 서체로 쓴 글이나 그림이 아니라는 점을 나타낸다. 기와 혼을 불어넣어 일필휘지로 글과 그림이 섞인 부적을 그려 낸다는 것은 결국 그것에 깃든 종교적인 믿음을 표현한다고 볼 수 있다. 즉 인간의 정성에 감복한 신의 도움으로 마련한 부적은 결국 인간의 종교적 염원을 해결하도록 하는 도구가 될 수 있는 것이다. 따라서 단식법은 인간의 종교적인 염원을 승화시키는 방법이라 할 수 있다.

그렇기 때문에 부적의 효험은 미적 감각과 예술성과 보존 가치가 있을 때 더욱 강해지는 것이다. 그러한 것은 정성을 다했을 때에 표현되는 것이므로 부적의 효험도 정성 속에서 두드러지게 되는 것이다.

---

151) 최인학, 『부적 CD ROM』, 동방미디어, 2000.

자동기술법

부적을 제작하는 또 다른 기법은 강신무(降神巫)가 몰아(沒我)의 경지에서 인간의 심층 저변에 깔려 있는 잠재의식의 참모습을 표출해 내는 방법이다. 이 기법은 20세기 초 유럽을 중심으로 전 세계 예술계에 새로운 사조로 등장한 초현실주의(Surrealism)와 그 추종자들이 실험한 기법과 같은 것으로, 그것은 새로운 회화의 기법으로서 혁명으로 간주되기도 했다.[152] 초현실주의자들은 몰아 상태에서 무의식적으로 작품을 제작한다. 몰아 상태에서 자동기술법(Automatism)에 의해 제작된 강신무의 부적과 미국의 화가 잭슨 폴록(Jackson Pollock)의 작품이 유사한 것을 볼 수 있다.

백병불입부나 잭슨 폴록의 그림이나 현미경으로 음파를 관찰한 것을 보면 매우 유사해 보인다. 두 가지 모두 망아(忘我)의 상황에서 제작된 것들이므로 이 둘은 친연성을 가지는 듯하다. 그러나 하나는 종교인의 주술 도구로, 다른 하나는 초현실주의라는 화풍이라 구분하여 불릴 정

---

152) 초현실주의자들은 인간의 무의식 상태에 깊은 신뢰를 두었고, 프로이트의 정신분석과 그 해석의 새로운 발견에 고무되어 인간의 무의식 자체를 불가사의한 미지의 인간 경험세계라고 보았다. 그러한 실험정신에 입각해서 표출해 낸 그들의 자동기술 표현은 강신무가 망아 상태에서 그려 낸 부적 그림과 너무도 유사하다. 또한 그들 초현실주의자들의 지도자격인 앙드레 브레통(Andre Breton)이 비몽사몽 간에 체험한 환각(幻覺), 환영(幻影), 환청(幻聽) 등은 강신무가 성무 과정에서 신병을 앓으면서 체험하는 사건들과도 일치하여 강신무의 신병과 초현실주의자들의 환각 상태에서의 일련의 유사성은 좀 더 깊은 연구가 있어야 될 것으로 믿는다. 또한 부적의 최종적 목적이 천상에 정해져 있는 인간의 원적(原籍)을 주술과 염력으로 현세복락의 생으로 바꾸려는 데 집중되었기에 초현실주의자들의 목표인 가장 가능한 심오한 방법으로 생을 변화시키려는 의도와도 그 유사성이 일치됨을 확인할 수 있다.

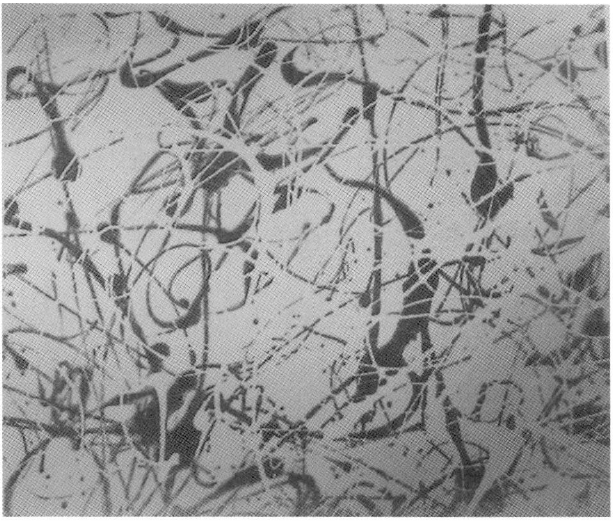

초현실주의자 잭슨 폴록의 작품

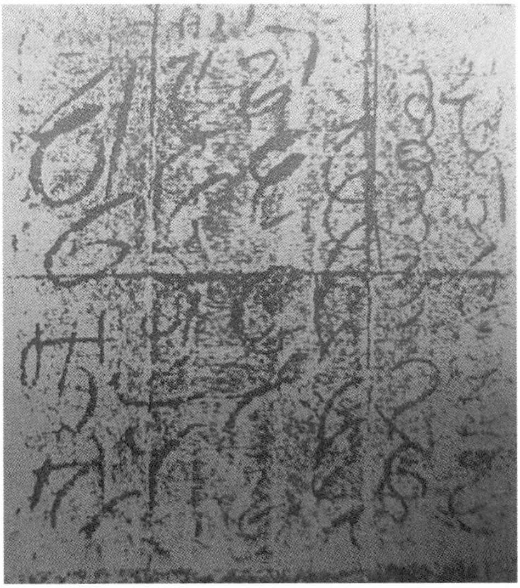

강신무가 망아 상태에서 그린 백병불입부

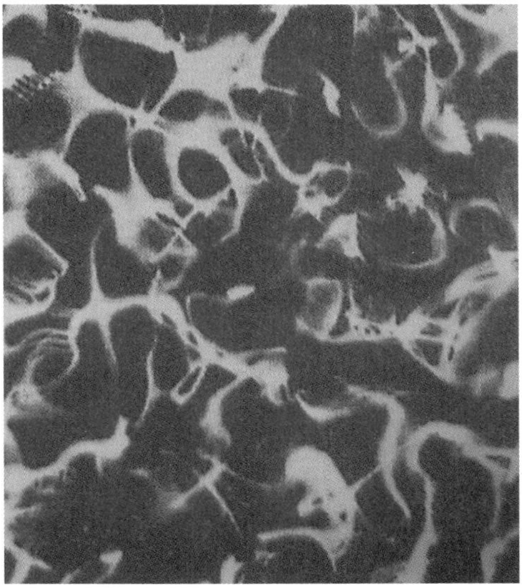

현미경으로 본 음파

도로 독창적인 영역을 확보하고 있는 현대 화풍으로 이해되고 있다.

비록 단순한 형태상의 유사성을 통한 비교이기는 하지만 둘 다 인간의 몰아 상황이라는 공통된 상황에서 창조된 것이라는 점에서 인간의 무의식의 세계를 보여 주는 듯하다. 이러한 점은 음파가 만든 글리세린의 진동 패턴과 유사하다는 점에서 더욱 그러하다.

이로써 20세기에 유럽의 예술계에서 풍미되었던 초현실주의자들의 화법은 이미 강신무들에 의해 부적이 제작되는 자동기술법으로 활용되고 있었음을 알 수 있었다.

위의 부적들처럼 강신무가 모시는 신령의 신탁인 부적은 무당에 의해 자동기술법으로 마련된다. 무당은 신에게 영감을 얻어 무엇인가 알 수 없는 기호와 그림을 조합하여 부적을 마련한다. 이와 관련해서는 동학의 창시자 최제우의 이야기가 비교적 구체적으로 전하므로 이를 소개하겠다.

> 백지를 펴라고(한울님이) 명령했다. 나는 깜짝 놀라서 백지를 펴고 붓을 가지고 있었다. 그러자 생전에 본 일도 없는 형태의 부가 완연히 백지 위에 나타났다. …중략… 한울님은 "그것을 태워서 냉수 한잔과 같이 마셔 보라!"고 분부하셨다. 급히 한 장을 그려서 물에 넣어 마셔 보니 맛도 없고 냄새도 없이 매우 좋았다.[153)]

위와 같이 부적은 신의 명령에 의해 그려지는 것이다. 부적을 마련하는 동안 빙의(憑依)된 무당은 본인이 무엇을 하는지를 알지 못한다고 한다. 이럴 때 무당은 신탁(神託)을 전하는 자로서의 역할만 있을 뿐 그 자

153) 최제우, 『용담유사(龍譚遺詞)』, 안심가(安心歌).

체가 부적의 제작자라고는 할 수 없다. 신탁을 대변하는 대리자로서 부적을 제작하는 것이기 때문이다.

이러한 자동기술법이 강신무와 긴밀하게 연관되어 있는 것은 경사나 스님들과 달리 학습을 하지 않은 이들이 대부분이라는 점과 무관하지 않을 것이다. 글로써 부적을 마련하는 존재들과 달리 영적인 표현 수단을 달리 가질 수 없었기에 신의 언어를 표현하고자 자동기술법을 택한 것이 아닐까 한다. 그래서 자동기술법은 원초적인 인간의 깊은 신앙의 표현으로도 볼 수 있다.

부적 제작의 절차

부적을 제작하는 절차는 과거로부터 오늘날에 이르기까지 많은 변화가 없다. 책자에 수록된 부적을 모본(模本)으로 하여 제작하는 경우라면 누구라도 다음과 같은 제작법을 취해야 한다. 그러나 세월의 변화 속에서 현재는 부적을 직접 제작하여 사용하기보다는 상점에서 구매하거나 공장에서 찍어 놓은 기계화 속에 탄생한 부적을 구매하여 사용한다. 비록 일부에서만이 전통적인 제작의 절차를 이용한다 하더라도, 이것이 부적 제작의 원칙에 해당되므로 이를 먼저 소개하고, 현 시점에서 무속인이나 불교 계통 사람들이 사용하는 방법을 뒤에 소개하겠다.

한편, 부적은 신의(神意)를 전달하는 도구이므로 어떠한 방법으로 제작하더라도 신을 대하는 정성으로 만들어야 한다. 모든 종교 현상에서도 동일하겠지만 부적도 종교의 기본적인 마음인 정성의 산물임을 의미한다. 때문에 부적을 제작하는 사람들은 지금도 특별한 방법과 절차에 의거하여 부적을 그리면 소원성취하나, 이를 지키지 않으면 아무런 소용이 없다고들 한다.

부적의 제작 방법에 관해서는 다음과 같은 책자들에 소개되어 있다. 『산약신서(山藥神書)』[154], 『만법영부비전(萬法靈符秘傳)』[155], 『대운용신령

154) 류상채 저, 임동훈 엮음, 『산약신서』, 계백, 1997.
155) 성문재 감역, 『만법영부비전』, 성문출판사, 1977.

부적(大運用神靈符籍)』[156], 『영부(靈符)와 기문둔갑장신술(奇門遁甲藏身術)』[157] 등이 있다. 이러한 자료와 필자의 현장 연구를 토대로 하여 부적 제작의 절차를 준비물, 시기, 절차, 금기 사항 등으로 구분하여 살펴보고자 한다. 현장 조사는 실제로 부적을 제작하는 무당이나 불교 계통의 사람들에 의해 사용되는 방법을 고찰한 것이다.

부적집에 소개된 부적 제작 절차

부적 제작 시 필요한 물건

부적을 제작하려면 무엇보다 중요한 것이 종이를 비롯하여 물감, 물 등이다. 아무런 종이에 아무렇게 그린 것은 종교적인 도구로 사용될 수 없다. 종교적인 주물인 탓에 그것의 제작에도 여러 모로 주술적인 방법이 내재되어 있다. 필요한 물건 역시 특별한 의미를 담아 마련된다. 그 구체적인 모습은 〈옥추보경〉의 무학대사(無學大師) 만영부 작신비법(作神秘法)을 통해 살필 수 있다.[158] 이는 조선 개국 공신인 무학대사가 적어 놓은 부적 제작 방법이다.

> 순한백지(純韓白紙) 삼매(三枚), 괴화(槐花) 육양중(六兩重), 정화수(淨化水) 삼합(三合) 등 세 가지를 경신일(庚申日)이나 계해시(癸亥時)에

156) 정재원, 『대운용신령부적』, 가림출판사, 1998.

157) 유덕선, 『영부와 기문둔갑장신술』, 이가출판사, 1992.

158) 이는 『만법영부비전』의 내용으로, 그 출처는 불분명하다. 그러나 부적을 제작하는 사람들 사이에서는 보편적으로 알려진 것들이므로 이를 소개한다.

> 준비하여 경문을 외우고, 준비한 백지 일매(一枚)를 괴화 정화수에 쪄서 갑자시(甲子時)에 이를 증기 염색하여 음지에 말린다. 나머지 백지 이매(二枚)는 해당 경문를 써 넣는다. 규격은 특대(特大)가 길이 육촌일분(六寸一分) 너비가 사촌오분(四寸五分), 보통이 길이 삼촌오분(三寸五分) 너비 삼촌(三寸), 작은 것이 길이 일촌육분(一寸六分) 너비 일촌(一寸)으로 한다. 다음 대경면 삼재(三才)와 사향 삼분(三分) 백화지 일분(一分)을 준비하여 이 세 가지를 갈아서 미시(未時)에 경문을 외우고 대경면을 곱게 갈아 동쪽으로 흐르는 물을 구해 부적을 그린다.[159]

위에서 언급한 '순한지'는 닥나무 종이를 말한다. '괴화'는 괴화나무 꽃을 뜻하며, '정화수'는 우물물이다. 부적은 순한지에 괴화 물을 들여서 만든 '괴황지'로 만들기 때문에 괴황지도 특별한 방법에 의해 마련해야 한다. 괴황지는 '경신(庚申)일에 계해(癸亥)시에서 갑자(甲子)시까지 작업하라'고 되어 있다. 경신일은 고려시대로부터 뜬눈으로 밤을 지새워야 하는 날로 간주된다. 1년에 6차례 돌아오는 경신일 밤을 모두 새우면 만사여의(萬事如意)이다. 『고려사』, 『조선왕조실록』 등에서는 경신일에 임금과 신하가 어울려 연회를 여는 장면을 흔하게 볼 수 있다. 경신은 결국 좋은 날로 간주된다. 이러한 규정은 결국 부적이 지닌 종교성을 배가시키기 위한 것으로, 정성을 요구하는 하나의 표식으로도 볼 수 있다.

---

159) 無學大師萬靈符作神秘方法 一. 純韓白紙 三枚 二. 槐花 六兩重 三. 井葉 三合 庚申日 癸亥時汲取誦經默精 右 白紙一枚 槐花井葉水 煎 甲子時에 蒸熱染色後陰乾事 右 白紙二枚 該當經文 寫奉事 四, 符作紙規格 特大 長六寸一分 廣四寸五分 大 長四寸五分 廣二寸 中 長三寸五分 廣二寸 小 長一寸八分 廣一寸 五 材料 大鏡面 三才 射香 三分 栢葉脂 一分 右硏未時誦萬靈牛眞言 鏡面千磨細硏後東流水求品摘取作符

한약방에서 경면주사(鏡面朱砂)를 사서 가루로 빻은 후 '용뇌(龍腦)'라고 하는 한약재를 함께 넣고 섞어서 곱게 분말을 만들고, 깨끗한 찻종지에 쏟아 참기름을 적당히 부어 혼합하여 저으면 부적의 물감이 된다. 이외에 다음과 같은 재료가 사용되기도 한다. 부적의 종이는 계피와 감초를 달인 물을 염료로 사용하여 염색한 후 말려서 노란색이 나게 만들기도 하지만 순백색의 창호지를 사용해도 된다.

또 봉분토를 사용하기도 한다. 봉분토는 300년 이상 된 왕이나 정승, 장군의 묘지에 가서 봉분의 흙을 파가지고 오는데, 오기 전에 그 무덤 주인을 부르면서 "어리석은 인간의 부족함을 무궁하신 법력으로 부축하여 꼭 소원을 성취하게 하여 주소서." 하고 세 번 외운다. 또한 부적을 사용할 사람이 태어난 달을 기준으로 하여 1·2·3월생은 서쪽, 4·5·6월생은 북쪽, 7·8·9월생은 동쪽, 10·11·12월생은 남쪽 방향의 흙이어야 한다.

부적 제작 시기와 기준

정성을 들여 제작해야 하는 부적은 일정한 시기와 기준에 의거해야 한다. 부적 자료집인『만고비전 영부작대전』에 소개된 내용을 살펴보면 다음과 같다. 우선 부적을 지니거나 사용할 당사자의 연령에 따라 달라진다. 연령에 의한 생기복덕(生氣福德) 천선일(天宜日)이나 백주(白主)의 건록 천을귀인일(建祿 天乙貴人日) 중 적합한 날과 천덕(天德), 월덕(月德), 천월덕합일(天月德合日)이나 기타 길신과 합치되는 날을 가린다.

이와는 달리 무당이나 경사들은 다음과 같은 방법으로 부적을 마련한다. 부적을 마련하려면 용신(用神)을 잡아야 한다.[160] 용신은 부적을

160) 장세일 법사 사례(2005년 6월 필자 조사).

사용하는 사람의 운수를 따져서 부적을 쓰는 것을 말한다. 즉, 부적은 모양이 동일하다 하더라도 그것을 사용하는 사람과 사용자가 밀접한 관련 속에서 제작됨을 의미한다. 사용하는 사람의 운수에 맞추어 제작된 부적은 사용자와의 밀접한 관련성 속에서 최대의 효과를 낼 수 있게 된다. 따라서 구체적으로 용신을 잡는 방법을 소개하면 다음과 같다.

나이와 상관없이 음력으로 1·2·3월생은 금이 용(用)으로, 경(庚)·신(辛)일의 방향은 서쪽이며, 시는 경일에는 진시(辰時), 신일(辛日)에는 인시(寅時)가 용신이다. 4·5·6 월생은 수(水)가 용으로, 임(壬)·계(癸)일의 방향은 북쪽이며, 시는 임일에는 인시(寅時), 계일에는 술시(戌時)가 용신이다. 7·8·9월생은 목(木)이 용으로, 갑·을일의 방향은 동쪽이며, 시는 갑일에는 해시(亥時), 을일(乙日)에는 갑시(甲時)가 용신이다. 10·11·12월생은 화(火)가 용으로, 병(丙)·정일(丁日)의 방향은 남쪽이고, 시는 병일에는 유시(酉時), 정일에는 오시(午時)가 용신이다. 이처럼 각기 태어난 달에 따라 부적을 쓰는 시기가 달라진다.

또한 부적 쓰는 장소 역시 일정한 조건을 갖추어야 한다. 이때 공간은 부적을 제작하는 날짜와 달리 부적을 쓰는 사람과 관련이 깊다. 같은 집 안이라도 될 수만 있다면 조용한 곳을 택하며, 작성하는 사람과 사용자의 용이 되는 방향과 대길한 방향을 찾아서 먼저 용모를 단정히 한다. 이때 사용하는 정한수는 서쪽에서 동쪽으로 흐르는 산골짜기의 정안수를 준비한다. 초와 향을 밝히고 심신을 안정시킨 뒤에 정신을 한곳으로 모으고, 부적 사용자의 주소와 생년월일시를 정확하게 기억하며 반드시 30분 이상 명상한다.

이처럼 조건을 갖추어 제작되는 부적은 그것을 사용하거나 지닐 사람에 따라 다르며, 그것을 제작하는 사람에 따라 제작 공간이 달라진다.

이러한 과정을 통해 마련된 부적은 결국 동일한 형태로 제작되었다 하더라도, 그 안에 담긴 의미는 제각각일 수밖에 없다. 이러한 점은 부적이 외형적인 의미만이 아니라 그 내면에도 일정한 의미가 담겨져 있음을 나타낸다. 즉, 부적은 사용하는 사람의 운에 맞추어 개별적으로 맞춤 제작된다고 할 수 있다.

부적 제작 전 주의사항

신의 언어를 표현한 도구인 부적을 제작할 때는 주의를 기울이지 않으면 안 된다. 『만고비전 영부작대전』에 "부적을 만드는 사람과 사용할 사람은 부적을 제작하기 전날 목욕하고 이발하며, 부정한 곳에 가지 말고, 부정한 일을 피하여 몸가짐을 깨끗이 한 뒤에 마음과 정신을 맑게 가져야 한다. 또 깨끗한 의복을 착용하고, 남녀 합방을 금하며, 상인(喪人)이나 복인(服人)들을 접촉하거나 집 안에 들이지 말아야 한다."고 되어 있다. 이러한 것은 심신을 정결하게 하기 위한 방법이다. 이외에도 무속인들은 지금도 부적을 쓸 때는 다음의 주의사항을 지킨다. 부적을 쓸 때는 향초를 피우고 촛불을 켜 놓는다. 사람은 언제나 눈으로 부정을 보는 경우가 많기 때문에 향초를 피워 부정을 풀어내야 한다. 붓에 먹을 묻혀서 향을 피운 곳에 시계 방향으로 한 번 두르고 부적을 쓴다.[161]

부적 제작 절차

부적을 제작하는 절차는 제각기 다른데, 무속인이나 스님들이 흔히

161) 아산시 황산리 황 보살 사례(2005년 6월 필자 조사).

들 사용하는 것이 『만법영부비전』 등의 부적집이다. ① 심신의 준비, ② 주문 외우기, ③ 부적 그리기, ④ 부적 그린 후의 태도, ⑤ 경문 외우기의 순서로 부적을 제작한다고 소개하고 있다. 여타의 부적집 역시 이에서 크게 벗어나지 않는다. 따라서 『만법영부비전』의 내용을 간단히 소개하겠다.

부적 제작 전의 준비

우선 부적을 만드는 사람이나 사용하는 사람이 바른 마음을 가지고 만들어서 사용해야 한다고 믿고 있다. 그 작업이 일정치는 않으나, 우선 부적을 사용할 사람의 연령에 따라서 택일을 하고, 택일한 날의 전날 부적을 만들 사람과 사용할 사람이 모두 목욕재계하여 몸과 마음을 깨끗이 하며, 부정한 곳에 가거나 부정한 일을 피해야 한다.

부적 제작자와 사용자 모두 올바른 마음가짐이 우선적으로 요구된다. 제작 방법은 일정치 않으나 먼저 택일을 하고 심신을 정화한 다음, 택일 당일 부적 제작자는 아침 일찍 동쪽을 향해 정수를 올리고 분향한 뒤, 이를 세 번 마주치고 주문을 외운다. 그런 다음 경면주사 혹은 영사를 곱게 갈아 기름이나 설탕물에 잘 갠 것으로 괴황지나 흰 창호지에 그리거나 쓴다. 다 쓴 다음에는 부적이 쓰일 목적에 따라 경을 읽거나 혹은 〈천수경〉을 먼저 외우기도 한다.[162)]

---

162) 중국 전래의 부적 제작 방법에 의하면 부적을 그릴 백지를 준비해 놓고 외우는 주문, 부적 쓰는 먹을 갈 때 사용하는 주문, 벼루를 장만하고 외우는 주문, 먹과 붓을 위한 주문이 있어서 부적 제작에 사용되는 모든 도구를 신성력으로 감화시키려는 의도가 보이며, 부적을 쓸 때는 정신을 집중해서 단숨에 해야 하는 등 심신의 일체감을 강조한다.

향 피우기

준비물이 모두 준비되면 신단을 차려서 1~3월생은 8개, 4~6월생은 29개, 7~9월생은 11개, 10~12월생은 13개의 향을 피운다.

절하기

부적을 만들기 전에 먼저 사용자의 목적과 소원에 대해 기원하고 나서 다음의 주문과 기도문을 외우고 절을 하는데, 1~3월생은 8배, 4~6월생은 7배, 7~9월생은 11배, 10~12월생은 13배를 반드시 지켜야 한다. 부적을 다 쓴 후에도 위의 생월에 따라 다시 절을 한다.

주문·기도문 외우기

① "혁혁양양 일출동방 오칙차부 보택불상 구토삼매지화 복비문읍지광제괴 사천봉력사 파질용예적금강 항복요과 화위길상 급급여률령 옴마니밧메훔"을 외운다.

기도문은 〈태을경〉, 〈다라니경〉을 외우고 난 후 다음의 기도문을 아홉 번 외운다. "계향 정향 혜양 해탈향 해탈지 견향 광명운대 주변법계 공양시방 무량 제천신중 지심귀명례 금강보 살경 왕중 지심귀명례 하계당처 일체호법 선신등중 옹호성중혜감명 사주인사 일념지애민중생여적자 시고아금공경례 옴 오륜이 사바하 옴마니밧메훔."

② "밝고 밝으며 지극히 양강한 기운으로 꾸짖노니, 해는 동방에서 떠오른다. 내 이 부적으로 명하노니 두루 상서롭지 못한 기운을 제거하고, 해는 삼매의 불을 토해 내니, 문읍의 빛을 굴복시켜 날리고 요괴

로 잡도다. 천봉역사로 하여금 질병을 일으키는 더러운 자취들을 깨뜨리게 하고, 금강으로 하여금 요괴를 굴복시켜 길하고 상서롭게 변하게 하도다. 율령과 같이 급히 시행될지니."[163]

일반적으로는 위와 같은 축원문을 사용하지만 일제시대에는 아래와 같은 축원문을 사용하기도 했다. 무라야마 지준의 『조선의 귀신』의 부적법 중 '동토경'과 '진악몽부법(鎭惡夢符法)'에만 다음과 같은 축원문이 수록되어 있다.

③ 〈동토경〉 기원문 : 까마귀와 까치가 사는 데는 동서남북을 알지 못하고, 개미가 땅을 파는 데도 동서남북을 알지 못하며, 흰 구름은 정처가 없도다. 경신년 경신월 경신일 경신시 강태공이 말에서 내린 곳이라. 주문이 급하기가 율령과 같도다.

④ 〈진악몽부법〉 기원문 : 양강한 기운으로 꾸짖노니, 해는 동방에서 떠오른다. 이 부적은 악몽을 꾸지 않게 하고 상서롭지 못한 일들을 없애주노니 율령과 같이 급히 시행됨이라.

부적을 쓰기 이전의 기도문은 ①, ②와 같은 축원문이 일반적으로 사용되지만, 부적에 따라 ③, ④처럼 특별한 기원문을 외기도 한다.

기도가 끝나면 사용자의 이름, 주소, 생년월일을 고하고 다시 다음의 기도문을 아홉 번 외운다.

아이금강 삼등방편 신승금강 반월풍류 단상구방 남자광명 소여무

163) 무라야마 지준 저, 김희경 옮김, 『조선의 귀신』, 동문선, 1990, 351쪽.

병 소적지신 역칙천상 공중지하 소유일체 작제작난 불선심사 개래호궤 청아소실 가지음 사제포악 패역지심 어불법중 함기신심 용호도량 역호기주 강부소재 옴소마니 옴소마니 훔하리한나 하리한나 훔하리한나 바나야 훔 아나야 훔 바아밤 바아라 훔 바택 옴마니밧메훔.

이러한 주문과 기도문의 구체적인 의미는 알 수 없다. 다만 부적의 제작에 앞서 다양한 주언(呪言)을 사용함으로써 부적의 종교적 의미를 증가시킨다고만 여겨진다. 부적의 제작에 앞서 사용자의 이름, 주소, 생년월일 등을 고하는 것은 맞춤형 부적임을 구체적으로 드러낸다.

이외에 일제강점기에는 부적을 쓰기 전에 세 번 양치질을 한 후에 깨끗한 물을 한 모금 머금었다가 동쪽을 향해 뱉기도 했고,[164] 악몽퇴치부를 쓸 때에는 깨끗한 물을 한 모금 머금고 오른손에 칼 한 자루를 쥐고 6, 7회 내려친 후 동쪽을 향해서 물을 내뿜고 쓴다고도 기록되어 있다.[165]

이처럼 까다로운 방법과 절차를 통해 부적을 마련하는 것은 부적이 지닌 종교성과 연관된다. 부적은 자신에게 닥칠 재앙을 사전에 예방하여 재난을 가능한 극소화하고, 복록과 행운을 최대한으로 증가시키는 역할을 지니고 있다. 종교적인 욕구에 의거하여 부적을 사용하고자 하는 사람은 그렇지 않은 사람보다 몇 십, 몇 백 배의 노력과 수고를 아끼지 않는 성심이 있어야 한다. 때문에 부적을 제작할 때에는 제작자뿐만 아니라 사용자의 운수도 필요한 조건이 되는 것이다. 본인 스스로의 마음이 천지간의 신통력을 움직여 본인이 소망하는 방향으로 끌어당기는 근본적 역할을 한다는 근본적인 믿음 속에서 사용자의 운수는 중요한

164) 무라야마 지준, 앞의 책, 동문선, 1990, 351쪽.

165) 무라야마 지준, 앞의 책, 동문선, 1990, 362쪽.

기준이 된다.

부적 그리기

택일이 된 당일 부적을 만드는 사람은 아침 일찍 일어나 세수하고 깨끗한 의복으로 갈아입고, 동쪽을 향하여 정수를 올리고 분향한 뒤 이를 '딱딱딱' 세 번 마주치고 주문을 외운다. 부적을 쓰는 것은 대우주와 자연의 운행을 자기의 수중에서 바꾸어 소원하는 방향으로 돌려놓는 것이기 때문에 움켜쥐면 가려질 정도라야 한다. 부적을 제작한 뒤에도 그 부적이 쓰일 목적에 따라 사용되기 전에 제각기 다른 경을 읽게 되어 있는데, 모든 경을 읽기 전에 중국 전래의 방법에 따라 부적 그릴 백지를 위한 주문, 부적 쓸 먹을 위한 주문, 벼루를 위한 주문이 있어 일일이 부적 제작에 소용되는 도구를 신통력으로 감화시키도록 하고 있다. 또한 부적을 쓸 때 정신이 흩어져서는 안 되고 단숨에 내려써야 하는 등 심신의

부적 쓰는 모습(무진 스님)

일체감을 강조한다.

부적 제작 후 경문 외우기

부적을 다 쓴 후에는 반드시 〈천수경〉과 지닐 사람에 해당하는 경문을 외우고 〈반야심경〉을 외운다. 부적의 종류에 따른 경문의 내용은 다음과 같다.

기도문을 외울 때 부적 사용자의 사주를 보아서 그 사주에 방해가 되지 않도록 글자와 글귀를 사용해서 소원과 희망이 이루어지도록 이름, 생년월일, 행운번호를 반드시 기입해 놓고 외운다. 하지만 무조건 희망

부적 쓸 때 외우는 경문

부적 종류	경문 종류
가택안전	안택신주경, 용초숙사경, 명당경, 적호경
삼재소멸	도액경, 삼재경, 삼지불수경, 다라니경
재앙소멸	관세음신주경, 몽수경, 안택신주경, 도액경, 관세음구고경, 고왕관세음경, 묘법연화경, 제왕경
소원성취	고왕경, 관음경, 관세음사십이수주문, 북두주
수명기원	화엄경, 북두연명경, 동자속명경
죄소멸기원	고왕관세음경, 수생경, 도액경, 관세음구고경, 마하반야바라밀다심경
동토부정소멸	고왕관세음경, 부전경, 단목경, 지신경, 오작경, 안택신주경
건강·질병 관련	용호축사경, 제왕경, 천룡경, 은황신주경, 축학경, 안목청정경
부부화합 기원	안택신주경, 명당경 육모적살경
수명장수 기원	동자연명경, 동자속명경, 구호신명경
업장소멸	수생경, 관세음보살모다라니경, 금강경
축귀소멸	백살신주경, 구호신명경,
고사경문	안택경, 조왕경, 산왕경, 용왕삼매경, 해원경, 화엄경

사항과 소원을 무의미하게 외울 것이 아니라 소리가 사방으로 울려 퍼지도록 마치 넓은 대륙의 기운이 뻗치도록 하고, 선신과 공명현상을 일으켜 읽어야만 더욱 좋다. 기도 후에는 부적을 봉한 뒤 햇빛을 피해 새벽이나 해가 진 후에 태워서 사방으로 뿌리거나, 몸에 지니거나, 필요한 장소에 붙인다.

기도하는 동안에는 아기 낳는 집과 초상집에 가지 말아야 하고, 개고기와 꽁치·삼치·준치 등의 '치' 자가 들어가는 음식은 금한다.

부적 제작 시 유의사항

① 재필과 재선을 금지한다. 선을 두 번 이상 그으면 기가 흐트러지므로 정성과 힘을 모아서 일필휘지로 써야 한다. 이와 같이 기와 혼을 불어넣어야 한다.

② 예술성과 보존 가치가 있어야 한다. 온갖 정성을 다해 만들어야 하고 성의 없이 대량 생산하면 그 의미가 퇴색한다.

③ 부적의 의미를 분명히 해야 한다. 분명한 목적과 의미 없이 막연한 구복행위로 부적을 만들어서는 안 된다.

④ 사용법을 정확히 알아야 한다. 부적을 함부로 지니거나 사용하면 안 된다.

⑤ 효력과 작용이 강하고 빠르게 일어나도록 해야 한다.

이처럼 부적 제작 절차는 일종의 종교 의례와 같이 엄숙하게 진행된다. 종교적인 목적을 갖고 있는 도구이므로 종교 의례를 거행하듯이 정교한 절차에 의해 거행된다.

앞의 내용을 종합해 보면 부적을 제작하는 과정은 실물의 부적을 그리는 것만이 아니라 사전과 사후의 일련의 과정을 모두 포함한다. 부적은 그것이 완성되는 순간만이 아니라 그것을 준비하는 시간부터 그것이 사용자에게 전해져서 사용되는 순간과 그것의 유효기간이 지나 버려지는 순간까지를 대상으로 한다. 그 어느 순간에도 소홀히 할 수 없는 것이 바로 부적의 제작인 것이다.

현재 부적을 제작하는 절차

세월의 변화 속에서 부적을 제작하는 도구, 절차 등이 많이 변모했다. 이러한 변화는 1960~1970년대를 기점으로 하여 근대화의 물결이 거세지면서 나타났다. 현재 부적을 제작하는 무당이나 스님들을 통해 조사된 내용을 중심으로 부적을 제작할 때 필요한 물건, 제작 절차 등을 소개하면 아래와 같다.

부적 제작 시 필요한 물건

종이로 부적을 만들 경우에는 아래와 같은 물건이 우선적으로 필요하다. 부산시 중구의 무진 스님의 경우 본인이 사용하는 부적 제작에 필요한 도구들을 다음과 같이 설명했다.

① 촛대 : 자신을 태워 주위를 밝히는 희생정신을 의미
② 벼루 : 거북 모양의 유리 벼루는 장수를 의미
③ 정수 : 정수(淨水)는 부처님에 다(茶)를 올리는 것을 의미

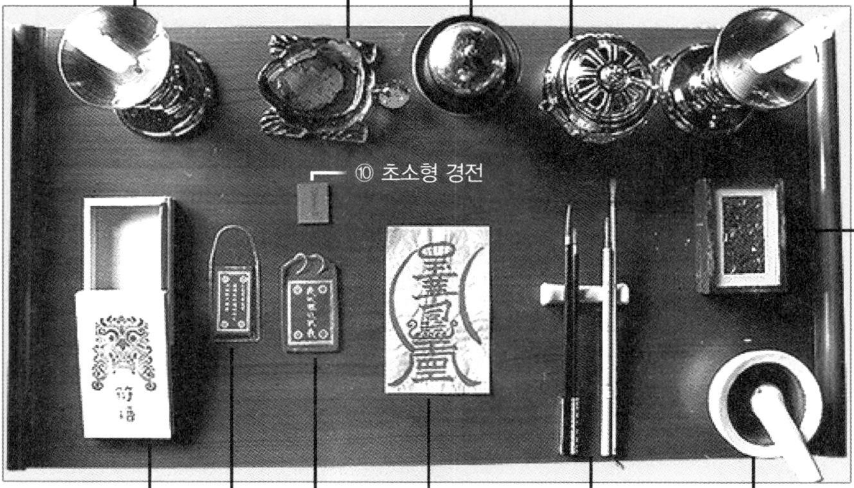

무진 스님이 사용하는 부적 제작 도구들

④ 향로 : 더럽혀진 주위를 맑은 향기로 정화함을 의미

⑤ 경면주사 : 귀신을 쫓아내거나 귀신을 마음대로 부릴 수 있는 신성한 물질

⑥ 분쇄기 : 흰 사기로 만들어져 청결을 의미

⑦ 붓 : 여우의 꼬리털로 만들어 신비한 능력이 있는 붓

⑧ 괴황지 : 음력 칠월 칠석에 따서 말린 괴화를 물에 담가 노랑 색소를 우려내어 동짓달에 좋은 닥종이를 담갔다가 말리기를 아홉 번 반복하여 진한 노란색이 나게 한 닥종이로, 신통력이 나온다.

⑨ 비단주머니 : 앞면은 호법신장, 뒷면은 '옴마니밧메훔'이 쓰인 주머니에 부적을 넣어야 신비한 효험을 나타낸다.

⑩ 초소형 경전 : 부적을 2개 이상 주문한 경우 보관용 부적주머니 속에 부적과 함께 넣는 초소형 경전(2.5×3.5cm)으로,『금강경』과『능엄신주』가 있다.

⑪ 소지용 부적주머니 : 부적으로 1개만 주문할 경우 부적용 부적을 넣는 주머니로 앞면은 관세음보살, 뒷면은 소원성취진언이 쓰여 있다.

⑫ 부적 상자 : 악귀를 물리치는 귀면상으로, 영험한 부적을 안전하게 보관할 수 있는 고급 나무 케이스(장롱이나 서랍 보관용)

위의 그림에서 보듯이 부적 제작 도구는 전통과 현대의 이기가 적당하게 융합되어 있다. 부적이 현대인들의 구미에 맞으려면 현대적인 도구들이 사용되어야 한다. 그 결과 위와 같이 다양한 변화의 도구들이 등장했다. ⑨번의 비단주머니와 별도로 ⑪번의 소지용 주머니의 경우 비닐을 덧붙여 소지할 때 훼손이 되지 않도록 했다. ⑫번의 부적 상자 역시 예전에는 볼 수 없는 것으로, 요즘 유행하는 치우의 모습이 새겨진 나무 상자를 별도로 마련하여 부적을 오래도록 보관하도록 했다. 또한 해당 부적에만 포함되는 불경을 초소형으로 제작하여 첨부함으로써 부적의 효과를 배가시키는 장치도 고안했다. 단순히 부적만이 중요한 도구라는 인식에서 탈피하여 부적을 현대사회에 걸맞는 종교 도구로 재창출해 내기 위해 다양한 것을 추가했다. 이외에도 부적의 제작 도구로 새롭게 등장하는 것이 있다. 법공 스님의 아래 사례를 살펴보도록 하자.

> 부적을 제작하려면 인사동이나 조계사 부근에서 부적 쓸 종이·붓·경면주사·약절구(주사분말 작업용)를 마련하고, 시장에서 들기름

신청한 부적

초소형 경전
(경전이 필요한 부적에만 해당되는 경전 동봉)

비단주머니 + 비닐 커버
(보관용과 소지용이 다름)

부적 사용설명서

고급 부적 케이스
(서랍 및 장롱 보관 시 사용)

포장 박스

인터넷에서 주문하면 배송되는 부적 내용물

을 마련해서, 종이는 노란색으로 가로세로 1묶음에 100장씩 묶어 파는 것을 구입했고, 붓은 7자루 정도 준비하고, 주사는 고급은 비싸니까 중급 정도로 했는데, 그 경비가 늘어나서 영사를 섞기도 했다고 했다. 주사를 들기름에 풀어서 쓰는데 2홉들이 소주병으로 2병 정도 들어가는데, 이것도 나중에는 절약하려고 콜라를 사용하기도 했다고 한다.

이처럼 부적을 제작하는 도구가 주사에서 가격이 저렴한 영사(靈砂)를 사용하며, 심지어는 들기름을 절약하고자 콜라를 섞어 쓰기도 했다. 이와는 별도로 태안의 독경무인 장세일은 붉은 사인펜으로도 부적을 제작한다고 한다.[166] 영사나 사인펜 모두 붉은색 물감이므로 동일한 효과

166) 2004년 10월 필자 조사.

를 낼 수 있다는 믿음에서 대체된 도구들이다. 그러나 경면주사는 그 자체가 주술적인 의미가 들어 있는 것으로, 붉은색의 다른 도구와 근본적으로 다르지 않을까 한다. 비용의 절감이라는 측면이 강조되는 것을 보면 현대 산업사회에서 부적은 하나의 상업적 도구라는 인상이 강하다.

한편 이러한 현대화에 가장 부합되는 사항으로, 특히 인터넷에서 부적을 주문하는 사람들을 위해 포장 박스와 부적 사용설명서가 추가되기도 한다. 부적이 오늘날 상업화되고 보다 저변화되어 있음을 보여 주는 실례인 셈이다.

변화된 부적 제작 과정

실제 부적을 제작하는 무당이나 스님들이 말하는 부적을 제작하는 과정은 예전이나 별반 다르지 않다고 한다. 그러나 부적을 제작하려면 위에서 살펴본 전통적인 방법에 입각해야 하지만 실제로는 대폭 축소되었고, 변형된 방법을 취한다. 이를 유형별로 사례를 들어가며 살펴보도록 하자.

부적 제작 시간의 축소

부적은 보통 정성을 들이고 제작해야 하므로 많은 시간이 소요되었다. 무당 김운산은, 예전에는 부적을 제작하는 시간이 3일 정도 소요되었으나 지금은 그 자리에서도 부적을 제작해 준다. 위에서 살펴본 바와 같이 부적을 제작하려면 기도를 해야 하고, 정성을 들여야 하지만 이러한 작업이 모두 생략되게 된다. 부적을 사용할 사람이 앉아 있는 면전에서 부적책을 보고 부적을 그린다고 하니, 본래적인 과정과 절차는 대부분 퇴색되었다고 하겠다. 무속인 김운산의 경우는 다음과 같이 변모했다.

> 부적을 마련하는 기간 동안 정성을 들이고 싶은 사람은 개별적으로 정성을 들이라고 했다. 대개는 부적이 제작되는 사흘 동안 아무 사찰이나 3곳을 정해 각기 하루씩 기도를 드리도록 했다.
>
> 과거에는 부적을 제작하는 모습을 직접 볼 수는 없었지만 1970년대 후로는 손님 앞에서 부적을 마련하므로 부적 제작 방법을 살필 수 있었다. 책상 서랍에 준비해 놓은 백지를 꺼내고, 그가 보물처럼 간직한 부적 책을 꺼내서 점괘에 맞는 부적을 찾아서 그 자리에서 그 부적을 그대로 모사한다. 이때는 붓에 경면주사를 찍어서 사용한다.[167)]

이처럼 예전에는 부적을 제작하는 기간 동안 부적을 사용할 사람도 정성을 기울였다. 그것은 효과를 배가시키는 결과를 낳는 것으로, 중요하게 여겨졌다. 또한 1970년대 이전에는 전통적인 방법에 의거하여 부적을 제작했으나 그 후로 변모하여 부적 제작 방법이 현대화되었다. 손님 앞에서 직접 부적을 제작하기 시작한 것이다. 이러한 변모는 1960~1970년대의 사회적 변화와 무관하지 않은 듯하다.

사찰에서 스님들이 제작하는 부적도 많은 변화가 있었다. 그 실례로 법공 스님의 사례를 소개하면 다음과 같다.

> 법공 스님은 불교 교단에 출가한 승려로, 15~16년 전 3년 정도 부적 제작 경험이 있다. 스님은 이미 출가하여 승려가 된 후 대학에 다

---

167) 김운산은 2003년 전에 작고했으며, 본 내용은 사망 이전에 필자가 면담한 내용이다.

닐 때, 겨울방학 기간에 학비 마련을 위해 입춘 전에 다양한 부적을 제작했다.

아침에 예불을 마치고 쓰기 시작해서 하루 종일 썼다고 한다. 부적을 쓰는 시간이 자시(子時)라고 하기도 하고 아침 일출 때가 좋다고도 하는데, 많은 양을 쓰다 보면 하루 종일 쓰게 되었다고 한다. 처음에는 하루에 5,6백 장 쓰기 시작해서 날이 가면 늘어 나중에는 한 2,3천 장은 쓸 수 있게 속도가 붙었다고 한다. 말하자면 필력이 붙는 것인데, 붓 한 번에 한 장을 눈 깜짝할 사이에 쓰게 되었고, 이렇게 부적을 쓰면 다른 잡념이 들어올 수 없어서 저절로 일념으로 쓰게 된다고 한다.[168)]

위의 자료에서 볼 수 있듯이 부적은 정성을 들여 제작하는 주구이기보다는 아르바이트로 제작하는 상업적인 물건인 셈이다. 법공 스님의 경우에는 부적의 생산자가 부적의 제공자라는 점에서 그나마 원형을 간직한 셈이 된다. 그러나 보다 많은 경우 스님들이 직접 제작하기보다는 전문 아르바이트생이 제작한 것을 구입하여 사용한다고 한다. 하루에 수백 장을 기계적으로 그려 내는 과정에서 부적이 지닌 주술성이 감소되는 것이 아닐까 하는 의문마저 든다.

대량으로 인쇄되는 부적

중요한 부적 제작 과정의 변화는 더 이상 무당과 스님이 부적의 생산자가 아니라는 사실이다. 온갖 정성을 다해 한 획 한 획을 그려서 완성해야 하는 부적이 이제는 인쇄소에서 대량으로 제작되어 상점에서 판매된다. 불교용품점에 가면 부적을 쉽게 접할 수 있으며, 인터넷에서 자신

---

168) 2005년 12월 필자 면접 조사.

이 필요한 부적을 주문하여 택배로 받을 수도 있다. 이러한 변화는 부적이 그것을 제작하는 데서부터 주구(呪具)로 탄생되는 것이 아니라 그것을 사용하는 데서부터 주구로써 기능하게 됨을 의미한다.

부적은 더 이상 제작하는 것이 아니라 사용하는 사람의 믿음에 의거하여 종교적인 도구가 되는 것이다. 물론 조선시대에도 대중용으로 사용할 부적은 판화를 이용하여 찍어 냈다. 그것의 연장선상이라 생각한다면 오늘날 인쇄소에서 생산되는 부적이 특이한 것만은 아니다. 그러나 전통사회에는 부적을 직접 제작하는 주체인 개인이나 사찰에서 판화로 부적을 찍어 대중에게 보급했다는 점에서 오늘날과 차이가 있다. 현재는 부적을 생산하는 주체가 부적을 사용하는 무당이나 승려가 아니라 기계화된 인쇄소라는 점에서 차이가 있다.

민중들의 종교적인 심성을 달래주던 부적이 이제는 상업적인 도구로 변화하여 민중들에게 다가가고 있다. 무당이나 승려 등의 종교인을 통하지 않아도 이제는 부적을 구입할 수 있다. 따라서 부적은 더 이상 제작자가 주체가 되는 주물일 수 없다. 수요자의 선택에 의해 주물이 되는 운명이 주를 이루게 되었다.

실례로 서울에서 활동하는 무당인 백일홍의 경우 아래와 같이 부적을 구매하여 사용한다.[169)]

> 백일홍은 간혹 부적을 직접 쓰기도 하지만 대개의 경우 구입해서 사용한다. 부적을 직접 쓰는 사람은 무속인이 아니라 아르바이트로 부적을 만드는 사람이다. 그들에게 100장에 30만 원 정도를 지급하고 구입해 온다. 이렇게 구입해 오는 부적의 가격이 저렴한 것은 경면주

169) 2006년 2월 필자 조사.

사로 쓰지 않고 붉은 영사로 쓰기 때문이다. 영사는 경면주사에 비해 가격이 저렴하기 때문에 자연히 부적의 가격이 저렴한 것이다.[170)]

이처럼 부적은 더 이상 무당이나 스님이 제작하여 공급하는 것이 아니다. 공급자로서의 역할은 여전히 유지되는 듯하지만, '생산자=공급자'의 기능은 이미 쇠퇴된 것이다.

생산자와 공급자가 다르게 됨에 따라 부적은 누구라도 공급할 수 있다는 생각이 만연되었다. 그 결과 인터넷에서 혹은 상점에서 거래되는 상품으로 전락하고 말았다. 수요자의 수요 욕구에 따라 더 이상 종교적인 절차를 거쳐 구매해야 하는 도구가 아니라 상점에서 마음에 드는 물건을 고르듯 본인의 의지에 따라 선택되는 좌판의 물건이 된 것이다. 예전처럼 종교인이 점괘에 의거하여 제공되던 것이 아니라 소비자의 욕구에 따라 선택된다는 점에서 부적은 소비자의 종교적 욕구를 대변하는 물건이 되었다고 하겠다.

부적 제작자에 따른 절차와 방식의 차이

필자는 부적 제작자를 무당(독경자, 무당, 술사)과 승려 계통으로 구분했다. 부적 제작은 각기 자신의 고유한 방법을 이용하는 것이 일반적이다. 각기 계통에 따라 제작 방법이 예전과 달리 많은 변화를 보인다. 이를 정리하면 아래와 같다.

먼저 무당 중에서 독경자를 살펴보도록 하자. 독경자는 무당 계통에서 부적을 가장 많이 제작하고 활용한다. 경문과 더불어 부적의 사용이 일반화되어 있고, 경문 자체가 부적의 기능을 하므로 부적을 다양하게

170) 2006년 2월 필자 조사.

제작하여 사용한다. 이들은 대부분 개인별로 부적집을 가지고 있다. 스승으로부터 학습을 하는 동안 필사해 둔 부적집을 모본으로 하여 상황에 따라 부적을 제작한다. 그러나 독경자가 점차 줄고 있는 상황에서 더 이상 부적을 제작하여 공급하는 공급자로서의 역할이 부여되지 않는다. 점이 아닌 굿을 하는 독경자는 수요자와의 만남이 쉽지 않다. 1970년대 이후로는 무당에게 점을 보아 굿을 할 경우에만 독경자를 찾는다. 때문에 독경자는 부적을 생산하고 공급하는 기회가 많이 줄었다. 이러한 과정에서 부적의 제작 역시 정성을 들여 제작하기보다는 그때그때의 수요가 있을 때마다 즉석에서 제작하는 방식으로 바뀌었다. 굿을 할 때 설경의 부속물로서 부적을 제작하기도 하고, 상사(喪事)와 관련하여 지관 역할을 보면서 특별히 제작하여 보급한다. 때문에 전통적인 제작 절차를 지켜 부적을 제작하는 것은 옛일이 되고 말았다.

강신무의 경우에는 몸주를 모시고 있는데, 본인의 의지와는 별도로 몸주의 신탁에 따라 부적을 처방하고 제작한다. 자동기술법에 의거하여 몸주가 시키는 대로 부적을 제작한다. 세상에서 단 한 개뿐인 부적이 탄생된다. 비록 형식을 갖추어 제작된 것은 아니지만 신령이 직접 임재했다는 점에서는 보다 종교적이라 할 수 있다.

술사의 경우는 예나 지금이나 특별히 변화된 바가 없다. 다른 종교직능자와 달리 비전문가이므로 학습한 방식으로 부적을 제작하여 공급한다. 제작의 절차는 예나 지금이나 정갈한 마음으로 부적집의 것을 단순히 베낀다. 효험이 있을 것이라는 간절한 종교적 염원을 담아내는 것은 예나 지금이나 동일하다고 한다.

스님의 경우에는 부적의 제작 방법이 알려진 바가 없으므로 그 변화상을 알 수가 없다. 다만 위에서 언급한 여타의 부적 제작자의 변화 모습과 별반 차이가 없을 것이라고 추정될 뿐이다. 부산 중구의 무진 스님의 경우에는 다음과 같은 방법으로 부적을 제작한다.

첫째, 부적을 쓸 때는 반드시 단숨에 끝내야 하는데, 의식을 집중하고 잡념을 없애야 한다. 그래야만 비로소 부적이 신기한 효력을 발휘할 수 있다고 한다. 옛사람들이 말하기를 한 번의 정성으로 천지의 귀신들이 감격할 수 있다고 하기 때문이다.

둘째, 부적을 만들기 전에 아침에 일어나서부터 부적을 쓸 때까지는 화를 내거나, 싸움을 하거나 남을 미워하거나, 시기하거나, 거짓말을 하거나, 술을 마시는 등 좋지 않은 행위와 사심을 일체 삼가고 평온한 마음으로 지내야 한다.

셋째, 부적을 쓸 때가 가까워지면 깨끗한 물로 양치와 세수를 하고, 준비된 물건을 상 위에 진열하여 조용한 방 한가운데 놓는다.

넷째, 향을 먼저 사르고, 그 후 초에 불을 붙인다. 5~10분 정도 정좌하여 잡념과 사념을 버리고 평온한 마음으로 입을 크게 벌려서 더러운 기를 세 번 토해 낸다.

다섯째, 더러운 기를 토해 낸 다음 강신 의식을 올린다. 강신 의식에는 소리를 내지 않고 마음속으로 주문을 세 번 반복하여 외워야 한다.

여섯째, 부적을 그리는 주문이 끝나면 붓을 들고 부적을 그리기 시작한다. 이때 정신을 집중해 붓 끝을 주시하면서 빠르지는 않아도 거침없이 완성해야 한다. 경면주사를 기름에 잘 개서 괴황지에 정성을 들여 쓴다. 부적을 제작한 뒤에도 부적이 쓰일 목적에 따라 제각기 경을 읽도록 되어 있는데, 모든 경을 읽기 전에 먼저 〈천수경〉을 읽으라고 권한다.

일곱째, 모든 의식이 끝나면 청했던 모든 신들을 전송하는 의식을 함으로써 부적을 만드는 절차가 모두 끝이 난다.

위의 절차는 여러 부적집의 절차를 축약해 놓은 듯하다. 이처럼 여전히 전통적인 방법에 의거하여 제작하는 이들도 다수 존재한다. 그러나 앞에서 살펴본 바와 같이 부적은 현대적인 방법으로 제작되며, 현대적인 방법으로 유통된다. 이는 사회적 변화가 가져온 자연스러운 변화이다. 이러한 변화와 함께 주목할 점은 이러한 변화를 겪으면서도 존재하는 부적의 끈질긴 생명력이다. 부적은 현대화라는 커다란 물결 속에서 자기 변화를 충실하게 해 낸 셈이다. 그 결과 많은 전통적인 요소가 소멸, 쇠퇴되는 과정에서 여전히 자기의 자리를 굳히고 있다. 그 구체적인 모습은 오늘날 부적이 전승되고 있는 양상을 통해 보다 명확하게 살필 수 있다.

부적의 전승 양상

부적은 지금도 다양한 곳에서 다양한 사람들이 애용하고 있다. 인간은 자신의 지식으로 해결할 수 없는 논리의 한계점에 부딪혔을 때 종교에 귀의한다. 그 방법의 하나로 부적의 사용은 예나 지금이나 종교적인 목적을 수행하는 도구로 사용되는 것이다.

현재를 기준으로 그 전승 양상을 살펴보기 위해 종교적인 욕구가 있는 대상을 표본 추출하여 그 구체적인 모습을 파악해 보았다. 학생·상인·광산노동자·운전기사를 그 대상으로 삼았는데, 이들은 종교적인 욕구가 다른 계층에 비해 강하다고 판단되어 대표군으로 삼은 것이다.

아울러 전승 매체도 고려하여 전승 양상을 살펴보았다. 대중매체가 발달한 현재는 과거와 같이 무당이나 스님을 찾아가서 부적을 받는 것뿐만 아니라, 대중매체를 대상으로 하고 있으므로 매체의 구분을 통한 전승 양상도 살펴보았다.[171)]

171) 대상에 따른 전승 양상을 살피기 위해 설문지 조사 방법을 실시했는데, 그 결과에 있어 다소 문제가 있다. 질문에 응한 사람 중 설문 항목에 응답하지 않은 비중이 커서 정확한 자료를 산출하는 데 문제가 있기 때문이다. 그럼에도 불구하고 제한적이나마 응답자를 대상으로 분석했음을 밝힌다.

대상에 따른 전승 양상

학생군

입시지옥이라고 할 만큼 학생들은 입시 시험의 하중 속에서 생활한다. 시험은 실력에 따라 그 결과가 달라지는 것이기는 하지만 시험이라는 난관 앞에서 불안함을 달래기 위해 종교에 귀의한다. 많은 교회나 성당, 사찰에서는 입시를 앞두고 기도회나 법회를 열어 불안한 심신을 위로한다. 그에 따라 학생, 특히 고등학교 3학년 학생들의 종교적인 욕구는 대표성을 지닌다고 할 수 있다. 2006년 설문지 조사는 서울 시내의 고등학교 여학교와 남학교를 각각 1곳씩 선정하여 고1~고3 학생을 대상으로 실시했다. 남학생은 고 1학년 65명·고 2학년 93명·고 3학년 45명을 대상으로 했고, 여학생은 고 3학년 225명이 응해 주었다.

부적은 학년이 올라갈수록 그 비중이 높아진다.[172] 고 1학년 학생은 단 1%의 학생만이 부적을 소유하고 있을 뿐이었다. 이들은 다른 종교에 대해서도 냉담했는데, 이는 부적과 더불어 종교적인 욕구가 형성되기 이전의 모습이라 할 수 있다.

2학년이 되면 9% 정도로 부적 사용의 비중이 높아진다. 이때가 되면 일정한 종교활동에 관심을 갖기 시작한다. 93명 중 종교활동을 하고 있는 이들이 27명으로 적지 않았다. 1학년들의 경우는 종교활동 학생이 17명으로, 상대적으로 적은 것과 비교할 때 종교적인 관심이 증가하고

---

172) 학생들을 대상으로 설문지를 조사한 결과 많은 학생들이 응답을 하지 않아 명확한 내용을 파악하는 데 어려움이 있다. 그럼에도 불구하고 제한적이나마 응답한 것만을 대상으로 분석하기로 하겠다.

있는 것이 아닌가 여겨진다.

3학년이 되면 부적을 사용하는 학생이 늘어난다. 특히 다음 표에서 보듯이 남학생의 경우가 여학생의 경우에 비해 월등히 부적 사용 비중이 높다. 반면에 종교활동도 남학생의 비중이 월등히 높다. 남학생 대부분의 경우, 부적을 가족이 구입해 주는 것을 고려한다면 이러한 분포는 남학생이 부적에 대한 관심이 강한 것과 관련이 깊은 것으로 보인다. 또한 여학생의 경우, 부적에 대해 거부감을 갖고 있는 학생이 다수 존재하고, 종교활동의 비중도 적은 것으로 보아 종교 자체에 대한 관심이 적다고 할 수 있다. 기본적으로 한국인의 종교활동이 여자들이 중심이 되는 것과 비교한다면 매우 이례적이라 할 수 있다.

부적을 사용하는 사람들의 성향을 분석해 보면, 불교를 믿는 사람이 부적을 사용하는 예가 보다 많았다. 개신교인이 부적을 사용하는 예는 단 1건으로 그 비중이 매우 적다. 또한 부적을 사용하는 학생들은 부적에 대한 기대와 믿음이 큼을 알 수 있었다.

부적을 사용하는 사람들의 부적 사용의 실태를 파악하면 다음과 같다.

1. 부적을 구입하게 된 계기는 ① 부모님이 주셔서, ② 마음의 안정을 구하기 위해, ③ 본인의 염원을 위해, ④ 친구나 주변 사람들이 구매하므로의 순으로 나타났다. 학생들이 부적을 접한다는 것은 실제 어려운 일이므로 부모나 친지들에 의해 부적을 소유하게 될 수밖에 없는 것이다.

2. 부적을 구입한 곳은 ① 사찰, ② 문구점이나 일반 가게, ③ 무당이나 보살, 또는 점집, ④ 본인이 직접 마련하는 경우의 순으로 나타났다. 불교도가 부적을 갖는 사례가 많은 점을 고려한다면 사찰에서 부적을 구입하는 것의 비중이 높게 나타나는 것은 일맥상통하는 일로 간주된

다. 본인이 직접 마련하는 경우에는 본인의 염원을 담아 상징적인 물건을 마련하는데, 이번 조사에서는 운동을 하는 남학생이 챔피언 벨트를 마련한 경우가 있었다. 천에 여러 가지 장식을 달아 만들었으며, 그것을 부적처럼 자신의 염원을 담아 간수하고 있다고 한다.

3. 부적을 구입한 사람은 ① 부모님이나 친지, ② 친구나 주변 동료, ③ 본인의 순으로 나타났다. 전체적으로는 위와 같지만, 고 3학년의 경우에 여학생은 ①번의 비중이 높았으나 남학생은 ②의 비중이 높았다. 이는 남학생의 경우 친구들끼리 서로에게 부적을 선물하는 사례가 있음을 의미한다. 이러한 현상은 남학생들 사이에서 일고 있는 심리적인 부담감의 표현이라 여겨진다. 본인이 부적을 구입하는 예는 다른 군과 달리 상대적으로 적었다. 부적을 구매하고 싶다 하더라도 용이하지 않은 조건을 갖춘 학생들이므로 본인의 비중이 낮은 것이다.

4. 부적을 구입하는 횟수는 ① 비정기적으로, ② 한 번 구입한 것을 그대로 지님, ③ 1년에 1번, ④ 2~3년에 1번, ④ 1년에 2회, ⑤ 1년에 2회 이상의 순으로 나타났다. 학생들은 어른들과 달리 정기적으로 부적을 구매하기보다는 부모나 친지들에 의해 선물로 받게 되므로 특별히 부적을 구입하는 시기가 없는 것이다. 때문에 한 번 구입한 것을 그대로 사용하는 것도 높게 나타나는 것이다.

5. 부적을 지니고 있으면 어떤 믿음을 가지게 되는가는 ① 마음이 안정된다, ② 불운을 막아 줄 것 같다, ③ 장식품으로만 생각한다, ④ 다른 사람들이 지니고 있으니까 지닌다의 순으로 나타났다. 부적은 마음의 안정을 위해 사용하는 것으로, 특히 고3 학생의 경우에는 입시를 앞두고 마음의 평정을 갖기 위해 사용하는 것으로 나타났다.

6. 지니고 있는 부적의 종류는 ① 종합부, ② 재수부, ③ 기타, ④ 벽사

부의 순으로 나타났다. 그러나 학생들은 대부분 본인이 가지고 있는 부적의 종류를 알지 못했다. 부모나 친지가 부적을 구매해서 주었으므로 가지고 다니라니까 가지고 다닌다는 식으로 관념했다. 때문에 부적이 무엇인지에 대해서 알지는 못했으나 다양한 믿음이 담겨 있다고 믿고 있다.

7. 부적의 보관 방법은 ① 가방이나 지갑 등의 소지품에 가지고 다닌다, ② 집에 붙여 둔다, ③ 몸에 지닌다, ④ 책상에 붙여 둔다, ⑤ 침대에 붙여 둔다의 순으로 나타났다. 부적은 개인의 소망을 담은 것이므로 본인과 밀접한 공간에 붙여 두었다. 학생의 경우 특히 지갑에 보관하는 사례가 많았다. 늘 가지고 다니며, 남들에게 보이지 않는 은밀한 곳이기 때문이다.

8. 부적을 구입한 시기는 ① 부모님이나 친지들의 권유로, ② 고등학교 입학하면서, ③ 좋지 않은 일이 있은 이후에, ④ 3학년이 되면서의 순으로 나타났다. 학생들의 부적이 주로 입시와 관련되므로 그 구입 시기가 고등학교 입학하면서가 우선으로 나타났다. 특히 3학년이 되면서 부적 사용의 빈도가 높은 것과 관련하여 3학년이 되면서 부적을 사용하기 시작한 예도 나타났다. 이러한 사정은 결국 고등학생의 부적 사용이 입시와 밀접하게 관련이 있음을 알게 한다.

9. 부적을 지니면 목적하는 효과를 얻을 수 있는가에 대해서는 ① 모르겠다, ② 마음의 평안을 얻을 수 있다, ③ 효과가 있다, ④ 효과가 없다의 순으로 나타났다. 아직은 어린 학생들이 부적에 대한 큰 목적을 두고 있기보다는 부모의 소망 때문에 소지했으므로 그 효과를 모르는 것은 당연한 결과라 여겨진다. 그러나 그 다음으로 높게 나타나는 것이 마음의 평안을 얻을 수 있다는 것으로 보아 부적을 사용하는 것에 대해 긍정적이라 할 수 있다.

10. 부적을 지닐 때의 주의사항은 ① 보여 주면 안 된다, ② 늘 지니고

있어야 한다, ③ 부정한 것을 보면 안 된다의 순으로 나타났다. 부적은 개인의 소망을 담은 것으로 은밀하게 간수해야 하며, 늘 지니고 있어야 한다. 종교적인 수단이므로 부정한 것을 보면 안 되는 것도 추가되어 나타났다.

부적 이외에도 종교적 패용물을 사용하다가 다음과 같은 경험을 하기도 했다고 한다. 천주교를 믿는 학생이 묵주를 가지고 다니다가 줄이 끊어져서 부모에게 혼이 났다고 한다. 이러한 믿음 역시 부적과 같이 종교적인 바람을 담고 있는 것이므로 줄이 끊어지거나 하면 나쁜 것으로 간주되기 때문이다.

2006년 고등학생 부적 사용 현황

번호	질문 내용	1	2	3	4	5	6	응답 없음
1	학년	65	93	270				
2	대학 합격 기원 방식	종교활동	종교와 관련한 패용물	부적을 지님	기타	없다		
		117	28	37	5	101		140
3	종교	불교	개신교	천주교	무속 등	기타		
		12	68	12		1		335
4	기원 방법	정기적 종교활동	종교 관련 패용물 지님	기타				
		98	23	33				274
5	구입 시기	고등학교 입학	3학년이 되어	부모님, 친지 권유	좋지 않은 일 있은 후	기타		
		5	2	12	4	2		403

번호	질문 내용	1	2	3	4	5	6	응답 없음
6	구입 계기	마음 안정	친구 영향	무당 권유	부모님이 줌	사고 이후	기타	
		2	2	0	28	0	2	394
7	구입처	절	무당, 점집	인터넷	가게	기타		
		24	4	0	5	4		391
8	구입자	본인	부모님, 배우자	친구나 동료	기타			
		3	16	12	2			395
9	구입 횟수	1년 1회	1년에 2회	구입한 것 계속 사용	2~3년에 1회	1년에 2회 이상	비 정기 적	
		5	2	7	3	1	8	402
10	믿음	소원 성취	마음의 안정	다른 이의 영향	장식품	불운 예방	기타	
		0	8	2	4	7	2	405
11	부적 종류	재수부	벽사부	종합부	기타			
		5	2	13	3			405
12	부적 장소	몸에 부착	소지품에 부착	책상 내에 부착	집에 부착	베개나 이불	기타	
		4	15	1	4	2	0	402
13	주의 사항	보여 주지 말 것	늘 지닐 것	부정 금지	기타			
		9	6	2	4			407
14	처리 방법	태움	버림	물에 띄움	땅에 묻음			
		12	7		1			408
15	효과	효과 있음	마음 평안	없음	모름			
		1	7	1	11			408

필자는 2018년 11월 서울시내 ○○고등학교 고3 남학생을 대상으로 부적 휴대 실태를 다시 조사하였다. 2006년 서울시내 남자, 여자 고등학생들을 대상으로 한 위의 연구 결과 428명의 학생 중 37명, 즉 8.64%의 학생들이 부적을 휴대하고 있음을 확인할 수 있었다.

2018년의 연구는 100명의 남학생을 대상으로 실시하였는데 그중 17명, 즉 17%의 학생들이 부적을 휴대하고 있었다. 이는 학생들이 부적에 대한 부정적 인식이 많이 개선되었고, 자연스럽게 부적을 실생활에서 활용하고 있다는 것을 보여 주는 것이다. 아래 표는 부적 휴대자를 대상으로 조사한 결과이다.

2018 고등학생 부적 사용 현황

번호	질문 내용	1	2	3	4	5
6	부적 구입 계기	마음 안정	친구 영향	무당 권유	친족	기타
		2	3	2	9	1
7	구입처	절	무당, 점집	인터넷	가게	기타
		2	10	3	1	1
8	구입자	본인	부모	친구	조부, 조모	기타
		3	7	3	2	2

상인군

상인들 역시 불안한 심리를 지니기는 마찬가지다. 상업의 흥망을 예측할 수 없기에 불안감과 기대감이 하루에도 여러 차례 공존한다. 때문에 상인들 역시 종교적일 수밖에 없는데, 지금도 식당이나 상가에 들어서면 쉽게 볼 수 있는 것이 다양한 부적이나 북어를 실에 감아 매달아 둔 것들이다. 따라서 이 역시 부적 사용에 있어 대표성을 띤다고 하겠다.

이번 설문지 조사는 서울 인사동 상가의 상인 100명을 대상으로 했다. 이들은 오랜 기간 동안 장사를 하는 사람들로, 전통과 밀접한 관련이 있어 대상으로 삼았다. 이번 조사의 대상 상인들의 상업에 종사한 기간은 ① 10년~20년, ② 5년~10년, ③ 5년 이내, ④ 20년 이상의 순으로 나타났는데 대부분이 오랜 장사 경험을 지닌 사람들이었다. 시장 경기는 세월의 변화에 매우 민감하므로 굴곡이 심하다. 때문에 다른 그룹 보다 종교적인 색체가 강하다. 그렇다면 실제 부적의 사용 실태에 대해 살펴보도록 하자.

1. 상인들의 종교는 ① 불교, ② 개신교, ③ 천주교, ④ 무속 등 민간신앙의 순으로, 불교가 상대적으로 많았다. 불교 28명, 개신교 22명으로 근소한 차이이지만 불교 신자 대부분이 부적을 사용하고 있는 특징이 있다.

2. 부적을 사용하는 사람은 35명으로, 비교적 높게 나타난다. 개신교도나 천주교도를 비롯하여 불교도의 일부는 정기적인 종교활동을 하지만, 그중 일부는 종교와 관련한 패용물을 사용하기도 한다.

3. 부적 구입의 계기는 ① 부모님이나 배우자 또는 형제들이 주어서, ② 마음의 안정을 구하기 위하여, ③ 무당이나 승려의 권유로, ④ 친구나 주변 사람들이 사니까, ⑤ 좋지 않은 일이 있은 후의 순으로 나타났다. 이 중 ①번의 비중이 상대적으로 높았다. 이는 장사를 시작하는 초입에 주변인들의 권유로 부적이 사용되기 시작함으로써 나타난다. 특히 부모나 배우자가 구입해 오는 사례가 흔한데, 이는 부적의 전승 주체가 다름 아닌 부모나 배우자 등의 친인척임을 의미한다.

4. 부적의 구입 시기는 ① 장사를 처음 시작하면서, ② 장사를 한 지 3년 이내, ③ 장사를 한 지 5년 이내, ④ 장사를 한 지 10년 이내의 순으로 나타났다. 흥망성쇠가 흔하게 일어나는 곳이므로 장사 시작과 관련하여 흥하기를 바라는 마음에서 부적을 사용한 것이 아닐까 한다. 특히 시간이 오래될수록 부적의 사용이 드물게 나타나는 것은 초심과 시작에 대한 기대를 짐작케 한다.

5. 부적의 구입처는 ① 사찰, ② 무당이나 보살 또는 점집, ③ 기타의 순으로 나타났다. 다른 군에서 비중이 있었던 문구점 등 일반 가게는 무관하게 나타났다. 가게에서의 구입이 이루어지지 않은 것은 부적이 대부분 종교적인 활동과 연계되어 있음을 의미한다. 무당이나 보살, 점집에서 부적을 구입하는 비중이 다른 군과 달리 유독 높은 것이 그러한 면을 반증한다. 그러나 여전히 무당이나 점집보다는 사찰이 비중 높게 나타난다. 이는 사찰이 부적과 밀접한 관련이 있음을 다시 한 번 느끼게 한다.

6. 부적은 누가 구입해 오는가는 ① 본인, ② 부모님과 배우자, ③ 친구나 주변 동료의 순으로 나타나는데, 본인의 종교적 욕구와 주변인의 종교적 동력이 부적 사용의 계기가 됨을 알 수 있다.

7. 부적 구입 횟수는 ① 비정기적으로, ② 1년에 1회, ③ 한 번 구입한 것을 계속 지님, ④ 1년에 2회 이상, ⑤ 1년에 2회, ⑥ 3~5년에 1회의 순으로 나타났다. 상인군은 다른 군과 달리 운수에 따라 매상이 달라진다. 본인의 노력 여하와는 조금은 무관하게 매출이 이루어지기 때문이다. 장사가 되지 않으면 답답한 마음에서 '부적이라도' 하는 마음에서 부적의 수효가 이루어진다고 한다. 때문에 비정기적인 구입이 가장 높은 비중을 나타내는 것이다. 다른 군과 마찬가지로 1년에 1회가 그 다음으로 비중이 높았다.

8. 부적을 지니고 있으면 어떤 믿음을 갖게 되는가에 대한 답변은 ① 마음이 안정된다, ② 다른 사람이 가지고 있으니 나도 지닌다, ③ 반드시 원하는 바가 이루어진다, ④ 장식품으로 생각한다의 순으로 나타났다. 부적은 마음의 안정을 추구하기 위해 사용되는 것임을 알 수 있다. 그러나 ②번의 비중도 적지 않음을 고려할 때 상인들 간의 경쟁심이 부적의 사용과 연관되는 것이 아닌가 여겨진다.

9. 소장한 부적의 종류와 관련해서는 ① 종합부, ② 재수부, ③ 벽사부의 순으로 나타났다. 종합부는 재수와 벽사의 기능을 하는 부적을 수합한 명실상부한 종합의 의미를 지닌 것으로, 선호도가 높았다.

10. 부적의 소장 방식과 관련해서는 ① 상점 내에 붙여 둔다, ② 몸에 지닌다, ③ 집에 붙여 둔다, ④ 상점의 금고 안에 붙여 둔다의 순으로 나타났다. 상점은 상거래가 이루어지는 중요한 공간으로, 상업 부흥의 목적을 지닌 부적을 사용하기에 가장 적합한 공간이다. 상점이나 음식점에 들어가면 흔하게 볼 수 있는 주술적 도구들도 동일한 차원에서 붙여진 것들일 것이다. 또한 이것은 부적의 사용 목적을 분명히 한다. 상점이나 금고는 장사의 수익금과 관련이 깊은 공간이므로 결국 장사의 성공을 희구하는 마음에서 부적을 사용하는 것이라 할 수 있다.

11. 부적을 지니면 목적하는 효과를 얻을 수 있는가에 대해서는 ① 마음의 평안을 얻을 수 있다, ② 잘 모르겠다, ③ 효과가 있다, ④ 효과가 없다의 순으로 나타났다. ④의 응답자가 적다는 것은 부적에 대한 실효성을 매우 높게 인식하고 있다고 하겠다. 이 군 역시 마음의 평안을 위해 부적을 사용하는 사례가 압도적인 것으로 보아 부적의 효과를 더욱 실감할 수 있다.

상인군 부적 사용 현황

번호	질문 내용	1	2	3	4	5	6	응답 없음
1	근무 연수	5년 이내	5~10년	10~20년	20년 이상			
		25명	28명	30명	17명			
2	상업 번성 기원 방식	종교활동	종교와 관련한 패용물	부적을 지님	기타			
		33명	5명	25명	8명			29
3	종교	불교	개신교	천주교	무속 등	기타		
		28	22	5	1	7		37
4	기원 방법	정기적 종교활동	종교 관련 패용물 지님	기타				
		38	8	12				42
5	구입 시기	사업 시작	3년 이내	5년 이내	10년 이내	10년 이후		
		22	6	3	0	3		66
6	구입 계기	마음 안정	친구 영향	무당 권유	부모님이 줌	사고 이후	기타	
		8	3	4	19	1	3	62
7	구입처	절	무당, 점집	인터넷	가게	기타		
		17	15	0	0	2		66
8	구입자	본인	부모님, 배우자	친구, 동료	기타			
		17	17	2	2			62
9	구입 횟수	1년 1회	1년에 2회	구입한 것을 계속 사용	2~3년에 1회	3~5년에 1회	비정기적	
		9	5	7	2	2	12	63

번호	질문 내용	1	2	3	4	5	6	응답 없음
10	믿음	소원성취	마음 안정	다른 이의 영향	장식품	불운 예방	기타	
		7	20	8	2	2	3	58
11	부적 종류	재수부	벽사부	종합부	기타			
		13	4	14	7			62
12	부적 장소	몸에 부착	금고에 부착	상점 내에 부착	집에 부착	베개나 이불	기타	
		14	5	16	6			59
13	주의 사항	보여 주지 말 것	늘 지닐 것	부정 금지	기타			
								100
14	처리 방법	태움	버림	물에 띄움	땅에 묻음			
								100
15	효과	효과 있음	마음 평안	없음	모름			
		3	23	0	13			61

이처럼 상인군의 부적 사용은 다른 군에 비해 월등히 높다. 이는 상인들의 종교 현황 역시 개신교나 천주교에 비해 불교가 상대적으로 높은 것과 무관하지 않다. 흥망성쇠가 인간의 노력만으로 결정되지 않으므로 장사를 시작하는 초입부터 종교적인 기대가 작용하게 된다. 택시기사나 광산노동자들의 경우에는 부적의 사용이 관련한 일을 처음 시작하기 시작하면서 부적을 사용하기도 하지만, 중년에 구입하는 예도 적지 않았다. 그러나 상인군은 부적의 사용 시점이 장사의 시작 시점에 집중되는 것으로 보아 장사의 불확실성이 부적 사용을 높이는 하나의 계기라 하겠다. 장사를 시작할 때는 새로운 기대감을 충족시키기 위해 개

업식을 행한다. 개업식은 많은 사람들을 초대하여 장사를 알리는 계기이기도 하지만 사업이 번성하기를 기원하는 종교적인 마음이 집중되어 베푸는 의례이기도 하다. 때문에 이 시기에 부적이 사용되는 것은 동일한 차원에서 행하는 것이라 할 수 있다. 또한 다른 군과 달리 상인군은 다른 종교적인 패용구를 사용하지 않는다. 부적에 대한 믿음이 보다 강하게 나타난다.

광산노동자군

다른 어떠한 집단의 사람들에 비해 가장 큰 종교적인 욕구를 지닌 사람들이 광산노동자일 것이다. 광부의 작업 자체가 생명을 담보할 수 없는 위험한 상황에서 이루어지므로 그에 따른 다양한 종교적인 믿음이 나타나는 곳이다. 따라서 이 역시 부적 사용의 대표성을 띠므로 조사 대상으로 삼았다. 이번 조사는 강원도 삼척군의 도계 지역의 탄광 세 곳을 선정하여 설문지 조사법을 실시했다. 도계 경동탄광 삼덕광업소, 도계석탄공사, 도계 경동탄광 동덕광업소의 광부 중 218명을 대상으로 했다.

이번 조사 대상자들은 5년 이내보다는 20년 이상의 장기 근무자가 많았다. 이들 중 많은 이들이 불교를 신봉하고 있는데, 다른 종교에 비해 그 비중이 압도적으로 높은 편이다. 그러나 기독교의 비중도 적지 않다. 반면에 천주교나 무당 등을 믿는 이는 상대적으로 적다. 이들 중 현재 부적을 사용하는 사람은 218명 중 13명으로 매우 적다. 그러나 다음의 표에서 보듯이 과거에 부적을 사용해 본 경험이 있는 사람까지를 포함하면 89명으로, 3분의 1 정도가 부적을 사용했다고 응답했다. 과거와 달리 부적의 사용이 상대적으로 적게 나타나는 것은 불교나 기독교 등의 종교활동을 하는 이들이 많은 것과 관련이 깊은 것 같다.

부적을 사용하지 않는다 해도 여타 종교와 관련한 패용물, 즉 염주·묵주·십자가 등의 사용이 빈번한 것으로 보이므로 이들의 부적 사용은 결코 적지 않음을 알 수 있다. 이를 하나하나 살펴보면 아래와 같다.

1. 부적의 사용 시기는 광산에 입사한 직후와 광부생활 10년이 지나서의 비중이 그중 높다. 3년·5년·10년 이내의 비중이 상대적으로 적게 나타나는데, 이는 광부라는 직업이 갖는 위험도의 인식과 관련이 있다. 광산에 처음 입사한 사람은 어두운 갱도를 처음 접하게 되므로 두려움이 앞서게 된다. 때문에 부적의 사용이 높게 나타난다. 반면에 10년이 지난 노련한 광부들 사이에서 부적의 사용이 높게 나타나는 것은 시기적인 것과 관련이 된다. 10년 이전에 이미 10년 이상 광산업에 종사한 사람의 비중이 3분의 2를 차지하므로 오랜 경험 속에서 부적에 대한 믿음이 지속될 수 있을 가능성이 있기 때문이다.

2. 부적을 지니게 된 계기와 관련하여서는 ① 마음의 안정을 구하기 위함, ② 부모님이나 배우자 또는 형제들이 줌, ③ 좋지 않은 일이 있은 후에 구입, ④ 친구나 주변 사람들이 사니까 구입, ⑤ 무당이나 승려의 권유로 구입의 순서로 나타났다. 이는 부적의 종교적인 기능과도 연관이 된다. 미래를 알 수 없는 불안감 속에서 불안을 극복하는 하나의 수단이 바로 부적인 것이다. 마음의 안정을 구하려는 사람이 2분의 1 이상의 비중이고, 부모나 배우자 또는 형제들이 부적을 마련해 주는 것도 동일한 이유이므로 결국 부적은 인간의 불확실한 미래에 대한 두려움을 극복하는 수단으로 사용되고 있다고 하겠다. 특히 좋지 않은 일을 겪은 후에 부적을 구입하는 이도 13명인 것을 보면 부적이 경험 후의 결과물

로써 사용되고 있음도 알 수 있다.

3. 부적을 구입하는 곳은 ① 절, ② 문구점 등의 일반 가게, ③ 무당이나 보살 또는 점집, ④ 인터넷의 순으로 나타났다. 절에서 부적을 구입한 사례가 54건인 데 반해 무당이나 보살 등에게서 부적을 구입하는 사례가 18건인 것을 보면 무당의 도구이던 부적이 사찰의 종교적인 도구로 전환되어 있음을 알게 한다. 절 다음으로 문구점 등의 일반 가게에서 부적을 구입하는 비중이 큰데, 이는 이례적이라 할 수 있다. 부적은 종교적인 산물이므로 일반 가게보다는 종교적인 공간과 관련이 깊을 것 같지만 실제로는 가게에서 판매되는 물건 중의 하나인 것이다. 경주의 불국사나 유명 사찰 주변의 관광 물품을 판매하는 곳에서 부적이 거래된다. 이러한 거래는 부적이 하나의 전통문화의 아이콘처럼 거래되고 있는 것과 무관하지 않다고 할 수 있다. 무당이나 보살, 점집 등이 18곳으로 비중이 적은 것은 사찰과 기독교 위주의 신앙생활과 무관하지 않다. 이와는 달리 비록 한 명이지만 인터넷에서도 부적을 구입했다는 것은 새로운 부적의 거래 공간으로 인터넷이 부각되고 있음을 의미한다. 1건으로 비중은 적지만 인터넷의 보급과 확산에 따른 새로운 유통 경로의 마련이라는 차원에서 의미가 깊다.

4. 부적의 구매자와 관련하여 ① 부모님이나 배우자, ② 본인, ③ 친구나 주변 동료의 순으로 나타나는 것은 본인과 더불어 부모님이나 배우자가 중요한 보호자임을 의미한다. 부모나 배우자는 나와 가장 친밀한 관계에 있는 존재들이기는 하지만, 본인은 아니다. 그렇다면 부적은 본인의 바람과 기원을 담는 도구인 동시에 누군가의 염원을 전달할 수 있는 도구인 셈이다. 부모나 배우자가 나를 위해 종교적인 염원을 담아 부적을 마련하여 전달한다는 것은 기독교의 중보기도와 마찬가지로 주

변인에 의해 보호되는 나를 파악할 수 있다.

5. 부적을 구입하는 횟수와 관련해서는 ① 1년에 1회, ② 비정기적으로, ③ 1년에 2회, ④ 2~3년에 1회, ⑤ 구입한 것을 지속적으로 사용, ⑥ 3~5년에 1회, ⑦ 1년에 2회 이상의 순으로 나타난다. 부적은 1년에 1회를 구입하는 것이 가장 일반적이지만, 1년에 2회를 구입하는 사례도 적지 않다. 2~3년 혹은 3~5년 만에 한 번 구입하는 간헐적인 부적 구입도 고른 분포를 보이는데, 이는 부적의 쓰임과 관련이 깊다. 간헐적인 비율이 고르게 나타나는 것은 부적의 사용자가 다시 부적을 사용함을 의미한다. 즉, 비록 간헐적이기는 하지만 부적의 사용자에 의해 재구매되는 상황을 의미한다. 이는 부적에 거는 종교적인 기대가 간헐적이나마 지속되어감을 나타낸다.

6. 부적을 지니는 이유와 관련해서는 ① 마음이 안정된다, ② 불운을 막아 준다, ③ 장식품으로 간주, ④ 반드시 원하는 바가 이루어진다, ⑤ 다른 사람이 지니고 있으니까 지님의 순으로 나타났다. 이는 부적이 무엇인가를 이루고자 하는 소원성취의 차원에서 사용되기보다는 마음의 안정을 바라고, 불운을 막는 벽사의 도구로 사용됨을 의미한다. 비록 장식품으로 간주하고 다른 사람을 따라서 지니는 경우도 있지만 비중이 적다.

7. 지닌 부적의 종류는 ① 종합부, ② 재수부, ③ 벽사부의 순으로 나타난다. 종합부는 말 그대로 제액초복을 위한 모든 기능이 종합되어 있는 경우를 말한다. 이러한 종합부의 사용은 인간의 소망이 제액초복과 관련되어 있음을 간접적으로 시사한다. 이를 분리할 경우에는 재수부가 벽사부보다 많이 사용됨을 알 수 있다. 이는 부적의 사용이 벽사보다는 재수를 부르는 데 이용되고 있음을 의미한다. 이러한 비중은 부적이 벽사를 위한 구체적인 기능보다는 막연한 불안을 없애고 재수를 비는

주술적인 목적으로 이용되고 있음을 의미한다고 하겠다.

8. 부적의 보관 방법과 관련해서는 ① 몸에 지님, ② 집에 붙여 둠, ③ 작업 도구나 가방 등의 소지품에 부착, ④ 베개나 이불 등의 침구류에 붙임, ⑤ 모자에 붙임의 순으로 나타난다. 개인과 관련한 부적은 직접 본인이 소지하거나 소지품에 착용하는 것이 일반적임을 나타낸다. 집에 부적을 붙이는 것은 집안일과 관련한 것이 대부분이다. 특히 광부가 늘상 착용하는 모자에 붙이는 사례도 있는 것을 보면 갱도 안에서의 사고를 방지하기 위한 직접적인 수단으로도 부적이 사용되고 있음을 알 수 있었다.

9. 부적을 지닐 때의 주의사항과 관련해서는 ① 늘 지니고 있어야 한다, ② 남에게 보여 주어서는 안 된다, ③ 부정한 것을 보지 않는다의 순으로 나타났다. 이는 위의 8번과 마찬가지로 부적은 늘상 부적을 사용하는 사람이 지녀야 함을 의미하며, 비밀스러운 본인을 위한 것이므로 남에게 보여 주지 않는다. 여느 종교적인 의례 행위와 마찬가지로 부적을 지닐 때는 부정한 것을 보지 않아야 하는 등의 금기도 지켰다. 이러한 점은 부적이 하나의 주술적인 수단임을 보다 분명히 한다.

10. 부적 처리의 방법과 관련해서는 ① 태운다, ② 버린다, ③ 물에 띄운다, ④ 땅에 묻는다의 순으로 나타났다. 종교적인 목적으로 사용한 것이므로 함부로 처리하지 않으려는 의도 속에서 다양하게 처리되고 있다. 그중 태우는 것이 가장 일반적인 것은 일정 기간이 지나면 부적의 효험이 다해 더 이상 사용할 수 없음을 의미한다. 무엇인가를 소멸시키는 가장 일반적인 방법이 태우는 방법이지만, 이는 흔적을 남기지 않고 없앨 수 있는 방법이기도 하므로 흔하게 사용된 것이라 여겨진다. 이외에도 버리거나 물에 띄우거나 땅에 묻는 것 역시 효험이 다한 부적을 소

멸시키는 방법으로는 매우 적당한 것이라 할 수 있다.

11. 부적을 지니면 목적하는 효과를 얻을 수 있는가의 질문에는 ① 마음의 평안을 얻을 수 있다, ② 효과가 있다, ③ 효과가 없다의 순으로 나타났다. 압도적으로 ①의 비중이 높게 나타나는 것은 부적의 순기능을 잘 드러내 준다. 부적은 무엇인가 일어날지 모를 상황에서 심리적인 위안을 받기 위한 주술적인 도구라 할 수 있다.

광산노동자군 부적 사용 현황

번호	질문 내용	1	2	3	4	5	6	응답 없음
1	근무 연수	5년 이내	5~10년	10~20년	20년 이상			
		24명	52명	65명	77명			
2	안전 기원	종교활동	종교와 관련한 패용물	부적을 지님	기타	없다		
		51명	27명	13명	11명	92명		24
3	종교	불교	개신교	천주교	무속 등	기타		
		78	30	8	11	36		55
4	기원 방법	정기적 종교활동	종교 관련 패용물 지님	기타				
		57	43	32				86
5	구입 시기	광산에 입사	3년 이내	5년 이내	10년 이내	10년 이후		
		25	16	18	16	24		119
6	구입 계기	마음 안정	친구 영향	무당 권유	부모님이 줌	사고 이후	기타	
		51	9	4	26	13	14	101

번호	질문 내용	1	2	3	4	5	6	응답 없음
7	구입처	절	무당, 점집	인터넷	가게	기타		
		54	18	1	25	22		98
8	구입자	본인	부모님, 배우자	친구, 동료	기타			
		40	49	10	17			102
9	구입 횟수	1년 1회	1년에 2회	1년에 2회 이상	2~3년에 1회	3~5년에 1회	비정기적	
		40	16	4	13	7	18	120
10	믿음	소원성취	마음 안정	다른 이의 영향	장식품	불운 예방	기타	
		8	67	2	11	17	16	97
11	부적 종류	재수부	벽사부	종합부	기타			
		22	13	39	30			114
12	부적 장소	몸에 부착	소지품에 부착	모자에 부착	집에 부착	베개나 이불	기타	
		41	25	1	26	8	23	94
13	주의 사항	보여 주지 말 것	늘 지닐 것	부정 금지	기타			
		14	59	10	30			105
14	처리 방법	태움	버림	물에 띄움	땅에 묻음			
		72	12	8	6			120
15	효과	효과 있음	마음 평안	없음	모름			
		11	69	9	30			99

이상의 내용을 종합한다면 광부들 사이에서 사용된 부적은 그들의 불안정한 삶의 환경이 주는 불안감을 해소하기 위해 사용되고 있다고

할 수 있다. 광부의 생활을 처음 시작하는 사람이나 10년 이상의 오랜 경험을 한 사람들 사이에서 부적의 사용 비중이 높게 나타나는 것이 그 증거다. 광부들은 갱도 안에서의 불안정한 생활을 극복하고 심리적인 안정을 꾀하기 위해 부적을 사용한다.

운전기사군

운전기사들 역시 위험에 노출되어 있으므로 그것을 예방하기 위해 종교적인 도구를 흔하게 사용한다. 특별히 운전을 직업으로 하지 않는 사람들도 자동차 안에 부적과 같은 신표(信標)를 부착한다. 절에 다니는 사람은 염주를 비롯하여 작은 연꽃이나 동자상을 걸어 놓는다. 교회에 다니는 사람은 십자가나 묵주를 걸어 놓는다. 이러한 것은 안전을 바라는 마음에서 비치해 두는 것들인데, 운전을 직업으로 삼는 사람들은 여느 사람들에 비해 보다 그러한 마음이 강할 것이다. 따라서 이들 역시 대표성을 띤다고 하겠다.

택시기사들의 부적 사용 실태는 서울 화곡동의 기사식당에서 이곳을 드나드는 기사 177명을 대상으로 설문지 조사를 했다. 이들의 종교 현황은 다음의 도표에서 볼 수 있듯이 개신교 48명·불교 38명·천주교 21명·무속 3명·기타 23명·기록하지 않은 사람 44명으로, 개신교와 천주교를 합하면 5분의 2 정도가 된다. 이러한 현상은 많은 기사가 부적과는 무관한 기성종교로 편입되어 있음을 의미한다. 그 결과 실제 부적을 사용하거나 과거에 사용한 경험이 있는 사람은 38명으로, 4분의 1 수준이다.

서울이라는 특성 때문인지 개신교의 비중이 높게 나타난다. 통계청의 2003년 종교인구 통계표에 의하면 전체 종교인구의 분포가 불교

(47%), 개신교(36.8%) 순인 데 반해 서울의 종교인구는 불교(32.9%), 개신교(47.3%) 순임을 감안한다면 택시기사군의 부적 사용이 드문 것이 설명될 수 있다.

비록 그 사용이 미미하기는 하지만 현 시점에서 택시기사군의 부적 사용 실태를 파악해 봄으로써 하나의 지표로 삼고자 한다.

1. 부적을 구입한 시기는 ① 택시 회사에 처음 입사하여, ② 택시기사 근무 3년 이내, ③ 택시기사 근무 5년 이내, ④ 택시기사 근무 10년 이내, ⑤ 택시기사 근무 10년이 지나서의 순으로 나타난다. 그중 택시 회사에 처음 입사하여 부적을 구입한 사례가 2분의 1 정도이므로 택시기사군의 부적 사용은 운전과 더불어 시작되었다고 할 수 있다. 운전은 위험을 감수해야 하는 일이므로 이러한 일을 직업으로 삼았을 때의 불안감이 결국 부적과 연계되게 만들었다고 하겠다.

2. 부적을 구입하게 된 계기는 ① 마음의 안정을 구하기 위하여, ② 부모님이나 배우자 또는 형제가 주어서, ③ 무당이나 승려의 권유로, ④ 친구나 주변 사람들이 사니까, ⑤ 좋지 않은 일이 있은 후의 순으로 나타났다. 이 역시 부적은 어떠한 일이 발생하기 이전에 미연에 그 일을 방지하기 위해 사용하는 것임을 의미한다.

3. 부적을 구입한 곳은 ① 사찰, ② 무당이나 점집, ③ 문구점이나 일반 가게의 순으로 나타났는데, 이 중 사찰이 압도적으로 비중이 높다. 사찰에서 부적의 활용이 늘고 있는 상황과 무관하지 않다.

4. 부적의 구입자는 ① 부모님이나 배우자, ② 본인, ③ 친구나 주변 동료의 순으로 나타났다. 혼인하기 이전에는 부모님이 부적을 주었지만 혼인한 후에는 배우자가 그 역할을 대신하는 것으로 나타났다. 본인

이 부적을 구매하는 사례도 11건으로 적지 않은 것으로 보아 스스로를 보호하려는 의식의 투영이라 할 수 있다.

5. 부적의 구입 횟수는 ① 1년에 1회, ② 한 번 구입한 것을 지속적으로 사용, ③ 1년에 2회, ④ 비정기적으로, ⑤ 2~3년에 1회, ⑥ 1년에 2회 이상의 순으로 나타났다. 가장 일반적인 것은 1년에 1회로, 주로 정월에 구입한다고 한다.

6. 부적을 지니고 있으면 어떤 믿음을 가지게 되는가는 ① 마음이 안정된다, ② 반드시 원하는 바가 이루어진다, ③ 장식품으로 생각한다, ④ 다른 사람이 지니니 나도 지닌다의 순으로 나타났다. 이 중 마음이 안정된다는 사람이 압도적인 것으로 보아 부적의 순기능이 마음의 평안임을 알 수 있다.

7. 소지한 부적의 종류는 ① 종합부, ② 재수부, ③ 벽사부의 순으로 나타났다. 벽사보다는 종합부와 재수부의 비중이 높은 것은 제액보다는 초복에 보다 관심이 많음을 의미한다.

8. 부적의 소지 방법은 ① 몸에 지닌다, ② 차의 운전대 부근에 붙여둔다, ③ 집에 붙여 둔다, ④ 차의 트렁크에 붙인다의 순으로 나타난다. 이 중 몸에 지닌다의 비중이 월등히 높은 것으로 보아 신변의 안전을 위해 부적을 사용하므로 몸에 부착하는 것이 보다 효과적일 것이라는 기대 때문으로 여겨진다. 또한 차의 운전대나 트렁크에도 붙인다는 것은 부적의 역할이 무엇인가를 보다 분명히 알 수 있게 한다.

9. 부적을 지니면 목적하는 효과를 얻을 수 있는가는 ① 마음의 평안을 얻는다, ② 잘 모르겠다, ③ 효과가 있다, ④ 효과가 없다의 순으로 나타난다. 효과가 없다는 사람이 1명인 것으로 보아, 우선 부적을 지니는 사람은 부적이 지닌 효과에 긍정적임을 알 수 있다. 또한 부적을 사용하

는 목적이 마음의 평안을 추구하기 위한 것이라는 것과 마찬가지로 실제 부적은 부적을 지닌 사람에게 마음의 평안을 가져다 준다고 할 수 있다. 이러한 차원에서 부적은 그 사용에 있어 순기능이 있는 것이다.

운전기사군 부적 사용 현황

번호	질문 내용	1	2	3	4	5	6	응답 없음
1	근무 연수	5년 이내	5~10년	10~20년	20년 이상			
		52명	66명	28명	21명			10명
2	상업 번성 기원 방식	종교활동	종교와 관련한 패용물	부적을 지님	기타	없다		
		33명	5명	19명	8명	31명		81명
3	종교	불교	개신교	천주교	무속 등	기타		
		38명	48명	21명	3명	33명		34명
4	기원 방법	정기적 종교활동	종교관련 패용물 지님	기타				
		39명	37명	27명				74명
5	구입 시기	사업 시작	3년 이내	5년 이내	10년 이내	10년 이후		
		17명	9명	8명	7명	2명		134명
6	구입 계기	마음 안정	친구 영향	무당 권유	부모님이 줌	사고 이후	기타	
		20명	1명	2명	13명	1명	1명	139명
7	구입처	절	무당, 점집	인터넷	가게	기타		
		26명	5명	0	3명	3명		140명

번호	질문 내용	1	2	3	4	5	6	응답 없음
8	구입자	본인	부모님, 배우자	친구, 동료	기타			
		11명	26명	1명				139명
9	구입 횟수	1년 1회	1년에 2회	1회 구입 계속 사용	2~3년에 1회	3~5년에 1회	비정기적	
		18명	6명	7명	2명		6명	138명
10	믿음	소원 성취	마음 안정	다른 이의 영향	장식품	불운 예방	기타	
		3명	31명	1명	2		3	137명
11	부적 종류	재수부	벽사부	종합부	기타			
		8명	2명	13명	7			148명
12	부적 장소	몸에 부착	트렁크에 부착	물건 내에 부착	집에 부착	베개나 이불	기타	
		25명	1명	8명	2명	2명		139명
13	주의 사항	보여주지 말 것	늘 지닐 것	부정 금지	기타			
								177명
14	처리 방법	태움	버림	물에 띄움	땅에 묻음			
								177명
15	효과	효과 있음	마음 평안	없음	모름			
		4명	22명	1명	13명			137명

이상으로 각 군별로 부적 사용의 실태를 살펴보았다. 각기 부적을 사용하는 목적과 방법은 달랐지만 부적에 거는 기대는 동일했다. 마음의 평안을 추구하기 위해 부적을 사용하며, 그 결과 마음의 평안을 얻었다

고들 한다. 비록 각 그룹별로 많은 비중은 아니지만 여전히 부적을 사용하고 있는 것으로 보아 부적이 지닌 순기능은 여전히 공감대를 형성하고 있다고 할 수 있다.

부적의 사용은 마음의 평안이 가장 우위를 차지했다. 그 다음으로는 각기 군마다 자신의 신변과 관련한 사고 예방, 운수대통, 시험 합격이 우위를 차지했다. 이러한 점은 각자의 생활과 가장 밀접한 부분에 부적을 사용하고 있음을 나타낸다. 그렇다면 부적은 자신이 원하는 부분에 있어 소귀의 목적을 얻고자 하는 인간 노력의 또 다른 부분이 아닐까 한다. 비록 부적이 긍정적인 면만을 지닌 것은 아니지만 현재 당면하고 있는 해결할 수 없는 문제에 대해 최소한 희망을 주고, 그것을 통해 조금이나마 마음의 평안을 준다면 그것으로 부적의 기능이 충족된 것이 아닐까 한다. 노력하지 않고 요행을 바라는 마음에서라기보다는 혹시나 하는 염려의 상황에서 조금이나마 심리적으로 안정을 유지케 함으로써 보다 긍정적인 효과를 얻어 낼 수 있기 때문이다.

그러나 부적의 사용 여부가 긍정적이지만은 않다. 불교도나 기타 종교에 비해 개신교, 천주교 등의 비중이 월등히 높다는 사실이 그것을 증명한다. 오늘날 종교 분포는 다음의 표처럼 불교, 개신교, 천주교의 순으로 나타난다. 불교가 개신교에 비해 조금 더 많은 분포를 보이지만 근소한 차이이다. 앞에서 살펴본 택시기사군의 종교 분포는 오늘날의 종교인구의 현황을 그대로 포함하고 있는 셈이다. 따라서 점차 개신교와 천주교 등의 세계 종교가 강세를 유지하게 된다면 부적의 사용 대신에 각자의 종교활동에 따르는 신앙행위가 이루어질 가능성이 농후하다. 부적은 세계종교의 전파가 활발해지면서 그 사용이 줄어들고 있다고 하겠다.

한편 위와 같은 통계는 1970~1980년대의 상황과 매우 차이가 있다.

당시에 부적의 사용 실태를 조사한 논고를 참고할 때 지금과 달리 사용 실태가 매우 왕성했다.[173] 부적의 사용이 보편적이었으나 2006년에는 20% 미만의 사용을 보이고 있다. 그 구체적인 양상을 다음의 표를 통해 살펴보도록 하자.

1970년대와 2006년도의 부적 사용 실태 현황표

	1970년대	2006년도
부적 소유자	서울 성동중학생 120명 중 29명(24%) 경남 진주교육대학생 148명 중 55명(37%)	서울 고등학생 : 428명 중 37명(약 8.6%) 서울 상인 : 100명 중 38명(약 38%) 서울 택시운전기사 : 177명 중 34명(약 19.2%) 강원도 광산노동자 : 218명 중 99명(약45.4%)
구입 출처	절이나 암자 : 42% 무당, 점쟁이 : 27% 기타 : 25.5%	절 : 923명 중 112명(약 12.1%) 무당, 점집 : 923명 중 52명(약 5.6%) 일반 가게 : 923명 중 30명(약 3.3%) 기타 : 923명 중 30명(약 3.3%)

이상의 자료와 비교하기 위해 김민기가 1970년대에 서울과 지방 도시의 학생을 상대로 질문지 방법에 의해 설문조사를 한 내용을 살펴보도록 한다. 조사 대상이 상이하므로 직접 비교의 대상으로는 삼을 수 없으나 대략적인 상황은 파악할 수 있으므로 분석 대상으로 삼았다.

---

173) 부적 사용의 현재적 실태를 파악한 논고는 김민기의 『한국의 부작』, 보림사, 50~53쪽과 한정섭의 『한국부적신앙연구』, 13~17쪽이 있다. 전자는 1970년대의 부적 사용 실태를 서울의 중학생과 부산의 교육대학생을 대상으로 표본조사했다. 부적을 구입해 온 출처, 구입자의 직업, 구입해 온 친족, 부친의 학력, 모친의 학력을 대상으로 했다. 서울 성동중학생 497명 중 120명이 부적 사용(24%), 경남 진주교육대학생 400명 중 148명(37%)이 부적을 지니고 있었다. 반면에 한정섭은 1974년 9월부터 1975년 2월까지 6개월간 학생, 운전자, 사업가, 일반인 약 3천 명을 대상으로 부적의 소지 여부를 조사했다. 조사한 결과 3분의 2가 부적을 현재 소지했거나 소지한 경험이 있다고 했다.

① 부적을 사용하는 비중은 1970년대에는 30.5% 정도다. 반면에 2006년도에는 학생과 택시운전기사를 제외한다면 상인, 광산노동자 모두 35% 이상이다. 이러한 부분은 과거보다 오히려 지금 부적을 많이 사용한다는 결과가 된다. 그러나 당시 조사 대상이 학생임을 감안한다면 그 비중이 월등히 줄었음을 알 수 있다. 30.5%에서 8.6%로의 감소는 절대적인 감소라고 할 만한다. 이러한 감소의 원인으로는 위에서도 언급한 바와 같이 세계 종교의 유행과 더불어 나타나는 현상이라 할 수 있다.

② 부적을 구입한 곳은 1970년대에는 절과 암자가 42%, 무당과 점쟁이가 27%, 기타 25.5%의 비율을 보였다. 이러한 현상은 2006년도에 유사하게 나타났다. 절에서 부적을 구입하는 예가 비교적 높으며 무당, 기타의 순으로 나타났다. 과거와 달라진 점은 일반 가게에서 부적을 구입하는 사례가 있다는 것이다. 이때 가게는 불교용품판매점 등의 접근성이 용이한 곳이 주를 이룬다. 이러한 변화는 결국 부적이 저변화되는 현상의 하나로 볼 수 있다. 부적에 대한 믿음이 종교적이기도 하지만 장식품으로 간주한다고 대답하는 이들도 있으므로 가게에서 부적 구입은 그러한 사회적인 인식의 변화 속에서 이루어진 일로 여겨진다. 종교적인 주물이었던 부적이 상점에서 거래된다는 것은 앞에서도 언급했듯이 부적의 저변화를 가져오는 동시에 세속화를 초래했다고 하겠다. 형이상학적인 문양이 현대인들에게는 신비감을 주었고, 그 결과 장식을 하는 수단으로 이용되기도 한다. 때문에 소품에 장식으로 부적을 이용하거나 그림의 화재(畵材)로 부적을 이용하기도 한다. 이러한 현상은 저변화인 동시에 어찌 본다면 예술적 승화로 이해할 수 있다.

③ 부적의 내용은 순수 불교적인 '탑다라니'나 '진언다라니' 등의 부적은 소수이고, 선가(仙家)류와 속세간적인 것이 대부분이었다. 이러한

현상에 대해 김민기는 불교가 토착화되는 과정에서 이들을 방편적으로 수용한 것으로 보았다. 이미 이 시기에도 그 이전과 달리 무당이나 스님 등이 주술을 걸어 직접 제작한 부적을 사용하기보다는 중간 유통 과정의 공급자가 용도별로 대량 생산한 것을 많이 활용하고 있었다. 2006년도의 조사에서는 이 부분에 대한 답변이 없었다. 다만 사용 부적이 '종합부'라고 대답한 이들이 많은 것을 보면 다양한 종교적 욕구를 충족시키기 위해 여러 개를 한꺼번에 사용하는 부적이 늘고 있다고만 할 수 있다. 태안의 장세일도 이러한 양상은 근래에 들어오면서 추가된 현상이라 했듯이, 부적의 형태는 단순 모방의 차원에서 벗어나지 못하지만 그 내용에 있어서는 예전과 달리 종합화되어 가는 추세를 띤다고 하겠다.

④ 부적을 구하는 사람은 모계가 63.3%, 부계가 13.3%로 어머니 쪽이 5배나 많았다. 구입자의 학력별 비율에서는 어머니의 학력이 낮을수록 부적 사용 비율이 높았다.[174] 2006년도에는 부적을 구입하는 사람이 누구인가와 관련하여 설문을 했다. 이때 부모 혹은 조모 등이 월등히 높은 비중을 나타냈으며, 본인이라는 대답도 적지 않았다. 이러한 현상은 결국 예나 지금이나 부적의 수요자는 부모, 그중에서도 어머니와 조모가 아닐까 한다. 여성들의 종교성이 부적에서도 단연 돋보인다.

⑤ 서울에서 24%, 지방에서 37%가 부적을 직접 몸에 지니고 다니거나 집의 벽, 천정 등에 붙여 두었거나 가족 중 지니고 다닌다고 밝혔다.[175] 2006년도의 조사에서는 부적을 대부분 몸에 부착했다. 다만 택시운전기사나 시장 상인의 경우, 구체적인 목적을 표시하기 위해 차 안이나 상행위가 이루어지는 가게의 금고 안에 부적을 붙이기도 했다. 부

174) 초졸 43%, 중졸 22.7%, 고졸 17.3%이다.
175) 김민기, 『한국의 부작』, 보림사, 1987, 50쪽.

적은 몸에 지녀야 효험이 높다는 기본 관념은 변하지 않았음을 알 수 있다. 그러나 구체적으로는 직업에 따라 그 효험을 배가시킬 수 있는 공간이 추가적으로 이용됨도 알 수 있었다.

이상에서 살펴본 바와 같이 1970년대나 2006년도에도 부적은 많은 사람들의 종교적인 주물로 간주되고 있었다. 물론 부적 이외에 여러 종교와 관련한 패용물이 부적과 같은 기능을 하며 등장하고 있으므로 그것까지를 포함한다면 그 수치는 과거보다 높다고 할 수 있다. 개신교인의 십자가, 천주교도의 묵주, 불교도의 염주나 부적, 무속인의 부적 등은 모두 부적과 동일한 차원으로 간주될 수 있다. 이들 모두 종교적인 표현 수단인 동시에 자신의 염원을 기원할 수 있는 대상물이기 때문이다.

이처럼 2006년도에 현대화와 도시화가 진행되면서 오히려 과거에 비해 주술적인 측면이 강하게 드러나는 것은 비단 우리나라만의 현상은 아니다. 이러한 측면은 미국의 문화 인류학자인 로버트 레드필드(Robert Redfield)가 1941년 멕시코 유키만 반도에서 부족, 마을, 읍, 도시의 네 집단을 비교해 흥미 있는 보고를 한 것과 일맥상통한다. 그에 따르면 도시의 생활은 시골 생활에 비해 불안감이 강하고, 경제적인 갈등은 주민들에게 여러 형태로 영향을 끼쳐 개인을 그 가족이나 지역 집단으로부터 고립시키는 경향이 있다는 것이다. 게다가 문화의 통합과 붕괴 현상이 일어나고 가족이나 종교의 통제는 이완되어 오늘날 도시가 시골보다 갈등이 많아져 점을 치는 빈도도 농촌보다 훨씬 높다고 보고했다. 따라서 주술은 과학 문명 시대일수록 사라지지 않고 더욱 번성하게 될 것이다.

물론 과거와는 다른 차원에서 부적을 사용한다. 과거에는 귀신을 물리치거나 질병을 막기 위해, 재앙을 물리치기 위해 부적을 사용했으나 근래에는 사고를 미연에 예방하기 위해, 상품 판매를 위해 부적을 사용한다. 이처럼 직업에 따라 부적의 사용 용도와 목적이 달라지는 것은 결국 부적이 세분화되어 가는 모습을 보여 준다. 또한 이러한 점은 자신이 처한 상황에서 종교적으로 해결해야 하는 중요한 문제들과 관련이 깊다. 따라서 부적은 인간 생활에서 맞닥뜨리게 되는 문제 중 인간의 능력으로 어찌해 볼 수 없는 부분이나 신의 가호를 통해 소기의 목적을 이루기 위한 부분에 집중되어 있다고 하겠다.

매체에 따른 전승 양상

과거에는 부적을 제작하는 자가 전승 주체였지만 근래에는 다양한 매체의 등장으로 부적의 전승 양상도 달라지고 있다. 그 구체적인 양상을 살펴보면 다음과 같다.

인터넷에서 판매되는 부적

인터넷은 누구나가 접속함으로써 정보를 얻을 수 있는 공간이다. 이러한 사이버 공간에서 성황리에 부적이 유통되고 있다는 사실은 부적의 현대적인 의미가 여전히 지속적임을 보여 준다. 최첨단의 과학 수단인 인터넷과 미신이라 치부됐던 부적이 야합하고 있는 것이다.

특히 대학수학능력시험을 앞두고 인터넷에서 수험생의 사주에 부합한 백금 도금의 급제 부적이 인기리에 팔리기도 한다. 그러나 과거와 달리 유행의 흐름이 변화하고 있는 것 중 하나가 휴대폰으로 부적의 이동이 가능했다는 점이다. '수능대박 합격 카드'라는 이름으로 부적을 포함해 "정답을 꽂아줘요", "꼭 붙으삼"이라는 내용의 수능 합격 기원 카드를 보내기도 한다.

이처럼 소원 같은 인간의 마음을 과학이 다스리기에는 아직도 요원함을 말해 주는 문명 현상이 아닐 수 없다. 대표적인 무속 사이트인 http://amulet.culturecontent.com은 다양한 부적을 소개하고, 그것을 상황에 따라 이해하도록 제작되어 있다. http://www.mirae21.wo.to에는 부적을 신청하는 난을 별도로 마련하여 돈을 받고 우송해 주고 있다. 이처럼 부적은 여전히 현대인들에게 호기심의 대상이며, 답답함을 풀어주는 것으로 작용하고 있다. '사주닷컴'은 많은 부적 사이트 중에서도 기업형에 속한다. 이 회사는 새해를 '해외사업 확장의 해'로 설정했다. 사이버 부적이나 로또 번호, 운세 등 국내 인기 아이템을 일본과 중국에 선보인다는 전략이다. 여기에 국내 오프라인 영업 활성화를 위해 '운세 종합 쇼핑몰'을 거점 지역에 세우기로 했다.

운명산업의 형태도 쇼핑 플라자, 인터넷, 휴대폰, 비누에 부적을 붙여 파는 것 등으로 다양해졌다. 휴대폰에 부적을 받아 지니기도 하는데, 한 예를 들어 보면 다음과 같다.

노란색 바탕에 붉은 글씨인데, 일명 '애인 생기는 부적'이다. 그의 휴대폰 벨소리는 이 달 그의 운세를 상승시켜 준다는 피리 소리로, 모두 돈을 주고 인터넷에서 구입했다고 한다. 그는 "그리 비싸지도 않아 친구끼리 재미로 주고 받는다."고 한다.[176]

한 비누 회사에서는 주는 기쁨과 받는 기쁨을 배가시키기 위해 비누를 제작할 때 부적을 만들어 붙이기도 했다. 비누는 늘 사용하는 것이므

---

176) 《주간조선》, 2006년 2월 8일 기사.

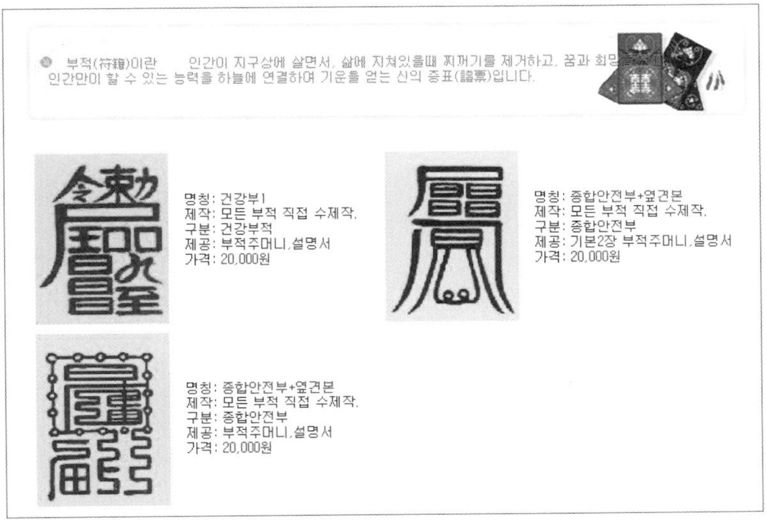

신수부적 광고용

판매용 비누에 붙인 부적

로 그것에 부적을 붙여 늘 부적이 지닌 주술적인 힘과 함께하라는 배려인 듯하다.

이러한 현상은 우리나라뿐만 아니라 외국에서도 유사하다. 이것은 현대를 살고 있는 우리들에게도 여전히 하루의 운세, 혹은 그것에 따라 나쁜 것을 제어하고자 하는 마음이 내재되어 있음을 보여 준다. 즉 동서고금을 막론하고 누구나 자신의 미래, 혹은 삶의 문제에 부딪혀서 발생할지 모를 다양한 문제를 해결하려 하기 때문이다. 인간의 지식으로 해결되지 않는 부분일 경우에는 더욱 더 그러한 점이 강조될 것이다.

상점에서 판매되는 부적

부적이 하나의 기호 상품으로 자리를 잡아가면서 이를 판매하는 상점이 다양하게 늘고 있다. 종교적인 목적을 담은 부적이 이제는 시장이나 초등학교 앞의 문구점이나 불교용품점에서 적은 돈에 거래되고 있다.

그 대표적인 예로 2000년대 중반 서울 압구정동 로데오거리에는 '점술밸리'가 있었다. 점술밸리란, 최첨단 패션의 현장인 압구정동 로데오거리의 점집들을 일컫는 말이다. 화려한 수입품 매장과 고급 레스토랑 사이로 점집과 사주카페 70여 개가 모여 있다. 전통 역학부터 구슬점, 타로카드, 대나무 뽑기 등 종목도 다양하다. 영하로 기온이 뚝 떨어진 지난해 12월 24일 오전, 이곳의 점집 '운수 좋은 날'은 예약 손님들로 줄을 잇는다. 이 점집의 고객은 남녀 비율이 약 6 대 4 정도로, 남성이 많고 전문직이 대부분이다. 역술가 김 씨는 "펀드 매니저와 부동산중개업자들도 많이 찾는다."며 질문의 내용은 주로 주가의 흐름과 부동산 투자 대상지라고 한다.

이처럼 첨단과학·인터넷 정보시대가 활짝 열렸지만 '점(占)'은 사라지지 않고 '운명산업'으로 진화하고 있다. 젊은이들 구미에 맞춰 재미를 강조하고 있고, 재테크·입시·이혼 등 전문 영역으로 세분화되고 있는 상황이다. 덕분에 인터넷 '운세' 콘텐츠는 게임 다음으로 불티나게 팔린다. SK텔레콤의 지난해 운세 서비스도 매출이 전년보다 40% 증가했다. 현재 45만 역술·무속인이 관련된 전체 운명산업의 규모는 2조 원(역술인협회 추산)이 넘는다. 영화산업 규모(2004년 2조 3천억 원)와 맞먹을 정도다. 고객도 과거의 주부나 공무원 등에서 전문직으로, 중년에서 대학생 등으로 확대되고 있다.

일반 기업도 점을 마케팅 수단으로 적극 활용하는 추세다. 이마트 등 대형 할인마트나 CGV와 같은 영화관에는 점집이 1~2개씩은 입점해 있고, 백화점은 점 봐 주는 이벤트를 수시로 열고 있다. 무속 타운 형성도 잇따라 현재 서울 미아리와 이화여대 앞, 강남 압구정동에 이어 인사동에서도 '무속 종합 쇼핑몰'이 점집 분양 중에 있다.[177)]

초등학교 문구점에서 아이들은 장난삼아 부적을 사는데, 이것을 장남삼아 소지품에 붙이기도 한다. 부적에는 각기 해당 부적이 무엇인가를 설명하고 있으며, 필요에 따라 구입하여 장식하고 있다. 대체로 부적은 공부 잘 하는 부적, 시험 잘 보는 부적, 애인 구하는 부적 등의 내용을 담고 있다. 이 부적이 결국 아이들의 호기심을 자극해 보겠다는 상술이기는 하지만 하필이면 왜 부적인가라는 차원에서 본다면 부적 판매는 쉽게 넘길 만하지는 않다. 초등학생은 아직은 한국의 문화를 접하지 않은 순수함을 지니고 있다. 아이들의 호기심 충족용으로 보급된 부적은 아이들에게 자연스레 부적의 문화를 인지케 한다. 공부 잘 하는 부적을

177) 《주간조선》, 2006년 2월 8일 기사.

가지고 시험에 임하거나 심지어는 시험을 보기 전에 사탕이나 엿을 먹고 시험을 보면 좋은 성적을 올릴 수 있다고 하여 시험기간에는 으레 사탕을 들고 등교한다고 한다. 이러한 점은 결국 부적, 사탕, 엿 등이 경쟁사회에 들어서는 초등학생들에게 삶의 불안을 해소케 하는 방법으로 등장하고 있음을 느끼게 한다.

이와 더불어 사찰이나 무당 등에 의해 거래되는 부적의 공급처로서 불교용품판매점을 지적할 수 있다. 불교용품을 판매하는 장소에서 부적을 판매한다는 것은 부적이 그러한 용도에서 거래되고 있음을 의미한다. 그러나 그곳을 찾는 이들은 무당을 비롯하여 철학관 등을 운영하는 사람까지 다종다양하다. 불교용품판매전문점이 마련될 정도로 불교계는 그 활동이 활발하다. 조직을 갖추지 못한 무당들은 이러한 곳을 찾아 필요한 것을 구할 수밖에 없다. 1970년대 서울 종로에 집중된 만물상에서 부적을 도매했는데, 종로 3가 '대광만물'을 비롯하여 5개소(1987년에 13개소로 증가)에서는 부적 1조(20~30매)에 200~500원씩 팔고 있었고, 가장 많이 사 가는 고객은 절을 신축·개축하는 경우의 스님들이라고 한다.[178] 이곳에서 거래되는 부적은 인쇄소에서 제작된 것들로, 누런 종이에 붉은 잉크로 인쇄한 것이다. 100장 단위로 거래되며, 그것을 구입해서 동지나 입춘 때에 자신을 찾는 신자들에게 나누어 준다. 이러한 현상은 결국 부적이 예전보다 폭넓게 사용되는 데 기여하고 있다.

요즘은 홈쇼핑 채널이나 일반 종교용품 가게에서 순금으로 된 달마의 그림을 판매하기도 한다. 수맥(水脈)을 차단한다고 하여 달마 그림이 한때 열풍을 일으키기도 했다.

이외에도 일본에서는 태풍에 떨어지지 않고 버티어 낸 사과를 '합격

178) 김민기, 앞의 책, 1987, 52쪽.

판화로 찍은 부적

순금 달마 그림

사과'라 하여 5만 엔에 판다는 보도가 있고, 우리나라에서는 '합격(合格)' 자가 새겨지도록 사과를 길러 팔기도 한다.

이처럼 다양해진 부적의 종류 덕에 부적의 쓰임이 매우 일반화되었다. 자신의 물건에 무엇인가 상징을 하는 스티커를 부적처럼 사용하는 이들도 있게 되었다. 장식적인 효과를 내는 동시에 종교적인 믿음도 부여하므로 일석이조의 효과를 내고 있는 것이다. 최근에는 치우의 모습이라는 귀면이 하나의 아이콘으로 등장했다. 월드컵의 붉은 악마의 상징으로 사용되어 그 형상이 일반에 공개되면서 장식성과 종교성이라는 양이성을 지닌 채 유통되고 있다.

학문과 예술을 통한 전승 양상

미신으로 여기던 역술은 이제 제도권 교육의 영역으로까지 들어왔다. 최근 공주대, 경기대 등 전국 10여 개 대학에 관련 학과가 봇물 터지

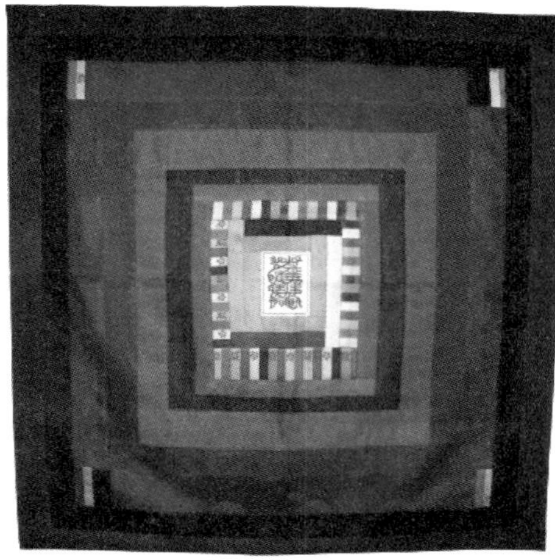

부적이 붙은 청학조각보

듯 개설되기 시작했다. 특징은 실용적인 학문으로 재무장했다. 비록 부적과 관련된 학과는 아니지만 2006년에 개설된 원광디지털대학교의 '얼굴경영학과'는 관상학을 교육한다.179)

또 일부 예술가는 자신의 예술 작품에 부적을 부착하기도 하고, 아예 부적을 구상하여 작품을 만들기도 한다. 조각보의 중앙과 귀퉁이에 부적을 끼워 장식성을 더하기도 하고, 부적의 추상적인 모양을 본떠 그림을 그리기도 한다. 부적도 그림의 형식을 갖추고 있으므로 그 그림 자체가 부적이 되는 셈이 된다.

---

179) 사주아카데미의 김준구 원장은 "역술은 민간연구소처럼 미래를 예측하는 일종의 '예측산업'으로도 볼 수 있다."며 "생활 속 어느 곳에나 예측은 필요하기 때문에 다양한 비즈니스 모델로 개발 가능하다."고 말했다. 확대되는 '운명산업'에 대해 동국대 사회교육원에서 명리학을 가르치는 백민 교수는 "역술이 음지에서 양지로 나오는 과정인 것은 반가우나 돈이 된다는 말에 역술인이 양산되는 바람에 100명 중 10명도 채 성공하지 못한다."라고 말한다.

예술계에서 부는 이러한 열풍 속에 외국에서는 '병을 낫게 하는 그림'이 등장하기도 했다. 아일랜드 화가가 그린 '스텔라(Stella)'라는 작품이 그것이다. 이 그림은 300년 된 어느 젊은 여인의 초상화인데, 50년 전에 암 환자가 나았다고 해서 지금도 그 그림을 찾는 이들이 많다고 한다.

이처럼 부적은 다양한 모습으로 변모하고 있는데, 이는 부적이 지닌 종교성이 현대사회에도 여전히 자리를 감추지 못하고 있음을 느끼게 한다. 한편, 이는 부적의 저변화를 보여 주기도 하는데, 상점에서 단돈 몇 백 원에 구입한 부적은 결국 손쉽게 자신의 마음을 담아 소망을 기원할 수 있는 도구로 인식되고 있기 때문이다. 이러한 점 때문에 접근성이 용이해져서 그 사용이 보편화된 것이다.

제4장
부적 기호와 문양의 상징성

부적은 기호와 문양의 상징을 통한 주술적 표현의 수단이다. 부적을 이해하기 위해서는 주술에 대한 이해가 필수적이다. 그러므로 이 장에서는 부적 기호와 문양의 상징성을 고찰하기에 앞서 우선 주술에 대해 살펴보기로 한다.

주술은 영어로 '매직(Magic)'이라 하며, 기도를 하거나 점을 치기 위한 초인적인 신비력을 나타내려고 하는 기술행위라고 정의하고 있다. 또한 주술은 무당 등의 신직자(神職者)가 신의 힘을 빌려 재액을 물리치려고 비는 법이라고 한다. 영어 매직(Magic)은 원래 제사 및 주술사를 일컫는 고대 페르시아어 '마구스(Magus)'에서 유래했다. 주술은 원시신앙의 하나로서 재앙을 소멸하고 복을 비는 한 수단이라 할 수 있다.

주술의 기원은 인류 역사와 괘를 같이할 정도로 아주 연원이 깊지만, 주술을 집대성하고 발전시킨 것은 주술을 전파의 수단으로 삼았던 밀교였다. 이에 밀교의 역사와 연원을 살펴보고, 그 밀교사상이 우리나라 불교와 무교 부적에 끼친 영향을 찾아보고자 한다. 한편 서양의 밀교라고도 할 수 있는 비교(秘教) 혹은 비학(秘學, Occultism)[180]을 동양의 밀교[181]와 비교하면서 부적에 나타난 이미지에서 인간의 무의식적 상징이 어

180) 비학 : 비교적 학문에 기초를 둔 다양한 이론과 종교 의식과 의례에 대한 일반적인 명칭, 특히 영적인 세계와 불가사의한 우주의 힘에 관한 비합리적인 학문이다. 비학 신봉자들은 마음의 상승적 힘을 키움으로써 이 세계를 이해하고 탐구하려고 노력한다. 이러한 목적을 위해 그들은 고대어를 연구하고, 그렇게 함으로써 보이지 않는 것들을 고대 문명에서 찾을 수 있고 다시 소지할 수 있다는 믿음을 갖고 있다. 비학에는 다양한 학문 분야가 포함되어 있다. 예를 들면 악마주의(Satanism), 점성학(Astrology), 유태교·중세기독교의 신비철학(Kabbala), 초기 기독교시대의 신비주의 집단(Gnosticism), 접신학 혹은 신지학(Theosophy), 점복(Divination), 마법(Witchcraft), 그리고 주술적인 것들이다. (『Encyclopaedia Britannica』 권7, P.469.)

떠한 모습으로 표현되었는지도 살펴보려 한다. 부적을 이해하려면 주술에 대한 이해도 중요하지만 밀교와 밀교의 부적인 '만달라'[182]에 대한 이해가 앞서야 한다고 생각한다.

---

181) 밀교 : '비밀 불교' 또는 '밀의 종교'의 약칭. '진언(眞言) 밀교'라고도 하는데, 일반의 불교를 '현교(顯敎)'라 하는 것에 대한 대칭어이다. 밀교는 7세기에 대승불교의 화엄(華嚴)사상, 중관파, 유가행파 사상 등을 기축으로 하여 인도교의 영향을 받아 성립했다. 보통 밀교는 미신적인 주술 체계로서, 성력(性力)을 숭배하는 타락된 불교로 인식되고 있으나 그것은 힌두교의 탄트라 신앙과 결합되어 말기에 나타난 좌도밀교를 가리킬 따름이다. 정통적인 밀교 사상은 개체와 전체의 신비적 합일을 목표로 하며, 그 통찰을 전신적으로 파악하는 실천과 의례의 체계를 갖는다. 밀교에 해당하는 인도의 호칭은 바지라야나(Vajrayana)인데, 이것은 후기 대승불교를 대표한다. 바지라야나는 실재와 현상을 자기의 한몸에 융합하는 즉신성불을 목표로 한다. 이는 다양한 것의 통일이라는 사상을 바탕으로 하고 있는 것으로, 그 통일 원리는 공과 자비의 일치, 즉 반야(般若)와 방편(方便)의 일치로 나타난다. 이러한 금강승에는 사크티적 경향, 즉 성령적 성격은 없다. 그러나 이슬람 침입 이후 성립된 구생승(俱生乘)과 시륜승(時輪乘), 그리고 금강승에서 갈라져 나온 탄트라승, 길상승 등은 정적인 요소를 담고 있다. 그러므로 밀교를 성령적인 뉘앙스를 갖는 탄트라 불교로 부르는 것은 정확한 호칭이 아니라고 하겠다. 인도에서 티베트, 네팔 등으로 전파되어 오늘날 행해지고 있는 것은 구생승 계통이다. 그러나 중국, 한국, 일본 등의 밀교는 토착 신앙과 결합된 요소가 많아도 성력적 요소는 없다. 일반적으로 밀교에 대한 관점은 현세적 욕망을 처리하는 주술조직, 또는 극단적인 신비주의 속에서 발달한 상징철학으로 구분된다. 전자를 잡밀이라 하여 금기·부적·주법 등으로 표현하는 데 반해 후자는 순밀이라 부르는데, 7세기 후반에 차례로 성립된 것으로 여겨지는 『대일경(大日經)』과 『금강정경(金剛頂經)』이 기본 경전이다. 밀교의 두 가지 세계관인 태장계와 금강계는 이 두 경에 의해 설명된다.

182) '만달라'는 진언 또는 인상(印象)과 같은 시각이나 청각 등 인간의 감각기관을 충분히 활용하여 그 긴장도를 높여 가려는 것이다. 따라서 밀교는 선(禪)과 같이 현상계에 대한 부정적인 입장이 아니라 현상에 대한 철저한 긍정주의를 취하고 있다는 데 특징이 있다. 그리고 밀교의 긍정주의를 바탕으로 본질의 경지를 구상화해 나간 것이 만달라이다.

만달라의 기본적인 기하학적 도형 '원', '방형', '삼각형'은 고대 그리스의 신비주의 교단인 오르페우스교를 이끌었고, 피타고라스의 정리로 유명한 그리스의 수학자이며 수비학자인 피타고라스가 숫자와 도형에 대해 전개한 이론에서 비롯된다.[183] 즉, 모든 형태는 그것이 아무리 복잡한 것이라 하더라도 종국에는 기본적인 기하학적 도형으로 환원될 수 있고, 그 기본적인 도형은 그 자체로 숫자가 지닌 형이상학적 의미를 숨기고 있는 하나의 상징이라는 이론처럼 그 도형들이 형상의 개념을 표시하는 형태가 아니라 형이상학적 속성을 나타내는 상징이며, 각각 고유한 상징성을 지니고 있다는 것이다. 즉 대지의 울타리를 정하는 사각형, 하늘의 무한함을 표현하는 동그라미, 여성과 남성을 나타내는 삼각형, 자연의 무한한 생명력을 나타내는 미로형 등이다. 만물 조응의 원리를 근본으로 하고 있는 비학적 세계관은 모든 존재가 하나의 공통된 뿌리에서 비롯되었으므로 하나의 보이지 않는 연결 고리를 지니고 있으며, 인간의 이미지를 통해 세계 전체에 두루 퍼져 있는 영성과 교감할 수 있다는 것이다. 그중에서도 기하학은 형상을 통해 우주의 근원적 일자와 조응한다. 피타고라스는 천체의 조화로운 울림인 천상의 음악이 지상의 현악기의 아름다운 조화 소리와 조응한다고 했다. 피타고라스가 숫자와 기하학적 도형에 신성을 부여하고 음악(소리)으로서 천상과 조응했듯이, 티벳 밀교 수행자들은 둥근 원 안에 정사각형, 또 그 안

183) 수비학은 모든 사물들은 숫자적인 개념으로 표현될 수 있다는 피타고라스의 사상을 기본으로 해서 사람의 성격을 설명하거나 장래를 점치기 위한 숫자의 사용법이다.

에 삼각형 아니면 다시 정사각형과 둥근 원을 반복적으로 그리는, 일종의 종교적 의례를 통해 불성 혹은 영성을 체험하며 주문을 외우는 행위로 실제 사물에 영향을 미친다. 밀교를 일명 '진언승'이라고 할 만큼 그들의 종교 의례에는 진언(Mantra, 신의 에너지를 상징적으로 나타내는 신성한 소리)을 암송하며 그중에서도 육자대명왕진언인 '옴마니밧메훔'이라는 주문은 밀교에서 가장 특징적인 것이다.

한편 서양에서는 중세에 와서 비학[184]의 전성기를 맞이했다. 12세기경 독일의 수녀 원장인 힐데가르트 폰 빈겐(Hildegard von Bingen)은 오늘날까지 전래되는 교회 성가를 작곡했고, 신의 계시를 듣고 그대로 그림으로 표현한 마치 부적집 같은 책을 썼다. 현재 필사본으로 내려오는 이 책은 역시 밀교의 신비주의가 각자의 내면 혹은 신에 신, 불, 우주라고 하는 초월적 존재를 일체화하려는 것처럼 신과 교회와 우주에 관한 여성적인 이미지를 통해 창조와 구원에 대한 신의 지혜를 체험하고 경배하는 것에 초점을 두었다.

또한 15세기의 독일인 비학철학자 아그리파 폰 네테스하임 하인리히 코넬리우스(Agrippa von Nettesheim Heinrich Cornelius, 1486~1535)는 『오컬트 철학(DE OCCULTA PHILOSOPHIA)』를 저술함으로써 르네상스 시기의 주술 연구에 큰 영향을 끼쳤고, 고대 히브리 문자와 피타고라스 수비학을 신비철학의 관점에서 분석하여 설명했다. 그는, 주술은 신과 자연

---

184) 비학은 만물 조응의 원리를 근본으로 하고 있는 세계관으로서 모든 존재가 하나의 공통된 뿌리에서 비롯되었으므로 하나의 보이지 않는 연결 고리를 지니고 있으며, 인간은 이미지를 통해 세계 전체에 두루 퍼져 있는 영성과 교감할 수 있다는 세계관이다.

을 체험하는 가장 최선의 방법이라고 천명했다.

위에서 열거한 이 두 사람들의 공통점은 주술의 목적을 정의한 데서 찾을 수 있다. 밀교의 세계관과 마찬가지로 예술 기하학적 도형과 음악, 주술적인 방편을 통해 신성을 체험하는 신비적 합일이 주술의 목적이었다.

결국 주술이 모태인 예술의 의미는 인간의 내면에 깃들어 있는 잠재된 세계, 동시에 개인의 내면에 존재하지만 전일적인 우주 전체가 함께 호흡하는 세계를 드러내고, 그 세계를 교감하게 하는 것이다. 이런 의미에서 예술가는 주술사, 마법사, 또는 무당이 된다. 무당으로서의 예술가는 보이지 않는 세계를 보여 주는 신비를 구현하는 동시에 인간과 세계가 처한 질병을 영적으로 치유하는 일을 하기도 한다. 주술사로서의 예술가는 치유하는 자이기도 한 것이다.

이렇듯 서양의 비학과 밀교의 신비사상 내지 세계관의 유사성을 비교 인식함으로써 신비철학인 비학의 한 부분인 주술적 부적의 역할과 그 의미를 지금까지 우리가 이해해 온 것보다 좀 더 넓고 깊게 인식할 수 있다. 그리고 영적 감응을 가장 저급한 것으로 취급하고 증명 불가능한 것은 존재하지 않는 것으로 되어버린 근대의 데카르트적 합리주의와 실증주의 시대에서도 부적과 같은 상징적 이미지가 지닌 알 수 없는 영적인 분위기는 우리 내면에 숨겨진 영혼에 영향을 미치고, 또한 우리는 영혼으로 상징에 감응한다는 것을 확인할 수 있을 것이다.

부적의 기호적 상징성

부적에 나타난 추상적인 형태나 기호는 장식적인 요소로서 보기보다는 메시지 전달 차원에 있어서 영적인 의미 부여를 위한 기호로서의 기능적 표현이라 할 수 있다. 이와 같이 부적은 종이 위에 선과 점으로 구성된 단색(丹色) 표현물이라는 점과 부적 표현의 주종을 이루고 있는 고전체가 주는 단순화된 선의 이미지와 일부 기하학적인 기호들의 절제된 표현은 매우 디자인적이다. 그리고 추상적인 필체나 가마무늬 등이 주는 강한 이미지는 무늬가 의미하는 상징성을 배제하더라도 도형 자체가 가지는 강한 기원력 전달을 위한 시각적 기호로서의 가치가 충분하다.

부적을 통하여 민중의 현세 복락적 염원들을 해결할 수 있다고 기대했기 때문에 부적에 나타나는 글씨나 그림들은 신화적 의사전달 기능을 갖고 있으며, 궁중에서부터 민가에 이르기까지 상류층과 서민층이 함께 사용해 온 대중적인 상징물이었던 것 같다. 또한 원적(原籍)을 보고 복제하여 사용했으므로 여러 장의 같은 부적이 제작되었던 점이나 목판으로 인쇄하여 쓰는 점을 감안하면, 선조 때부터 사용해 온 그래픽물이기도 하다.

부적은 우리나라 사람들이 선조 때부터 벽사진경과 현세복락을 위해 복제하여 사용한 대중적인 시각물로, 무수한 외세의 침입이나 대륙으로부터의 새로운 문화적·종교적 유입에도 불구하고 형태의 변화가 거의 없이 오늘날까지 애용되어 온 한민족 저변에 가라앉은 침전물과도 같은, 지극히 한국적인 시각적 언어를 간직한 시각물이다.

부적의 구조적 요소인 문자, 그림, 기호 중 가장 많은 비중을 차지하는 것이 문자 부적이다. 문자 부적은 고전체나 초서체들의 문자들이 모여 구성을 이룬 집자되고 조작된 글자 그림들의 구조적 요소를 시각적으로 미분화시킴으로써 구조적 요소를 지닌다. 구조적 요소는 곧 구조적 기호로서 시각적 요소의 형태적 측면, 즉 균형·비례·대비·대칭·강조·율동·변형·분리·조합·기하학·추상 등을 나타낸다.

부적의 의미적 요소[185)]는 십이지신에 나오는 동물들, 즉 호랑이와 까치·사람·물고기·식물(대나무, 연꽃) 등의 그림으로 표현된다. 이는 각각의 그림에 해당되는 의미가 전달된다. 의미적 요소는 곧 의미적 기호로, 시각적 요소에 있어서는 내용적 측면, 즉 상징·연상·추론·은유·환유·비유·암시·제시·상황·연출 등으로 나타나게 된다.

부적의 신화적 요소는 부적의 신화성, 곧 귀신으로부터의 보호 , 주술성에 의한 위로와 위안으로 인한 평안과 믿음을 추구하는 목적을 가진 전달물로서의 조형 언어를 통해 표현된다. 이는 글자나 그림의 흔적이 부분적으로 남아 있으나 이미 그 한계에서 해방되어 구성적인 추상 형태로 조형성이 표출되어 암호화된 그림 문장으로서 영적 전달력을 발휘한다. 이 영계의 조형 언어는 신화적 기호로서, 시각적 요소에 있어서는 활용적인 측면으로서, 열광이나 위로·위안 등으로서 그 기능을 표현할 수 있다.

---

185) 하나의 개념이 갖는 의미는 그 의미 경험의 여러 가지 측면이 상호 작용되며, 임의의 의미 경험은 그 이전의 의미 경험에 영향 받고 상호 연결된다. 그러므로 의미 경험의 여러 가지 차별화된 측면의 나열을 의미한다.

부적 문양의 상징성

삼절 양식

부적은 시(詩), 서(書), 화(畵)로 표현되어 있다. 이는 삼절 양식(三絶樣式)의 표현이다. '삼절 양식'이라는 용어는 고개지(雇愷之)186)의 품격을 평한 재절(才絶), 화절(畵絶), 치절(痴絶)에서 나왔다. 이는 글재주 종결자, 그림 솜씨 종결자, 그리고 미친 짓 종결자라는 뜻이다. 글과 그림에 모두 뛰어났을 뿐 아니라 기행을 일삼고 사람들의 손가락질을 꺼리지 않았기에 치절이라고 불린 것이다. 시, 서, 화가 하나의 화면상에서 합일 정착하는 문인화의 양식이 그 예이다.

삼절에 있어서 시, 서, 화의 관계를 설명하면 다음과 같다. 화는 서와 그 형상성으로서 동질의 형체(일체)를 이루어 표현성을 보유하고, 시는 서와 그 문장성으로 인하여 동질의 기운을 이루어 표출성을 보유하며, 시는 화와 그 서정성으로 인하여 동질의 풍치를 이루어 표상성을 보유하게 된다는 것이다. 시는 시간성의 표현이며, 화는 공간성의 표현이고, 서는 시공을 공유하는 성격으로서 시를 만나면 시간성으로서, 화를 만

186) 중국 동진(東晉)의 화가. 초상화와 옛 인물을 잘 그려 중국회화 사상 인물화의 최고봉으로 일컬어진다. 4세기 후반에 활동한 고개지(顧愷之)의 정확한 생몰연대는 알려져 있지 않은데, 지금의 장쑤성에 포함되는 강동 진릉현의 무석 출신이다.

시, 서, 화가 어우러진 삼절 양식의 부적

나면 공간성으로서 표현된다는 것이다.

이와 같이 부적에 있어서 '서'는 시적 문장성과 하나를 이루어 기를 통한 시각적 의사전달을 한다. 동시에 '서'가 '화'를 만나면 그 형상성으로 인하여 일체의 형체를 이루며, 형을 통하여 공간성적 의사전달을 하게 되고, '시'는 '화'와 일치를 이루어 표상성에 의한 상징적 의사전달을 하는 것이다. 그리하여 부적의 표현은 서·화·시적 삼위일체(三位一體)의 시공적 표현이라 할 수 있다.

화관석 양식

윤사흔(1422~1485)의 묘역 입구에 서 있는 신도비는 화관석(花冠石), 비신(碑身), 비대(碑臺)로 구성되어 있다. 이 양식은 고려시대까지 보이지 않다가 조선시대 초기에 등장하기 시작하여 16세기 전반까지 유행하고 사라진 전형적인 조선 초기 석비의 양식이다. 이것은 개석(蓋石)에 연꽃잎을 형성화했고, 비대(碑臺)에는 연판문(蓮瓣紋)을 새겨 앙련(仰蓮)을 형상화한 것이다.

고대 인도에서 연꽃에 대한 상징성은 태양신과 연관되는데, 이것은 태양이 떠오르는 것과 같이 연꽃이 태양을 따라 재생하는 것을 상징하는 것 같다. 빛과 생명의 상징으로 인식되었던 연꽃이 불교 성립 이후 부처의 상징으로서 불교 교리의 일부로 자리잡았다. 즉 불교가 연꽃으로 상징되면서 경론(經論)이나 각종 조상(彫像)에까지 다양하게 나타나고 있다. 『무량수경』에 의하면 극락세계에 태어난다는 것은 곧 연화 속에서 화생(化生)하는 것을 의미한다. 『아미타경』에 극락이 연꽃으로 이루어졌다고 했음을 볼 때, 극락정토는 연꽃으로 이루어진 부처님의 세계를 뜻한다.[187]

이러한 불교의 상징인 연화문이 조선 초기 비의 양식으로 나타나는 동시에 관 속에 넣는 부장품 중 부적에까지 이 양식이 적용되었음을 볼 때, 당연히 피장자에 대한 화생과 극락왕생의 기원으로 보인다. 한편 이러한 연화문이 있는 것으로 조선시대 묘제와 관련된 것은 청자상감 선덕(善德) 십년명(十年銘) 지석(1435년 이화여대박물관 소장)과 국보 172호인 백자상감진양군영인정씨(白磁象嵌晋陽君令人鄭氏) 지석(1466년, 호암미술관 소장)[188], 그리고 분청사기 성화(成化) 칠년명(七年銘) 지석(1471년)이 있다. 이 세 지석은 역시 상부에는 연꽃잎을, 하부에는 앙련(仰蓮)을 새기고 중앙 부분에 묘지문을 새긴 것이다. 이 지석의 형상은 화관석

187) 임영주, 『한국문양사』, 미진사, 1983, 64~66쪽.

188) 삼성미술재단, 『호암미술관』, 1982, 112쪽.

양식의 비 형상과 같다. 또한 앞에서 언급한 정온 묘에서 출토된 부장품에 나타난 형상의 문양이 그 구성면에서 거의 같고, 불교 경전 앞부분에 나오는 문양이기도 하며, 위패에서도 이런 형태의 모습을 볼 수 있다. 그리고 경북 영천 은해사 대웅전 기둥의 주련(柱聯) 상하에 표현되어 있기도 하다.

한편, 이러한 화관석 양식의 비 형상이 16세기 후반부터는 사라져 갔다는 기록이 있지만, 1777년 간행된 용암 스님의 진언집 중간본에 실린 여러 가지 불교 부적에 여전히 이 형상이 나타난다. 또한 연대는 확실치 않지만 비슷한 시기의 것으로 보이는 '연화탑상다라니부'도 약간 더 장식적이고 변형은 되었지만 전형적 화관석 양식은 그대로 간직하고 있다.

그 후 1800년에 발행된 진언집에도 이러한 양식의 도상은 여전히 사라지지 않고 불교 부적들과 함께 정연하게 실려 있으며, 그 부적들 내용은 전 대의 내용과 별로 다를 바가 없다.

소용돌이무늬(와문) 양식

소용돌이무늬는 동심원, 보훈문, 궐수문, 미로문, 가마문, 영기문(靈氣紋), 오로보로스와 같은 선상에 있다. 천도교와 증산교 두 신종교에서 사용하고 있는 부적의 공통점은 그 부적의 도상에 '소용돌이무늬'를 주로 사용하고 있다는 점이다. 이 소용돌이무늬는 일명 '가마무늬' 혹은 '와문(渦紋)'이라고도 부르는데, 이 무늬가 있는 정수리는 영계(靈界)와의 교와작용(交瓦作用)이 이루어지는 곳이라는 믿음이 있다. 『석가여래인과경(좌배제좌)』에 정수리인 뇌천(腦天)에서 영계와 교류되는 영파(靈

波)의 그림이 이를 입증하고 있다. 이 가마무늬가 있는 곳은 가마터, 즉 '솥터'라고도 부르고, 한자로 '소도(蘇塗)'가 되는 곳인데, 『삼국지』「위지 동이전」에 천군이 사는 성역(부적에서 영부)을 지칭한다 했다. 이곳에 큰 나무를 세우고 방울과 북을 달아 종교적 의식이 행해졌고, 이곳으로 죄인이 들어오면 잡아가지 못하는 신성한 지역이라 쓰고 있다.

부적 영부도(靈符圖)는 가마터, 즉 영부(靈符)와 같고 솥터〔蘇塗〕이며, 이곳에 들어온 죄인은 관에서는 잡아가지 못한다고 하여 '관재소멸부(官災消滅符)'는 가마무늬가 '벼슬 관(官)' 자를 싸고 있어 그 재앙을 막아주는 의미가 분명하다. 최근에는 이 부적을 교통경찰의 감시를 피하려는 운전기사가 주로 쓰고 있다. 기록으로는 제일 오래된 것으로 추정되는 용주사탑 속에서 발견된 고려시대 부적들 중 '당생정토부(堂生淨土符, 1268년)'에 이 무늬가 같은 의미로 쓰이고 있음을 확인할 수 있다.

소용돌이무늬나 고사리의 둥글게 말린 형상, 그리고 사람 정수리의 가마무늬는 모두 자연현상 속에서 가장 생기가 넘치는 영(靈)의 상징인 동시에 재앙을 막아 주고 보호해 주는 성역(靈符)의 상징이기도 하다.

이로써 동학혁명 때 동학군이 영부를 태워 그 재를 먹은 이유가 자명해진다. 또한 제사 때 향로 위에 술잔을 세 번 돌리는 풍습은 지금도 지켜지고 있으며, 이 퇴계의 『성학십도(聖學十圖)』에서는 가마무늬를 정형화시킨 삼원동심원(三圓同心圓)이 분음분양(分陰分陽)하여 음양오행과 64괘가 생기는데, 경북 천전리의 화랑서석대나 고령 알터 암각화 중앙 위쪽에 중심 무늬로 새겨져 있어 선사문화에서 그 중요성을 알 수 있다. 이 무늬는 삼국시대의 와당에서 근래의 기와에까지 계승되어 나타나고 있다. 한편 중국의 대표적 관상서의 하나인 '마의상법(麻衣相法)'에 이 무늬가 손금에 있다. 왕후장상(王侯將相)이 된다고 기록되어 있으며, 이

화관석 부적(1777년)

파평 윤씨 윤사흔 신도비

솥터무늬 부적

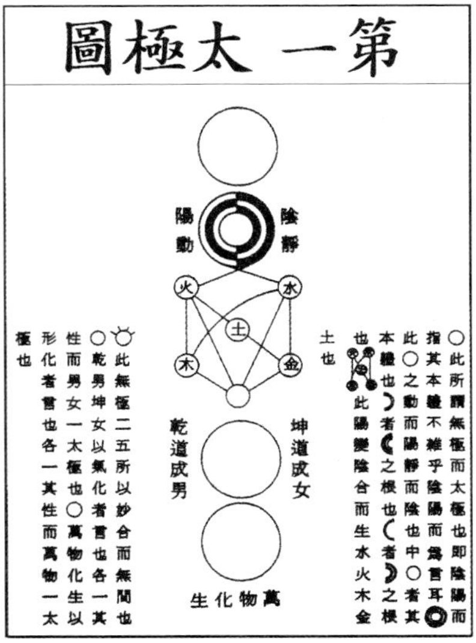

『성학십도』의 태극도

무늬를 '보훈문(寶暈紋)'이라 한다. 청동기시대의 청동검 자루 끝에 나타난 소용돌이무늬나 청동기 마구에 달았던 주술적 장식으로 나타나고, 또한 무당이 '명도아지'라고 부르는 다뉴세문경(多紐世紋鏡)에는 동심원으로 전체가 채워져 있으며, 이 청동경은 음양의 화합을 강하게 표시하는 무구(巫具)이면서 영계(靈界)의 뜻을 헤아리는 신구(神具)이기도 하다. 고려시대에는 불교화된 금고(金鼓)에 동심원이 나타나고, 조선시대에는 수키와에 주술적인 의미를 강하게 담은 무늬로 표현되었으며, 최근에는 '다라니경문'을 동심원 속에 가마무늬로 배열한 부적도 있다.

소용돌이무늬 중 빈번하게 접할 수 있는 것에는 태극무늬가 있다. '태극(太極)'이라는 용어는 『주역』 계사(繫辭)의 "역(易)에 태극이 있으니 이것이 양의(兩儀, 음양)를 낳는다."라고 한 데서 유래했지만, 여기에 문양은 그려져 있지 않다. 이것을 주돈이(周敦頤, 1017~1073)가 『태극도설』에서 문양화하고, 우주를 형성하는 음양의 두 원기를 그림으로 풀어 만물 발전의 이치를 밝혔다. 그러나 우리에게 있어 태극의 관념과 도형은 그 이전에 이미 이해되고 활용되었음이 고대 문화유적이나 생활습속을 통해 나타난다. 고구려 벽화 사신도의 〈현무도〉는 음양상화(陰陽相和)의 이치를 나타낸 것이며, 민간에서는 액막이 부작으로도 사용되었다. 그리고 신라의 폐사 감은사지 유적의 석각에도 태극 도형이 보인다.[189)] 『성학십도』의 태극도는 전체 13개의 원이 5단으로 구성되었으며, 상부에 2개의 원으로 된 층과 그 가운데 중앙부에 5행을 배치하였고, 5행의 하부에 2개의 원으로 된 층으로 구성되었다. 이 태극도는 태극이 자라서 음양이 되고, 음양의 활동으로 생겨나는 오행과 합해져서 남녀와 만물이 생겨나는 우주 만물 탄생의 원리를 설명한 것이다.

---

189) 이훈종, 「태극」, 『한국문화상징사전』, 두산동아, 1992, 595쪽.

궐수문 양식

궐수문(蕨手紋, 고사리무늬)은 고대로부터 즐겨 사용되는 문양이다. 특히 가야시대에는 뿔로 만든 잔 끝부분에 궐수문 무늬가 나타나며, 김해의 금관가야 능에서 발견된 구리거울에도 이 문양이 나타난다. 또 김해에서 출토된 가야의 파형동기(波形銅器)는 그 자체가 소용돌이형으로 되어 있으며, 가야의 전사들이 입던 갑옷 가슴에도 소용돌이 문양이 있다.

의기(儀器)로 보이는 가야의 그릇과 그릇받침에도 보훈문이 보이는데, 특히 3~4세기 가야 무기에서 비롯된 의기성(義器性) 철모(鐵矛)의 관부(關部)에는 궐수문 장식이 가해져 주로 부장품으로 사용되었고, 처음 발생부터 의기적인 성격이 강한 유자이기(有刺利器)는 주로 분묘 유적에 출토되는데, 자(刺)의 형태에서 자(刺)가 궐수문(고사리무늬)의 형태로 한 번 혹은 여러 번 감긴 것이 나타난다.

이 매장 의례의 한 부분으로서 중요한 상징적 의미를 지닌 이 궐수문의 '유자이기'는 신라·가야 지역의 고분에서만 출토되는 유물로, 신라·가야 지역을 벗어난 백제·고구려·일본 등지에서는 현재까지 그 출

중국 후한시대의 궐수문 동경

동아대박물관 소장 궐수문 막새

토 예가 전혀 없어 이 지역 특징적인 유물이라 할 수 있다.[190)]

이러한 궐수문은 3세기 후반에 토기·철기 문화 전반에 풍미했던 장식 기법의 하나로서 고도의 단조 기술을 요하며, 한반도의 독자적이고 자생적인 철기 장식기법이라고 생각한다. 가야시대 궐수문의 또 한 가지의 특징은 고사리무늬가 거의 쌍으로 장식된다는 점이다. 이렇게 3세기에 발생하여 궐수문과 새 모양의 장식으로 사후 세계에 대한 관념을 표현한 '유자이기'는 6세기에 들어서서 불교의 도입(導入), 율령(律令)과 반포(頒布) 등으로 대부분의 고분 축조와 부장품 매납(埋納) 그 자체의 의미가 사라지면서 유자이기도 소멸하게 된다.

이 소용돌이무늬를 김민기는 그의 저서『한국의 부작』에서 가마무늬로 칭하며, 영계와의 교호를 상징하거나 성역을 의미한다고 보았다. 그러나『천부경(天符經)』첫 장에 있는 '삼원일심도(三圓一心圖, 또 다른 유형의 소용돌이무늬)'는『천부경』의 이상과 핵심 진리를 단 하나의 도형으로 표현한 것이다. 이 도형의 가운데 흰 점은 '하나'이며, 세 개의 외부원은 '셋'이다. 따라서 하나가 셋이 되어 쓰임이 되고, 셋이 하나가 되어 바탕이 된다는 내용을 그림으로 나타낸 것이다. 즉, 멈춤은 혼돈을 거쳐 움직임이 되고, 이 움직임은 시작과 끝이라는 시간 개념이 지배하는 질서의 세계에서 이루어진다. 이는 우주 삼라만상의 모든 것에 해당된다. 인류의 역사에서도 그 민족의 출발은 혼돈을 깨뜨리고 출현한 영웅이나 신에 의해 질서의 세계를 구축한다. 질서의 세계는 마치 태풍과 같아서 '태풍의 눈'이라는 중심에 의하여 소용돌이가 움직이고 있는 것이다. 인간의 역사도 태풍의 구조처럼 역사의 주체가 움직이지 않는 가운데 소용돌이

---

190) 서영남·이현수,「삼한, 삼국시대 철기의 의기적 성격에 대한 고찰-철모와 유자이기를 중심으로」,『가야고고학논총』2, 1997, 172쪽.

를 움직이는 객체의 중심이 된다. 이러한 모습은 우주 삼라만상의 질서의 세계 어디에나 적용된다. 멀리는 대우주의 성단(星團), 가까이는 DNA의 모습까지 공통적이다.

지구상에 살았던 모든 고대인들의 유물에서 그와 같은 개념의 소용돌이무늬가 발견된다. 동서양 고대 문명에서 공통적으로 발견되는 '오로보로스(Oroboros)'라 불리는 머리가 꼬리를 물고 있는 뱀의 형상은, 바로 세계는 시작도 끝도 없이 제 자신을 먹으면서 끊임없이 다시 탄생하고 사라져 간다는 상징성을 내포하고 있다. 오로보로스는 영원의 상징이며, 우주의 영원성과 천수경과 역경에 사용된 시작과 끝이라는 시간과 공간 개념을 절묘하게 설명한다. 이 오로보로스의 상징성을 좀 더 도식화 한 것이 미로(소용돌이 문양)의 이미지다. 중심을 향해 빙글빙글 맴돌면서 한 번 들어간 사람을 도저히 빠져 나가지 못하게 만드는 미로 역시 세계가 지닌 영원한 반복과 회귀, 그 모순성을 나타내는 표시이다.[191)]

세계라는 가상과 질료가 만들어 놓은 미로에서의 탈출이 영적인 자유를 부여한다는 관념은 사르트르성당 바닥에 타일 미로를 그려 놓아 성지로의 상징적인 순례여행 삼아 이 미로를 걸을 수 있게 했다. 케레니(Kerenyi)에 의하면, 미로(迷路, Labyrinth)는 세계 각지의 원시 종교적 사적(史跡)·건축 문양(紋樣)·도자기 문양·안면문양(顔面紋樣)에서 발견되며, 이것은 미로무(迷路舞)와도 상관되는 죽음의 상징이다. 또한 생성(生成)과 회생(回生)의 상징이기도 하다.[192)] 이 상징은 무의식 간에 인간의 마음속의 이런 상(像)을 도출해 내고, 이를 또한 무의식적으로 체험시키고 있다고 볼 수 있다. 또한 부적의 형상성 역시 미로 상징을 여러 형태로

191) 김융희, 『예술, 세계와의 주술적 소통』, 책세상, 2000, 56쪽.

192) K.Kerenyi, Labyinth Studien, Rhein Verlag, Zurith, 1950.

도식화한 것을 많이 보여 주고 있다.

오늘날 주로 많이 사용되는 부적의 유형이 미로도에 다양한 기원이 담긴 다양한 도형으로 표현되는 것은, 이미지가 지니는 영적 소통의 가능성과 오늘날에도 여전히 주술의 세계 속에서 이미지의 영향력은 막강하다는 것을 잘 말해 주고 있다.

아울러 2002년 10월 19일 《조선일보》의 이규태 코너에서는 '인터넷 부작(符作)'이라는 제목으로 최첨단 과학 수단인 인터넷과 최후의 미신적 수단인 부적이 야합하여 판을 치고 있다는 글을 서두로 그 양상을 소개했는데, 대구 지하철 참사의 교훈으로 '부동명왕(不動明王)'의 부적에 대해 설명하기도 했다.[193] 타오르는 화염 속에 칼을 든 부동명왕은 화마로부터 집을 수호하는 가신(家神)이다. 불 속에서 불을 이겨 낸다는 것은 대형화재 속에서 그 피해를 최소화하는 지혜가 내포되어 새삼스럽다면서 부동명왕의 부동은 육신이 아니라 마음의 부동으로, 곧 냉정을 어느 정도 유지하느냐로 피해는 정비례한다고 설명했다. 이렇듯 과학만능의 시대에도 미신적인 부적이 최첨단 과학 수단인 인터넷을 통해 만연하는가 하면, 시골집 부엌 흙벽에 붙어 있는 '부동명왕' 부적은 화마로부터 집을 수호하는 가신 역할뿐 아니라 불 속에서 불을 이겨 낼 수 있는 지혜가 내포되어 있는 위기 대처 지침서 역할까지 하고 있는 것이다.

193) 이규태, 〈인터넷 부적〉, 《조선일보》, 2002. 10. 18.

제5장
부적의 종류와 기능

부적의 종류

귀신 관련 부적

사람을 유혹하여 죄를 저지르게 하고 못살게 괴롭히는 악독한 귀신을 쫓는 부적이 '귀신불침'이다. 이 부적의 역사는 신라 25대 진지왕과 도화녀 사이에서 태어난 비형을 생각해볼 수 있다. 이러한 귀신에 대한 관심은 고려시대의 불교 진언집으로부터 그 이후의 여러 진언집에서 찾아볼 수 있다. 수원 용주사(1268년)탑의 복장물, 용암 스님(1777년) 진언집, 망월사에서 중간된(1800년) 진언집을 비롯하여 '연화탑상다라니부'에도 들어 있다. 이들 부적은 다음과 같다.

이 부적의 모양은 상단과 하단으로 나뉘어 있다. 상단은 '빛 광(光)' 자 네 개가 '가로 왈(曰)' 자 혹은 '해 일(日)' 자를 둘러싸고 있는 듯하다. 하단은 '주검 시(尸)' 자와 추상적인 모습의 글자가 어우러져 있다. 우선 이 부적의 형식적 특징은 '빛 광(光)' 자의 모습이 시대에 따라 달라진다는 것이다. 1268년 용주사의 부적에는 '빛 광(光)' 자가 도식적으로 표현되어 있는데, 1777년에는 이 한자를 또박또박 쓴 것처럼 되어 있다. 1800년의 부적에는 이 글자가 다시 '불꽃 염(炎)' 자처럼 표현되었다. 1756년의 부적은 1777년의 글자와 유사하다. 이러한 차이는 부적을 모

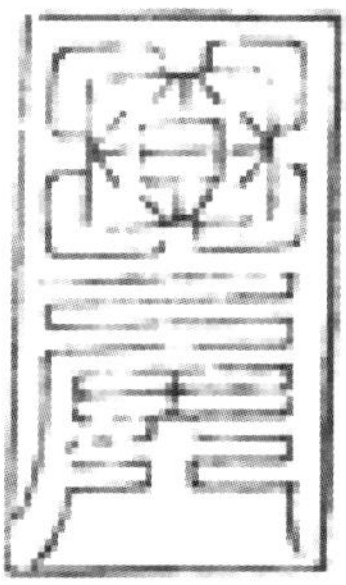

용주사 소장 부적
(1268년)

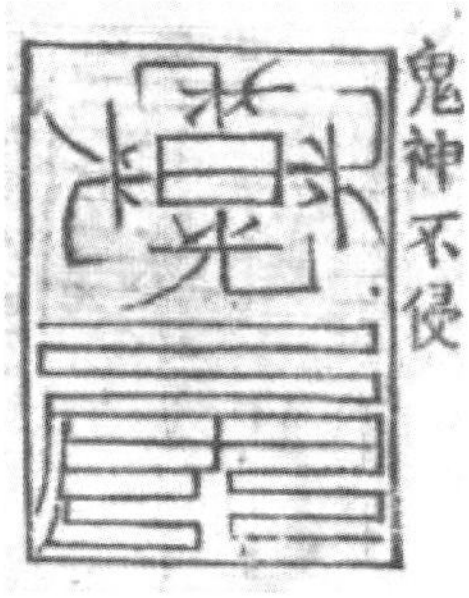

연화탑상다라니부
(1756년)

용암 스님 진언집(1777년)

망월사 진언집(1800년)

사하는 과정에서 나타나는 현상이겠지만, 1268년의 부적에 도식화된 것이 보다 신비롭다. 귀신을 해와 빛으로써 물리치겠다는 뜻을 내포하고 있지만, 그것을 도식화함으로써 신비로움을 자아내고 있는 것이다. 그러나 더 중요한 점은 귀신불침부가 1268년부터 2000년에 이르도록 큰 변화 없이 그 형태를 유지하고 있다는 사실이다. 부적의 사용이 오랜 시간에 걸쳐 지속적이라는 것은 이 부적에 대한 믿음을 짐작케 한다. 부적의 효험이 사용자들의 호기심을 충족시키고, 마음에 안정을 주는 데 큰 역할을 한다. 때문에 형태가 변화하기보다는 과거의 것을 그대로 모사해서 사용하는 것이다. 이러한 과정은 결국 해당 부적에 대한 수요와 종교적인 염원이 소멸되지 않았음을 의미한다. 500여 년의 기간 동안 그 모습을 잃지 않았다는 것 자체가 바로 그러한 점을 반증한다.

특히 이 부적은 불교의 진언집에 수록된 여러 부적 중 하나로, 그 쓰임이 불교에 국한되어 있다. 그렇다면 이 귀신불침부는 오랜 기간 동안 불교도들이 불교를 통해 구하고자 했던 여러 소망의 하나를 담고 있다고 할 수 있다. 그러나 부적에 불력(佛力)을 빌어 귀신을 물리친다는 내용이 아니라 빛과 해의 밝음으로 음의 기운인 귀신을 물리친다는 내용이 담겨져 있어 주목된다. 즉 이러한 모습은 불교 본연의 모습이라기보다는 한국 사회에 만연해 있던 재래 종교적인 모습을 담고 있기 때문이다. 고려시대의 국가 종교는 불교였지만 그 이면에는 토속종교의 모습을 다수 담고 있는데, 사찰에서 사용하는 귀신불침부의 모습 또한 그러한 측면에서 이해할 수 있다.

백귀불침부

오늘날 부적집에 수록된 귀신불침부는 형태나 그 종류에 있어 매우 다양하다. 불교의 진언집에 수록된 것도 다수 보이지만, 그 이외의 다양한 모습을 갖추고 있어 귀신을 물리치는 다양한 방법과 귀신에 대한 관념을 알 수 있다.

- 백귀불침부(百鬼不侵符) / 백귀자멸부(百鬼自滅符)
- 악귀불침부(惡鬼不侵符) / 악귀불입부(惡鬼不入符) / 제악신불입부(諸惡神不入符) / 악귀소멸부(惡鬼消滅符) / 제귀자멸부(諸鬼自滅符)
- 객귀불침부(客鬼不侵符) / 객귀퇴거부(客鬼退去符)

백귀불침부

백귀불입부

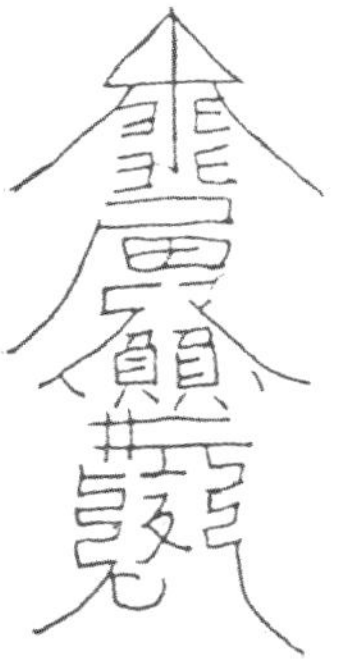

악귀불입부

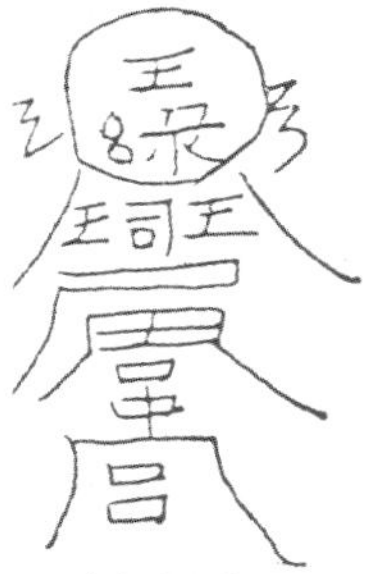

제악신불입부

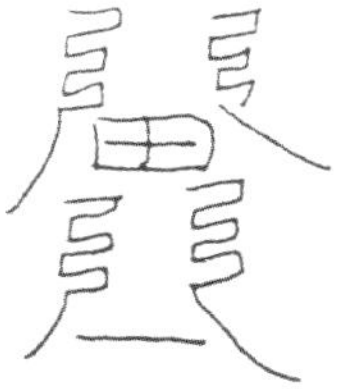

악귀소멸부

악귀불침부

객귀퇴거부

객귀불침부

요사귀진축부

- 요사귀진축부(妖邪鬼盡逐符) /
  소멸요사잡귀부(消滅妖邪雜鬼符)
- 귀신급주천리부(鬼神急走千里符)
- 대장군불침부(大將軍不侵符)
- 택내백신불침부(宅內百神不侵符)
- 축귀부(逐鬼符)
- 책귀부(責鬼符)
- 면고난재환부
- 소사요참부

요사귀진축부

책귀부

이상 귀신과 관련한 부적은 모두 '귀신이 불침(不侵)하라'는 내용을 담고 있다. 이때 불침의 대상이 되는 귀신은 그저 귀신이라고도 표현하지만 악귀(惡鬼), 객귀(客鬼), 백귀(百鬼), 대장군(大將軍), 택내백신(宅內百神) 등으로 다양하다. 귀신불침부는 인간에게 유해한 귀신의 종류를 구체적으로 파악하는 데 도움을 준다. 이를 하나하나 살펴보면 악귀는 그저 악한 귀신을 표현하는 말로, 귀신의 성향을 잘 드러내 준다. 그러나 객귀는 집이 아닌 곳에서 사망한 귀신으로, 비정상적인 죽음을 맞이한 사람의 혼신을 말한다. 객귀는 일반적으로 '뜬귀'라 하여 조상이 되지 못하고 떠돌아다니며, 인간에게 피해를 주는 혼령이다. 이러한 객귀가 침범하지 못하도록 부적을 붙였던 것이다. 백귀는 백가지 종류의 귀신이라는 뜻으로, '택내백신'이라는 것과 유사하다. '일백 백(百)'은 가장 많은 다수를 상징하는 숫자로, 그토록 많은 귀신의 종류가 모두 침로하지 못하게 한 것이다. 대장군은 해마다 돌아가는 방위와 관련된 귀신을 말한다. 대장군이 있는 방위로는 물건을 옮기거나 이사를 하거나 길을 떠나거나 하지 않아야 한다는 전통적인 방위 관념에 따라 대장군을 막아보고자 부적을 쓴 것이다.

귀신 울음소리 관련 부적

- 관음부
- 귀명부

일상 생활에서 귀신은 위에서 보듯이 몰아내야 하는 대상이며, 집 안이나 식구들의 몸속으로 침범하는 것을 막아야 하는 대상이다. 귀신 자체와 더불어 귀신의 울음소리 역시 범상치 않은 조짐이 되므로 이를 막고자 했던 것이다. 귀신의 울음소리가 들리면 사용하는 귀명부(鬼鳴符)는 '귀신=귀신의 울음소리'로 인식되기 때문이다.

귀신은 흔히 '백귀(百鬼)'로 표현되는데, 이는 숫자 100을 헤아리는 것이 아니라 그저 많다는 것을 상징화한 표현으로 볼 수 있다. 백귀는 수많은 귀신, 즉 자신을 둘러싸고 있는 세계에 존재할지 모를 모든 귀신을 지칭한다고 하겠다. 이러한 백귀를 몰아내야 하는 것은 자신의 삶에 예상치 못한 좋지 않은 일들이 발생할지 모를 것에 대한 대비라고 하겠다. 그러나 귀신불침부가 백귀불침부, 귀신불침부, 귀신퇴치부 등으로 그 종류가 비교적 다양하지 못한 것은 귀신이라는 존재에 대한 일관된 관념에서 비롯된 것으로 볼 수 있다. 귀신은 삶에 위해한 존재이므로 그저 물리쳐야 하고 내쫓아야 한다는 일관된 생각이 귀신불침부를 다양한 명칭으로 생산하는 것을 저해한 것으로 여겨진다. 즉, 귀신은 인간의 삶에 낄 수 없는 존재, 어떠한 경우에도 받아들여질 수 없는 존재, 늘상 쫓아내야 하는 존재로 간주된 것이다. 이처럼 귀신을 몰아내야 한다는 강한 관념은 결국 귀신에 대한 강한 인식에 기인한다. 따라서 귀신불침부에는 삶에 가장 좋지 않은 영향을 미칠 수 있는 귀신에 대한 강력한 추방을 원하는 바람이 담겨져 있다.

질병 관련 부적

질병은 인간의 삶에 있어 가장 두려운 대상이다. 인간은 질병으로부터 벗어나기 위해 오랜 기간 동안 질병과 싸웠다. 그 방법 중 하나가 바로 '질병부'다. 질병부에는 인간이 싸워 극복해야 했던 다양한 질병이 담겨져 있다. 따라서 그 종류를 통해 인간이 극복해야 했던 질병의 종류와 그 대처 방식을 살펴보도록 하자.

병은 악귀가 일으키는 것으로 간주했기에 병을 막기 위해 다양한 부적을 사용한다. 약과 관련한 부적, 병이 발생한 날짜와 관련한 부적, 모든 질병과 관련한 질병총부, 발병 원인과 연령에 따라 내과·외과·부인과·소아과 등으로 구분하여 부적이 소개되어 있다.

약 관련 부적

- 백약무효퇴병부(百藥無效退病符)
- 통치백병오뢰부(統治百病五雷符)
- 만겁불수생사부(萬劫不受生死符)
- 침아고질병부(沈痾痼疾病符)

• 오뢰통치백병부(五雷統治百病符)

• 복약효력부(服藥效力符)

• 백병치료부

• 백병불침부

• 백병재난불침(百病災難不侵 海印神符)

• 백괴사신빈소원성취부(百怪邪神擯所願成就符)

• 백병불입부(百病不入符)

이상은 병의 빠른 치유를 바라는 부적이다. 약효를 보지 못할 때 이 부적을 주사로 써서 불을 태워 마신 뒤 치료를 받거나 약을 먹으면 효과를 본다. 부적은 약의 효능을 도와주는 보조 역할을 하며, 약과 함께 사용하는 것이 일반적이다.

질병이 발생하면 약으로 치유하고자 하는 것이 일반적이다. 그러나 위에 열거한 부적들은 약을 처방했음에도 불구하고 질병이 낫지 않는 상황에서 사용되는 것들이다. 모든 약을 사용한 후에도 병이 낫지 않을 경우에 이와 같이 부적을 사용한다는 것은 결국 부적이 약의 처방 이후에 사용되는 것임을 알게 한다. 즉, 부적은 질병과 관련하여 약에 앞서 사용

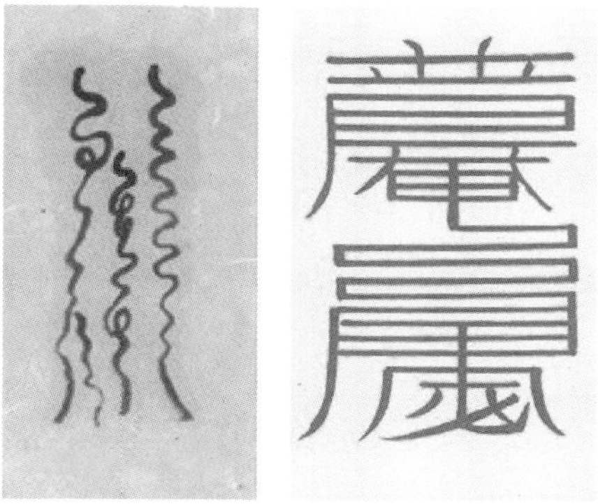

백병불침부

되는 것이 아니라 약 처방을 했음에도 불구하고 낫지 않았을 경우에 사용한다. 이는 주술적인 측면을 무시할 수는 없으나 우선은 약 처방을 통해 병을 치유하고자 하는 사유 체계를 보여 준다. 질병은 우선은 약을 써야 하며, 그래도 낫지 않는다면 그때에 부적 등의 주술적인 도구를 가지고 마지막 기대를 걸어보았던 것이다. 이러한 차원에서 부적은 인간이 지닐 수 있는 마지막 희망의 역할을 톡톡히 해내고 있었던 것이다.

날짜 관련 부적

- 10일진(日辰) 천간부적(天干符籍) : 병이 발생한 날의 일진 천간을 보아 우환을 소멸시키는 비방부적
- 12일진(日辰) 지지부적(地支符籍) : 병이 발생한 날의 일진 지지를 보아 우환을 소멸시키는 비방부적
- 30일진(日辰) 부적(符籍) : 병이 발생한 날짜(음력)를 알아서 그 날짜에 해야 되는 부적을 사용하면 효력이 빠름.

이상과 같이 질병과 관련하여 많이 사용되는 부적으로는 30일진 질병부적과 10일진 천간부적, 12일진 지지부적 등이 있다. 이들 부적 모두 병이 발생한 날의 일진을 보아 부적을 사용하는 것으로, 이는 발병의 원인을 치유하겠다는 발상에서 고안된 것이라 할 수 있다.

'30일진 질병부적'은 병이 발생한 날에 해당되는 부적을 사용하는 것이고, '10일진 천간부적'은 발병일에 해당되는 천간에 해당되는 부적을 사용하는 것이다. '12일진 지지부적'은 발병일의 지지에 해당되는 부적을 사용하는 것이다. 이처럼 발병일에 대한 관념은 일진에 대한 일정한 관념에서 비롯된다. 30일 동안 부적을 상용해야 병이 나을 수 있다는 관

념에서 비롯된 것이다. 하필이면 병의 주기를 30일로 잡았을까? 그것은 우리 삶의 최소한의 주기와 무관하지 않은 듯하다. 즉 한 달의 기간이 30일을 단위로 하므로 중한 질병의 경우 이 30일을 지내야 나을 수 있다고 관념한 것이다. 부정이 발생했을 때 그 달이 지나야 다시 깨끗하게 된다는 관념처럼 30일은 질병이나 주술적인 삶의 단위의 최하한선이 되는 것이다. 한 달을 지내야 한다는 것은 최소한이자 최대한의 시간 단위인 셈이다. 이처럼 발병의 시점이 중시되는 것은 발병의 원인에 대한 처방을 위한 부적임을 분명히 한다.

질병총부(疾病總符)

- 질병소재중부수부
- 질병소멸부 : 이 부적을 주사로 써서 방문 위에 붙여 두면 질병과 재앙이 사라지고 수복이 자연히 이른다.
- 질병대길부 : 환자가 이 부적을 써서 지니면 병이 낫고 대길하다.
- 질병퇴치부 : 환자가 이 부적을 지니면 차츰 건강이 회복된다.
- 질병치료부 : 부적을 써서 대나무에 매달아 집 남쪽에 세워 두면 효험이 있다.
- 만병통치부 : 이 부적은 사람 또는 가축의 어떠한 병도 치료된다.
- 퇴병부(退病符)
- 급병부(急病符)
- 퇴급병부(退急病符)

모든 질병이 물러가기를 바라는 마음에서 총부를 사용하기도 한다. 이는 일일이 만병(萬病)을 열거하지 않고, 그저 질병(疾病)을 퇴치하기를 바란 것이다. 질병이 치료 혹은 소멸되면 대길(大吉)하게 된다는 기초 개념이 부적의 명칭에 잘 드러나 있다.

내과와 관련한 부적

- 두통부(頭痛符) : 두통치료부, 입지두통부, 두통부, 두풍치료부
- 중풍부(中風符) : 방문 위에 부적을 붙이고 다른 중풍 부적을 불에 태워 마신다. 중풍으로 입과 손이 비뚤러졌을 때 부적을 써서 불태운 재를 아주까리씨 껍질 벗긴 것 3돈쯤과 얼음조각 5푼쯤을 섞어 갈은 뒤, 눈 또는 입 반대쪽에 붙이면 증상이 완화된다.
- 위통부와 흉통부
- 복통부
- 헛배 부를 때
- 입지담천부(立止痰喘符) : 가래가 끓어서 기침이 심하고 숨이 찰 때 사용하는 부적이다. 이 부적을 주사로 써서 불에 태운 재를 무즙과 함께 섞어 마시면 증세가 없어진다.
- 해수치료부(咳嗽治療符) : 감기에 걸려 가래나 기침이 심할 때 이 부적을 써서 몸에 지니거나 불에 태워 복용한다.
- 급구담궐부(急救痰厥符) : 담이 성하거나 옆구리, 팔, 다리, 허리, 어깨 등이 저릴 때 이 부적을 써서 불에 태워 복용한다. 가래가 많을 때는 부적 재를 무즙에 섞어 함께 복용하면 가래가 없어진다.
- 숨찬병방지부 : 숨이 차고 가빠 고생할 때 이 부적을 써서 불태운 재를 관동화(款冬花) 1돈쯤 달인 물에 마시면 신효하게 낫는다.
- 담질부
- 입소풍담부

이상의 질병부는 내과 중에 장기와 관련된 부적들이다. 위통·흉통·복통 등의 통증을 완화하고, 해수 치료·입지담천 등의 가래를 없애서 숨이 차지 않도록 해 준다. 약 처방을 하지 않고 부적이 어떠한 효과가 있을까 하는 의구심이 들기는 하지만, 심리적인 치료도 중요한 몫을 차지하므로 이러한 부적은 대부분 심리적인 치료를 목적으로 사용되었을 것으로 추정된다.

- 피열부(避熱符)
- 한열령부(寒熱靈符), 한열령치료부(寒熱靈治療符)
  : 오한과 신열로 고통스러울 때 이 부적을 써서 잠자리에 넣어 둔다.
- 한열치료부 : 갑자기 열이 오르고 오한이 날 때 이 부적을 경면주사로 써서 불태워 마시면 신효하다. 혹은 병세가 가중되어 한열이 심하거나 기타 감기, 몸살 등으로 인해 한열이 날 때 이 부적을 주사로 써서 몸에 지닌다.

피열부

- 한기치료부(寒氣治療符)

열이 심하게 나거나 오한이 날 때 주로 사용하는 부적이다. '한열(寒熱)'은 모든 질병의 신호로서 무엇보다 중요한 증세다. 따라서 부적의 명칭이 다양하지 않고 한열치료부, 한열령부 등으로 단순화되어 있다. 이와는 별도로 한기(寒氣)만을 치료하는 부적도 있다. 한열 중 한기는 열기와 달리 민감하게 감지되므로 이를 위한 치료 부적이 별도로 존재하는 것이다.

- 간질부 : 간질병은 병원이나 약물 복용으로 치료가 불가능한데, 이 부적을 주사로 써서 불태워 그 재를 산조인탕(酸棗仁湯)에 타서 복용하면 간간히 일어나는 발작 증세를 호전시킬 수 있다.
- 통치오간부(痛治五癎符) : 두풍을 앓거나 심사병 또는 간질을 앓을 때 이 부적을 주사로 써서 불태워 산조인 1돈쯤 삶은 물에 부적 재를 타서 복용하면 증세가 호전된다.

외과와 관련한 부적

- 족병퇴치부(足病退治符)
- 금속피상부(金屬被傷符) / 금속상처치료부
- 화상치료부(火傷治療符)
- 상지외증부(上肢外症符)
- 유주치료부(流注治療符)
- 발바닥치료부(治足底瘡符)
- 염창치료부(廉瘡治療符)
- 악창치료부(惡瘡治療符)
- 음낭종기치료부(陰囊腫氣治療符)
- 화단독종치료부(火丹毒腫治療符)
- 종독치료부(腫毒治療符)
- 수농지혈부(收膿止血符)
- 족종지혈부(足腫止血符)
- 설창독부(舌瘡毒符)
- 설상생창부(舌上生瘡符)
- 인중종환부(人中腫患符) : 인중에 난 종기 치료 부적

• 압상부(壓傷符)

• 종환치료부(腫患治療符) : 부스럼 치료하는 부적

• 토혈중지부(吐血中止符) : 토한 피를 중지하는 부적

• 상처치료부(傷處治療符)

• 독정치료부(毒疔治療符) : 악성종기

• 창독치료부(瘡毒治療符)

• 일체손상치료부(一切損傷治療符) : 끊어진 상처

• 경물손상부(硬物損傷符)

• 창전피상치료부(槍箭被傷治療符) : 창에 찔린 상처

• 도금독치료부(刀金毒治療符)

• 구교상처부(狗咬傷處符) : 개에게 물린 상처

• 치이인상골부(治利刃像骨符) : 예리한 칼날에 베인 상처

• 지혈부(止血符)

• 지혈령부(止血靈符)

• 태양창부(太陽瘡符)

• 인교부(人咬符) : 사람에게 깨물린 상처

• 광견교부(狂犬咬符) : 미친개에 물린 상처

• 독사교부(毒蛇咬符) : 독사에게 물린 상처

• 충교부(蟲咬符) : 벌레에게 물린 상처

• 뱀이 몸속 구멍으로 들어갔을 때

• 지네에 물렸을 때

• 화상(火傷)을 입었을 때

• 안질부(眼疾符) : 형이발부(荊爾拔符)

• 안질예방부(眼疾豫防符)

• 안과통치부(眼科痛治符)

• 눈이 항상 침침할 때

• 눈이 맑아지는 부적

• 영풍와루부(迎風渦淚符)

• 적안치료부(赤眼治療符)

• 청맹치료부(靑盲治癒符) / 청맹복명부(靑盲復明符)

• 백태제거부(白苔除去符)

• 양안종통부(兩眼腫痛符)

• 안통치료부(眼痛治療符)

• 목통령부(目痛靈符)

• 목풍치료부(目風治療符)

• 콧물치료부(鼻疾治療符)

• 비뉵속치부(치뉵속치부)

• 비종치료부(鼻腫治療符)

• 비악창치료부(鼻患瘡治療符)

• 후풍치료부(嗅風治療符) / 후증, 후풍치유 / 백후풍치료부

• 귀농혈치료부(耳濃血治療符)

• 이통치유부(耳痛治癒符)

• 귓속에 벌레가 들어갔을 때

• 귓속에 버섯 같은 것이 돋아날 때

• 이정치유부(耳錠治癒符)

• 이롱치유부(耳聾治癒符)

• 이독치료부(耳毒治療符)

• 이통치료부(耳痛治療符)

- 풍충진통부(風蟲鎭痛符)
- 치통치료부(齒痛治療符) / 아통치료부
- 지치통부(止齒痛符)
- 입천장에 종기가 났을 때
- 목젖이 생겼을 때
- 딸국질이 자주 나올때
- 생선 가시가 목에 걸렸을 때
- 돼지 뼈가 목에 걸렸을 때
- 화골부(化骨符)
- 풍습치료부(風濕治療符)
- 마른버짐치료부
- 반점치료부
- 사마귀 및 혹 떼는 부적
- 옴치료부
- 치질치료부
- 임질치료부

부인과(婦人科)

- 유종치료부(乳腫治療符)
- 산중보호부(産中保護符)
- 조경부(調經符) / 월경생유부(月經生有符)
- 부인병치료부(婦人病治療符)
- 부녀백병치료부(婦女百病治療符)

소아과

- 소아과소신부 : 모든 소아병을 치료하기 전에 먹이는 부적
- 토유치료부(吐乳治療符)
- 급만경기부(急慢驚氣符)
- 오줌싸개 치료부

기타 질병 부적

- 무좀특방부
- 유행병 예방부
- 학질퇴치부
- 괴질퇴치부
- 피로회복부
- 허탈증치료부
- 식욕부진부
- 해민장력부
- 안정부
- 주취해소부
- 멀미치료부
- 놀란병부
- 바늘이 속에 박혔을 때
- 냉증치료부
- 통변부(通便符)
- 생선 가시가 걸렸을 때

위의 내과와 외과의 질환과 관련한 질병은 인간에게 발생할 수 있는 질병을 거의 모두 열거하고 있다. 이들 부적이 다루는 범주는 의학서들에서 다루는 질병의 대다수가 포함된다. 이는 부적과 의약을 동일하게 중시한 데서 온 관념인 듯하다.

의학서에 나타나는 질병은 약물을 통해 치유되지만, 동일한 내용의 부적이 존재한다는 것은 질병에 대한 이원적인 치료 방식이 존재했음을 보여 준다. 예를 들어 조선시대에는 민간의 질병 치료를 위해 '활인서(活人署)'를 두었는데, 이곳에 치병을 위해 파견된 존재가 다름 아닌 의사와 무당이었다는 사실이다. 질병에 대한 이와 같은 이중적인 치료는 결국 각종 질병에 상응하는 부적의 탄생을 야기한 것이 아닌가 한다. 부적 사용의 빈도를 짐작할 수는 없지만, 다양하게 발달되어 있다는 것은 그것의 사용을 짐작케 한다.

첫째, 질병부의 대부분은 글자 부적이라는 특징을 지닌다. 질병과 직접 상관 있는 한자를 이용하여 부적을 구성하는 것이 그 특징이다. 지혈부에는 '그칠 지(止)' 자와 '피 혈(血)' 자를 사용하고, 한기치료부에는 '찰 한(寒)' 자와 '귀신 귀(鬼)' 자를 사용하여 '한귀를 몰아내달라'고 주문을 기입했다. 이러한 부적은 결국 유사한 것은 유사한 효과를 낸다는 유감주술(類感呪術)적인 차원에서 마련된 것이라 하겠다.

둘째, 질병부의 경우 부적책에 기록된 것과 민간에서 주술적으로 사용하는 것이 상이한 경우가 다수 존재한다. 특히 안질(眼疾)의 경우, 부적책에는 역시 글자를 이용하여 구성한 부적이 수록되어 있지만, 민간에서는 그저 물고기 세 마리의 머리를 한곳에 모아 놓거나 눈병이 난 사람의 눈에 바늘을 꽂아 둔 것과 같은 형상으로 표현했다. 이러한 차이는, 글자 부적은 전문가 집단에 의해서 만들어지는 것이므로 각 가정에서 위급한 상황에 처했을 때는 나름대로 쉽게 할 수 있는 간이형 부적을 마련해 두었던 것으로 볼 수 있다. 간혹은 그림과 도교의 진언에 해당되는 내용이 부기되기도 하지만, 그저 그림만으로 부적의 역할을 대신하기도 한다. 또한 이러한 현상은 중병이 아닌 사소한 질병과 관련되어 나타나므로 결국 사소한 질병은 의원이나 무당 등을 찾아가지 않고서도 해결하고자 했던 당시 민초들의 삶의 모습을 엿볼 수 있다.

셋째, 모든 질병을 부적으로 다스리려 했다는 점이다. 의약과 함께 사용하는 것도 있지만 부적만을 단독으로 사용하는 예가 보다 많다. 부적을 몸에 지니거나 태워서 물에 타서 마시는 방법을 주로 사용한다. 이러한 점은 민간 주술적인 차원에서 이해될 수 있을 뿐 실제 치병에는 얼마만한 효과가 있었는가에 대해서는 알 수가 없다.

넷째, 질병은 내·외과 질환으로부터 부인병에 이르기까지 온갖 병이 포함되어 있는데, 이는 한의학에서 다루는 질병의 범주와 별반 다르지 않다. 이처럼 의학적인 범주와 주술적인 범주가 동일한 것은 전통적인 질병관에 기인한다. 전통사회에서 모든 질병은 귀신의 탓이며, 귀신의 조화로 인해 발생한다고 생각했다. 때문에 질병을 치유하는 데 약물치료를 비롯하여 심리치료, 주술적인 치료가 동원된 것이다. 그중 부적은 주술적인 치료에 해당된다.

'병이 든다'는 표현처럼 사람의 몸 안으로 병이 들어 질병이 발생한다고 관념했다. 병은 대체로 귀신의 소행이므로 병이 나면 귀신을 몰아내기 위해 주술적인 치료를 행한다. 따라서 일상 생활에서 가장 빈번히 발생하는 질병의 원인이 되는 귀신을 몰아내고, 치유하기 위해 부적이 사용되는 것이다. 또한 질병은 사람의 삶에 가장 위해한 것이므로 이를 극복한다는 것은 편안한 삶을 보장받는 길이기도 하다.

동토나 학질, 두드러기 등의 병에는 의학적인 치료보다 주술적인 치료가 약이 된다. 그러나 간단한 외과적인 상처에도 부적을 사용하는 것은 모든 질병을 주술적으로 치유할 수 있다는 관념으로 볼 수 있다.

그런데 질병에 부적을 의존하면서 약의 사용도 병행하고 있다는 사실을 간과해서는 안 된다. 백약무효부의 경우 백약을 사용해도 소용이 없을 경우에 사용하는 부적으로, 이는 질병에 대한 1차적인 치료는 약을 사용해야 함을 간접적으로 시사한다.

백약을 사용해도 소용이 없다는 것은 더 이상 약물치료를 할 수 없는 상황을 의미하므로 이럴 경우에는 '지푸라기라도 잡는 심정으로 주술에 의존'해야 했던 것이다. 간절한 소망을 담은 부적이 '백약무효부'라는 명칭을 얻은 것은 마지막 기대를 담고 있다는 희망의 상징일 수 있다. 즉, 백약이 무효한 환자에게 마지막으로 부적의 주술적인 힘에 기대어 희망을 주는 것이다. 이러한 관념은 질병은 약물치료가 선행되며, 주술적인 치료가 후행됨을 시사한다.

한편 질병부의 경우에는 30일부가 있는데, 병의 증세에 따라서 각기 다른 부적 30장을 하루에 한 장씩 사용하게 된다. 이처럼 부적을 시간을 두고 사용하는 것은 질병의 특성상 단시간에는 질병이 치유되지 않을 수도 있다는 관념에 기인한다. 최대한으로 30일을 두는 것은 30일을 최소한의 시간의 분절로 관념하기 때문으로 여겨진다. 마을에 부정(不淨)이 발생하면 달을 물려야 정결해진다거나 선비가 사망하면 유월장(踰月葬)을 치러야 한다거나 하는 것은 '한 달'이라는 시간의 단위가 우리의 삶에 있어 최소한의 시간의 분절을 의미한다고 볼 수 있다.

재액 소멸 관련 부적

사람이 살아가면서 맞닥뜨리게 되는 다양한 종류의 액이 있다. 이를 미연에 예방하거나 액을 당하여 이를 물리치고자 부적을 사용한다. 흔히 살이 끼었다거나 동토가 발생했다거나 관재가 끼었다고 한다. 9년마다 한 번씩 삼재가 든다고 하는데, 이는 인간의 운수에도 액이 끼일 수 있다는 관념을 보여 준다. 이러한 상황에 처하면 사람이 아프거나 집안에 좋지 않은 일이 발생한다. 이때 액을 해결하기 위해 해결책을 구하는데, 그중 하나가 바로 부적이다. 재액 소멸(災厄消滅)과 관련한 부적의 종류를 살펴보면 다음과 같다.

운수 관련 부적

간혹 운이 나빠 좋지 않은 일을 당하는데, 그럴 경우에는 신수가 나쁘거나 수액(數厄)이 끼었거나 삼재가 들었다고 한다. 이럴 경우에는 거리제나 노두독 놓기, 허재비(허수아비) 버리기 등의 의례를 통해 액을 막는다.

운수(運數)와 관련한 액 중 가장 보편적인 것이 삼재다. '삼재'는 사람에게 닥치는 세 가지 재해(災害)다. 병난(兵難)·역질(疫疾)·기근(飢饉), 또는 수재(水災)·화재(火災)·풍재(風災)를 말한다. 십이지로 따져 태어난 해가 사(巳)·유(酉)·축(丑)년생은 해(亥)·자(子)·축(丑)년에, 신(申)·자(子)·진(辰)년생은 인(寅)·묘(卯)·진(辰)년에, 해(亥)·묘(卯)·미(未)년생은 사(巳)·오(午)·미(未)년에, 인(寅)·오(午)·술(戌)년생은 신(申)·유(酉)·술(戌)년에 삼재가 든다고 한다. 따라서 사람은 9년마다 삼재를 당하게 된다. 삼재운이 든 첫해를 들삼재·둘째 해를 누울삼재·셋째 해를 날삼재라고 하는데, 가장 불길하기로는 들삼재이다. 다음이 누울삼재·날삼재 순이다.

이처럼 삼재는 누구에게나 주기적으로 닥치는 것이므로 지금까지 가장 빈번하게 사용되는 부적이다. 삼재가 무엇인지 명확히 알지를 못하는 사람들도 삼재소멸부만큼은 가지려 한다. 이는 좋지 않은 운과 관련한 것으로, 한 해의 시작과 더불어 불운을 극복하려는 종교적인 정서에 기인한 것이다.

한편, '살'이 무엇인지는 알 수 없지만 인간이 운수가 좋지 않을 때 끼는 유해한 어떤 기운으로 풀이된다. 살이 끼면 되는 일보다는 안 되는 일이 많다고 하여 제살(除殺)을 위해 살풀이를 하는 것이 일반적이다. 살이 끼었는지의 여부는 무당이나 독경무 등의 종교 전문가에게 물어보아야 알 수 있다. 이러한 살 역시 삼재와 더불어 인간의 운수에 직접적인 영향을 미친다고 한다.

삼재를 막는 부적에 주로 등장하는 것은 매다. 고대사회에서는 동물들이 신격화되어 인간 이상의 초능력을 발휘했다. 그러한 동물숭배사상(토테미즘)은 우리 민족사에도 일찍부터 나타나 동물이 인간을 돕고, 악을 징벌하는 존재로서의 많은 일화를 남기고 있다.

삼재부적의 대표적인 것은 '삼두일족응부(三頭一足鷹符)'이다. 머리가 셋 달린 매 그림은 조선조 전기에 회화로 성립되었는데, 시대의 변천에 따라 부적그림으로 변형되었다고 본다.[194] 그 후는 많은 수요에 부응하기 위해 판화로도 제작된 것 같다. 삼재의 운이 닿은 사람은 이 부적을 문미(門楣)에 붙여 삼재를 예방하거나 물리친다. 매는 무용·재앙 소멸·사신의 역할을 담당한다는 설이 있지만, 이렇게 액막이 그림에 사용하게 된

194) 엄난희, 「부적 속에 반영된 민화에 관한 연구」, 원광대 석사학위논문, 1993, 34쪽.

삼두일족응부

연유에 대해서는 이규경의 『오주연문장전산고』에서 다음과 같이 설명한다. 청대 실학자 왕사정(王士禎)의 『지북우담(池北偶談)』에 실린 우화를 인용하면서 "옛날 중국 무창 장씨(武昌 張氏)의 며느리가 휘종황제(徽宗皇帝)의 친필 매 그림을 보고 마당에 나둥그러지면서 여우의 본색을 드러냈다."는 이야기에서 비롯되어 매 그림이 액막이로 쓰이게 되었다고 한다. 한편 삼두매를 흔히 세발까마귀에 비유하기도 한다. 세발까마귀는 태양신으로 비유되는데, 고구려 동명왕이나 신라 박혁거세의 난생설은 곧 태양신(삼족오)의 아들임을 의미한다. 고구려 고분 천왕지신총(天王地神塚) 주실 〈천공도(天空圖)〉를 통해서 이러한 난생 신화의 비유는 잘 설명될 수 있다.

또한 중국 최초의 대표적 신화집인 『산해경(山海經)』의 서차삼경(西次三經)과 북차삼경(北次三經)을 보면, "익망산이라는 곳에 '기여'라고 하는 까마귀 같은 새는 세 개의 머리와 다섯 개의 꼬리를 가지고 있다. 이를 먹으면 가위도 눌리지 않고, 흉한 일도 막을 수 있다."고 한다. 경산(景

山)에는 세 개의 발이 달린 '산여'라는 새가 있는데, 이 새가 나타나면 그 고을에 두려운 일이 생긴다. 이들은 삼재부의 삼두일족응(三頭一足鷹)과 부(붕어)주부(鮒呪符)는 비슷한 형상이므로 신화적 해석이 가능하다.

이러한 종류의 원초적인 이미지들은 주로 신화적 상징 체계 속에 자리 잡고 있으면서 민간신앙 체계나 습속에서 생명력을 유지하고 있다. 오래된 무덤의 부장품이나 벽화, 부적에 이러한 이미지들이 주로 등장하는 것은 이들이 인간의 무의식에 깃들여 있는 원형을 자극하기 때문이며, 우리는 이들을 통해서 우리 삶의 근처에 있는 원초적인 생명력에 대한 암시를 받는다. 그리고 그 상(像)들이 상식적인 질서 속에 자리 잡고 있는 사물을 재현한 것이 아님을 역설적으로 보여 주고 있다. 그것은 인간의 물리적 질서 너머의 세계, 다시 말하면 마음의 세계, 영혼의 세계를 암시적으로 보여 주고 있는 도상들이다. 보이지 않는 세계, 초월적인 세계는 역설적인 방식으로 표현될 수밖에 없다. 또한 역설과 모순이 신성으로 상징화되기 이전의 살아 있는 우주의 본 모습이며, 성상(聖像)은 모두 이러한 개념적 역설을 내포하고 있는 형상들이다.

비교신화학자인 조지프 캠벨(Joseph Campbell)은 세계 전체가 지니고 있는 삶과 죽음의 역설, 끊임없이 생겨났다가 사라지는 일을 반복하고 있는 우주 전체의 힘이 바로 '신성'이라 말하고 있다. 신성이 상식의 범주를 넘어서는 형상들, 합리적 질서 속에서 비정상이라 불리는 형상들로 표현되는 것은 신성 그 자체가 인간의 개념적 규정이나 합리적 이해를 넘어서는 차원의 것이기 때문이다. 이렇듯 매가 액막이 역할로서, 또는 한 세계와 다른 세계를 매개하는 사자(使者)로서의 역할로, 그리고 초월적인 신성의 존재로서의 특징적 역할로서 인간의 재앙을 막아 주는 삼재부적으로서의 확고한 자리를 차지하고 있다.

• 진삼살(鎭三殺)

• 입삼재부(入三災符)·중삼재부(中三災符)·출삼재부(出三災符)

• 삼재소멸제살부

• 삼재소멸부(三災消滅符) 삼두매 : 삼두일족응능식삼귀(三頭一足鷹能食三鬼)

• 삼재팔난소멸부

• 해오행주구요부 : 천지의 오행화 형충(刑沖)이 되어 빚어진 모든 살액과 잡귀사기를 물리치고 우환을 소멸시켜 막힌 것을 풀어 주는 영험이 있다.

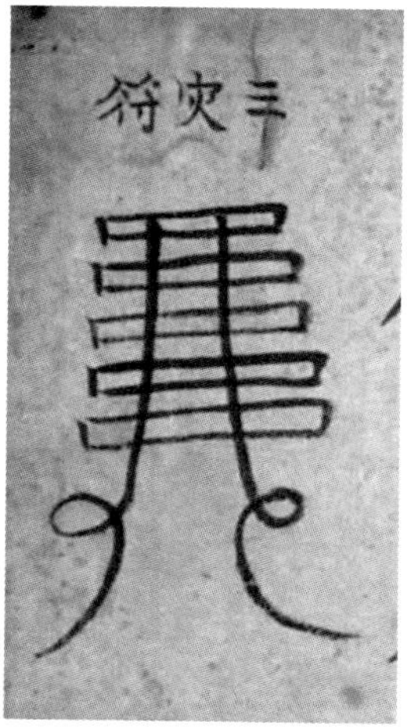

삼재부

위에서 보듯이 삼재부는 매우 다양하다. 그중 가장 대표적인 '삼두일족매'는 머리가 셋 달린 매가 삼귀(三鬼)를 잡아먹는다는 의미를 담고 있다. 간혹은 독수리로 표현되기도 하고, 호랑이와 함께 그려지기도 한다. 독수리는 매와 같이 맹수로서의 성격을 지니고 있으며, 호랑이 역시 맹수로서의 강인한 힘 때문에 사용된 것으로 여겨진다.

이제 삼두매와 더불어 쓰인 글씨를 살펴봄으로써 삼재부의 내용을 좀 더 면밀히 파악해 보도록 하자. 그림과 더불어 나타나는 글은 다음의 일곱 가지로 구분된다. ① 축진삼재귀(逐盡三災鬼), ② 삼재소멸(三災消滅)·부제(付除)·살천(殺天)·형성(刑星), ③ 삼재소멸제살, ④ 삼재팔난소멸부, ⑤ 악병귀추제신(惡病鬼追除神)·태을천상군진언(太乙天上君眞言) ⑥ 삼두일족응(三頭一足鷹)·축진삼재귀(逐盡三災鬼) ⑦ 해오행주구요부 등이 있다. 이러한 글귀는 삼두매의 성격을 확실히 하며, 아울러 삼재구축에 더 강력한 주력을 부여한다. ①의 '축진삼재귀'라는 명문은 삼재귀를 모두 물리친다는 의미가 담겨져 있다. '삼재귀'라는 용어는 결국 삼재를 귀신과 같이 사악한 존재로 여기는 관념이 내재되어 있다. ② 삼재소멸·부제·살천·형성이라는 것은 삼재를 없애고, 붙은 것을 제거하고, 천기를 죽이고, 별의 기운을 형벌한다는 뜻으로, 결국 삼재와 같이 불길한 액운을 떨쳐버리겠다는 의미를 담고 있다. ③ '삼재소멸제살'은 삼재를 소멸시키고, 모든 살을 제거하겠다는 의지가 담겨져 있다. ④ '삼재팔난소멸부'는 삼재로 인해 발생할지 모를 여덟 가지 재난을 소멸시키겠다는 것이다. 이처럼 삼재로 인한 재앙은 다양하다.

사람의 운수는 해〔年〕를 기준으로 하여 달라진다. 어떤 해에는 길하기도 하고, 어떤 해에는 흉하기도 한다. 때문에 정초가 되면 길한지 흉한지를 알아보기 위해 토정비결을 보거나 무당이나 절의 스님을 찾아가 신수(身數)를 본다. 길하다면 좋겠지만 만약 흉하다면 다양한 의례를 베푼다. 거리제, 서낭제, 용왕제(龍王祭), 횡수(橫數)맥이, 삼재풀이 등의 의례는 모두 이러한 경우에 해당된다. 그러나 삼재의 경우에는 대체로 부적을 함께 사용한다. 거리제는 거리의 '길대장군'에게 부탁하여 나쁜 액운을 막는 것이라면, 용왕제는 '용왕'에게 부탁하고, 서낭제는 '서낭님'께 부탁하는 의례이다. 횡수맥이는 나쁜 액인 횡수를 막는 것이며, 삼재풀이는 나쁜 운수인 삼재를 푸는 것이다. 다른 것이 대상 신령께 돌보아 달라고 부탁하는 것이라면, 횡수와 삼재는 운수를 직접 푸는 것이다. 즉, 횡수와 삼재는 그것을 도맡은 신령이 존재하지 않는 경우다. 이 중 횡수맥이와 삼재풀이의 경우에는 특별히 허수아비를 만들거나 삼재가 든 사람의 옷을 가져다가 일정한 물건으로 대수대명(代數代命)을 시킨다. 어찌 보면 더 강력한 제액(除厄) 방법이 아닐까 싶다. 횡수맥이와 달리 삼재풀이의 경우에는 부적을 추가적으로 사용한다. 삼재는 그중에서 가장 극복하기 어려운 것이기 때문이 아닐까 한다. 다른 것은 대개 1년 단위로 불운이 드는데, 삼재는 3년 동안 불운이 든다. 따라서 3년 동안 해마다 갈아 붙이는 삼재부와 해마다 행하는 삼재풀이는 불운의 최고봉인 삼재를 극복하고자 고안해 낸 방법인 것이다. 따라서 사람의 운수 중에 가장 흉(凶)한 삼재와 관련하여 더 부적이 발달된 것으로 보인다.

살부

살(煞)은 무엇인가 알 수 없는 불길한 기운을 말한다. 그 기운의 종류는 인간 삶의 요소요소에서 발생할 수 있는데, 그 내용은 다음과 같다.

> 조객살(弔客煞), 호신살(護身煞), 야제살(夜啼煞), 구교살(句絞煞), 난발살(亂撥煞), 충천살(沖天煞), 홍왕살(興旺煞), 미혼살(迷魂煞), 호리살(狐狸煞), 관부살(官府煞), 기로살(氣路煞), 암시살(暗矢煞), 투하살(投河煞), 화개살(華蓋煞), 형해살(刑害煞), 모재살(耗財煞), 주조살(走躁煞), 구녀성살(九女星煞), 매아살(埋兒煞), 백호살(白虎煞), 암해살(暗害煞), 현량살(懸梁煞), 투정살(投井煞), 경안살(經眼煞), 흉악살(凶惡煞), 투애살(投崖煞), 공인제살(工人除煞), 부부원진살(夫婦원진煞), 사골투태살(死骨投笞煞), 오귀살(五鬼煞), 혈기살(血氣煞), 투생살(偸生煞), 장군살(將軍煞), 연태성살(硯台星煞), 유귀살(游鬼煞), 말두살(抹頭煞), 관부살(官符煞), 발난살(撥亂煞), 삼형육해살(三形六害煞), 경안살(硬眼煞), 단명살(短命煞)

위에 열거한 살과 관련한 부적은 인간에게 끼일 수 있는 살의 종류를 나열한 것이다. 살의 내용은 대부분 인간의 삶 속에서 불운과 관련된 것들이다. 특별히 피하고 싶은 내용들이 다수를 차지하는 것을 보면, 살부는 결국 인간 삶의 부정적인 요소를 없애고자 하는 문화적 장치라고 할 수 있다. 몇 가지만을 예를 들어 살펴보도록 하자.

'오귀살'이 사주에 있으면 집안에 평지풍파가 많고 우환질고가 따르며, 관재·구설·손재 및 심하면 부부 이별 또는 상패를 당하여 고독하게 지내는 경우가 많다. 오귀살부를 써서 1년간 몸에 지니게 한다. '말두살'이 있는 사람은 남과 의사 충돌이 심하고 시비 구설이 따르며, 풍파가 심하여 사업에 실패가 많다. 여자는 가정불화가 많고, 또는 해산 시에 난산을 면치 못한다고 하므로 사용하는 부적이다. '단명살'은 사주에 살이 끼고 어려서부터 질병으로 인해 기르기가 어려운데, 출산 후 아기방 문 위에 붙여 두면 액운을 면한다고 한다.

이외에도 상가에 문상을 다녀왔거나 몸을 보호하는 것, 밤에 울부짖는 일, 구부러지고 꼬인 것과 관련된 것, 어지럽게 휘어진 것, 충천살이

단명살부

말두살부

오귀살부

낀 것, 홍왕살이 낀 것, 혼에게 빠진 것, 여우와 이리처럼 돌아다니는 것, 관부의 살이 낀 것, 기로살이 낀 것, 암시살이 낀 것, 물에 빠지는 살이 낀 것, 호개살이 낀 것, 연태성살이 낀 것, 재산이 주는 것, 대들보를 매달 때 낀 것, 우물에 빠질 살이 낀 것, 아이를 매장할 때 낀 것 등 다수가 존재한다.

사람이 살면서 좋지 않은 일은 이러한 살이 낀 것으로, 이를 풀어야 한다. 살풀이와 더불어 이러한 부적을 사용함으로써 위해한 것을 해결하고자 하는 것이다.

동토부적

동토(動土)는 흙이나 쇠, 나무 등의 물건을 잘못 다루었을 때 발생하는 것이다. 동토는 그 탈의 원인이 되는 것을 토대로 하여 흙동토, 나무동토, 쇠동토(철물동토), 무색동토 등으로 나뉜다. 이외에 아래의 부적 유형에서 보듯이 측간을 잘못 건드려도 동토가 난다. 이 중 특히 측간은 주의해야 한다. "변소에서 쓰러지거나 빠지면 약도 없다."는 속담처럼 변소는 위험한 공간이기 때문이다.

동토부 / 동석부 / 동목부 / 동철부 / 대장군동토부 / 칙간동토부 / 백살동토부

이는 동토를 유발시키는 대상에 따른 분류인데, 돌·흙·나무·철·측간 등의 사물과 대장군 방위 등이 그 기본이 된다. 이외에도 모든 동토의 원인이 되는 살을 제거하는 '백살동토부'도 있다. 이러한 구분은 결

국 전통적으로 동토는 질병을 발생시키는 원인이 되는 것으로, 자신을 둘러싸고 야기되는 질병의 원인으로 여긴 데 기인한다. 살아가면서 빚어지는 다양한 액(厄)의 표현 중 하나인 동토를 예방하거나 치유하고자 동토부를 사용한다.

인간 관계 부적

- 제첩부(除妾符) : 첩 떼는 부적
- 축첩별산부
- 축첩각별부
- 부부불화부(夫婦不和符)
- 부부신액부(夫婦身厄符)
- 육친불화부(六親不和符)

인간관계와 관련된 부적의 대부분이 첩과 관련되어 있다. 남편이 새 부인을 얻었을 때 사용하는 것으로, 가장 심각한 인간 불화의 문제가 되었을 것 같다. 부적은 '제첩부'라 하여 첩을 떼어 내는 것이 있고, '축첩별산부'와 '축첩각별부'라 하여 첩과 이별하도록 하는 부적이 있다. 어쨌든 본부인의 입장에서 첩은 눈엣가시와 같은 존재이므로 첩과 남편과의 이별을 위해 부적을 사용한 것이다.

이외에도 부부가 불화하거나 육친이 불화할 경우에도 화합을 바라는 마음에서 부적을 사용한다. 부부의 경우 '신액(身厄)'이라 하여 몸에 낀 액으로 인해 불화하다고 여겨 이를 해결하고자 한다.

이처럼 인간관계에서 가장 기본이 되는 부부지간의 문제가 가장 큰 문제로 대두되는 것은 사회의 가장 최소 단위를 구성하는 가정이 바로

제첩부

축첩별산부

부부에서 비롯된다는 것과 관련이 깊다. 부부지간의 화평은 가정의 화평을 이끌고, 가정의 화평은 한 집안의 화평으로 이어지기 때문이다.

관재부적

관재는 관청과 관련하여 발생하는 재앙을 말한다. 살아가면서 소송에 휘말리거나 관과 관련한 구설에 휘말린다면 사회생활이 어렵게 된다. 때문에 이러한 일을 미연에 예방하기 위해 부적을 사용하는데, 그 종류는 다음과 같다.

① 관재부, 관재구설소멸부, 관재구설부, 쟁투시비소멸부, 관재소멸부, 관재제액부, 관재소환부 , 관액방지부, 진관재불침부
② 능피쟁송재액부, 송사순해부
③ 진구설부(鎭口舌符), 구설소멸부(口舌消滅符)

위의 관재(官災) 관련 부적은 ①의 그저 '관재부'라 되어 있는 것을 기

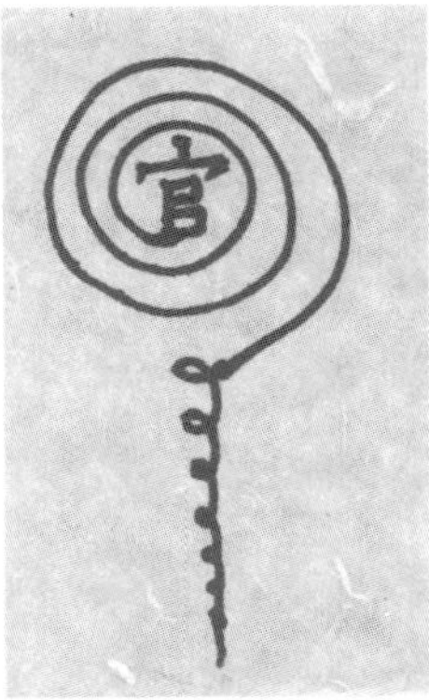

관재소멸부

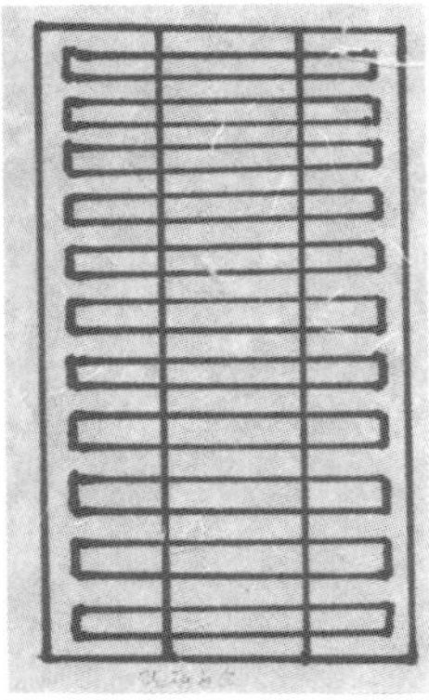

능피쟁송부

본으로 하여 관재구설, 쟁투시비, 관재소멸(관재제액), 관재소환, 관액방지, 진관재불침 등과 ②의 '송사(訟事)'와 관련한 능피쟁송재액, 송사순해 등과 ③의 '구설(口舌)'과 관련한 진구설, 구설소멸에 관한 부적으로 나뉜다. 관재는 관청과 관련한 일을 뜻하는 것으로, 구설·쟁투시비·소환 등을 예방하기 위해 사용하는 것이다.

관재 중 가장 대표적인 것은 송사로, 가장 이른 시기의 실물 부적인 1268년의 용주사탑에 복장되었던 부적부터 그 내용을 파악할 수 있다. '능피쟁송부적(能避爭訟符籍)'으로 알려진 이 부적은 쟁송을 피하는 것이 당시로부터 얼마나 중요했던가를 보여 준다. 이러한 관심은 그 후에도 매우 지속적으로 나타난다. 송사를 피하고, 송사가 잘 해결되기를 바라는 마음을 담은 부적이다. 관재를 예방하는 것은 관직을 가진 자나 그렇지 않은 자나 모두에게 필요하다. 때문에 송사를 막거나 송사에서 승리하도록 하기 위해 아이의 배냇저고리나 첫 경도가 묻은 천을 사용하는 방법도 고안되었다. 이는 어린아이가 입는 첫 번째의 것이라는 성질과 여성의 첫 월경이라는 '첫 번째'의 상징으로 불길한 운을 극복해 보고자 한 것이다. 이처럼 혹여 있을지 모를 송사를 막고, 송사가 발생했다면 그것을 승리할 수 있도록 부적을 사용한 것이다.

한편 '진구설부'와 같이 사람의 말과 관련한 것은 말의 중요성을 부각시킨다. "말로써 천 냥 빚도 갚는다."는 속담처럼 말은 잘 사용하면 길하게 이용되지만, 잘못하면 구설수가 끼어 오히려 낭패를 본다. 남의 입에 오르락내리락하는 것을 막아야만 편안하게 생활할 수 있는 것이다.

생산부적

- 생사안산성취부(生嗣安産成就符)
- 산모천신수호부
- 난산부(難産符)
- 자녀순산부(子女順産符)
- 출산액운예방부(出産厄運豫防符)
- 최생부(催生符) : 산모의 해산을 속하게 하는 부적
- 신비최생부(神秘催生符)
- 유산방지부(流産防止符)

아이를 낳는 일은 '하늘과 땅이 맞닿는 순간'이라고 하듯이 위험과 고통이 수반된다. 이러한 위험을 잘 극복하면 순산(順産)이지만 조금이라도 잘못되어 난산(難産)이 되면 산모와 아이가 죽음에 이른다. 그래서 혹시라도 있을 위험을 제거하기 위해 부적을 사용하는 것이다.

아이를 낳지 못하거나 낳다가 사망한 여인의 원혼(冤魂)을 위무하기 위해 여러 원혼들과 함께 조선시대에는 여제(厲祭)를 지냈다. 가장 비극적인 영혼을 위무하는 여제의 대상이 되었다는 것은 비극적인 죽음뿐만

난산부

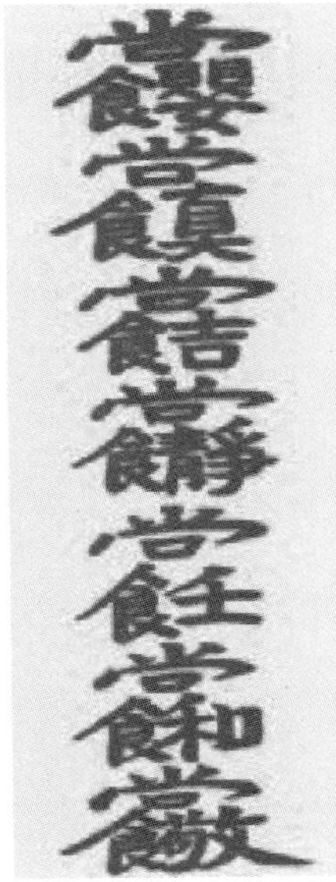

유산방지부

이 아니라 그로 인한 한 가정의 파탄이 야기되기 때문이다. 때문에 난산을 극복하고 순산을 바라는 마음은 부적에 담겨지게 되는 것이다. 이러한 바람은 앞에서 살펴보았듯이 현전하는 최초의 부적인 1268년의 용주사 석탑에 복장되었던 부적에도 나타난다. 위험한 순간을 극복하려는 욕망이 부적에 드러나는 것은 자연스러운 일이다.

이동부적

이동(移動)은 새로운 공간으로 옮겨 가는 것으로, 자신이 속했던 공간이 아닌 낯선 공간과 접하게 되므로 혹여라도 탈이 날까 하여 부적을 사용한다. 특히 여행이나 이사와 같이 미지의 공간은 더욱 그러하므로 이사나 여행을 할 때는 부적을 사용하는 예가 많다. 이와 관련한 부적의 종류는 다음과 같다.

① 이동흉액제살부(이전 및 모든 움직임으로 인하여 발생되는 액운을 물리침)/원행이동대길부/수륙원행부(水陸遠行符)/험로안전부(險路安全符)

② 이사흉험제살부(주택의 이사 혹은 영업 장소 등의 이전에 따르는 모든 흉험한 우환과 잡귀 및 환난을 제살함.)/이가시제문부(移家時諸門符)/대장군부(大將軍符, 대장군 방위로 이사를 잘못 갔을 때 이 부적 4장을 써서 집 네 귀퉁이에 붙이면 우환 소멸)/삼살방위부(三煞方位符)

'이동'이라는 것은 본인이 속한 공간으로부터 다른 공간으로의 움직임을 전제로 한다. 본인이 속한 공간은 마을이나 가정이나 간에 다양한 신령들에 의해 보호를 받게 된다. 마을에는 마을신앙의 대상 신인 산신과 거리신이, 가정에는 집터를 관장하는 터주를 비롯하여 건물 주인인 성주·삼신 등이 보호한다. 그러나 외부 공간은 이러한 신령의 보호를 받지 못한다. 또한 외부는 잡귀 잡신이 들끓는 곳으로, 언제 그들의 공격을 받아 병을 얻거나 해를 입을지 모를 일이다. 따라서 그러한 액운을 물리치기 위해 위와 같은 부적을 사용해야 한다.

이때 모든 이동이 문제가 되지는 않는다. 가정에서도 잠시 장을 보러 갈 때는 안전을 위해 비손하지 않는다. 위의 부적 중 ①의 '원행이동대길부'처럼 원행(遠行)일 경우나 험로(險路)일 경우에 많은 어려움을 겪을 수 있으므로 이를 제어하고 대길하기를 바라는 마음에서 부적을 사용하는 것이다. 이러한 경우에 부적 이외에도 각 가정에서는 부엌의 조왕이나 장독대의 터주에 청수 한 그릇을 바치고 돌아올 때까지 안전을 비손한다.

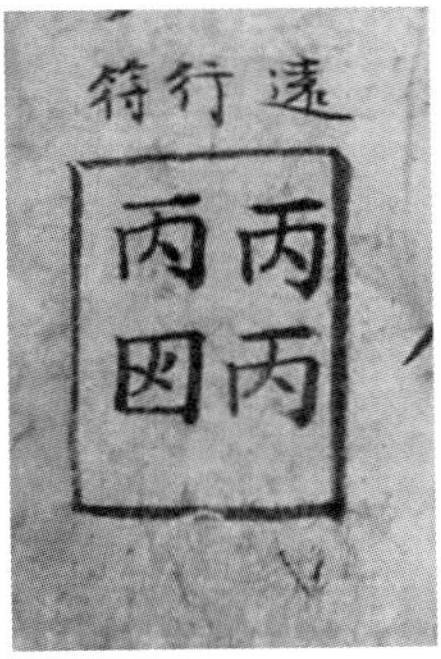

원행부(각양부적)

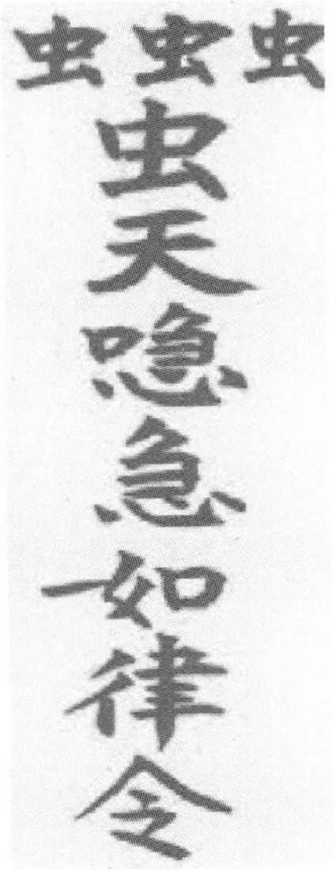

여행안전부

간절히 바라는 그들의 소망이 의례와 동일하게 부적으로 표현된 것이다.

한편 ②와 같이 이사를 통해 기존에 살던 공간으로부터 새로운 공간으로 입주한다는 것은 미래에 빚어질 우환이나 환난 제거를 통해 평안한 가정이 되기를 기원해야 한다. 그에 걸맞게 모든 살을 제거하고자 '이사흉험제살부'를 사용하는 것이다.

이처럼 공간의 이동은 안과 밖이라는 구분된 관념에 기인한 것으로, 자신이 속한 공간과 그렇지 않은 미지의 공간에 대한 전통적인 관념을 파악할 수 있다.

망자부적

장례, 묘지의 수리 및 이장 등에 관련되어 발생하는 우환과 재앙 및 죽은 망자나 혼령으로 인한 일체의 환난과 귀살을 소멸시키고, 천신과 불보살들이 인도하여 후손들에게 장애가 발생치 않게 하는 부적은 매우 다양하다. 먼저 망자의 세계를 살필 수 있는 부적을 살펴보면 아래와 같다.

망자

- 당생정토부(當生淨土符) : 정토에서 태어나기를 기원하는 부적
- 해탈지옥고난부 : 생전의 죄업이 소멸되어 지옥고를 벗어나는 영험이 있음.
- 죄멸성불환생부 : 생전의 죄업이 소멸
- 파지옥극락왕생부
- 극락왕생견불부
- 영생극락평안부

위의 부적들에는 망자가 죽어서 가게 되는 세계가 잘 드러난다. 우선 망자가 극락왕생을 하기를 빌거나 아미타불이 관장하는 서방의 정토가 그 대상이 된다. 이때 '당생정토부'는 망자가 아미타불이 관장하는 서방정토에 환생하기를 바라는 마음에서 사용하는 부적이다. 그러나 많은 경우 당생정토부를 대신하여 1777년의 진언집에 나오는 '대초관직부(大招官職符)'를 당생정토부로 잘못 이용한다. 이는 부적에 대한 정확한 내용을 알고 쓰는 것이 아니라 대략 짐작으로 쓰는 분위기가 만연되는 것에 기인한다. 점차 본래의 의미를 잃고 필요에 따라 달라지는 모습을 보여 준다.

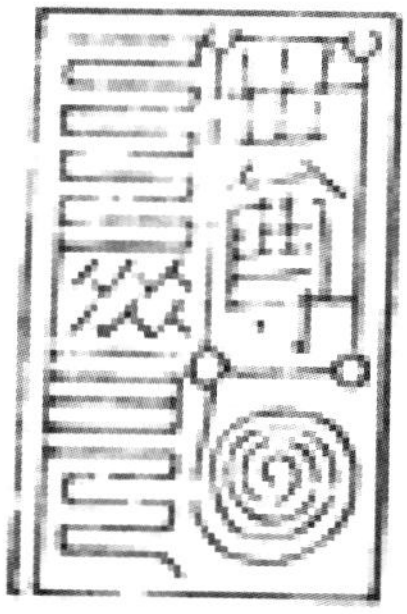

당생정토부(1268년)

지옥과 관련하여서는 지옥을 파하고 극락왕생하기를 바라거나 죄를

사하고 성불하여 환생케 되기를 바라며, 극락과 관련하여서는 극락에 올라 부처님을 보거나 극락에서 영생토록 평안하기를 바란다는 내용이 담겨져 있다. 이는 이것을 사용하는 사람들의 죽음 이후의 세계를 짐작케 한다.

이로써 죽은 자는 지옥이나 극락을 가게 된다고 여겼음을 알 수 있다. 자신과 관련한 조상이나 후손이 극락에 가지 못하고 지옥에 가게 되는 것을 막기 위해 지옥을 파하고 극락으로 가기를 바라는 마음을 담은 부적이 있다는 것은 부적의 주력에 강한 믿음이 존재함을 보여 준다. 또한 지옥의 고난으로부터 벗어나기를 바라는 것은 죽은 자의 세계에 대한 두려움이 잘 표현되어 있으며, 동시에 영혼의 안식을 바라는 산 자의 소망이 투영되어 있다.

또한 극락에서 영생토록 평안하기를 바라고, 부처님을 만나기를 바라는 것은 불교도로서의 모습이 잘 드러난다. 이처럼 부적에 표현된 죽은 자의 세계는 극락과 지옥으로 나뉘며, 지옥도 부적의 강력한 주력으로 파할 수 있다는 사고가 투영되어 있다.

묘소

- 파묘부(破墓符)
- 소충안장부(掃蟲安葬符)
- 진묘부(鎭墓符)
- 압광부(押壙符)
- 상주수앙부(喪主受殃符)
- 영구불부(靈柩不符)
- 상여부(喪輿符)

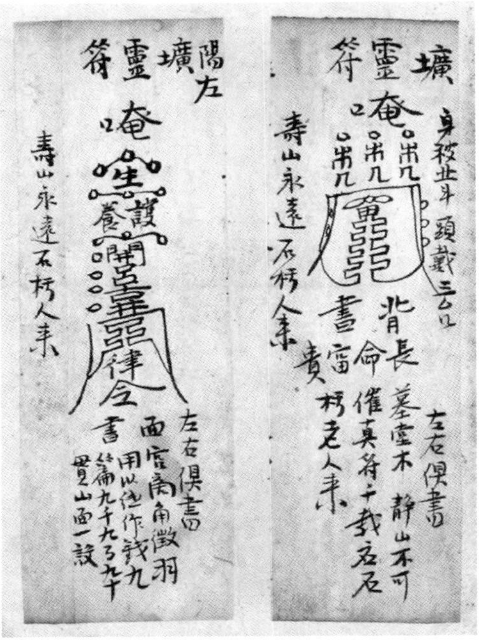

광령부

- 함분압살부(咸墳壓殺符)
- 상불정불침부(喪不淨不侵符)
- 출산안중궁부(出山安中宮符)
- 풍수부
- 광령부(壙靈符)

위의 부적들은 묘소와 관련한 것으로, '파묘부'는 땅을 팠을 때에 혹시 일어날지 모를 일을 예방하기 위해 사용하는 부적이다. 파묘를 하려면 예로부터 산신제를 지내 그 땅에 시신을 매장하겠다고 산의 주인인 산신께 고해야 한다. 이에 혹여라도 발생할지 모를 액을 막기 위해 파묘부를 써서 묘의 네 귀퉁이에 넣는다. 이는 망자의 안장(安葬)을 위한 일이기도 하다.

'소충안장부'는 묘지에 해충에 의한 재앙, 또는 망자로 인한 우환이나 재액을 천신(天神)들이 막아 준다는 부적이다. 망자의 영혼뿐만 아니라 육신도 보호되어야 하므로 이러한 부적을 사용하는 것이다.

'압광부'는 광중 안의 모든 재액을 제어하기 위한 부적이다. 이 역시 망자의 육신 안장을 위한 조치라 하겠다.

'진묘부'는 위의 세세한 부적을 총괄하는 부적인 셈이다. 묘와 그 안의 시신을 사악한 것들로부터 보호하기 위해 사용하는 부적이다.

이외에 상여나 상주 등에게 일어날지 모를 위해를 막기 위해서도 부적을 사용한다. 망자에 대한 처리를 매우 진중하게 하는 동시에 초상으로 인해 상주에게 부정한 일이 발생하는 것을 막고자 부적을 사용한다.

'풍수부'는 위에서 언급한 부적의 종합편이라 할 수 있다. 초상, 면례, 개장, 수분 등 묘를 다루는 일에 사용하는 부적이다. 또한 풍수해로 인해 묘지가 파손되었을 때 사용하기도 하는데, 먼저 묘소를 손질하고 부적을 땅속에 묻어 둔다. 그러면 묘탈이 생기지 않는다고 한다.

이상과 같이 묘와 관련한 부적은 묘를 파는 것으로부터 시작하여 묘분을 관리하는 것까지를 포함한다. 그 대상은 비가시적인 사악한 기운으로부터 벌레, 해충 등 직접적인 영향을 미칠 수 있는 것까지를 범주로 한다. 또한 시신뿐만 아니라 상여, 상주 등의 초상과 직·간접적으로 관련 있는 대상이 모두 부적의 보호를 받아야 하는 대상으로 설정된다.

초상

- 상부정불침부(喪不淨不侵符)
- 조문문병부(弔問問病符)
- 상문부(喪門符)

• 상거부(喪車符)

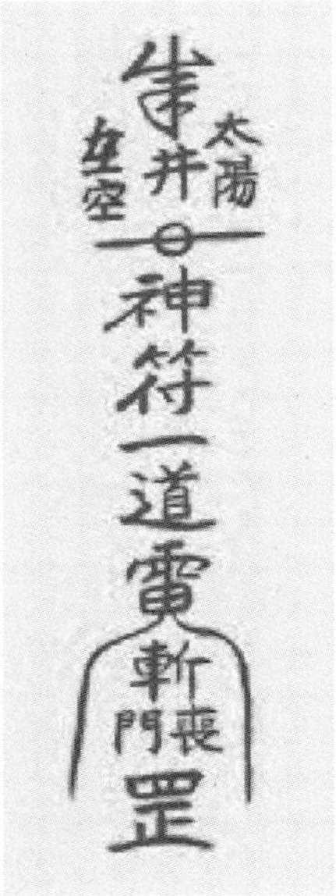

상문부

위와 관련한 부적은 초상이 발생하면 부정이 발생하므로 이로부터 조문객 스스로를 보호하고자 사용하는 부적이다. 조문이나 문병을 갈 때나 상여를 뒤따라갈 때에 초상과 관련하여 발생한 모든 부정을 막아 내기 위해 사용한다. 이 외에도 '상거부'와 같이 문상을 가는 사람들은 각자의 몸을 보호하기 위해 옷에 바늘을 끼우고 가거나 경기도 임진강 근처의 게가 많이 나는 지역에서는 게의 집게발을 주머니에 넣고 가기도 한다. 문상에서 돌아오는 사람을 맞을 때도 집 밖으로 소금을 뿌려 혹여라도 묻어올지 모를 초상과 관련한 부정을 막고자 했다. 이러한 행위들 역시 초상과 관련하여 발생할지 모를 여러 부정을 막고자 하는 의례이므로 부적의 일종으로 간주된다.

이상과 같이 초상과 관련한 부적은 망자의 영혼을 위한 부적, 시신이나 상주를 위한 부적, 초상집에 문상 온 사람들을 위한 부적 등으로 크게 나뉜다.

재해부적

• 삼광백뢰왕뢰전불침(三光百雷王雷電不侵)

• 화재예방부

• 수화도액부(水火度厄符)

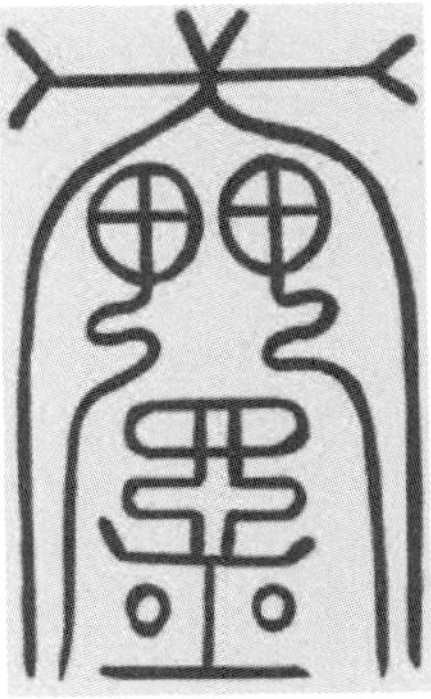

수화도액부

화재예방부

• 수재해난사고예방부

• 도우기청지수재화액부(禱雨祈晴止水災火厄符)

자연재해에 대한 피해로부터 몸이나 집 등을 보존하기 위한 것으로, 번개 등이 침범하는 것을 막고자 한 것이다. 인간의 삶에 가장 심각한 피해를 입히는 화재와 수재를 비롯하여 홍수나 가뭄을 해결하고자 부적을 사용한다. 화재·수재·홍수·가뭄 등은 인간의 생명과 삶의 터전을 소멸시킬 수 있는 중요한 것으로, 이를 예방하고자 부적을 사용하는 것은 필요성에 입각해 보았을 때에 매우 적절하다고 여겨진다. 그러나 자연현상에 대한 관심까지를 포함한다는 측면에서 부적은 생활상의 전부를 포함하고 있다고 할 수 있다.

동물부적

• 추호부(追虎符)

• 가명부(呵鳴符, 家鳴符)

• 불시계명부(不時鷄鳴符)

• 개굴지부(犬堀地符)

• 피서부(辟鼠符)

• 조서사충부(鳥鼠蛇蟲符)

이 부적들은 가축(家畜)과 가금(家禽)의 대표적인 닭과 개, 쥐, 새 등이 집안과 일정한 관련을 맺는다는 관점에서 나타난 것이라 할 수 있다. 특히 닭이 시도 때도 없이 운다거나 개가 땅을 판다거나 하는 행위는 일반적으로 길하지 않은 것으로 여겨진다. 때를 알리는 닭이 시간을 관계하지 않고 운다는 것은 불길한 기운의 전조로 여겨지기 때문이다. 개가 땅을 파는 행위 역시 불길한 기운의 전주곡으로 간주되는데, 땅을 파는 행위 자체가 시신의 매장을 연상케 하고, 집 안에 있는 대표적인 가축인 개가 그러한 일을 한다는 것은 결국 집 안의 식구와 연계될 수 있다는 생각을 갖게 한다. 따라서 '개굴지부'는 집안 식구의 안전을 위한 조치라 하겠다. 반면에 쥐가 식량에 피해를 입히므로 이를 쫓기 위한 '피서부'는 자연스러운 발상이라 하겠다. '조서사충부'는 유해한 새, 쥐, 뱀, 벌레 등을 한꺼번에 소멸시키고자 하는 부적이다.

호랑이는 대표적인 맹수로서 전통사회에서 호랑이의 침입을 막기 위한 다양한 의례 중 하나로 부적이 사용되었다. 호랑이를 막아 내는 일은 인간의 능력 밖의 일로, 부적을 통해 이를 극복하고자 했던 것이다. 결국 부적은 인간의 능력으로는 극복되지 않는 삶의 위기와 고난, 역경에 처했을 때 그것을 나름대로 극복하기 위한 적응 기제라고 할 수 있다.

도난 방지 부적

• 실물부(失物符)

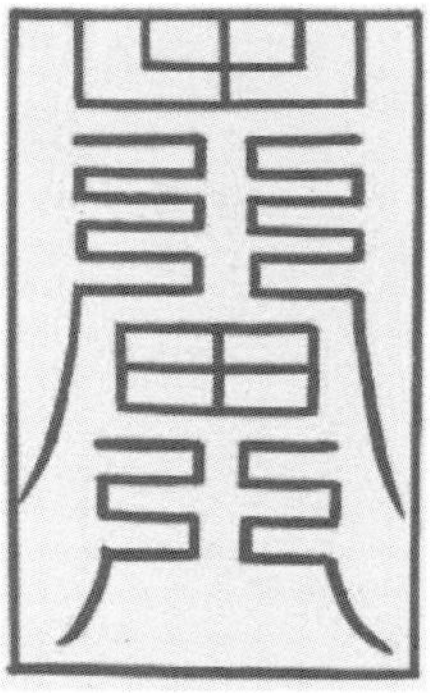

도적불침부

도적예방부

- 도적불침부
- 도적실물방지부
- 피절도령부(避竊盜灵符)
- 실물갱득부(失物更得符)

개인의 소지품이나 소유물을 잃어버리지 않도록 미연에 방지하고자 하는 부적이다. 실물(失物)은 부주의함과 뜻하지 않은 사고인데, 이를 방지할 수 있다고 여기는 것은 필요한 조치라고 할 수 있다. 또한 실물갱득부는 잃어버린 물건을 다시 얻을 수 있도록 하기 위해 사용하는 부적이다. 도적이 침입하지 못하도록 하는 것, 물건을 잃어버리지 않고자 하는 것, 잃어버린 것을 다시 찾는 것 등은 모두 삶의 고통이다. 그러나 이러한 일조차 주술에 의지했다는 것은 그들의 삶 자체가 주술적이었음을 단적으로 보여 준다.

제액부적

- 팔진도부(八鎭圖符)

• 축사부(逐邪符)

• 도액부(度厄符)

• 백해소멸부(百害消滅符)

• 재해지난부(財害之難符)

• 고질원한저주해살부

무엇으로 단순하게 표현할 수는 없지만 인간의 삶에 유해한 사악한 존재가 있다. 이를 위에서 보듯이 부적에서는 사(邪), 액(厄), 백해(百害), 재해(財害) 등으로 표현했다. 이들은 무엇인가 분명하게 알 수는 없지만 인간의 삶에 유해한 존재들임에는 분명하다. 인간에게 미치는 해악(害惡)을 '백해(百害)'라 표현한 것은 수없이 많다는 의미를 강조하는 것이라 하겠다. 그중에도 재물의 손해를 구분하여 기술한 것은 그에 대한 관심을 보여 주는 것이라 할 수 있다.

백해소멸부

• 참사부

• 돌발사고방지부

• 이외재난예방부

살아가면서 돌발사고나 이외의 재난 등에 접하게 된다. 그래서 부적을 통해 미연에 이러한 액운을 막음으로써 평안한 삶을 추구하고자 했다. 근래에 들어서는 단순한 사고 방지 부적에서 차량 사고 방지 부적처럼 구체적으로 명시되는 사례가 늘고 있다.

가택부적

가택(家宅) 평안 부적

- 안택부
- 집안불안부
- 우환소멸부
- 가화지난부(家禍之亂符)
- 가운불화부(家運不和符)
- 축귀진택편안부(逐鬼鎭宅便安符)
- 진택축괴파사부(鎭宅逐怪破邪符)

건물 안전 부적

- 고택 입택시 진살평안부(古宅 入宅時 鎭煞平安符)
- 가옥수리상충부(家屋修理相沖符)
- 가옥개수부(家屋改修符)

위의 가택과 관련한 부적은 건물과 식구를 포함한 집안의 평안에 관련된 부적과 건물로써의 가택이 편안하기를 바라는 부적으로 나눌 수 있다. 먼저 '가택 평안 부적'은 집안이 편안하기를 바라는 부적을 중심으로 집안이나 가운이 불안할 때 사용하는 부적, 우환이나 화가 들끓을 때 사용하는 부적, 귀신을 몰아내어 집안이 편안하기를 바라는 부적이 포함된다. 이들 부적은 집안의 화평과 안전을 위해 불안, 우환, 불화, 귀신 등의 해가 되는 것을 구축하는 부적이다.

반면에 '건물 안전 부적'은 가옥을 수리하거나 오래된 집으로 이사를

안택부

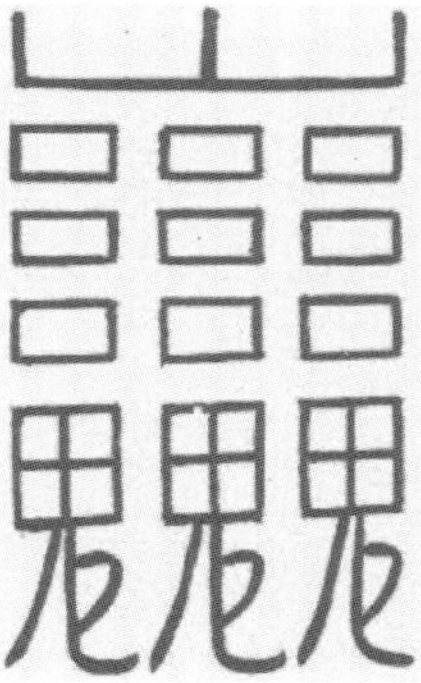

안택부

사고방지부

할 때 모든 살을 막고 평안하기를 바라는 마음에서 사용하는 부적이다. 집을 수리한다는 것은 동토가 날 수 있는 일이며, 안정된 집안을 흐트러 놓는 일이므로 혹여라도 불미스러운 일이 일어나지 않도록 부적을 사용하는 것이다. 고택(古宅)의 경우는 새집과 달리 전 주인과 밀접한 관련을 맺었고, 오랜 세월의 묵은 때가 묻어 있으므로 이를 제어하고자 부적을 사용한다.

꿈〔夢〕 부적

- 십이지부(十二之符), 진악몽부법(鎭惡夢符法)
- 악몽부(惡夢符)
- 흉몽(凶夢)을 길몽(吉夢)으로

'십이지부'는 흉한 꿈을 꾸면 이를 액땜하기 위해 사용하는 부적으로 12지 날로 날을 구분하여 그 날에 맞게 쓰도록 한다. 먼저 정수를 입에 머금고 오른손에 칼을 잡고서 6~7회 흔든 후 동쪽을 향해 뱉어 낸다. 그런 다음에 "적적양양 일출동방 차부단각악몽 발제불상 급급여율령(赤赤陽陽 日出東方 此符斷却惡夢 拔除不祥 急急如律令)"이라고 주문을 외운 후에 주사로 그린 부적을 쓴다.

꿈은 인간 삶의 많은 부분을 예시한다. 태몽(胎夢)을 통해서는 아이의 성별과 아이의 건강 등을 예측하며, 일상적인 꿈을 풀이함으로써 미래를 예측하기도 한다. 악몽(惡夢)도 일정한 의미하는 바가 있겠으나 더 중요한 것은 숙면을 이루지 못하고 꿈에 시달리게 된다는 것이다. 악몽을 꾸고 나면 잠을 잔 것 같지도 않고, 마음도 편안하지 않으므로 이를 해결하고자 부적을 사용한다. 12지부와 같이 그날의 일진에 따라 사용하는 부적이 있는가 하면, '악몽부'처럼 어떠한 악몽에도 사용할 수 있는 부적이 있다.

수호부적

- 옥추령부
- 태을신부

• 천신강림수복부

• 봉경수덕발복부

• 칠성부(七星符)

• 천신선신 수호부적

• 선신수호부

• 천신보우수신부

• 소구령삼정부

'태을신부'를 지니면 사귀가 침범하지 못하며, 천신선신 수호부적을 지니면 천지간의 선신이 보호하여 모든 우환과 액운을 위험과 환란으로부터 구하고, 일체의 재앙과 고난이 소멸되어 복록과 평안을 누리게 된다.

'선신수호부'는 모든 우환 액운과 잡귀를 물리치는 선신의 보호로 환난을 피하는 영험이 있는 부적이다. '천신보우수신부'는 천신이 보호하며, 위험과 환난으로부터 구해 준다. '소구령삼정부'는 천지간의 아홉 가지 지령과 일월천의 정기가 보호하여 모든 우환과 고난을 소멸시킨다.

이처럼 재액은 자연재해로부터 인간이 야기시키는 온갖 재난이 포함된다. 심지어 도둑을 예방하는 부적, 돌발 사고를 미연에 방지하는 부적

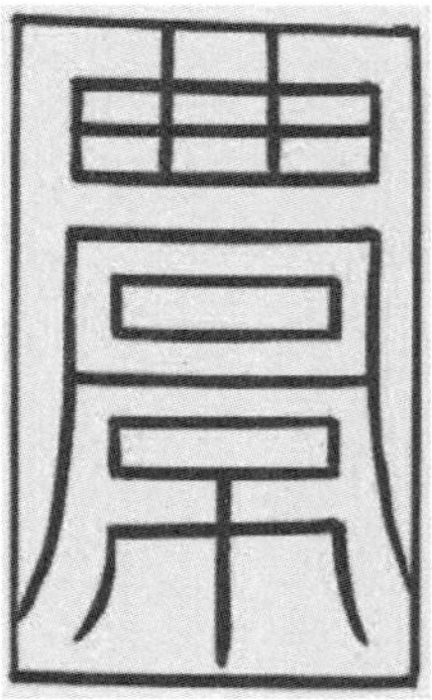

선신수호부

태을신부

까지 있는 것을 보면 인간을 둘러싸고 발생할 수 있는 온갖 재난이 모두 망라된다고 하겠다. 그중에서도 자연재해에 대한 비중이 높다. 인간의 운명과 관련되는 삼재, 풍운뇌우 등의 자연재해, 화재 등의 인재를 포함한다. 이러한 사고는 우리들 주변에서 가장 위협적인 것인 동시에 인간의 힘으로는 제어할 수 없는 특징을 지닌다. 인간의 능력 밖의 일들을 해결하기 위해 다양한 종교적인 방법이 동원되듯이 부적은 그러한 부면에서 인간 삶을 조절하고 질서화시킨다고 하겠다.

동물 관련 부적

18세기에 쓰여진 『오주연문장전산고』에는 우리나라에 호환이 많았고, '산군(山君)'이라 하여 무당이 진산(鎭山)에서 도당제를 올리는데, 제사가 마음에 들지 않으면 성내어 울부짖고 마을에 내려와 그 벌로 사람이나 가축을 물어 갔다고 한다. 『후한서』「동이전」의 기록에는 "호랑이가 사람으로부터 신으로 받들어져 제사까지 지낸다."고 했다. 이렇듯 호랑이는 한국인에게 '무서운 맹수'와 '수호신'이라는 토템적 이중성을 갖고 있다.

'호랑이부적'은 삼재를 쫓고 자손 창성을 도우며, 업장을 소멸케 하고 벼슬길을 열어 준다. 이와는 별개로 무덤 앞의 돌호랑이는 죽은 자를 망량(魍魎)귀신으로부터 지켜 준다. 민화에서는 악귀를 퇴치하고, 임신부에게는 태교의 방편으로 쓰였다. 『본초강목(本草綱目)』에는 호랑이를 치료제로도 사용한다고 쓰여 있다. 이처럼 호랑이가 치료 약제로 쓰이는 이치와 부적이나 민화의 쓰임이 서로 직결되는 것이다.

호랑이 뼈는 사악한 기운과 병귀를 죽이며, 악창을 치료하는 데 쓰이고, 그 머리뼈는 더욱 효험이 있다 했다. 주사로 그린 호랑이부적을 지니면 병귀가 달아나 치료되고, 그 해골을 베개로 사용하면 악몽을 물리칠 수 있으며, 출입문 위에 걸어 두면 귀신을 쫓고,[195] 뼈는 경풍·학질·악성종기 등의 병을 물리치는 데 좋다고 했다. 호랑이부적은 호랑이만 나타나는 부적, 호랑이와 매가 함께 그려진 부적, 그리고 호랑이와 용·호랑이와 현무 등이 그려진 부적 등 다양하게 나타난다.

'삼재문자부적'으로는 전서체로 된 것과 한자와 부호가 섞여서 된 것이 대부분인데, 특히 한자와 부호로 이루어진 '자연원이삼재부'는 수원 용주사탑에서 나온 불교 부적들 중 하나로, 이 부적들은 기원 후 1268년 고려시대에 진성군이 용주사에 시주한 것이다. 탑 안의 복장유물 중 하나였는데, 이 부적은 지금까지도 그 원형에서 별반 변함없이 전승되고 있다.

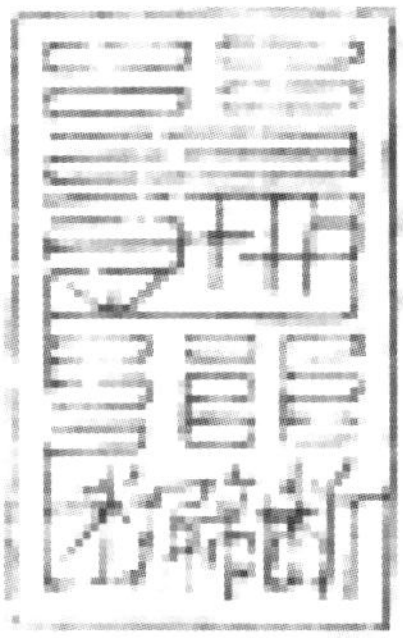

자연원이삼재

- 안전사악귀치소멸(眼前邪鬼齒消滅)
- 축삼재(逐三災)
- 삼재소멸길상 호신진언(三災消滅吉祥 護身眞言)
- 호랑이와 현무
- 독수리
- 금난장(禁亂將)

195) 전남 구례군의 문화 유씨 종택의 대문에는 지금도 호랑이 뼈가 걸려 있다.(국립민속박물관, 『운주구례루 조사보고서-신앙편』, 1998)

• 부귀수호 삼재관재 소멸부

위의 부적에는 모두 호랑이가 주로 그려져 있다. '축삼재'에는 호랑이와 매가 그려져 있고, '삼재소멸길상 호신진언'에는 호랑이와 삼두매가 그려져 있다. 이외에도 호랑이와 현무가 어우러져 있기도 하고, 호랑이만이 그려진 '금난장'도 있다. 금난장은 어지러운 것을 금지하는 장군이라는 뜻으로, 호랑이가 그러한 역할을 맡고 있음을 의미한다.

호랑이가 그려진 부적은 매우 다양하게 사용된다. 동물의 맹장인 호랑이의 강인한 힘은 주술적으로도 강인함을 나타낸다. 호랑이는 홀로 존재하기도 하지만 까치나 삼두매, 현무, 독수리 등과 공존하기도 한다. 까치나 삼두매와 공존하는 것은 '삼두일족응'이 그려진 '삼재소멸부'와 마찬가지로 삼재를 소멸하는 부적으로 사용된다. 그러나 호랑이만을 그린 부적은 눈앞의 사악한 귀신을 소멸시키는 데 이용된다. 또 어지러운 것을 금지하는 장군으로서도 표현되고, 삼재나 관재를 막는 데도 이용된다.

부적의 성격과 기능

부적이 가장 많이 사용되는 용도는 질병의 예방과 치료다. 그 다음이 귀신, 재난, 운수 등이다. 이들은 '벽사'라는 용어처럼 '막아야 하는 사악한 기운'의 총체인 것이다.

질병이든 귀신이든 사람의 운수든, 귀신이라는 막연한 존재에 귀결시킴으로써 자신을 둘러싸고 발생하는 온갖 불행을 이해하고자 한다. 설명을 하지 않는 것보다는 설명을 하는 편이 명료해진다. 삶의 위해한 부분을 귀신이라는 불필요한 존재의 소행이라고 규정함으로써 삶을 이해할 수 있고, 나름대로 그것을 피하기 위한 방도도 설정된다. 부적은 불행이 초래된 이후에만 사용되는 것이 아니라 불행을 막기 위해 사용되기도 한다. 미연에 방지해야 하는 것이 무엇인가 분명하다면 심리적으로 다소나마 안정을 찾을 수 있기 때문이다. 따라서 벽사부는 인간의 삶에 불명확한 부분과 관련되며, 불명확한 부분을 명확하게 함으로써 삶에 활기를 불어넣고 설명하는 도구다.

자신의 삶에 언제 틈탈지 모를 귀신을 제어하고 방어하기 위해 인간은 다양한 방법을 사용한다. 엄나무 가지를 가져다가 매달거나 집안 구석구석에 부적을 붙인다. 사악한 기운을 막기 위한 다양한 주물(呪物)이 있지만, 부적은 매우 구체적이고 다양하다. 부적은 작은 종이나 작은 나무 조각에 원하는 바의 형상이나 글씨를 적어 넣기 때문에 제작이 용이

하며, 사용하기에 편리하다. 부적은 많은 경우 벽이나 원하는 공간에 부착하지만, 간혹은 소지품이나 사람의 몸에 지닌다.

부적의 가시성·효율성·구체성

초복이나 제액을 위한 벽사를 막론하고 그러한 내용을 담은 부적은 사람의 눈에 띄게 사용하는 것이 일반적이다. 특히 벽사부의 경우에 그러한 성향이 강하다. 가시적이라는 점은 결국 인간이든 잡귀든 사악한 기운이든 인간의 나쁜 마음이든 간에 그러한 것을 제어하고자 하는 바람이 강력하게 표현되는 것이라 할 수 있다. 비가시적인 것보다 가시적일 때 효과는 배가될 수 있기 때문이다.

부적은 흔히 방문이나 대청마루의 정면에 붙인다. 그 집을 드나드는 사람이라면 누구라도 쉽게 볼 수 있다. 방문 혹은 대청마루의 정면은 잡귀나 사악한 기운 역시 드나드는 곳이므로 그것을 제어하는 데 더 효과적이기 때문이다.

이상에서 살펴본 부적을 통해 벽사 대상의 다양성을 살필 수 있었다. 가장 높은 빈도를 나타내는 것은 질병이며, 그 다음이 귀신, 재난, 운수 등으로 나타났다. 이들은 벽사라는 용어처럼 '막아야 하는 사악한 기운'의 총체인 것이다. 인간의 삶에서 무엇보다 중요한 벽사의 대상이 구체적으로 명료하게 드러남으로써 그것을 사용하는 사람들은 보다 명료한 삶을 영위하게 된다. 질병부의 하나인 날짜부처럼 30일, 12일, 7일 등으로 발병의 시기로 병을 나누어 보는 것은 집적된 경험의 산물이다. 예를 들어 조선시대에는 일단 천연두에 걸렸다면 14일이 지나야 나으므로

14일째 되는 날에 무당을 불러 '마마배송굿'을 했다. 열꽃이 피어 자리를 잡아가는 시간을 경험을 통해 알았기 때문에 그리한 것이다. 이처럼 질병부는 오랜 기간 동안 그들이 경험한 것을 바탕으로 제작된 것으로, 그들 삶의 경험이 축적된 산물이라 할 수 있다. 따라서 과학적이지 않았던 시기에 과학성을 담보한 것이라 하겠다. 이처럼 나름대로의 과학성을 지닌 부적의 사용은 질병에 대한 막연한 두려움으로부터 일정 부분 실마리를 제공함으로써 심리적 위안을 주며, 그를 통해 다소나마 질병을 극복하고자 했던 것이다.

부적만이 그들에게 치병(治病)의 도구로 인식된 것은 아니다. 다른 모든 약재를 사용해도 효험이 없을 경우에 '백약무효부'를 사용하는 것은 마지막으로 희망을 걸어보고자 하는 간절한 소망이기 때문이다. 따라서 부적은 주술적인 힘을 빌어 다소나마 삶에 희망의 빛을 비추는 것이라 하겠다. 그러나 현대 의학의 발달로 질병부는 다른 벽사부보다 그 필요성이 점점 희박해지고 있다.

또한 '귀신불침부'의 경우에도 온갖 불행을 '귀신'이라는 막연한 존재에 귀결시킴으로써 자신을 둘러싸고 발생하는 온갖 불행을 이해하고자 한다. 설명을 하지 않는 것보다는 설명을 하는 편이 명료해진다. 삶의 위해한 부분을 '귀신'이라는 불필요한 존재의 소행이라고 규정함으로써 삶을 이해할 수 있고, 그것을 피하기 위한 방도도 나름대로 설정이 된다. '백귀(百鬼)'로 표현되는 막연한 불행의 씨앗인 귀신을 막아 냄으로써 삶은 안정되고, 질서와 조화를 이룰 수 있게 된다.

이처럼 벽사부는 인간 삶의 불명확한 부분을 다소나마 명확하게 함으로써 삶에 활기를 불어넣고 평안을 추구하게 한다.

부적의 벽사성과 길상성

제액초복은 인간의 오랜 소망이다. 이를 담고 있는 벽사부는 역사 속에서 그 역할과 임무가 부여되었다. 벽사는 인간 삶에 있어 초복 행위보다 오랜 역사성을 지닌다. 인간 역사에서 종교적 부분 중 가장 중요한 것은 복이나 풍요를 빌고, 재앙으로부터 자신을 보호하는 것이다. 복이나 풍요보다 중요한 것은 재앙의 구축(驅逐)이다. 재앙을 구축하는 것은 원초적인 인간의 관심사였을 것이기 때문이다. 살아가면서 겪게 되는 위해(危害)한 것들로부터 삶을 보호해 내야만 복을 추구할 수 있다. 복을 받았는데 재앙이 닥친다면 그 복은 아무런 의미가 없다. 이러한 차원에서 제액은 복을 부르는 행위에 선행하는 종교적인 욕구이다. 따라서 인간이 무리생활을 하면서 관심을 갖게 된 것이 바로 '벽사'라고 하겠다.

벽사를 위해 다양한 의례를 행했겠지만, 무엇보다 손쉽고 광범위하게 사용할 수 있는 것이 부적이다. 부적은 종이나 나무에 일정한 종교적인 그림이나 글씨·기호 등을 적어 놓은 것이지만, 문자 생활을 하기 이전에는 특별한 무늬를 지닌 물건을 그 대용물로 사용했을 것이다. 조개나 돌 조각 등을 통해 자신을 비가시적인 것들로부터 보호하여 그 안에서 삶의 질서를 추구했을 것이다. 신체에 부착하는 목걸이나 팔지, 혹은 몸에 아예 문신(文身)을 해 넣음으로써 복을 부르고 재액을 몰아내고자 했을 것이다. 이것이 점차 발전함에 따라 오늘날과 같이 다양한 모습을 갖추었다. 그러나 그 안에는 변하지 않는 그 무엇인가가 존재한다. 벽사부의 종류가 그다지 다양하지 않다는 것이 그 사실을 반증한다. 오랫동안 벽사의 대상이 한정적으로 존재한다는 것은 인간의 가장 기본적인 것과 관련된 사항이라는 성격 때문이다. 그러므로 오랜 기간 동안 변모하지 않은 채 기본 틀을 유지하며 지금껏 존속하는 것이다.

벽사부적이라 하지만 미래지향적인 불안 해소책이라는 측면에서 마음의 위안이나 평정을 얻기 위한 길상적 기능을 지닌다. 길상은 강압적으로 귀신을 퇴치하려 하기보다는 선신의 수호를 기원하거나 모든 일이 순조롭게 이루어지기를 비는 경향이 강하다. 따라서 귀신과의 대결을 통한 자기 구원의 형식이 아니라 기원을 통한 자기 보호의 의미를 지닌다. 즉, 자기 보호를 위한 선신에로의 귀의가 길상으로 표출된다. 이러한 것을 추구하는 것이 벽사부적이므로 벽사부적은 길상을 추구하는 기능을 지니고 있게 된다. 생활 과정에서 야기될지 모르는 불행한 사태를 방지하기 위한 효과를 꾀하는 것이다. 때문에 귀신을 직접적으로 막기보다는 선신의 수호를 받으며 잡귀의 침입을 막고, 이를 통해 자신의 내면적 갈등이나 불안 요소를 해결하게 된다.

현대 미술에서 미술과 주술의 소통, 말하자면 주술사, 즉 무당으로서의 예술가는 흔히 볼 수 있다. 그중 대표적인 존재로 요셉 보이스(Joseph Beuys)를 들 수 있다. 요셉 보이스는 플럭서스(Fluxus) 운동에 참여하게 되어 1963년 플럭서스 페스티벌에서 그의 첫 행위예술(Performance)인 〈플럭서스 시베리안 심포니 1악장〉을 선보였다. 그 후 보이스는 평생 동안 약 70여 회의 퍼포먼스를 선보이며 국내외적으로 그의 명성을 떨쳤다. 보이스는 "모든 사람은 예술가다."라고 주장하며 인간의 창조력을 옹호하였다. 이 말은 모든 사람들이 화가나 조각가가 될 수 있다는 말이 아니라 모든 인간이 가지고 있는 창조적인 능력을 모든 직업에서 발견하고 계발할 수 있다는 의미다. 따라서 이때 창조되는 것은 미술관에 있는 그림이나 조각이 아니라 바로 '사회'라는 기치 아래 다양한 퍼포먼스를 행하였다.

이외에도 현대 미술에서 미술과 주술과의 관련성은 초상 사진과 주술의 잠재 효과에 대한 곰브리치의 예화나 대중을 교화하는 자유대학이

---

196) '정크(junk)'는 폐품·쓰레기·잡동사니를 의미하는 것으로, 이를 활용한 미술 작품을 '정크 아트'라고 한다. 폐품을 소재로 하지 않는 전통적 의미의 미술이나 갖가지 폐품을 만들어 내는 현대 도시문명에 대한 비판을 담아내고자 하는 작품들이다. 정크 아트의 출발점은 로버트 라우션버그(Robert Rauschenberg)의 컴바인 페인팅이다. 1950년 이후 산업 폐기물이나 공업 제품의 폐품에서 작품의 소재를 찾으려는 작가들이 미국과 유럽에서 등장하기 시작하였다.(『세계미술용어사전』, 월간미술, 1999, 참조)

197) 본래 풀칠, 바르기 따위의 의미였으나 전용되어 화면에 인쇄물, 천, 쇠붙이, 나무 조각, 모래, 나뭇잎 등 여러 가지를 붙여서 구성하는 회화기법, 또는 그러한 기법에 의해 제작되는 회화를 가리킨다. 1911년경 입체주의시대의 피카소(Pablo Picasso, 1881~1973)와 브라크(Georges Braque, 1892~1963)는 화면 효과를 높이고 구체감을 강조하기 위하여 화면에 그림물감으로 그리는 대신 신문지, 우표, 벽지, 상표 등의 실물을 붙여 화면을 구성하는 방식의 '파피에 콜레라'는 기법을 창안하였다.(『세계미술용어사전』, 월간미술, 1999, 참조)

나 사회 조각 개념은 동시대 주술의 한 형태인 심리, 혹은 정신요법 등의 정신병리학적인 접근 방식과 무관하지 않다. 피로 뒤범벅된 양을 휘둘러 관객을 무아지경에 빠트리는 유럽의 행동주의 미술가 알폰스 쉘링이나 고대 희생 제의를 연상시키는 행위극을 연출한 헤르만 니취, 폴 맥카시 역시 현대의 샤먼에 다름 아니다. 그 이면에는 문명에 대한 거부와 자연에 기초한 원시적인 주술력으로 문명을 정화시키려는 의식을 내재하고 있다.

추상표현주의 화가들은 계획되지 않은 자발성을 통해 무의식 상태의 보편적인 창조력을 끌어내어 해방시킬 수 있다는 신념하에 초현실주의로부터 즉흥적으로 마음속의 것을 끌어내는 원리와 오토마티즘(Automatism) 기법을 주로 이어받았다. 오토마티즘은 무의식을 표현하기 위해 예술가가 손의 움직임에 대한 의식적 통제를 억제하는 방법으로, 회화나 드로잉 또는 저술과 그 밖의 여러 작품의 제작에 사용되었다. 20세기에 두드러지게 나타난 현상으로서의 오토마티즘은 다다이스트들에 의해 우연의 효과를 노린 데서 확산되었다.

지금까지 부적과 현대 미술의 관련성을 살펴보았다. 위에서 본 것처럼 현대 미술에는 여전히 주술 미술은 존재하고 있으며, 앞으로도 주술 미술은 형식은 달라지더라도 여전히 우리의 삶과 예술 속에 존재할 것은 너무나 자명한 것이다.

요셉 보이스

요셉 보이스(Joseph Beuys, 1921~1986)는 개념미술과 퍼포먼스, 설치

미술 등에서 현대 미술의 대표적인 작가다. 그는 자신의 개인적인 경험이 작품에 지대한 영향을 끼친 작가였는데, 그 경험이란 바로 2차 세계대전 당시에 그가 전폭기 조종사로 종군하다가 추락, 부상을 당해서 크리미아의 타타르인에게 구사일생으로 구출되었다는 일화와 그들의 간호로 동물의 지방과 펠트로 몸이 감싸진 채 목숨을 건진 사건이었다. 그는 그 후로 자신의 작품에 일관되게 지방과 펠트를 사용하였다고 한다.

그는 이 경험을 계기로 의사가 되려던 것을 그만두고 예술가의 길로 들어서게 된다. 그는 인류애와 질곡으로부터의 자유, 상처의 치유 등을 표방했는데, 아마 2차 세계대전 당시 인류에 대한 학살을 저지른 독일군으로서 부상당한 자신과 자신을 구해 준 타타르인과의 만남이 예술관 형성에 커다란 영향을 준 것으로 보인다. 그는 자신의 삶과 예술을 철저히 동일시했으며, 모든 사람은 미술가라고 했다. 여기서 '모든 사람이 미술가'라는 것은 누구나 그림을 그리고 조각을 하는 예술가가 될 수 있다는 말이 아니다. 광범위한 사회적 맥락, 바로 그가 중요하게 여기는 순환, 흐름의 관계를 의미하는 것이다. 그는 우리 삶 자체를 거대한 순환과 소통으로 보았고, 예술이 사회 속에서 소통을 도와주고 가능케 하는 역할을 한다고 보았다. 따라서 '모든 이가 예술가'라는 것은 사회 구성원 각자가 자신의 창의력을 바탕으로 한 건전한 노력이 자신의 역할을 다하고 조화로운 사회의 흐름을 도와준다면 바로 그것이 예술이라는 것이며, 조각 개념을 확장시킨 사회적 조각, 사회적 예술의 개념이다.

보이스는 순환과 흐름을 근본적인 에너지의 순환, 즉 고체·액체·기체와 같은 순환으로 열에 의해 형태가 바뀌며, 형태 변화보다도 변화 과정 자체를 중요한 요소로 보았다. 이러한 물리적 변화는 인간의 근본적 성품(액체)이 문화나 역사의 시련으로 인해 굳어진 것(고체)을 인간성, 인간의 따스함으로 녹여 근본(액체)으로 돌아갈 수 있다는 것이다. 따라서 그의 재료는 주로 꿀, 밀랍, 지방, 버터, 마가린 등과 같은 열에 의한 용해 가능한 자연물이었다. 벌이 꿀을 자신의 몸속에서 밀랍으로 바꾸어 집을 짓는 과정이 인간의 신진대사나 사회 구조와 비슷하다고 보았다. 지방이나 버터, 밀랍과 같은 재료는 언제든 열로 인해 형태를 바꾸며 근본적으로는 에너지의 순환을 나타내며, 그의 조각 개념은 이렇게 변화와 전환의 가능성으로 제시되었다. 펠트는 동물의 가죽과 털로 만들어진 것으로, 추운 북유럽에서는 체온 유지에 없어서는 안 될 중요한 보온 재료다. 동물은 그에게 있어서 자연을 상징하며, 인간이 잃어버린 심리적이고도 영적인 에너지의 원천이었다. 동물의 지방과 펠트를 자주 사용하였고, 죽은 토끼나 사슴·엘크·양·백조 등을 사용했는데, 특히 토끼는 그가 자신과 동일시했던 것으로, 예로부터 여러 문명에서 신성시된 동물로서 보이스에게는 토양과 생식과 육화(肉化)를 상징한다. 가장 널리 알려진 〈죽은 토끼에게 어떻게 그림을 설명할 것인가?〉에서 그는 토끼를 안고 세 시간 동안이나 그림을 설명하고, 사람들보다도 죽은 토끼가 더 큰 직관을 가지고 있다고 역설하였다. 또 그는 여성을 신성한 생명의 모태로서 따뜻함의 상징으로 여기고 구리를 여성의 따듯함을 가지고 있는 재료로 사용하였다.

그의 사회적 예술관에서 중요한 것은 예술가에 대한 그의 입장이다. 더 나은 사회로의 발전을 위해 예술가는 순환과 흐름을 좀 더 원활히 하는 역할을 해야 한다고 보았다. 즉, 재료를 사용해 흐름을 다스리는 인간과 자연의 중간자적 입장에서 둘을 화해시키고 소통시키는 주술사가 되어야 한다고 보았다. 그의 철학으로 그는 사회를 바꾸는 정치적인 행동과 수많은 퍼포먼스로 예술관을 표현하였다. 환경에 대한 관심과 정치적 활동으로 녹색당에 가입하여 출마했으나 떨어진 일도 있고, 자유로운 환경에서의 학문 연구를 위해 자유국제대학(FIU)을 설립하기도 했다. 또한 사회에서의 사람들과의 대화를 통한 의사소통을 중시하여 수많은 토론회와 강연회를 열기도 했고, 1972년 도큐멘타 5에서 무려 100일 동안이나 사람들과 민주주의, 미술 등 그 외 연관된 이슈들을 가지고 진지하게 토론을 벌였다.

보이스의 작품에 나타나는 소재에는 식물과 동물과 자연이 어울려 하나의 은유적인 상징성을 띠고 있는 내용들이 담겨 있다. 소재에 담긴 본질은 죽음과 탄생으로 이어지는 철학적인 문제를 삶과 연결시켜 작품으로 나타내기도 했다.

사후 꽤 오랜 시간이 지난 지금도 보이스는 많은 예술가들에게 그 영향을 끼치고 있고, 그의 확장된 예술 개념은 현대 예술에 많은 가능성을 부여해 주고 있다.

백남준

1932년 서울에서 태어나 서울과 홍콩에서 중학교를, 일본 가마쿠라에서 고등학교를 다녔다. 도쿄대학교에 진학해 미학을 전공한 후 아놀드 쇤베르크의 음악으로 졸업 논문을 썼다. 1956년 독일로 건너가 유럽 철학과 현대 음악을 공부하는 동안 동시대 전위예술가들과 활발하게 교류하면서 기존의 예술 규범, 관습과는 다른 급진적 퍼포먼스로 예술 활동을 펼쳤다. 이때부터 새로운 미디어를 이용한 예술 방식을 모색하기 시작했고, 1963년 텔레비전의 내부 회로를 변조하여 예술 작품으로 표현한 개인전 〈음악의 전시, 전자 텔레비전〉을 통해 미디어 아티스트의 길에 들어섰다.

백남준은 비디오, TV 아트의 발전에 지대한 영향을 끼쳤다. 아시아, 유럽, 미국을 넘나드는 활발한 활동 속에서 우리는 그의 예술 세계를 이끌어 온 창의성과 마주하게 된다. 끊임없이 새로움을 추구하고 작품으로 고스란히 녹여 낸 백남준의 발자취를 거슬러 올라가는 것은 매우 의미 있는 작업일 것이다. 작곡과 행위예술에 깊은 관심을 보였던 그의 젊은 시절은 훗날 다양하고 풍부한 활동의 밑거름이 되었다.

현대의 일상 생활에서 전자 영상과 대중매체 기술이 차지하는 비중이 점차 늘어나는 가운데 백남준의 신선한 등장은 매체를 기반으로 한 새로운 예술의 탄생을 예고했으며, 그 후 20세기 후반 대중 매체 문화에 지속적이고 원대한 영향을 미쳤다. 그의 영향력은 텔레비전 문화를 재해석하고, 비디오 아트를 예술 장르로 편입시키기에 이른다.

백남준은 정치적으로 반예술운동이 한창이었던 1950~1970년대부터 예술 활동을 시작했다. 사회적, 문화적 변화의 시기에서 표현에 대한 욕구와 행위예술의 개념적 의미를 기술적 영상과 접목시키고자 하는 굳은 의지를 갖고 있었다. 그는 아방가르드 독립영화 제작 당시, 영화와 비디오를 유연하고 역동적인 멀티 예술 형태로 승화시켜 영화 영상에 혁신을 가져왔다. 또한 텔레비전과 단독 채널 비디오를 조각이나 설치예술과 같은 형태로 전시하여 동영상에 새로운 의미를 불어넣었다. 비디오와 텔레비전을 이용하여 전자 영상예술을 현대 예술의 주류로 편입시킨 그의 독보적인 역할은 대중매체 예술의 역사에 한 획을 긋기에 충분하다.

지난 20세기에 동영상은 녹화가 가능한 사실적인 기술을 통해 구상주의적, 추상적 이미지를 재현해 냄으로써 다양한 매체와 연계하는 힘있는 도구가 되었다. 움직이는 일시적인 이미지의 개념은 아티스트들의 이미지 생성의 새로운 전략과 형태를 구성하는 데 구심점 역할을 하였다.

또한 백남준은 레이저 기술을 이용한 예술이라는, 낯설지만 새로운 실험을 시도하였다. 그는 무대에 설치한 스크린이나 인공폭포수, 연기로 채워진 조각품에 레이저 빔을 쏘는 형태의 새로운 예술을 선보였다. 21세기 문턱에서 영화와 비디오를 전자, 디지털 매체와 혼합하여 새로운 이미지 기술과 표현의 형태로 녹여 냈다. 그리고 기존의 비디오, 텔레비전 시대의 막을 내림으로써 시각 예술의 전환을 선언하였다.

또, 행위예술과 영화와의 유기적인 연계를 통해 텔레비전과 비디오의 제도적 개념에 변혁을 가져왔다. 백남준은 전자 영상의 표현력과 구도의 한계를 뛰어넘는 그의 신화적 노력을 묘사하고 있다. 그는 비디오 이미지를 다양한 형태로 구성함으로써 조각의 형태와 설치 미술에 신선함을 가져왔다. 전자 기술에 대한 깊은 조우를 갖고 텔레비전의 개념을 전혀 새로운 방향으로 재해석한 그는 비디오 예술의 판도에 큰 변형을 불러일으킨다.

백남준의 작품 세계는 비디오 기술이나 텔레비전의 시스템에 의해 구속받거나 제한당하지 않았다. 오히려 전자 이미지의 형태와 구성, 그리고 전자 이미지가 공간과 텔레비전에서 갖는 위치를 변형시키고, 결국 창의적 표현에 혁신을 가져왔다. 그는 뛰어난 직관력으로 영상이 가지고 있는 잠재력을 알아보았으며, 영상을 십분 활용하고 더 나아가 변형시키기에 이르렀다.

세계적인 미술관인 구겐하임의 나선형 복도에도 백남준의 독창적인 비디오 설치 예술 작품들이 전시되었다. 〈TV 정원(TV Garden, 1974)〉,

〈달은 가장 오래된 TV이다(Moon Is the Oldest TV, 1965)〉, 〈비디오 물고기(Video Fish, 1975)〉 등과 소규모의 비디오 조각작품인 〈TV 의자(TV Chair, 1968)〉, 〈진짜 물고기 살아 있는 물고기(Real Fish Live Fish 1982)〉, 〈비디오 부처(Video Buddha, 1976)〉, 〈스위스 시계(Swiss Clock, 1988)〉, 〈촛불 TV(Candle TV, 1975)〉, 〈TV 왕관(TV Crown, 1965)〉, 〈로봇 가족(Family of Robot, 1968)〉, 〈TV 자석(Magnet TV, 1965)〉, 〈참여 TV(Participation TV, 1963)〉, 〈발로 켜는 TV(Footswitch TV, 1988)〉 등이다.

오윤

오윤(1946~1986)은 민중미술을 추구한 목판화 작가로, 민족의 정서 중 핍박받는 내용을 즐겁게 승화한 작품이 주류다. 이것은 용서와 수용의 정신을 엿볼 수 있는 부분이며, 그의 작품이 주는 이런 해소는 주술 부적화의 기능과도 연결된다고 볼 수 있다.

오윤은 1980년대 민중미술운동의 상징적인 존재가 된다. 김지하의 시집 『오적(五賊)』과 이원수의 전래 동화집 『땅속나라 도둑귀신』의 판화 삽화와 표지화를 비롯하여 정치적 민주화운동 및 투쟁을 지원한 포스터와 대형 걸개그림 제작 등을 제작하기도 했다.

아이를 지키는 어머니를 그린 『대지』 연작, 노동자의 헛헛한 뒷모습을 새긴 『노동의 새벽』, 노동자와 서민들의 곤한 삶을 컬컬한 흑백 선묘의 얼굴과 땅땅한 인체 구도로 포착한 『칼노래』, 『북춤』, 『앵적가』 등의 전통춤 몸놀림의 신명과 배경 칼선의 오밀조밀한 리듬감으로 표현하는 등 1983년까지 대부분 흑백 목판화를 만들었다. 1984년부터는 간결한 장식적 색상을 도입한 작품으로 새로 변화시키기 시작했다. 『마케팅』 연작은 감로탱 불화·콜라주·키치 모자이크 등이 뒤얽힌 파격적 작업으로, 서구의 모더니즘과 팝아트에 맞닿아 있다. 해골 병사와 사지 잘린 군상이 우리 현대사를 상징하는 『원귀도』, 머리 위로 기가 모락모락 피어오르는 『도깨비』, 『칼노래』 등 신명과 주술이 지배하는 영역까지 표현했다

현대 판화의 선구자로 평가받았으며, 미술의 사회적 역할에 관심을 가지고 민화·무속화·불화·탈춤·굿 등 한국 전통의 민중문화를 연구하고, 이를 민족예술로 승화시키는 작업을 했다. 해학과 민중적 신명, 한이 날카로운 칼맛을 통한 표현적인 선을 통해 형식과 내용의 탁월한 통일을 보여 준다. 한국 민화나 풍속화 같은 전통 미술의 형식을 빌려 강렬한 선과 형태로 민중의 삶과 애환, 분노를 표현했던 오윤의 목판화는 민중판화의 전형이 되었다.

앙드레 마송

앙드레 마송(André Aime Rene Masson)은 1896년에 태어났다. 이미 11살에 브뤼셀의 미술 아카데미에 입학하였으며, 후에 파리로 이주하여 국립미술학교에서 공부했다. 세계대전이 발발하였을 때 파리로 돌아가 전쟁에 지원하였으나 1917년 가슴에 중상을 입고 병원에 입원하게 된다. 종전 이후 그는 파리의 아틀리에에서 작업을 재개하였고, 당시 루이 아라공·앙토냉 아르토·거트루드 스타인 등과 같은 초현실주의 문인들과 교류하며 자신만의 독특한 예술 세계를 구상하기 시작했다.

1924년, 작가는 초현실주의자 앙드레 브르통을 만난 후 초현실주의 활동에 참여하기 시작하였지만 당시 초현실주의가 지향하던 가치들을 모두 무시했다. 1925년 첫 전시를 가졌으며, 그 후로도 꾸준히 실험적인 미술 활동을 펼쳤다. 1929년, 그룹의 리더인 브르통과의 불협화음으로 인해 초현실주의 그룹에서 탈퇴하였으나 그룹의 몇몇 멤버들과 친분을 유지하며 작품 활동을 계속하였다.

그 후 마송의 '스페인 시대'가 시작되는데, 이 시기 초기에 투우 싸움을 주제로 한 〈투우(Corridas)〉를 완성한다. 1935년부터 그림 속에 묘사된 이야기가 강렬해지기 시작했다. 작가에 따르면 가끔 투우 경기에서 소가 투우사를 이기곤 하는데, 이는 자연의 광폭한 힘은 모든 인간성을 지배할 수 있다는 것으로 해석될 수 있다. 작가는 이 주제를 이용해 전설을 배경으로 한 작품을 창작했다. 이 작품 속에는 종종 미노타우로스가 등장하곤 한다.

1936년, 작가는 가족들과 스페인을 떠나 프랑스로 귀국한다. 귀국 후 유명 배우인 쟝 루이스 바롤트를 만나게 되며, 둘의 우정은 각자의 예술 세계에 큰 영향을 미쳤다. 마송은 바롤트가 선 무대의 디자인을 했고, 이 당시의 경험은 공간, 색감 그리고 빛에 대한 이해력을 높이는 데 일조했다. 1936년에서 1941년 사이에 앙드레 마송의 많은 수작들이 완성되었다.

1941년, 마송은 미국으로 도피를 단행한다. 이 당시에 시작된 '미국 시대' 작품은 어둠 속에서 폭발이 일어나는 듯한 색감으로 잘 알려져 있다. 자연의 강렬한 색감은 앙드레 마송에게 무한한 영감을 주었으며, 이 시기에 제작된 작품들은 미국의 신세대 작가들에게 엄청난 영향을 미쳤다. 그들 중 마송의 영향을 받은 가장 대표적인 인물이 '잭슨 폴록'으로,

그는 앙드레 마송에게 받은 영감을 바탕으로 새로운 기법과 재료를 이용해 미술의 새로운 장을 열게 된다. 추상표현주의의 새로운 시대가 열린 것이다.

제2차 세계대전 이후 앙드레 마송은 유럽으로 돌아와 파리에 정착했고, 1954년 프랑스의 국가미술대상인 국가미술 그랑프리(Grand Prix National des Arts)를 수상했다. 1970년대 후반에는 건강상의 이유로 작품 활동을 재개하지 못했으며, 1987년 10월 27일에 숨을 거두었다.

마송의 작품 활동은 당시 예술계의 큰 조류를 형성했으며, 상호 영향을 주고받았다. 그 대표적인 케이스가 독일의 신표현주의, 스페인의 자연주의, 미국의 액션 페인팅, 프랑스의 초현실주의와 타시즘이다. 마송은 이들 주요한 미술 사조와 스타일의 성립에 큰 영향력을 행사했다. 그의 예술 활동은 예술계뿐만 아니라 사회의 전반적인 부분에 영향력을 미쳤다. 심지어는 현대 심리학 또한 그에게 영향을 받았는데, 그는 어떤 하나만을 추구하기보다는 언제나 새로운 것에 심취하였으며, 새로운 기법을 연구하였다. 그의 사상과 열정은 그를 천재적인 미술가, 창의적인 화가, 그리고 뛰어난 조각가로 만들었다. 그의 작품은 전 세계적으로 많은 영향을 끼치는 데 일조하였다.

한편, 앙드레 마송은 어떤 특정 유파에 얽매이지 않고 끊임없이 새로운 것을 추구해 오히려 미술사에서 제대로 조명받지 못하는 경향이 있다. 그러나 그가 20세기 미술의 가장 중요한 인물 중 하나임은 의심의 여지가 없다. 그의 철학과 작품 활동은 미술사에 거대한 변화를 가져 왔으며, 새로운 작업 방식과 자유로운 사상은 많은 젊은 작가들에게 큰 영감을 주었고, 회화 예술의 새로운 지평을 열었다. 동양의 서예와 선불교에 대해서도 깊은 이해를 가지고 있었는데, 서예와 불교에 대한 그의 미학 이론이 타시즘으로 이어졌음에도 불구하고 마송은 자신을 추상작가로 정의하지 않았다. 늘 유파에 얽매이지 않고 새로운 가능성에 대한 자신의 자율적인 입장을 고수했던 것이다.

앙드레 마송(1896~1987)은 그림을 계획적인 화면 구성으로 그리는 것이 아니라 즉흥적인 기분에 의해 그린다. 즉, 오토마티즘 방식이다. 오토마티즘은 이성에 의한 통제없이, 미학적인 선입견도 없이 행해지는 받아쓰기다. 즉, 무념무상의 상태에서 떠오르는 이미지를 화화로 옮기는 것이다.

부적과 구비문학

기문둔갑과 부적

옛날에 한 무사가 살았다. 하루는 그가 바닷가를 걷고 있는데, 일곱 소년들이 세 개의 꼬리가 달린 큰 거북이를 둘러싸고 서서 서로 다투고 있었다. "우리 일곱이 이 거북을 잡았으니 일곱 조각으로 공평히 갈라야 해." 하고 말하며, 그들은 거북을 칼로 자르려고 했다. 무사는 그 불쌍한 거북이 매우 슬퍼 보여서 소년들에게 팔 것을 요청했다. 무사는 소년들에게 한 냥씩 지불하고 나서 거북을 가져다가 바다에 놓아주었다. 거북이 물결 밑으로 잠수하기 전에 뒤를 돌아보며 "당신께 깊은 감사를 드립니다. 나는 바다 밑에서 온 용왕입니다. 나는 오늘 인간들의 세상을 둘러보려고 나왔다가 저 못된 소년들에게 잡혔습니다. 만일 당신이 어떤 위험에 처했을 때는 이 바닷가에 와서 나를 부르십시오. 내가 당신을 도울 수 있는 어떤 일이라도 하겠습니다."라고 말했다.

그 후 얼마 안 되어 무사는 여행을 떠났다. 어느 날 저녁에 그는 산속 깊이 있었는데, 그만 길을 잃었다. 그는 외딴 초가집으로 가서 문을 두드렸다. 한 노파가 나왔고, 그는 하룻밤 묵을 것을 간청했다. 노파는 허락하고 그를 안으로 안내하여 저녁을 대접했다. 무사는 노파에게 산을 넘어가는 길을 물었다. 그랬더니 노파는 강력하게 대답하기를 "이 산을 넘어가지 마시오. 산 정상에 사는 악한 마녀가 있는데, 사실인즉 그녀는 천년 묵은 여우라오. 그녀가 와서 마술을 부려 내 자리를 차지하기 전에는 난 이 산의 여신이었소. 만일 당신이 그녀 가까이로 간다면 그녀는 분명히 당신을 해칠 것이오." 그러나 무사는 그녀의 열렬한 만류를 무릅쓰고 대답하기를 "무사라면 그런 따위의 괴물을 두려워하지 않습니다."고 했다.

다음날 아침, 그는 길을 떠나 산으로 계속 올라갔다. 그가 산꼭대기에 거의 이르렀을 때 아름다운 여인이 우아한 장옷을 입고 그에게 다가왔다. 그녀는 땅 위를 휩쓸고 미끄러지듯 다가와서는 매혹적인 미소를 띠며 말하기를 "내가 이 산의 여신입니다. 내 집이 바로 가까이에 있으니 나와 함께 가서 잠시 쉬다 가십시오."라고 말했다. 무사는 '이 여자가 누구일까? 바로 그 노파가 경고했던 그 마녀일지 모른다.' 하고 의심하면서 그녀를 따라갔다. 그녀는 진수성찬으로 대접하고 나서 그를 끌어안으려고 했다. "저는 여기서 홀로 외롭게 살고 있어요. 그러니 이곳에 머물러 함께 살아요."라고 말했다. 무사는 그녀를 뿌리치며 단호하게 말하기를 "여자가 감히 남자를 유혹하는 것은 옳은 일이 아니오. 당신의 행동은 대단히 무례하고 온당치 아니하오."라고 했다.

여인은 이런 예기치 않은 대답에 화가 머리끝까지 치솟았다. "흥! 당신은 나를 싫어하는군. 당신은 당신의 불손한 태도를 뉘우치게 될걸. 당신을 죽여서라도 도망치지 못하게 할 거야. 내 마술을 쓰면 당신은 다시 생각하게 될 거야." 하고 그녀는 닦아세웠다. 그녀는 종이에 무슨 주문을 써서 공중에 던졌다. 하늘이 갑자기 어두워지더니 무수한 칼날이 공중에서 나와 무사를 위협했다. 무사는 그녀에게 한 주일만 생각할 시간을 달라고 애원하였고, 그녀는 그 요구를 받아들였다.

무사는 전에 거북을 놓아주었던 그 바닷가로 서둘러 갔다. 그는 물가에 서서 큰 소리로 용왕을 불렀다. 즉시 신비로운 소년이 바다에서 올라와 그를 맞이했다. 소년이 돌아서서 주문을 외우니 바다가 갈라지고, 그들 앞에 넓은 길이 펼쳐졌다. 소년은 무사를 용궁의 용왕에게로 안내했다. 무사는 그에게 닥친 일을 용왕에게 말하자 용왕은 기꺼이 도와주겠다고 했다. 그리고 즉시 용왕은 그의 세 동생들을 파견하여 산 마녀를 죽이도록 명했다. 무사는 세 용의 꼬리를 잡고 있었는데, 한순간에 그 산에 도착했다. 용왕의 세 형제들은 마녀의 집을 쳐부수기 위해 무서운 폭풍을 일으켰다. 그러나 마녀가 나와서 깔깔대었다. "당신이 도움을 청하러 용왕에게 갔었군. 그의 마술은 내게 아무 소용없지. 자, 어디 한 번 지켜 보렴." 하고 그녀는 아주 의기양양했다. 그녀는 종이에 주문을 써서 공중에 던졌더니 즉시 공중에 세 개의 이글거리는 불기둥이 나와서 용왕의 세 형제를 쓰러뜨렸다. 그때 어두웠던 하늘이 환해지고 바람도 멈췄다.

마녀는 무사의 손을 잡고 말하기를 "이제 당신은 내가 원하는 대로 해야 돼. 이리 와서 나와 함께 삽시다." 그러나 무사는 그녀의 손을 뿌리치고 그녀에게 생각해볼 한 달의 여유를 달라고 요청했다. 그녀는 마지못해 허락하여 말하기를 "만일 이번에도 나에게 다시 대항할 때는 당신은 끝장이야. 더 이상 기회를 주지 않을 테니."라고 했다.

그리하여 무사는 다시 한 번 용왕에게 가서 지금까지 있었던 일을 고했다. 용왕은 한숨을 깊이 내쉬며 말하기를 "그 마녀는 너무 강하여 내가 이겨 낼 수가 없소. 우리가 할 수 있는 유일한 방법은 하늘왕(천신(天神))에게 가서 그녀에게 벌을 내려 줄 것을 부탁하는 일이오."라고 했다. 그래서 용왕은 그의 신하들을 수행하고 하늘왕국으로 가서 하늘왕에게 그 마녀를 벌 줄 것을 정중하게 간청했다. 하늘왕은 그의 간청을 들어주어 즉시 하늘로부터 세 무사들을 파견시켰다.

그들이 산에 당도했을 때, 하늘 무사들은 광풍과 폭우로 공중을 채웠다. 마녀가 나와 그녀의 주문을 적은 종이를 공중에 던졌으나 아무 소용이 없었다. 요란한 천둥번개가 그 집을 내리쳤다. 그때 마녀가 있던 자리에는 죽은 여우가 누워 있었다. 무사는 하늘 무사들에게 크게 감사했다. 그리고 맨 처음에 만났던 친절한 노파는 다시 산의 여신으로 군림했다.[198)]

동방삭과 부적

동방삭(東方朔)이 인간의 일생을 꽉 차게 살았음에도 불구하고 하늘로부터 아무 소환이 없었다. 그는 사람으로서 늙을 수 있을 만큼 늙었기 때문에 그 이상 더 늙지도 않았다. 그는 단순히 100년, 200년, 300년 그렇게 계속 살았다. 마침내 생명책에서 그의 이름이 있는 쪽이 발견된 것은 100년, 200년 몇 백 년이 훨씬 지난 때였다. 그래서 동방삭을 하늘로 데려갈 저승사자를 보냈다. 그 사자는 물론 영혼이었지만 사람의 형상을 했다. 마치 눈 먼 거지의 딸 심청처럼 저승사자는 조객 차림으로 변장하고, 넓은 삿갓을 쓰고 동방삭을 찾으러 이 세상 이곳저곳으로 헤매고 있었다.

이쯤 되어서 동방삭은 그의 오랜 세월의 인생에 익숙해졌다. 별로 파란곡절 없이 그의 생활은 평탄했다. 그는 대부분의 시간을 강둑 위에서

198) 정인섭이 1919년 채록한 자료임.(최인학 · 엄용희, 『옛날이야기 꾸러미 2』, 집문당, 2003, 444~447쪽)

낚시를 하는 즐거움으로 보냈다. 그 노인은 정말 죽고 싶지 않았다. 그는 어느 날 저승사자라도 와서 그를 잡아갈까 봐 그걸 제일 두려워했다. 그래서 60년마다 그는 새 이름으로 고치고, 새 마을로 옮겨서 아무도 그를 추적할 수 없게 했다. 그렇지만 그는 언제나 낚시에 빠져 있었다.

어떻게 해서 그 저승사자는 언제나 강둑 위에서 낚시를 하며 앉아 있는 이 늙고 늙은 노인에 대해 소문을 들었다. 저승사자는 그가 혹 자기가 찾고 있는 사람일지도 모른다고 생각하고는 그를 잡기 위한 함정을 계획했다. 동방삭이 낚시를 하고 있는 곳에서 별로 떨어져 있지 않은 곳에 저승사자는 여러 숯가마를 강물 속에 던졌다. 그 숯검정이가 강물을 마치 먹물처럼 흐려 놓았다. "자네는 여기서 왜 그렇게 어리석은 짓을 하는가?" 동방삭은 그의 낚시를 망쳐 버린 숯검을 발견하고 이렇게 다그쳤다. "존경하옵는 할아버님, 저는 그저 제 숯을 씻고 있을 따름인데요. 곧 그 숯은 할아버지께서 입고 계신 두루마기처럼 희어질 것입니다요." 저승사자는 말했다. "저, 저런! 내가 이 땅에 살아왔지만 검정 숯을 하얗게 씻을 수 있다고 생각하는 너처럼 어리석은 인간을 내 생전에 본 적이 없네."라고 고개를 저으며 노인은 소리쳤다. 그때 저승사자는 매우 기뻤다. 그는 그가 찾고 있는 사람을 찾은 것을 알았기 때문이었다. 그래서 그는 동방삭을 저승으로 데려갈 기회가 올 것을 고대하며 그가 가는 곳이면 어디든지 따라다녔다. 그를 오랫동안 미행했기 때문에 동방삭도 그가 누구라는 것쯤은 추측할 수 있었다.

"선비님, 참 용감하기도 하구려. 이런 시골길은 아주 위험하지요. 이렇게 멀리 혼자 여행하는 것이 두렵지도 않소?" 동방삭은 어느 날 그 저승사자에게 물었다. "나는 시골길도 두렵지가 않고, 어떤 위험도 두렵지 않습니다. 이 땅에서 내가 두려운 것이 있다면 단 네 가지 물건뿐이랍니다. 그것들이 있는 곳에는 나는 절대로 접근하지 않는답니다."라고 동방삭만큼 재치롭지 못한 그 저승사자는 대답했다. "당신 같은 위인이 두려워하는 그 네 가지 물건은 대체 무엇이란 말이오?" 동방삭은 공손히 물었다. "엄나무의 가지, 황소의 발굽, 뚝새풀, 그리고 소금자루 들이랍니다. 그 네 가지를 한데로 묶으면 나를 죽음으로 이끌지요. 그럼 당신은, 존경하는 할아버님, 무엇이 가장 두렵습니까?"라고 저승사자도 물었다. 그토록 오랜 세월을 살아온 동방삭은 아주 능란하고 현명하게 기교를 부릴 수 있었다. "그 무엇보다도 내가 제일 두려워하는 것은 구운 돼지 새끼와 막걸리지요." 그는 저승사자에게 이렇게 말했다.

그러던 어느 날 갑자기 그들이 걷던 길가에서 동방삭은 엄나무 밑에서 자라나고 있는 뚝새풀을 보았다. 그리고 길 한쪽 편에 짚으로 만든 황소 발굽과 낡은 빈 소금자루가 내동댕이쳐져 있었다. 동방삭은 얼른 황소 발굽과 빈 소금자루를 주워 가지고 엄나무 밑으로 몸을 피했다. 동방삭은 머리 위에 늘어진 엄나무 가지 하나를 꺾고, 그의 발 밑에서 뚝새풀을 좀 모아서 부적을 재빨리 만들었다.

저만큼이나 멀리 떨어진 안전한 거리에서 그 불행한 저승사자는 동방삭에게 엄나무 아래에서 나오기를 간청했다. 저승사자는 소리치며 광란했지만 그 부적 때문에 감히 동방삭에게 접근하지 못했다. 그때 저승사자는 동방삭이 제일 두려워하는 대상에 대한 말이 생각났다. 마을로 가서 구운 돼지 새끼와 막걸리 한 동이를 가져온 저승사자는 동방삭을 엄나무 밖으로 쫓아내기를 고대하면서 그에게 던져 주었다.

그런데 놀랍게도 저승사자는 그 동박삭이 구운 돼지 새끼를 허겁지겁 뜯어먹고, 막걸리를 맛있게 마시고 있는 것을 보았다. 저승사자는 어리둥절하며 고개를 저었다. 그리하여 저승사자는 그날도 동방삭을 하늘로 데려가는 일을 포기할 수밖에 없었다.

그렇지만 동방삭이 저승사자를 이긴 것은 아니었다. 저승사자는 하늘로 돌아가지 않았고, 추격도 포기하지 않았다. 저승사자는 동방삭이 엄나무 가지와 뚝새풀, 황소 발굽과 소금자루를 한데 묶은 그 꾸러미를 깜빡 잊고 지니지 않고 다니는 기회가 오기를 고대하며 100년 동안이나 동방삭을 지켜보며 기다렸다. 마침내 저승사자의 그 끈질긴 인내가 보상받았다. 어느 날 동박삭은 그만 깜빡 잊고 그 훌륭한 부적을 지니지 않은 채 낚시를 갔다가 저승사자에게 잡혀 하늘나라로 끌려가고 말았다.

그런 일이 있은 후로부터 동방삭과 부적의 비밀을 아는 모든 사람들은 악귀로부터 보호를 받기 위해 이런 방법을 사용하게 되었다. 그 부적은 사람이 때가 되어 하늘나라로 가는 것을 막는 것은 아니지만, 그들의 마당으로부터 많은 나쁜 악귀들을 몰아낸다.

"이 동네에 그런 대문 부적을 달지 않은 집이 어디 있나 보아라. 만일 있다면 그 집은 악귀들이 들끓고 있을 테지."[199]

두꺼비의 둔갑과 부적

옛날에 한 영감이 낚시질을 해서 먹고사는데, 하루는 나가서 종일 낚시를 해도 고기가 물지 않았다. 이렇게 이틀을 나가서 낚시질을 하고 사흘 만에 나가는데, 낚시를 담가 놓고 가만히 앉아 있으니까 낚싯줄이 팽

---

199) Carpenter, Frances, Tales of a Korean grandmother. Garden city, NY: Doubleday & co. Inc, 1947.(엄용희 번역, 최인학·엄용희, 『옛날이야기 꾸러미 3』, 집문당, 2003, 70~73쪽 수록)

팽해지기에 잡아당겼더니 두꺼비가 물렸다. "제기랄, 사흘을 굶었는데 겨우 두꺼비야, 재수도 없다." 하고 두꺼비를 가지고 집으로 돌아왔다. 할멈이 영감더러 "오늘은 좀 잡았소?" 하니 "오늘도 못 잡았는데 해 다 질 무렵 두꺼비가 물렸잖아. 그래 가져왔는데 어디 두고 보자고." 하고 집에다 두고 키웠다. 얼마 지난 뒤 두꺼비가 영감 더러 "아버지, 부잣집 셋째 딸에게 장가보내주시오." 한다. 처음에는 당치도 않은 말이라고 거절했지만 두꺼비가 조화를 부리니까 할 수 없이 영감이 부잣집 주인을 찾아가서 "우리 두꺼비를 셋째 사위로 삼으시오." 하니까 부자 주인은 하인을 시켜 영감을 묶었다. 영감이 "우리 두꺼비를 셋째 사위로 안 삼으면 이 집 뿌리째 망해 버린다."고 큰소리치니 주인은 겁이 나서 영감을 풀어주었다.

주인은 두꺼비를 사위로 삼는 게 싫었지만 두꺼비가 자꾸만 조화를 부리니 셋째 사위로 삼기로 했다. 이 집에는 딸만 셋이 있었는데, 위로 둘은 시집가고 셋째만 남아 있었다. 주인은 셋째 딸에게 두꺼비에게 시집가라고 하니까 "아버지도 망령이지 시집가라면 갈 테지만, 첫날밤에 두꺼비를 죽이고 나도 죽으면 그만이지." 이렇게 말하고 승낙을 했다.

두꺼비가 벌룩벌룩하면서 장가들러 왔다. 식이 끝나고 첫날밤에 신부가 칼을 내놓으며 "너 죽고 나 죽는다." 하니까 두꺼비가 "그럴 필요 없이 내가 여기 누울 테니 살가죽만 잘 베시오." 해서 신부가 그렇게 하니 신부보다 더 훌륭한 신랑이 두꺼비 가죽을 벗고 나오는 것이었다. "내가 다시 가죽 속에 들어갈 테니 처음같이 꿰매시오." 해서 신부는 시키는 대로 했다. 큰방에 있는 부잣집 부부는 첫날밤을 지내는 건넌방을 건너다보면서 "아침까지 딸이 안 나오면 딸이 꼭 죽은 것이다." 하고 있는데, 아침이 되니까 방문이 열리면서 셋째 딸이 더 예쁘게 해 나오고 있었다.

부모가 셋째 딸에게 "신랑이 두꺼비 아니더냐?" 하니 "두꺼비예요, 아버지." 했다. "얘 두꺼비 신랑 보기도 싫다. 어서 데리고 시집으로 가거라." 하니 "네, 가겠어요." 하고 둘이는 집으로 돌아왔다.

얼마 지난 뒤 장인의 환갑이 돌아왔다. 두꺼비와 신부는 처가로 갔다. 손님들이 많이 앉아 있는 큰방 윗목에 앉은 두꺼비를 보고 장인은 "넌 뭐 땜에 왔니?" 하니 "아, 장인 환갑인데 제가 안 와보고 되겠습니까?" 그러자 손님들이 "하하하!" 웃어대니까 주인은 더 부끄러워졌다. 손님들이 번갈아가며 발로 두꺼비를 툭툭 치니까 "저 방으로 건너가 있거라." 했다. 두꺼비 사위가 장인에게 "난 장인 환갑에 고기나 잡아올까요?" 하니 "무슨 고길?" 하고 되물었다. "꿩이나 토끼나 돼지나 노루나 잡아오겠습니다." 했다. "아니, 네가 그걸 잡아?" 놀라며 되물으니, "네, 잡아올 테니 장인 말을 빌려 주시오. 그리고 마부와 하인들을 함께 가게 해 주십시오." 했다. 그러자 "좋다." 하고 주인은 하인과 마부를 불러 사냥 갈 준비를 시켰다.

두꺼비 신랑은 장인 말을 타고 깊은 산속으로 들어갔다. 한참 가니까 마당 같은 바위가 있는 데서 두꺼비 신랑은 부적 같은 것을 한 장 써서 하인에게 주면서 "이 편지를 가지고 저 등을 넘으면 중이 옷을 벗고 이를 잡고 있을 테니 그 중에게 주어라." 했다. 하인이 등을 넘어가니까 한 중이 웃통을 벗고 있기에 종이를 주었더니 읽고 난 다음 "알았다. 넌 먼저 가거라. 나는 옷을 입고 갈 테니." 했다. 그래서 하인은 먼저 돌아왔다. 조금 있으니까 꿩이 날아오더니 움직이지를 않는다. 또 토끼가 뛰어오더니 꼼짝도 하지 않는다. 돼지, 노루도 여러 마리 달려왔다. 두꺼비 신랑은 하인들에게 그것을 다 산 채로 묶게 해서 말에다 싣고 집으로 돌아왔다.

도중에 첫째 사위, 둘째 사위를 만났다. 저들은 사냥을 갔지만 허탕을 치고 돌아오다 두꺼비를 보자 "잡은 짐승 우리게 주어라!" 했다. 두꺼비 신랑은 "줄 수는 있지만 내 말을 들으면 주지." 했다. "응, 들을게." 두 사위는 대답했다. "그럼 웃통을 벗고 돌아앉아!" 두꺼비 신랑이 말하자 둘은 웃통을 벗고 돌아앉았다. 두꺼비 신랑은 어깻죽지를 꽉 물어 상처를 낸 다음 짐승들을 모두 첫째와 둘째 사위에게 나눠 주었다.

둘은 산 짐승들을 모두 죽이고 자기들이 잡은 것처럼 가지고 처가로 갔다. 두꺼비가 빈손으로 돌아오니까 사람들이 "보라, 두꺼비가 잡긴 뭘 잡아, 개코를 잡아." 하고 비웃으니, 장인이 집으로 돌아가라고 했다. 그러자 두꺼비 신랑은 태연하게도 "아, 나도 장인 환갑 보러 왔는데 다 끝나야 가지요." 했다.

환갑잔치가 끝나고 두꺼비 신랑은 신부를 앞세우고 집으로 돌아왔다. 집에 돌아온 두꺼비는 영감에게 "나는 이제 가야 할 때가 왔습니다. 사실 나는 두꺼비가 아니고 옥황상제의 아들인데 너무 더워서 바다에 내려와 목욕하다가 아버지 낚시에 걸린 것입니다. 아버지, 어머니가 팔자 고치려고 날 잡은 것입니다. 나는 지금부터 처가에 조금 다녀오겠습니다." 하고 두꺼비 신랑은 처가에 갔다.

장인에게 첫째, 둘째 사위를 불러 달라고 하니까 장인이 불러 주었다. 두꺼비 신랑은 두 사위를 보고 "지금 장인이 볼 수 있게 웃통을 벗으시오." 하니 할 수 없이 옷을 벗었다. 그러자 상처가 보였다. "이 상처는 내가 물은 상처요. 이 두 놈은 원래 내 부하였는데 사냥은 이들이 한 게 아니고 내 것을 뺏은 것이오. 너희들은 이제 여기 살 생각 말아!" 하고 벌을 주니까 그 자리에게 도망가 버렸다.

두꺼비 신랑은 다시 집으로 돌아왔다. 그리고 영감에게 "전 하늘로 올라갈 텐데 아버지, 어머니 여기 있는 들은 모두 논으로 만들어 줄 테니 여러 수만 석 해 자십시오." 하고서 허물을 벗고 난 뒤 동서남북에 4배를 하고 나서 앉으니 지금까지 청청하던 날이 별안간 번갯불이 나고 안개가 자욱해지더니 들을 몽땅 들어 올렸다. 비가 마구 쏟아지는데, 이틀 후에 비가 그치자 황폐했던 땅이 논이 되어 있었다. 그래서 돌로 경계를 삼고, 부부는 큰 부자가 되어 잘 살더라는 이야기다.[200)]

아미타불과 부적

옛날에 중국으로 왕래하는 보부상이 있었는데, 처음에는 벌었지만 요즘은 실패를 했다. 남은 돈을 가지고 조선으로 돌아가는 도중 평양에 유명한 점쟁이가 있다는 말을 듣고 찾아갔다. "어떤 장사를 해야 돈을 법니까?" 하고 물으니까 점쟁이는 "우선 3천 냥의 복채를 내놓으시오." 했다. 그는 듬썩 돈을 내놓았다. 조금 있더니 3천 냥을 더 내놓으시오." 하고 말하니까 또다시 내놓았다. 또 조금 지나더니 "다시 3천냥을 내놓지 않으면 안 됩니다."그러자 그는 또다시 내놓았다. 그러자 이번에는 "사흘 뒤에 오시오." 하는 것이었다. 사흘 뒤에 가니까 점쟁이는 종이로 싼 것을 주면서 "이것을 열어서는 안 됩니다. 충청도 계룡산에 가서 가능한 사람들을 모아 연회를 베풀고, 그 후 이것을 열어 보시오. 그리고 이것이 내가 중국에 가서 번 것이오."라고 가르쳤다.

상인은 잔금 전부를 투자하여 잔치를 베풀었다. 모인 사람은 수십만

200) 최인학이 1972년 8월 강원군 원성군에서 당시 77세 김석철의 구술을 채록함.(최인학 · 엄용희, 『옛날이야기 꾸러미 2』, 집문당, 2003, 157~160쪽)

이었다. 그는 뭇사람 앞에서 종이에 싼 것을 풀어보더니 "자 이것이 이번에 중국에 가서 번 것입니다. 다들 보십시오." 했다. 사람들은 덤벼들었다. '무슨 보물이라도 되겠지' 하고 생각했으나 그것은 풀어도 풀어도 종이뿐이었다. 마지막 한 장까지 풀어보았더니 그곳에 '아미타불'이라는 네 글자가 쓰여 있을 뿐 아무것도 없었다. 사람들은 크게 노하여 "야, 이 미친놈아, 우리를 조롱하냐?" 하며 한 사람씩 때리고 차고 아미타불을 비웃었다. 그는 수십만의 사람으로부터 매맞고 쓰러졌다.

겨우 정신을 차리고 눈을 뜨니 어느새 밤이었다. 그 자리에 한 노승이 나타나 "어찌 된 노릇이오?" 하고 물었다. 그는 점쟁이에게 속은 일을 죄다 말했다. 그런데 노승은 "당신이야말로 나의 은인입니다. 나는 계룡산의 신령이지만 나쁜 일을 해서 옥황상제로부터 노하심을 받고 천상에 불려가 지금 내려온 길입니다. 상제가 말하기를 '오늘 중 계룡산으로부터 수십만 사람들의 〈아미타경〉 외우는 소리가 나면 죄를 용서해주지만 그렇지 않으면 너를 사형에 처한다.' 해서 나는 모든 것을 체념하고 있었습니다. 그런데 갑자기 이 산에서 〈아미타경〉의 소리가 끝없이 들리지 않았습니까? 그래서 지금 용서를 받고 돌아오는 길입니다. 장사에 밑지셨다고요? 이것을 대신 드리겠습니다." 하고 내놓은 것은 한 마리 작은 금송아지였다. 그가 그것을 받아 전주의 집에 가자, 문지기가 야유를 퍼부으며 발길로 차려고 했다. 순간 그는 노승으로부터 받은 금송아지를 보자 "이것은 내가 자네에게 꾸어준 돈의 몇 갑절 가치 있는 것이다." 하고 기뻐했다. 그 후 그는 부자가 되었다.[201]

201) 손진태가 1928년 함경남도 정평에서 김량하의 구술을 채록함.(최인학·엄용희, 『옛날이야기 꾸러미 3』, 집문당, 2003, 190~191쪽)

용녀의 아기와 부적

옛날에 어떤 영감이 길을 가는데 한없이 가니까 한 여자가 뒤를 따라왔다. 영감이 쉬면 이 여자도 쉬고 영감이 가면 여자도 가고 했다. 이렇게 여자가 영감만 따라오는데 "어디 가는 여자인데 이렇게 따라오냐."고 물었다. 여자는 "가는 데가 따로 있는 게 아니고 한없이 간다."고 했다. 영감도 나도 한없이 가니까 그럼 동행해서 같이 가자고 했다. 이래서 둘이는 동행해서 길을 가는데, 며칠을 가는 동안에 내외가 됐다. 어떤 동네가 있어서 그리 들어가서 거기서 살기로 했다. 이 동네 사람들은 이 내외를 어떻게 봤던지 잘 도와주어서 그렁저렁 사는 동안에 뽀시락 뽀시락 섬세를 일궈서 제법 잘 살게 됐다. 그러다가 아들을 하나 낳았다.

어느 날 밤에 영감이 자다가 잠이 깨서 보니 마누라 옷이 젖어 있었다. 가만히 보니까 매일 밤 자다 보면 마누라 옷은 젖어 있었다. 이상히 생각하고 하룻밤은 가만히 살펴보니까 한밤중쯤 되니까 마누라는 살짝 일어나서 밖으로 나갔다. 영감이 가만가만 뒤따라가니까 여자는 큰 소로 가더니 그 속에 들어가서 용하고 엎어졌다 뒤집어졌다 하면서 싸우고 있었다. 한참 싸우더니 물에서 나와서 영감한테 아기를 맡기면서 "둘이 잘 살라. 나는 여기서 살 수 없어서 멀리 가야 한다."고 했다. "그만 당신이 나를 봤기 때문에 나는 죄를 져서 용의 허물을 못 벗게 돼서 이대로 가서 용하고 한 3년 고생을 더 해야겠소. 그러니 아기나 데리고 가서 사시오." 하고는 물속으로 들어가 버렸다. 영감이 아무리 붙잡아도 영 듣지 않고 가버렸다.

아기는 젖 달라고 두 다리를 둥당거리면서 운다. 영감은 할 수 없이 동네로 들어와서 그 동네에 사는 도사 중한테 가서 사정 이야기를 하고

"어쩌면 좋냐"고 물었다. 도사 중은 무엇인가 써 주면서 "이것을 가지고 아기를 보듬고 소에 가면 어떤 각시가 빨래를 하고 있을 테니까 이 글을 던져 주라."고 했다. "한 번 던져도 눈도 깜박하지도 않을 것이고, 두 번째 던지면 반눈을 떠 볼 것이고, 세 번 만에는 흘긋 바라볼 테니 그때 아기를 후딱 던져 주라." 일러 줬다.

영감이 그 글을 받아 가지고 소에 갔더니 과연 각시 하나가 빨래를 하고 있었다. 도사 중이 써 준 쪽지를 던졌는데, 각시는 거들떠보지도 않았다. 두 번째 던지니까 반눈을 떠 보고, 세 번째 던지니까 흘긋 바라다봤다. 영감은 그때 아기를 후딱 던져 주었다. 각시는 아기를 받아서 젖을 먹이고, 얼른 보듬고 가라고 했다. 그래서 영감은 아기를 보듬고 집에 왔는데, 한 시간쯤 지나자 또 아기는 울어 댔다. 도사 중한테 가서 "아기가 또 울어싸니 어쩌면 좋으냐."고 물었다. 도사 중은 이제 별 도리가 없다면서 입맛만 쩝쩝 다시면서 있더니 되든지 안 되든지 또 한 번 가 보라면서 또 쪽지를 적어 주었다.

영감은 그 쪽지를 들고 소에 가서 빨래하는 각씨한테다 던졌다. 각씨는 거들떠보지도 않았다. 그때 아기를 던져 주니까 각시는 아기를 받아서 젖을 먹였다. 젖을 실컷 먹인 다음에 아기 목에다 빨간 것하고 파란 것을 매 주었다. 영감은 아기를 받아 가지고 도사 중한테 가서 이러이러하더라고 말했다. 도사 중은 아기 목에 걸려 있는 것을 끌러 놓고 가라고 했다. 영감은 할 수 없이 그 빨간 것과 파란 것을 아기 목에서 끌러서 줬다. 도사 중은 그것을 받아 보는데, 그만 불이 일어나서 타 죽었다. 아기는 그 뒤부터는 보채지도 않고 잘 컸다.[202)]

---

202) 임석재가 1967년 8월 16일 전라북도 진안군 상전면 월평리 오동마을에서 당시 56세인 김연단의 구술을 채록함.(최인학·엄용희, 『옛날이야기 꾸러미 2』, 집문당, 2003, 177~179쪽)

인왕산 호랑이와 부적

옛날 서울 장안에는 호랑이 때문에 해만 저물면 사람이 문 밖을 못 나갔다는데, 그 호랑이는 인왕산에서 내려온 것이라고 한다. 나라에서는 고심을 하던 끝에 그 호랑이를 없앨 사람을 구하기에 이르렀는데, 어떤 고을의 군수가 자진해서 그 호랑이를 없애겠다고 나섰다.

그 군수는 자기의 부하를 시켜서 하는 말이 "저 인왕산 중간쯤을 오르면 반석 위에 늙은 중놈이 자고 있을 터이니 그 중놈을 부르되 '중놈아.' 하고 불러 깨운 다음 이것을 보이며 '너를 불러오라고 해서 왔다.' 이렇게 말을 하라."고 했다. 그러면서 무슨 글자를 쓴 종이쪽을 주었다. 명령을 거역할 수 없어 무섭긴 하면서도 군수의 부하는 길을 떠났다. 웬일인지 그날 밤엔 호랑이가 나타나지 않았다.

그 부하가 인왕산에 가 보니 중이 벌렁 누워 잠을 자고 있었다. 그래서 시키는 대로 하며 그 쪽지를 주었더니 벌벌 떨면서 따라왔다. 군수 앞에 끌려간 늙은 중을 보고 군수는 당장에 네 새끼들을 이끌고 압록강 건너로 가지 않으면 몰살해 버리겠다고 호령하자, 중은 "갓난 새끼들이 있으니 조금만 연기해 주십시요."라고 사정했지만 군수는 당장 썩 데리고 가라고 호령을 쳤다. 그랬더니 중놈은 "예." 하고 대답을 했다.

군중이 그 모습을 보고 호랑이로 변하게 해 보라고 하자 군수가 "네 본래 모습으로 변하게 해 봐라." 했다. 그러자 세 번 절을 넘더니 집채만한 호랑이로 변하게 되었다. 군중들이 벌벌 떨자 군수는 "너 다시 사람으로 변하라." 하니 사람이 되어 그날 밤 압록강으로 호랑이 떼를 몰고 떠났다. 그래서 지금 호랑이가 없는데, 조금 남아 있는 것은 그때의 갓

난 새끼가 남아 있는 것이다.[203)]

배 위의 서당과 무적

옛날, 조선으로부터 매년 중국에 공물을 바치는 시대가 있었다. 사자는 보통 황해를 건너갔지만 때로는 원이라는 것을 곳곳에 만들어 놓고 사자가 머물러 쉬는 곳이었다. 어느 때, 공물을 바치러 가던 사자가 배탈이 나서 용강의 토석면 증리(甑里)의 원에서 죽었으므로 그 시체는 마을 뒤 동산에 묻었다.

그 후 세월이 흘러 그 무덤 위에 서당을 지었다. 그로부터 그 서당에 귀신이 출몰한다는 소문이 났다. 뿐만 아니라 그 서당의 훈장이 죽는 변이 일어났다. 또 다른 훈장이 오면 그 훈장도 얼마 안 가서 죽는다. 그러므로 훈장으로 갈 사람이 없었다.

바로 그때 한 노인이 "이것은 이상한 일이다. 무언가 귀신이 걸린 것 같다."고 하면서 서당의 기둥에 종이를 붙여 "우리는 신에게 고한다. 무슨 불만이 있어서 서당의 훈장을 죽이는가. 그 연유가 있으면 이 종이에다 써라!"고 써 놓았다. 그러자 그 종이에 붉은 글씨로 분명히 "나는 과거에 원에서 죽은 사자다. 너희가 내 배 위에 서당을 세워 항상 눌러 대니 견딜 수가 없구나. 때로는 물을 흘려, 때로는 불을 피워 나를 괴롭히지 않는가." 하고 쓰여 있었다.

그래서 즉시 서당을 헐고 딴 곳으로 옮겼다. 그리고 사당을 지어 제

203) 임동권이 1956년 7월 29일 경북 안동군 하혜면에서 당시 68세인 권 씨의 구술을 채록함.(최인학·엄용희, 『옛날이야기 꾸러미 3』, 집문당, 2003, 238~239쪽)

사를 지냈다. 지금은 따로 비는 사람도 없지만 전에는 마을 사람들이 병이 났을 때에는 이곳에 와서 빌면 쾌유되었다고 한다.[204)]

효성스러운 호랑이와 부적

한때 경상남도 마산 지역에 홍도령이라 하는 호랑이가 살았다. 이 호랑이는 파란 치마를 입은 여인을 보면 누구든지 죽여 버리는 이상한 습관을 가졌다. 그 호랑이는 실제로 사람이었는데, 이것은 그의 변신이야기다.

홍도령은 그의 어머니에게 대단한 효자였다. 하루는 어머니가 병이 들어서 오랫동안 병으로 드러누웠다. 홍은 구할 수 있는 모든 약을 구해 왔고, 유명하다는 모든 의원들을 다 찾아다녔으나 아무 소용이 없었고, 어머니의 병은 악화되기만 했다. 모든 재산을 탕진하고 비참하게 가난뱅이가 되었다. 마침내 그는 어머니의 병을 고치는 유일한 길은 기도에 의한 것이라고 결론을 내렸다. 그래서 그는 깊은 산속으로 가서 몸을 정화하는 의식을 한 후에 밤낮으로 신들에게 기도하면서 명상에 잠겨 앉아 있었다.

마침내 어느 신비한 것이 나타나서 말하기를 "너는 백 마리의 개를 잡아서 네 어머니를 위해 약을 준비해야 하느니라. 그리하면 네 어머니의 병이 나을 것이다." 했다. 이 말을 듣고 더 걱정이 되었다. 도대체 어디서 백 마리의 개를 구한단 말인가. 그는 개 한 마리 살 돈조차 없는데

---

204) 미와다마키(三輪環)가 1919년 채록한 자료.(최인학 · 엄용희, 『옛날이야기 꾸러미 3』, 집문당, 2003, 153쪽)

어떻게 백 마리나. 그는 당혹해서 앉아서 실망과 걱정으로 깊은 한숨을 내쉬며 울었다. 이윽고 그가 말하기를 “내가 호랑이가 될 수만 있다면, 그러면 나는 백 마리의 개를 쉽게 구할 수 있을 텐데.” 그는 산속에 머물면서 기도를 계속했다. 몇 주 후에 전과 같은 신비한 것이 그 앞에 나타나서 그를 호랑이로 변신하고 다시 인간으로 되돌아오게 하는 주문이 쓰여진 종이를 그에게 주었다.

그는 그 종이를 가지고 집으로 돌아왔다. 그래서 그는 매일 모두 잠들어 있을 한밤중에 일어나 주문을 외워 호랑이로 변신했다. 그리하여 호랑이가 된 홍은 마을을 돌아다니며 개 한 마리를 잡아가지고 집에 돌아와 다시 주문을 외우고 그의 본래의 모습으로 변신했다. 그래서 매일 아침 홍의 아내는 시어머니께 약으로 사용할 개 한 마리를 문 앞에서 발견하여 그것을 푹 고와서 시어머니께 드렸다. 이렇게 하여 아흔아홉 밤이 지나갔고, 아흔아홉 마리의 개가 홍의 어머니의 병을 치료하기 위해 죽음을 당했다. 실로 그의 어머니의 병세는 큰 차도가 있어 거의 완쾌된 것 같았다.

그렇지만 홍의 아내는 밤마다 없어지는 남편을 의심하게 되었다. 백일째 되는 밤에 남편의 비밀을 캐려고 결심했다. 그녀는 자는 체하고 있다가 그녀의 남편이 한밤중에 나갈 때 창호지를 뚫어 그가 하고 있는 것을 들여다보았다. 그녀는 남편이 초가집 처마 밑에서 종이를 꺼내어 외우더니 호랑이로 변신하는 것을 보았다. 그러고 나서 그가 종이를 다시 그 자리에 갖다 두고 집 밖으로 달려나가는 것을 보았다. 아내는 이 광경이 너무도 끔찍하고 무서워서 그 종이를 꺼내어 부엌 아궁이 속에 넣어 태워버렸다.

호랑이 홍이 마지막 개를 가지고 집으로 돌아와서 주문을 찾아보았으나 헛수고였다. 그래서 그는 다시는 인간으로 변신할 수가 없었다. 백 번째 개로 어머니 병은 완치되었으나 홍은 호랑이로 남아 있었다. 격노한 홍은 아내의 어리석은 행위 때문에 그녀를 죽여 버렸다. 아내는 그때 파란 치마를 입고 있었는데, 그 후로부터 호랑이 홍은 파란 치마를 입은 여인만 보면 보는 대로 죽였다. 그는 산속에 가서 살았지만 때때로 그의 집으로 돌아와 눈물을 흘리며 집 주위를 배회하곤 했다. 그런 일이 있은 후로부터 그 마을의 젊은 여인들은 낮에 파란 치마를 입고 다닐 수 없기 때문에 밤에 흰 치마를 입고 물을 길러가 곤 했다.[205)]

205) 정인섭이 1925년 경상남도 사천에서 채록한 자료.(최인학·엄용희, 『옛날이야기 꾸러미 2』, 집문당, 2003, 275~277쪽)

부적의 현대성과 가치

부적은 인간의 염원이 가시적으로 형상화된 상징적 이미지다. 또한 인간의 신과 자연에 대한 적대감을 해소하기 위한 가상적 조작물이기도 하다. 부적은 일반적으로 크게 제액을 피하기를 바라는 벽사부적과 복을 불러들이기를 바라는 길상부적으로 대분된다.

부적은 상고시대로부터 생활상의 필요에 의해 나타나기 시작하며, 삼국시대에는 부적이 구체화된다. 종교와 관련한 것으로는 불교와 관련한 다라니경이 있고, 이외에 주술적인 도구로써의 인물 형상 부적과 도깨비 형상의 부적, 주문부적, 밀교부적 등도 있다. 고려시대는 부적의 정형화 시기, 혹은 융성기였다. 호국 불교 사상을 바탕으로 한 『팔만대장경』에 수록된 부적과 용주사탑에서 나온 부적들을 통해 외침을 극복하는 것과 동시에 개인의 발원이 수록된 부적이 있다. 조선시대는 숭유억불 정책에도 불구하고 부적이 매우 다양하게 이용되었다. 왕실로부터 사대부를 비롯하여 서민에 이르기까지 부적을 이용하였다. 특히 일상생활과 관련한 부적이 나타나기 시작하며, 각종 종교들에서도 다양하게 부적을 이용했다. 이전 시기와 달리 부적이 특정한 목적에 의한 것이 아니라 일상 생활상의 필요에 의해 등장하며, 그 종류도 다양하므로 부적의 저변화기, 혹은 확산기라 할 수 있다.

이러한 오랜 역사를 지닌 부적은 과거의 잔존물이 아니라 현대 사회에서도 일정한 방향성을 가지고 변동하는 문화 요소다. 그러나 그동안의 부적 연구는 형태적인, 혹은 도상적인 측면에 집중되었으므로 현대 사회에서 부적이 지닌 의미를 이해할 수 없었다.

부적은 부적을 지닌 사람의 외부 세계와 자신의 삶에 대한 암시의 표현이다. 부적을 통해 인간은 한편으로는 대결의 형태로, 다른 한편으로는 화합의 형태로 외부 세계와 지속적으로 소통하면서 현세의 행복과 선의를 끊임없이 갈망한다.

오늘날 급진적인 문명화, 기계화 속에 부적은 언뜻 사라진 듯 보이나 이러한 부적의 속성 때문에 쉽게 사라질 수 없는, 오히려 영속성을 지니는 구체적인 실체다. 현대에도 불교·무속인·역술인에 의해 전통 부적이 계승되고 있으며, 인쇄기술과 다양한 유통망으로 온라인을 통한 구매가 가능하다. 21세기 현재에도 부적은 심리적인 안정감을 주는 역할을 수행하고 있으며, 마스코트·로고 등이 모두 부적의 역할을 한다고 할 수 있다. 부적의 제작은 인쇄소를 통해 대량 생산되거나 온라인을 통해 구매자가 원하는 조건대로 구입할 수 있게 되었다. 이는 시대가 변해도 부적이 갖는 가치와 의미는 변하지 않음을 의미하며, 오히려 현대인들의 다양성과 전문성에 의해 부적 역시 그 다양성을 담보하고 있다. 다양한 의미의 길상적 의미와 벽사적 내용이 조금씩 더해져 근래에는 종합적·다목적 부적으로 변화되고 있다. 현대적 부적의 종류로, 이를테면 운동을 할 때 다치지 않게 하는 부적·자전거 탈 때 다치지 않게 하는 부적·사랑이 이루어지기를 염원하는 밸런타인데이 부적 ·취직기원부적 ·대학합격부적 ·사업번창부적 등의 새로운 부적이 생겨났으며, 이는 현대인의 염원을 직접적으로 형상화한 것이라 할 수 있다.

인간뿐 아니라 모든 현상에 과학적인 증명이 가능하고 의학이 발달한 지금에도 사람들은 여전히 부적을 찾고 있다. 현대를 살고 있는 우리는 물질적 풍요 속에 살고 있지만, 동시에 그 어느 때보다도 정신적·심리적으로 각박하고 불안한 삶을 살고 있기 때문일 것이다.

고대부터 현대에 이르기까지 역사적·시대적 상황의 변화에도 부적이 지속적으로 사용되고 다양화하는 이유는, 의미가 있는 가상적 조작물을 몸에 지니면 그 염원이 현실이 되어 다시 돌아온다는 부적의 근원적 의의에서 찾을 수 있다. 사람들이 부적에 거는 기대가 치유, 즉 카타르시스(Catharsis)적 효과이기 때문이다.

현대 문명과 부적의 거리는 멀어 보이지만 실상은 그렇지 않다. 문화인류학자 로버트 레드필드(Robert Redfield)[206]는 멕시코 유카탄 반도에서

---

206) 로버트 레드필드(1897~1958), 미국 일리노이 주 시카고에서 태어난 그는 1923년 멕시코를 방문한 뒤 연구 분야를 법률에서 인류학으로 바꾸었다. 1926년 현지 조사를 위해 다시 멕시코로 갔다. 1927년 시카고대학교 교수가 된 뒤 1928년 박사학위를 받았다. 그는 현지 조사 결과를 펴낸 저서『멕시코의 한 마을 테포즐란』(Tepoztlán, a Mexican Village, 1930)으로 학계의 인정을 받았다. 1930년부터 멕시코 유카탄 반도와 과테말라에서 현지 조사 작업을 벌였다. 1934년 멕시코의 뛰어난 인류학자 알폰소 비야 로야스와 함께『찬콤 : 마야의 도시』(Chan Kom : A Maya Village)를 썼다. 그는 이 책에서 당시 마야 문화에 대한 관찰 결과와 1930년대의 새로운 인류학 연구 주제였던 문화접변 분야를 다루었다. 또 다른 저서『유카탄 반도의 민속문화』(The Folk Culture of the Yucatán, 1941)에서는 멕시코 유카탄 주의 주도 메리다가 부족사회에서 농촌마을로, 그리고 최종적으로 주도로 발전하는 과정에 대한 비교 연구가 실려 있다. 이 저서를 통해 그는 작고 고립된 한 부족사회가 사회변동과 문화적 해체 현상이 차츰 심화되면서 어떻게 거대하고 이질적인 사회로 변해가는가를 가설적인 연속 모형을 이용해 보여 주고 있다. 1948년, 다시 찬콤을 방문한 그는『찬콤 : 마야의 도시』를 쓴 뒤로 이 지역에서 일어난 사회변동을 관찰하고 새로이『진보를 택한 한 도시』(A Village That Chose Progress, 1950)라는 책을 썼다. 그는 그 뒤 중국과 인도를 차례로 방문해 그들의 문화를 연구했다. 이 과정에서 상호 독립적이며 공존하는 큰 전통과 작은 전통으로 이루어진 문화체계라는 문명 개념을 제시했다. 그는 이 개념을『작은 공동체』(The Little Community, 1955),『농촌사회와 문화』(Peasant Society and Culture, 1956) 속에서 다루었다.

부족, 마을, 읍, 도시의 네 집단을 비교해 흥미 있는 보고를 했다. 레드필드에 의하면 도시화가 진행될수록 병이나 불행을 요술에 의존하는 경향이 강한 점을 지적하고 있다. 도시 생활은 시골 생활에 비해 불안이 강하고, 경제적인 갈등은 여러 형태로 영향을 끼쳐 개인을 그 가족이나 지역 집단으로부터 고립시키는 경향이 있다는 것이다. 도시화가 진행될수록 병이나 불행을 주술에 의존하는 경향이 오히려 강해졌다. 그 형식은 달라질지라도 부적을 사용하는 양상은 변하지 않는다는 것이다.

이런 현상이 나타난 것은 도시화가 진행될수록 불안 심리가 강해지고 소외감이 커지기 때문이다. 현대 사회가 위험 사회가 되어가는 것도 현대인이 주술에 의존하게 만드는 요인이다. 인간의 힘으로 어찌할 수 없는 상황에서 사람들은 신과 통하는 도구이자 신이 자신의 편임을 믿게 하는 부적에 의존하게 된다는 것이다.

4차 산업혁명이 일어나고 있는 초현대사회에서 사주와 부적은 어떤 위상과 역할을 갖는가에 대해 일반인은 물론 전문가들까지 의문이 많아지고 있다. 오늘날 급진적인 문명화, 기계화 속에 부적은 언뜻 사라지는 것이 마땅해 보이나 이러한 부적의 속성 때문에 쉽게 사라질 수 없는, 오히려 영속성을 지니는 구체적인 실체다. 현대에도 불교, 무속인, 역술인에 의해 전통 부적이 계승되고 있다.

참고문헌

자료

『三國史記』, 『三國遺事』, 『騶儺行』, 『世宗實錄』, 『光海君日記』, 『中宗實錄』, 『宣祖實錄』, 『肅宗實錄』, 『英祖實錄』, 『正祖實錄』, 『山林經濟』, 『於于野談』, 『慵齋叢話』, 『閨閤叢書』, 『風俗通義』, 『松南雜誌』, 『增補文獻備考』, 『續博物誌』, 『佔畢齋集』, 『虛白堂詩集』, 『東國歲時記』, 『東經大全』, 『東醫寶鑑』, 『海東竹枝』, 『五洲衍文長殘散考』, 『各樣符籍』, 『眞言集』, 『山海經』, 『本草經』, 『說問解字』, 『易經』, 『荊初歲時記』, 『龍譚遺詞』, 『東經大全』, 『高宗實錄審問記錄』

단행본

강용권, 『한국민속문화연구』, 집문당, 1996.

강재철, 『한국 속담의 근원설화』,백록출판사, 1980.

고려대 민족문화연구소, 『한국민속대관~신흥 종교(대종교)』, 1985.

계명대학교·영남대학교 박물관 교환 특별전, 『면과 선의 세계』, 2001.

김민기, 『한국의 부작(符作)』, 보림사, 1987.

김영자, 『한국의 벽사부적』, 대원사, 2008.

김영진 해제, 『도령부신연구』, 민속원, 1985.

김용희, 『예술, 세계와의 주술적 소통』, 책세상, 2000.

김태곤, 『한국민간신앙연구 11. 금기, 주부, 주술』, 집문당, 1983.

김혁재, 『소재길상 불경보감』, 명문당, 1965.

김호연, 『한국민화』, 경미문화사, 1980.

동방미디어, 『한국의 부적~부적의 역사 편』CD ROM.

류상채 저, 임동훈 엮음 『산약신서』, 계백, 1997.

박용숙, 『한국화의 세계』, 일지사, 1982.

방종현·김사엽, 『속담대사전』, 교문사, 1949.

유덕선, 『영부(靈符)와 기문둔갑장신술(奇門遁甲藏身術)』, 이가출판사, 1992.

삼성미술재단, 『호암미술관』, 호암미술관, 1982.
서영대, 『단군』, 서울대출판부, 1994.
설성경 역주, 『춘향전』, 한국고전문학전집 12권, 고려대 민족문화연구소, 1995.
심우성, 『남사당패 연구』, 동문선, 1989.
윤광봉, 『유랑예인과 꼭두각시놀음』, 밀알, 1994.
이능화, 이재곤 옮김, 『조선무속고』, 동문선, 1991.
이성미, 『옛 여인들의 멋과 지혜』, 대원사, 2002.
임영주, 『한국 문양사』, 미진사, 1983.
전경욱, 『한국 가면극 그 역사와 원리』, 열화당, 1998.
______, 『한국의 전통연희』, 학고재, 2004.
전인초, 『중국 신화의 이해』, 아카넷, 2002.
정동찬, 『살아 있는 신화 바위그림』, 혜안, 1996.
정재원, 『대운용 신령부적(大運用 神靈符籍)』, 가림출판사, 1998.
정종수, 『역사를 움직인 풍수이야기』, 웅진닷컴, 1999.
최남선 저, 이종은 역주, 『조선도교사』, 보성문화사, 1992.
최덕원, 『남도의 민속문화』, 밀알, 1994.
최래옥, 『구비문학과 기록문학의 전승 체계』, 단국대출판부, 1993.
최인학·엄용희, 『옛날이야기 꾸러미 2-3』, 집문당, 2003.
한국정신문화연구원, 『한국민족문화대백과사전』, 1992.
한중수, 『령부대전』, 명문당, 1977.
성문재 감역, 『영부비전(靈符秘傳)』, 성문포교원, 1974.
허균, 『전통문양』. 대원사, 1999.
황경숙, 『한국의 벽사 의례와 연희문화』, 월인, 2000
홍순민, 『우리 궁궐 이야기』, 청년사, 1999.
______, 『세계미술용어사전』, 월간미술, 1999

학위논문

김성자,「부적에서 보여지는 회화성에 관한 연구」, 경기대학교 조형대학원 미술학과 석사학위논문, 1999.

김영자,「The symbolic meaning of tigers in San-Shin Do」, 고려대학교 국제대학원 한국학과 석사학위논문, 2000.

———,「한국 부적의 역사와 기능」, 고려대학교대학원 문화재협동과정 박사학위논문, 2007.

김의신,「한국 무신도의 조형성연구」, 조선대학교 순수미술학과 석사학위논문, 1995.

노태범,「부적의 미적 이미지 연구」, 중앙대학교 회화학과 석사학위논문, 1991.

박원용,「한국 신종교의 민족주의사상에 관한 연구」, 원광대학교 불교학과 석사학위논문, 1999.

박혜경,「민화에 있어 부작에 관한 연구」, 효성여자대학교 회화학과 석사학위논문, 1986.

엄난희,「부적 속에 반영된 민화에 관한 연구」, 원광대학교 미술학과 석사학위논문, 1992.

오영재,「부적의 (재)발견 : 그래픽아트로서의 부적의 의미작용과 조형원리」, 연세대 커뮤니케이션대학원 박사학위논문, 2012.

이승록,「사주와 부적의 수용 유형 및 문제 해결의 보편적 적용 가능성에 관한 연구」, 동의대 불교문화학과 박사학위논문, 2017.

이호재,「한국 신종교 사상에 나타난 무교적 요소」, 가톨릭대학교 종교학과 석사학위논문, 2001.

조철휘,「부적과 주문으로 행하는 수행방법론 : 홍연진결을 중심으로」, 공주대학교 동양학과 석사학위논문, 2014.

최영숙,「한국 부적에 나타난 시간언어의 기호론적 연구」, 한양대학교 회화과 박사학위 논문, 1997.

최재숙, 「부적으로서의 민화의 조형성과 상징성」, 효성대학교 회화과 석사학위 논문, 1989.
한창원, 「한국 부적에 나타난 문양 연구-이조 공예품에 나타난 무늬를 중심으로」, 중앙대학교 공예학과 공예디자인 전공 석사학위논문, 1979.

일반 논문

강우방, 「귀면화인가 용면화인가?」, 『문화와 나』, 2002년 겨울호.
김민기, 「호랑이 부작의 의미와 오행사상」, 『불교사상』 1월호, 1986.
김보영, 「한국서사문학에 나타난 불가살이연구」, 『도솔어문』 6집, 1990.
김종대, 「부적의 기능론 서론」, 『한국민속학』 20집, 1987.
김영자, 「산신도에 나타난 호랑이 배경 지물의 상징성」, 『민속학연구』 12집, 2003.
______, 「산신도에 표현된 산신의 유형」, 『한국민속학』 41집, 2005.
______, 「부적」, 『한국민속신앙사전』, 국립민속박물관, 2011.
______, 「한국 산신신앙의 역사와 산신도의 유형」, 『삼국유사의 세계』, 세창출판사, 2018.
김호성, 「밀교 다라니의 기능에 대한 고찰~정통 인도종교의 만트라와 관련하여」, 『인도철학』 6권, 인도철학회, 2002.
김효경, 「음력 정월 세시풍속과 가정주부」, 『샤머니즘연구』 5집, 2003.
노성환, 「일본 속의 한글 부적」, 『일본학』 22집, 2004.
민정희, 「광해군 대 무속의 한 연구 : 癸丑獄事를 중심으로」, 『조선 후기 민속문화의 주체』 실천민속학회, 집문당, 2004.
박상국, 「파주 금릉리 경주 정씨 분묘에서 출토된 복식에 찍힌 다리니와 불교부적」, 『한국복식』 16, 1998.
박태화, 「한국 불교의 밀교경전 전래고」, 『한국불교학』 1집, 1975.
박희준, 「치우와 도깨비」, 『문화와 나』, 2002년 겨울.

서영남·이현수「삼함 삼국시대 철기의 의기적 성격에 대한 고찰」,『가야고고학논총』 2집, 1997.
서윤길,「조선조 밀교사상 연구」,『불교학보』 20집, 동국대 불교문화연구원, 1982.
______,「신라 사리탑신앙의 밀교성」,『한국불교학』 17집, 한국불교학회, 1992.
신명호,「조선시대 궁중의 출산 풍습과 궁중의학」,『고문서 연구』 21, 2002.
신준호,「부적」,『한국민속대사전』, 민족문화사, 1993.
심우성,『남사당패 연구』, 동문선, 1989.
여숙자,「고려 불교의 밀교적 요소」,『이화여대 녹우회보』 21권, 1980.
윤철기·오민석·송태원,「성제총록에 나타난 부적에 대한 문헌적 고찰」,『한국재활의학회지』 8권, 1998.
이기문,「불가살이~어원」,『한국문화상징사전』, 두산동아, 1995.
이부영,「사령의 무속적 치료에 대한 분석심리학적 연구」,『최신의학 별책』 제13권 1호, 1970.
이필영,「초기 기독교 선교사의 민간신앙 연구」,『서양인의 한국문화 이해와 그 영향』, 한남대출판부, 1989.
이필영·김효경,「민속 분야」,『청주-상주 간 고속도로 건설 예정지구 문화유적 지표조사 보고서』, 충북대학교 박물관·한국도로공사, 1999.
이희덕,「고려시대 기우행사에 관하여」,『동양학』 11, 1981.
임태영,「초기 동학교단의 부적과 주문」,『종교연구』 42, 2006.
장지훈,「신라 불교의 밀교적 성격」,『선사와 고대』 16권, 2001.
전경욱,「재승(才僧) 집단 연희자 연구」,『민속학연구』 11, 국립민속박물관, 2002.
______,「처용무의 성립과 각 지방의 관련 민속연희 및 민속」,『한국민속학』 44집, 2006.

정창현,「귀신에 대한 황제내경의 입장」,『대한한의학의사학회지』 10권, 1997.
최광식,「무속신앙이 한국불교에 끼친 영향-산신각과 장생을 중심으로」,『백산학보』 26호, 1981.
최래옥,『구비문학과 기록문학의 전승체계~한국문학사 서술의 제문제』, 단국대 출판부, 1993,
한남대학교박물관 발굴,「대전 월드컵 운동장 부지 지표조사 보고서(미발간)」, 2001년
한정섭,「불교 부적신앙 소고-특히 밀교부를 중심으로」,『한국불교학』 2권, 1976.

외국 논저

Alan Carter Covell, Shamanism in korea, Folk art and magic, Hollym, 1986.
J. S. Gale, 장문형 옮김,『코리안 스케치』, 현암신서, 1970.
Hebert reed, 김병익 옮김,『도상과 사상』, 열화당, 1982.
Margarete Bruns, 조정옥 옮김,『색의 수수께끼』, 세종연구원, 1999.
K.Kerenyi, Labyinth Studien, Rhein Verlag, Zurith, 1950.
『中國美術全集』46券, 民間年畵
張三植,「符籍」,『大漢韓事典』, 博文出版社, 1975.
村山智順,『朝鮮の鬼神』, 朝鮮總督府, 1929.
赤松智城·秋葉隆,『朝鮮巫俗の硏究 上·下』, 大阪屋號書店, 1938.